Korean Teacher Education: Reflectiion and Future Directions

한국 교사교육

- 성찰과 미래 방향 -

박남기 · 김병찬 · 김왕준 · 임승렬 · 정대영 · 정윤경 · 정제영 · 홍후조 공저

한국교원교육학회 편

학지사

머리말

1968년 한국교원교육학회(당시 한국교직교육연구협의회)가 설립되어 2018년 50주년을 맞이하였습니다. 50년이라는 반세기를 거치면서 한국교원교육학회는 수많은 역사와 궤적을 이루어 왔으며 한국 교원교육 이론과 실제의 발전에 큰 기여를 해 왔습니다. 50주년을 맞이하여 한국교원교육학회에서는 지난 역사를 되돌아보고 새로운 50년을 내다보며 발전 방향을 모색하기 위하여 성찰의 기회를 갖기로 하고 그 결과물을 공유하고자 이 책을 기획하였습니다.

2018년 3월, 이러한 기획 의도에 따라 한국교원교육학회 차원에서 집필진이 구성되었습니다. 우선, 한국교원교육학회는 유아, 특수, 초등, 중등 교원교육 분야를 아우르는 종합 교원교육학회인 만큼 각 분과의 추천을 받아 집필진이 구성되었습니다. 영유아교원교육 분야에서 임승렬 교수, 특수교원교육 분야에서 정대영 교수, 초등교원교육 분야에서 김왕준 교수, 중등교원교육 분야에서 정제영 교수가 집필진으로 참여하였습니다. 아울러 각 분야 교원교육을 관통하는 핵심 주제 세 가지를 설정하여 함께 다루기로 하고 집필진을 구성하였는데, 교원교육의 이념과 철학(정윤경 교수), 교원교육 정책 및 제도(김병찬 교수), 교원교육의 교육과정(홍후조 교수) 등입니다. 또한 이러한 한국 교원교육을 종합적으로 성찰하며 미래 방향을 제시하는 주제가 설정되었는데, 이 주제는 박남기 교수가 맡았습니다. 이렇게 하여 최종적으로 총 4개 분과와 4개 주제 영역을 다룰 8명의 집필진이 구성되어 작업을 진행하였습니다.

이 과정에서 원래 한국교원교육학회의 50년 역사에 맞추어 한국 교원교육 50년을 되돌아보고 성찰해 보고자 하였으나, 자료를 수집하고 정리하면서 50년으로 한정하지 말고 한국 교원교육의 역사를 총체적으로 되돌아볼 필요가 있다고 의견이 모아져 50년 역사보다 더 거슬러 올라가 광복 이후의 교원교육의 역사에 대해 총체적으로 접근하는 것으로 범위가 확장되었습니다.

이러한 기획과 의도하에 집필진 8명은 2018년 거의 1년 동안 지속적으로 만남을 가지며 문제의식을 공유하고 상호 검토하면서 원고를 작성하였습니다. 이 과정은 원고를 작성하기 위한 과정이었지만, 상호 성장과 발전을 기할 수 있는 매우 소중한 학습의 기회이기도 하였습니다. 집필진은 이러한 작업 결과를 바탕으로 2018년 12월 한국교원교육학회 연차학술대회에서 발표하는 기회도 가졌습니다. 학술대회 발표에서 토론자들의 의미 있는 토론 및 학회 회원들의 날카로운 지적과 조언을 바탕으로 원고는 더욱 수정 · 발전될 수 있었습니다. 연차학술대회는 원고 수정의 기회도 되었지만, 집필진의 작업 결과를 학회 차원에서 모든 회원이 함께 토론하고 논의하며 공유하는 소중한 시간이었습니다.

한국교원교육학회의 지난 50년의 역사는 그야말로 황무지에서의 개척의 역사였습니다. 교원교육의 아무런 이론적 · 실제적 기반도 없는 상황에서 큰 밭을 일궈 낸 기적과도 같은 역사였습니다. 그래서 한국 교원교육의 큰 기틀이 닦였으며, 그 결과 우리는 세계 최고 수준의 교사를 길러 낼 수 있게 되었습니다. 하지만 이러한 놀라운 성과에도 불구하고 아직 부족하고 미흡한 부분 또한 적지 않습니다. 특히 그동안 우리는 다른 나라 교원교육을 배우고 익히는 데 몰두하느라 정작 한국의 교원교육 이론을 구축하지 못하고 있는 상황입니다. 50년의 역사를 넘어서는 이 시점에서 그 연륜에 걸맞게 한국 교원교육 이론을 구축해야 할 시대적 소명이 우리에게 주어졌습니다.

한편, 지금 이 시대는 급격한 사회 변혁의 시기일 뿐만 아니라 4차 산업혁명으로 대변되는 시공간을 초월한 최첨단 시대를 앞두고 있습니다. 이러한 시대에는 교육의 목적, 내용, 방법 등 전 분야에서 이전과는 완전히 다른 교육 패러다임이 요구되고 있습니다. 이러한 시대에 대비하기 위해서는 그에 적합한 교사를 길러 내는 것이 가장 중요한데, 이를 위해 교원교육 역시 획기적으로 바뀌어야 합니다. 즉, 새로운 교원교육 패러다임이 요구되는 막중한 시기입니다.

50년의 역사를 넘어 향후 100년을 향해 힘차게 도약할 이 시점에서 한국 교원교육의 역사를 성찰해 보는 일은 한국 교원교육의 성장과 발전을 위한 귀중한 디딤돌이 되리라 확신합니다. 따라서 한국 교원교육의 역사를 성찰하고 미래 방향을 모색해 보고자 집필된 이 책은 한국교원교육학회뿐만 아니라 한국 교원교육의 새로운 이정표를 세우기 위한 큰 발걸음이라고 생각합니다.

이러한 시대적 필요에 따라 이 책은 한국교원교육학회 차원에서 기획되었고, 각 분야 최고의 학자들이 모여 작업을 진행하였습니다. 이러한 작업의 결과로 모두 8개 장으로 구성된 책이 완성되었습니다. 각 장에서는 각 분야의 교사교육의 역사와 미래 방향에 대해 매우 깊이 있는 논의와 방향을 제시하고 있습니다.

원래 교원교육은 교사교육뿐만 아니라 교장, 교감 교육도 포함하며, 양성교육뿐만 아니라 현직교육도 포함합니다. 따라서 교원교육 성찰을 위해서는 이러한 모든 대상과 과정에 대한 교육을 포괄적으로 다루어야 하지만, 이 책에서는 여러 가지 제약 요인들로 인해 교사교육, 그리고 양성교육에 초점을 맞추어 작업을 진행하였습니다. 이 책은 한국 교사 양성교육에 대한 총체적인 성찰의 결과임을 밝혀 둡니다.

제1장에서는 교사교육 성찰과 미래 방향에 대해 다루었습니다. 그동안의 연구를 토대로 그동안 왜 필요한 교사양성체제를 만들기 어려웠는지, 일부 체제를 바꾸는 데에는 성공하더라도 왜 원하는 효과가 나오지 않았는지, 돌이켜 볼 때 어떤 부분을 놓쳤는지, 향후 교사양성체제를 개혁한다고 할 때 어떤 부분에 더 신경을 써야 할지에 대해 논의하였습니다.

제2장에서는 교사교육의 이념 및 철학 성찰에 대해 다루었습니다. 교사교육의 이념 및 철학의 의미와 역할에 대해 논의하고, 교사교육의 이념 및 철학 탐구를 위해 교육이념의 변천과정과 법률 및 교사교육기관에 명시된 교사교육의 목적을 살펴보았습니다. 아울러 교사교육의 변천과정을 통해 교사교육의 현실을 성찰하고, 교사교육의 이념 및 철학을 탐색하기 위한 질문과 조건에 대해 논의하였습니다.

제3장에서는 교사교육 정책 및 제도 성찰에 대해 다루었습니다. 이를 위해 교사교육 정책 및 제도에 관한 기존 논의들을 살펴보고 분석준거를 마련하여 교사교육 정책 및 제도를 분석하였습니다. 교사교육 정책 및 제도를 광복 이후~1950년대, 1960~1980년대, 1990~2010년대 등의 시기로 나누어 개혁 노력과 변화 특징에 대해 살펴보았습니다. 아울러 교사교육 정책 및 제도 미래 방향에 대해 논의하였습니다.

제4장에서는 영유아교육분야 교사교육 성찰에 대해 다루었습니다. 우리는 유아교육과 보육의 이원화 체제를 유지하면서도 국가수준의 교육과정을 실시하고 교육비를 지원하는 준 통합의 형태를 유지하고 있어 향후 유아교육과 보육의 통합에 따른 영유아교원정책이 나아갈 방향을 모색해야 할 중요한 시기입니다. 이러한 문제의식을 바탕으로 영유아교사 양성교육 현황, 영유아교사 양성정책의 주요 관점과

관련법령, 국가 개입의 형태 등을 중심으로 유아교육과 보육의 교사정책의 변화를 단계별로 나누어 살펴보고 영유아교사정책의 전망과 과제를 제안하였습니다.

제5장에서는 초등교육분야 교사교육 성찰에 대해 다루었습니다. 1950년대 이후 초등교사 양성교육과정의 변화를 정리하고, 양성교육체제를 검토할 수 있는 틀을 정리하여 이에 따라 최근 논의되고 있는 교사역량 중심 교사양성과정 설계, 종합대학 체제로의 개편, 대학원 수준의 교사양성 등에 대해 비판적으로 검토하였습니다. 그리고 최근 화두인 4차 산업혁명에 대한 교육계와 다른 분야의 논의를 비판적으로 검토하여 근본적이고 거시적인 차원에서 초등교사교육의 방향을 제안하였습니다.

제6장에서는 중등교육분야 교사교육 성찰에 대해 다루었습니다. 이를 위해 우선 중등교사 양성교육기관의 변천에 대해 살펴보고 이를 바탕으로 중등교사 양성교육의 쟁점에 대해 논의하였습니다. 그리고 미래에 대비한 중등교사 양성교육의 발전 방향에 대해 제안하였는데, 중등교사 양성의 수급에 대한 관점의 전환, 중등교사 전문적 역량에 대한 재규정, 교사 자격 및 양성기관 관리 혁신 등의 필요성을 제안하였습니다.

제7장에서는 특수교육분야 교사교육 성찰에 대해 다루었습니다. 특수교사 양성의 역사를 정리하고, 미시적 및 거시적 안목으로 이 시대가 어떤 특수교사를 요구하는지, 그런 요구를 갖춘 역량 있는 특수교사를 양성하기 위해 양성체제와 교육과정, 나아가 임용제도를 어떻게 마련할 것인지에 대해 논의하였습니다. 이를 위해 구체적으로 특수교사 양성 현황을 살펴보고 지난 70여 년의 역사를 되돌아보며 그동안 추진되었던 정책들을 고찰하였습니다. 특수교사 양성정책을 정초기, 발전기, 도약기, 확대기로 나누고 시대별 특징과 중요 내용을 분석하였습니다. 나아가 최근 형성되고 있는 특수교사 양성의 새로운 환경과 시대적 요구, 외국 특수교사 양성체제를 검토하고 특수교사 양성 미래 모델을 제안하였습니다.

제8장에서는 유 · 초 · 중등 교사양성 '전공'교육과정의 성찰과 과제에 대해 다루었습니다. 이 장에서는 우선 달라진 교육환경과 교사의 역할에 대해 논의하였습니다. 이를 토대로 우리나라 각 학교급별 교사양성 교육과정의 현황과 과제에 대한 살펴보았습니다. 구체적으로 유아교사 양성 교육과정, 초등교사 양성 교육과정, 중등교사 양성 교육과정에 대해 구체적인 사례를 중심으로 세밀하게 분석하였습니다. 이러한 논의를 바탕으로 교사양성 교육과정의 개선 및 발전 방향을 제안하였습니다.

이 책이 반세기를 넘어 100년을 향해 달려 나아가는 한국교원교육학회의 초석이 되리라 확신합니다. 특히 한국에서 교원교육에 대해 연구하는 모든 연구자에게 각 분야별로 한국 교원교육에 대한 성찰 기반을 제공할 수 있다는 점에서 그 의의가 크다고 봅니다. 아울러 한국에서 교원교육에 관심을 갖고 새롭게 연구와 공부를 시작하는 대학원생들 및 학문 후속세대들에게는 좋은 길잡이가 되리라 확신합니다. 또한 각 교육대학교, 사범대학, 교육대학원 등에서 교원교육을 담당하고 있는 분들에게 교원교육의 중요한 토대가 될 것입니다. 뿐만 아니라 각 교육청 및 학교 등 교육현장에서 교육활동에 매진하고 있는 현장 교원 및 장차 교사로 나아갈 예비교사들에게도 매우 뜻깊은 지침서가 될 수 있을 것입니다. 한국교원교육학회의 공동의 노력의 산출물인 이 책이 한국 교원교육의 새로운 도약에 큰 밑거름이 될 수 있기를 간절히 소망합니다. 아울러 이 책이 기반이 되어 한국 교원교육의 연구와 실제에 있어 힘찬 도약이 있기를 기대합니다. 이 책이 나오기까지 1년 동안 노고를 아끼지 않은 집필진, 그리고 이를 위해 애써 주신 학회 담당자 분들께 깊이 감사드리며, 아울러 사명감을 가지고 교육학 분야에서 좋은 책들을 출간하고 계시는 학지사 김진환 사장님께도 진심으로 감사드립니다.

2019. 6.

집필진을 대표하여

29대 한국교원교육학회장 박남기

차례

제 1 장

교사교육 성찰과 미래 방향 탐색

박남기(광주교육대학교 교육학과 교수)

1. 서론

우리나라 교원양성체제(프로그램 포함)에 문제가 많다는 주장과 미래교육을 준비하기 위해서 교원양성체제 개혁이 시급하다는 주장이 반복되고 있지만 별로 개선되고 있지 않다. 필자는 1997년에 초등교원 양성교육의 문제를 적나라하게 드러내고 나아갈 방향을 제시하는 책『미래 교사의 눈에 비친 초등교원양성교육의 현주소』(박남기, 1997)를 출판하였다. 교대 교수들로부터 많은 비판[1]을 받았음에도 불구하고 이 연구를 바탕으로 1997년부터 광주교대 기획실장과 기획실장협의회장을 맡으며 광주교대의 개혁 시도를 전국 교대로 확산시키기 위해 노력하였다. 그리고 2008년부터 4년간 광주교대 총장과 전국교대총장협의회의장(1년간)을 맡아 교대 개혁에 박차를 가하였다. 그 이후에도 지속적으로 초등교원 양성교육 관련 연구와 프로그램 운영을 통해 변화를 시도하였다.[2] 그러한 노력을 기울였음에도 불구하고 프로그램과 프로그램 운영의 근본적인 개혁은 이룰 수 없었다.

대학등록생 경영(박남기 외 3인, 1998)의 관점에서 보면 교사양성은 교사양성기관이 원하는 역량과 자질 및 소명의식을 갖춘 예비교사 자원이 양성기관을 지원하도록 홍보하고 유인을 제공하는 것부터 시작된다. 다음 단계는 지원한 학생들 중에서 가장 훌륭한 교사 자원을 선발하는 신입생 선발이다. 이어서 재학생들을 교육시켜서 훌륭한 예비교사로 졸업시키고, 지속적인 사후 관리를 통해 이들이 훌륭한 동문

---

1) 이 책이 나오자 광주교대 교육학과에서는 비상교수회의가 소집되었다. '떠나려면 곱게 떠나라.'는 교수들의 비판 속에서도 박병학 교수는 "이 책은 라이머의『학교는 죽었다』라는 책처럼 '교대는 죽었다.'고 이야기하는 책으로 교대 발전에 기여할 것으로 기대한다."라고 말하기도 했다. 비판에 대해 "사대 교육을 받은 나로서는 교대의 교원교육에서 충분히 희망을 보았기에 개선을 바라는 마음으로 이 책을 썼습니다. 애착이 없었다면 이러한 책을 쓰지 않았을 것입니다."라고 답을 했다. 타 교대 교수로부터는 광주교대 총장이 이 책 초판을 모두 사서 폐기했다는데 사실이냐는 말을 듣기도 했다. 대구교대 총장은 책을 사서 전체 교수들에게 나누어 주고 세미나를 했다는 연락도 해 왔다.

2) 대표적인 프로그램은 교육부 산하의 '교대발전을 위한 프로그램 개발 추진기획단(2003. 3. 1.~2006. 12. 31.)' 일원으로 1,200억 원(당초 예산 3,000억 원)의 예산을 가지고 교대발전 사업을 추진한 것을 들 수 있다. 그중에서 60억 원을 프로그램 개발비로 활용하면서 전국 교대 교수가 함께 참여하는 각과교육 및 교직과목 교과서 공동개발, 공동적용 사업을 추진했다.

이 되도록 하는 것까지가 가장 넓은 의미의 교사양성이다. 이 장에서는 양성교육만이 아니라, 중요함에도 불구하고 학계가 크게 관심을 갖지 않은 교사양성기관의 신입생 선발에 대해서도 현황 분석과 미래 방향을 간략히 제시하고자 한다.

현행 법(「초 · 중등교육법」 제21조, 「유아교육법」 제22조, 「영유아보육법」 제21조)상 유 · 초 · 중등학교의 경우 교원은 교장(감), 원장(감), 교사를 포함하는 개념이다. 이 장에서는 교장(감)이나 원장(감)의 양성은 제외하고 교사양성에만 초점을 맞춘다. 「고등교육법」 제41조에 의하면 교대와 사대는 교사가 아닌 교원을 양성함을 목적으로 하고 있다. 하지만 대부분의 교사양성기관이 더 이상 교장(감)이나 원장(감)을 양성하지 않으며, 양성하더라도 교육청이나 교육부의 위탁을 받아 양성과정을 운영하고 있다.

이 장은 필자의 오랜 교원양성교육 종사 경험, 교대 경영 경험, 그리고 그동안의 연구를 바탕으로 하고 있다. 그동안 왜 필요한 체제를 만들기 어려웠는지, 때로는 일부 체제를 바꾸는 데에는 성공했지만 그럼에도 왜 원하는 효과가 나오지 않았는지, 돌이켜 볼 때 어떤 부분을 놓쳤는지, 향후 교원양성체제를 개혁한다고 할 때 어떤 부분에 더 신경을 써야 할지에 대해 논해 보고자 한다. 지금까지 교사교육 성찰을 위해서는 제반 분야의 교사교육 흐름을 조망해야 하지만 그러한 내용은 이하의 각 장에서 다루므로 여기서는 교사(교수 포함) 자격 및 유형에 대한 현행 법체계와 특징만을 살피겠다. 그리고 다른 전문직종 양성과 선발 체제와 비교하면서 교사양성체제의 특징을 밝힌다. 이 장에서는 교사양성 전체를 대상으로 하여 분석하지 못하고 초등교사와 중등교사 양성에 주로 초점을 맞추었음을 미리 밝힌다. 하지만 이 글의 분석 내용과 틀은 유아교육과 특수교육 교사 및 그 외 다양한 교사의 양성에도 적용될 수 있으리라 생각한다.

미래 방향을 탐색하기 위해서는 먼저 미래사회가 필요로 하는 교사의 역량을 간단히 분석한다. 그리고 교사교육의 현재를 분석하고 나아갈 방향을 탐색하기 위한 틀로 시스템 엔지니어링(system engineering)과 복잡계(complex system) 관점을 제시한다. 앞에서 언급한 것처럼 교사양성의 중요한 출발점인 예비교사 선발 현황과 미래 방향도 함께 살펴본다. 더불어 제반 분석을 토대로 교사양성체제의 개혁 방향을 제시한다.

2. 교사 자격 및 유형에 대한 현행 법체계와 특징

1) 교사 유형과 자격 취득조건

우리나라의 교사는 학교 단계별로 보면 영유아 단계의 보육교사(「영유아보육법」 제21조)와 유치원교사(「유아교육법」 제22조), 초·중등학교 및 특수학교 교사(「초·중등교육법」 제21조), 대학의 교원(「고등교육법」 제16조)으로 나뉜다. 초·중등 및 특수학교 교사는 정교사(2급, 1급), 준교사, 전문상담교사, 사서교사, 실기교사, 보건교사, 영양교사로 나뉜다(「초·중등교육법」 제21조 제2항). 해당 법률에는 각각 교사자격 취득조건이 상세히 규정되어 있다. 특수학교는 학교 단계가 아니라는 이유로 영유아 단계의 보육교사나 유치원교사와 달리 관련법이 아닌 「초·중등교육법」에 교사자격이 규정되어 있다. 특수학교 교사 자격과 유형은 일반학교 교사와 크게 차이가 있으므로 영유아 교사와 마찬가지로 「특수교육법」에 교사자격 조항을 신설하는 것이 타당할 것이다.

교사자격은 유치원 및 초·중등교사는 교육부 장관이, 보육교사는 보건복지부 장관이 검정(檢定)·수여하는 자격증을 받아야 생긴다. 그런데 대학 교원은 별도의 자격증을 받는 것이 아니라 법이 정하는 대학 졸업자 및 동등 자격자로서 법이 정하는 연구와 교육 경력을 갖거나 대학인사위원회의 인정을 받으면 자격이 생긴다(「대학교원 자격기준 등에 관한 규정」 제2조).

2) 초·중등'교사'와 대학 '교원' 용어의 불일치

교사자격을 정하고 있는 관련법에서는 교원이 교장(감), 원장(감), 교사를 통칭하는 용어로 사용되는데 「고등교육법」(제16조)에서 대학의 교사를 교원이라고 칭하고, 동법이 위임한 「대학교원 자격기준 등에 관한 규정」(제2조)에서는 "교수·부교수·조교수(이하 '교원'이라 한다)"라고 명시함으로써 교원이 교수, 부교수, 조교수를 통칭하는 용어로 사용되고 있다. 이로 인해 교원이라는 용어가 법률에 따라 서로 다른 의미를 갖는 법률용어 불일치 문제가 발생하고 있다. 이 문제를 해결하기 위한 방안으로는 두 가지가 있다. 하나는, 직급으로서의 교수 명칭을 정교수로 바꾸는 것이다. 법률상 대학의 교수, 부교수, 조교수는 직급 명칭이므로 초·중등학교 교사 직급과 비교하면 1급 정교사, 2급 정교사, 준교사와 유사한 것이다. 사회에서 이미 교수가 대학 교사를 통칭하는 개념으로 사용되고 있으므로 관련법 조항에서 교원이라는 용어 대신 '교수(교수 · 부교수 · 조교수를 의미함)'로 칭하는 것이 타당해 보인다. 하지만 이렇게 하면 동일 법 내에서 직급으로서의 교수라는 용어와 통칭으로서의 교수라는 용어가 혼용되어 법적 혼란이 유발될 수 있다. 이를 해결하기 위한 방법이 대학교수의 직급은 정교수, 부교수, 조교수로 바꾸고 통칭을 교수로 바꾸는 것이다. 또 하나의 방법은, 법률용어를 통일시켜 대학 교원이라는 표현도 대학 교사로 바꾸는 것이다. 사회적 통칭과의 일관성을 볼 때 전자가 더 타당해 보인다. 이하에서는 대학 교수자의 경우 법률용어인 교원 대신 교수를 통칭으로 사용한다.

3) 일반대학 교수자격

우리나라에는 교수자격(증)이 따로 없다. 이 때문에 교수를 양성하는 기관이나 프로그램이 별도로 존재하지 않는다. 그 결과, 일반교사가 기본적으로 갖추어야 할 교육적 지식은 고사하고 교수법, 평가 및 측정, 학급경영 기법, 학생상담 및 진로지도 등의 기초 역량을 갖추지 않은 채 가르치는 일을 하는 교수들이 상당수 있다. 이는 세계적인 추세에 따른 것으로 보인다. 의사, 변호사, 신부 그리고 교사들까지 전통적인 전문직종은 모두 자격 조건이 있고 공인자격증이 있는데 교수만 예외인 이유는 찾지 못했다.

프랑스는 국가대학심의회의 '국가교수자격자격자 명단'에 등록된 사람들 가운데서 신임교수를 채용한다(교수후보자격인증제). 부교수직은 "박사학위 논문의 수준, 연구 업적의 학문적 질, 박사 이후 연구 업적과 학문적 교류, 교육경력을 보며, 교수직의 경우는 이 외에도 교수자격학위(아빌리타시옹)의 자격이 필요하다. 교수자격학위는 교수자격 논문을 준비하고 과정을 이수하며 연구 후 심사위원들 앞에서 자신의 논문을 발표하고 공개구두시험에 성공적으로 통과하여 교수로서의 자질을 갖추었다고 판정되면 취득하는 자격이다. 본인 소속 이외의 대학에서 심사를 거쳐 취득하는 자격증이다"(관리자, 2008). 이처럼 교수자격제를 택하고 있는 프랑스의 경우에도 부교수나 정교수 자격 요건에 교수법이나 학생지도 역량과정 이수 요건 등 가르침과 관련된 지식, 역량, 태도 등은 들어 있지 않다.

우리나라의 경우에는 앞에서 살핀 것처럼 법이 정한 학위와 연구 및 교육경력만 갖추면 자동으로 교수자격이 생기게 되어 있고, 심지어 그러한 조건을 갖추지 못했더라도 각 대학인사위원회가 인정하면 자격이 주어진다. 따라서 교수가 되고자 하는 사람이나 현직교수 모두 교수법 등에 별다른 관심이 없었다. 하지만 강의평가제가 도입되고 그 결과가 연봉 및 승진 등에서 중요한 역할을 하자 교수법에 대한 관심이 높아졌다. 그리고 교수 채용과정에서 시범강의가 갖는 의미도 커지고 있다. 하지만 강의 관련 교과목 이수 여부는 평가 대상이 아니다.

4) 교사양성기관 교수자격

교사를 기르는 교사라면 교수법을 비롯하여 교육에 정통한 전문가이고, 일반교사들보다 훨씬 더 뛰어난 태도, 역량, 교육에 대한 소명의식 등을 갖추었을 것으로 가정하기 쉽다. 하지만 교사양성기관도 교수 채용 시 일반대학처럼 교육학적 지식이나 교육에 필요한 역량 및 태도를 갖추었는지는 따지지 않고 있어서 이러한 가정과 현실 사이에는 차이가 있다. 법과 제도가 미비하여 이러한 자질을 갖추지 못한 채 예비교사 양성에 임하는 교수가 늘어나면 교수 자신만 어려움을 겪는 것이 아니라, 그 아래에서 길러지는 예비교사도 사회나 교육계가 기대하는 모습의 예비교사가 되기 어려울 가능성이 높다.

교사양성기관이 제 역할을 하도록 하기 위해서는 동 기관 교수 요원에 대해서라도 사전에 혹은 채용 후에라도 관련과목 이수 여부 등을 파악하여 필요 최소한의 범위에서 교육학적 지식과 역량 및 태도 그리고 교사를 기르는 교수로서의 소명의식을 갖추기 위한 과정을 이수하는 조건으로 채용할 필요가 있다. 아울러 현장 경험이 없을 경우에는 실습학교에서 적어도 6개월은 직간접 실습을 통해 현장에 대한 감을 익히는 것을 조건으로 채용해야 한다.

교사양성의 질을 좌우하는 것이 교수 요원인데 그동안 교사양성을 담당하는 교수에 대한 관심은 상대적으로 낮았다. 교사양성기관이 우리 사회와 교육계가 바라는 수준과 역량 및 소명의식을 갖춘 교사를 양성해 내기 위해서는 향후 체계적인 연구에 근거한 교수 채용, 채용 결정 후 직전연수를 비롯한 현직연수 정책이 수립·집행되어야 할 것이다.

3. 현행 교사양성체제 이해

1) 교사양성체제의 이원화: 폐쇄형과 개방형

교대와 여타 교사양성기관을 구분할 때 전자는 목적형이고 후자는 개방형이라고 표현하는 것이 최근의 추세이다(이병기, 2017). 그러나 이렇게 구분하는 것은 범주 오류이다. 목적형의 상대어는 일반형이고 개방형의 상대어는 폐쇄형이다. 특수목적대학은 사관학교, 경찰학교, 한국전통문화대학교 등처럼 특수분야의 인력을 독점적으로 양성하기 위한 목적을 가지고 별도의 설치법에 의거해 설치된 경우가 대부분이다. 특수목적대학은 인력양성 독점권 때문에 폐쇄형이 될 수밖에 없다. 교육대학교는 별도의 설치법이 아니라 「고등교육법」에 열거된 대학의 한 유형이다[대학 및 산업대학(제2절), 교육대학 등(제3절), 전문대학(제4절)]. 따라서 법적으로는 특수목적대학이 아니다. 다만 초등교사 대부분이 교대체제에서 양성되고 있고, 일반교사와 달리 초등학교 전과목을 담당할 뿐만 아니라 학급을 경영하는 경영자라는 특수 인력을 배출하는 점에서 의대, 치과전문대학원, 법학전문대학원처럼 폐쇄형의 특수목적대학 특성을 가지고 있으므로 일종의 준특수목적대학 혹은 그냥 목적대학이라고 칭하는 것이 타당하다.

중등교사의 경우는 사대가 아닌 그 이외의 기관에서 배출되는 중등교사 자격증 소지자가 더 많으므로 말 그대로 개방형 양성체제에서 양성되고 있다. 사대 졸업자 중에서 교사가 되는 비율 또한 극히 낮아 목적대학으로서의 위상도 잃어 가고 있다. 따라서 현행의 사대는 목적을 가진 개방형의 대학에서 일반대학으로 변화되고 있는 중이라고 보는 것이 타당하다. 단, 중등의 경우도 교사 임용시험 응시자격을 해당 분야의 교사자격증 소지자로 제한함으로써 전체 중등교사 양성기관의 관점에서 보면 독점권은 보장받고 있는 셈이다.

2) 전문직 종사자 양성 및 선발 체제 유형

전문직(profession) 종사자의 전문지식과 태도, 실무 역량, 소명의식 등을 짧은 시간 동안에 진행되는 시험을 통해 제대로 평가하는 것은 거의 불가능하다. 그래서 전문직종의 양성과 임용은 특성상 대부분 양성후임용체제를 택한다. 전문직종 양성제도는 임용제도와의 관계에 따라 크게 **양성후임용형**(양성 · 임용 일체형), **양성후선발형**(양성 · 임용 연계형), **선발후양성형**의 세 가지로 나뉜다. 유형에 따라 교육과정 목적과 구성의 초점 그리고 내용이 달라져야 한다. 유형에 적합한 교원양성 교육과정과 운영체제를 만들지 못할 경우 원하는 결과가 나오지 않는다.

(1) 양성 · 임용 일체형

양성후임용형에서 양성기관은 대부분 양성 독점권을 가지고 있다. 이 유형은 일반인이나 일반대학 졸업자들이 대체하기 어려운 전문직업 종사자 양성에 활용된다. 이 체제에서는 양성기관에 입학하여 소정의 양성과정을 성공적으로 이수할 경우 특별한 문제가 있는 사람이 아니라면 곧바로 해당 직종에 종사할 수 있도록 임용한다. 과거 의무발령 시절의 국립 교사양성기관 그리고 현재의 사관학교, 경찰학교 등의 특수목적대학이 여기에 속한다. 일반대학의 의대 졸업생은 사관학교와 달리 졸업 후 의사고시에 합격해야 하지만 대부분 합격할 수 있게 되어 있어서 의대도 일종의 양성임용일체형 기관으로 간주된다.

이 체제에서는 졸업 후 곧바로 해당 직종에서 직무를 수행할 수 있을 정도로 기초지식과 필요한 실무 역량을 길러 주고, 이를 위해 충분한 실습기회도 제공해야 한다. 다른 특수목적대학들은 그렇게 하고 있는데, 의무발령제도 시절의 국립 교사양성기관은 다른 일체형 기관과 달리 충분한 실무 역량이나 지식을 갖추도록 교육시키지 못했다는 비판을 받았다. 그 이유는 교사양성기관에 대한 투자가 부족했기 때문이기도 하다.

(2) 양성 · 임용 연계형

양성 · 임용 연계형은 높은 임용률을 보장하는 체제와 그렇지 않은 체제로 나뉜다.

① 높은 임용률 보장체제

양성 · 임용 연계형은 양성기관에 자격증 수여 독점권을 부여하지만 임용을 보장하지는 않는 체제로서 현재 우리나라 교사양성 · 임용체제가 여기에 해당한다. 양성 · 임용 연계형을 택하더라도 양성교육이 제대로 이루어지도록 하려면 높은 임용률(혹은 해당 직종 취업률)이 보장되어야 한다. 높은 임용률이 보장되면 거의 양성 · 임용 일체형과 같으므로 교직과정 구성과 운영도 일체형에서처럼 필요한 기초지식만이 아니라 실무 역량을 제대로 기를 수 있도록 이루어져야 한다.

우리나라 초등교사 양성교육과 법학전문대학원이 여기에 속한다. 교대 졸업생은 임용시험에 합격하면 2주 정도의 짧은 직전교육만 받고 바로 현장에 투입된다. 반면, 법학전문대학원 졸업생은 변호사시험 합격 후 6개월간의 실무수습을 거쳐야 비로소 '정식' 변호사로 활동할 수 있다. 따라서 교대 교직과정은 졸업과 동시에 해당 전문직종에 곧바로 투입될 수 있도록 전문지식만이 아니라 예비교사, 초등교사, 교장, 학생, 학부모, 전문가들의 의견을 토대로 신규교사가 갖추어야 할 기본 역량을 철저히 분석하여 주어진 기간 내에 해당 역량을 제대로 길러 줄 수 있도록 개편해야 한다.

현재의 4년 교육기간으로는 필요한 기초지식과 역량을 길러 주고 충분한 실습기간을 확보해 주는 것이 불가능하다. 간호사도 1,000시간(*1일 8시간 기준 25주에 해당)의 실습을 하도록 의무화하고 있는 상황임을 고려할 때, 교대생의 실습시간도 최소 그 정도는 확보해야 한다. 만일 4년제를 그대로 유지하고자 한다면 대학의 방학을 이용하여 실습기회를 확보하는 것도 하나의 방안이다. 다른 하나의 대안은 제대로 된 기초지식과 실무 역량을 길러 주되, 변호사처럼 임용시험 합격생이 6개월 정도의 수습교사 기간을 거쳐 2급 정교사가 되게 하는 것이다.

② 낮은 임용률 체제

전문직종 양성교육은 특성상 높은 임용률을 보장해 주어야만 양성체제가 제대로 작동할 수 있다. 그러나 초등교사 양성을 제외한 다른 양성 시스템의 경우에는 높은 임용률을 보장하지 못하고 있다. 전문직종이라고 하면서도 졸업생의 임용률을 낮게 유지하고 있는 이유 중의 하나는 누구나 가르칠 수 있다고 생각하는 교직의 전문성에 대한 사회적 인식 때문이다.

졸업생의 임용시험 합격률이 낮은 경우에는 실무교육을 제대로 시키거나 장시간의 실습을 시키는 것이 현실적으로 불가능할뿐더러 타당하거나 합리적이지도 않다. 교직과정을 통해 실무교육을 제대로 시키는 것이 타당하거나 합리적이지 않으며 현실적으로도 효과를 거두기 어렵다. 이 경우 많은 예비교사를 대상으로 실습학교를 확보하는 것도 어렵고, 국가와 개인의 재원과 시간 낭비 문제도 심각해진다.

사회 일반의 인식처럼 누구나 가르칠 수는 있다. 하지만 학급이라는 상황에서 다양한 배경을 가진 많은 학생을 한꺼번에 가르치고 생활지도를 하기 위해서는 상당한 전문적 역량을 갖추어야 한다. 현행 교사양성과 임용체제의 가장 큰 문제는 사대의 교사양성과정을 통해 전문직 종사에 필요한 실무 역량을 제대로 길러 주지 못하고 있음에도 불구하고 양성 · 임용 일체형의 양성기관에서처럼 재학생들에게 실무 역량을 충분히 길러 주었다고 가정하고 선발 후 곧바로 임용하는 것이다.

만일 현재처럼 낮은 임용률을 유지하고 모두가 동일한 프로그램 안에서 교육을 받도록 하고자 한다면 교직과정은 실무보다는 전문지식을 함양하는 데 초점을 맞추는 것이 바람직하다. 교사가 될 수 없는 많은 학생에게 억지로 실무 역량을 길러 주거나 긴 시간의 실습을 하게 하는 것은 바람직한 방향이 아니다. 이 체제는 교사를 양성하는 데 적합하지 않다. 임용시험 합격자를 대상으로 적어도 6개월 이상의 실무교육(혹은 수습교사제)을 실시하는 준선발후양성체제로라도 시급히 전환해야 한다.

(3) 선발후양성체제

전문직 종사자를 양성할 때 선발 후에 양성과정을 통해 전문직 종사자로서의 소명의식과 지식 및 역량을 기르는 선발후양성체제를 취하는 경우도 있다. 법관양성체제는 원래 선발후양성체제를 택하고 있었는데, 법학전문대학원(법전원)제도가 도입되면서 양성후선발체제로 바뀌었다. 그 결과, 법전원 졸업자만 변호사시험에 응시할 수 있는 폐쇄형 양성체제가 되었다. 하지만 교사자격증 소지자가 횟수와 기간 제한 없이 임용시험에 응할 수 있는 것과 달리 법전원 졸업자는 변호사시험을 5년 이내에 5회만 응시할 수 있도록 제한을 받고 있다(「변호사시험법」 제7조 제1항). 최근 들어 변호사 공급이 과다할 뿐만 아니라 졸업생들의 변호사시험 합격률이 점차 낮아지고 있어서 혼란을 겪고 있다.

이 체제하에서는 선발시험이 전문직종 수행 역량이 아닌 관련 지식 수준만을 측정하는 데 초점이 맞추어져 있다. 따라서 이 시험에 응시하고자 하는 학생을 기르는 대학이나 관련기관은 전문직 종사자 양성기능을 수행하는 것이 아니라 선발시험에 맞추어 학문적 기초 및 관련 지식을 가르치는 것에 초점을 둔다. 사법시험에 합격한 사람을 대상으로 사법연수원에서 법관을 양성했던 과거 체제가 그 예이다. 이때 법대는 법관양성기관이 아니므로 실무를 가르칠 필요가 없었다.

선발후양성체제를 택하기 위해서는 두 가지 조건이 충족되어야 한다. 첫째, 선발 대상이 특정한 학문적 배경을 반드시 갖지 않아도 되거나 아니면 오히려 다양한 학문적 배경을 갖는 것이 더 바람직해야 한다. 둘째, 해당 선발시험을 준비시키는 대학(기관)의 졸업자들이 졸업 후 시험에 합격하지 못하더라도 대학에서 배운 지식을 다른 분야에 널리 활용할 수 있어야 한다. 두 번째 조건이 충족되지 않으면 이 기관에서 공부하는 사람들은 졸업 후 무직자(고시낭인)가 될 가능성이 높다.

고등학교 교사는 특정 교과에 대한 전문적 지식 수준이 높은 사람이어야 하므로 선발후양성형에 의해 배출해도 무방하다. 하지만 과학 전과목, 혹은 사회 전과목을 가르치거나 다양한 교과를 가르칠 필요가 있는 중학교 교사는 선발후양성체제가 적합하지 않다.

4. 미래사회와 교사의 역량[3)]

미래 교사양성교육을 위해서는 교사역량 모델을 개발하는 것이 시급하다. 박영숙, 박균열, 정광희, 김갑성, 전제상(2015: 183-184)은 제4차 산업혁명기의 교육에 필요한 교사 '핵심역량'을 공통 핵심역량군, 자격종별 및 직급별 특성을 반영하는 '직무역량군', 교직 생애 발달 단계별 '전문 역량군'으로 나누어 제시하고 있다. 미래 교사는 오늘의 교육자가 갖추어야 할 역량과 더불어 미래 인재를 육성하는 데 적합한 역량까지 함께 갖추어야 할 것이다. 미래 교사에게 요구되는 역량을 도출하기 위해서는 직면하고 있는 현실, 교사의 업무, 2015 개정 교육과정이 추구하는 인간상과 핵

---

3) 이 절은 박남기(2017a)의 「교사 양성 정책의 현장 적합성 진단과 혁신 방향」을 토대로 작성하였다.

심역량 그리고 미래 인재육성에 필요한 역량 등에 대한 고찰이 필요하다.

1) 우리의 현실

어떤 역량을 길러 줄 것인가를 논할 때 필요한 것 중의 하나는 최근에 배출된 초·중등교사들의 역량에 대한 기존 교사, 학생 그리고 신규교사의 인식 조사이다. 만일 가능하다면 이들의 학생지도를 포함한 학급경영과 수업 역량 등을 직접 관찰하여 파악하는 것이다. 대학원 강의실에서 만난 교사들(대학원생들)과의 면담에 따르면 신규교사들의 문제는 교직수행에 필요한 기능과 지식 역량을 갖추지 못한 것이 아니라 오히려 소명의식이 결여된 것이다. 과거 교사들과 달리 아예 출퇴근시간이 확실하고 여유가 많아서 교직을 택했다면서 주어진 최소한의 역할만 수행하고 삶을 즐기겠다는 의식을 가진 교사들이 늘어나고 있다고 한다.

체력도 문제로 지적한다. 교직뿐만 아니라 어느 직종에 나아가든 삶에서 가장 기초는 체력이다. 교대 신입생들의 체격은 커지고 있지만 체력은 급속히 떨어지고 있다는 것이 체육과 교수들의 공통된 의견이다. 이는 우리나라 초·중·고생들의 체력이 전반적으로 저하되고 있는 것과 관련이 있다(신수정, 2006. 5. 18; 허승, 2014. 10. 24.). 교직은 다른 화이트칼라 직종에 비해 훨씬 더 강인한 체력을 필요로 한다. 특히 출근해서 퇴근할 때까지 하루 종일 다양한 특성을 가진 많은 학생과 함께 생활해야 하는 초등교직은 더욱 그러하다. 교사양성교육에서 체력강화 프로그램을 충분히 가동하지 않으면 발령받은 지 얼마 되지 않아 체력 고갈 상태를 경험하게 될 것이다. 체력은 학생 지도와 교육에서 중요한 인내력과 포용력이라는 소중한 자원의 바탕이 되기도 한다. 몸이 건강해야 학생들의 다양한 도전을 기쁜 마음으로 바라보며 참고 지도할 수 있다. 자기 몸이 힘들면 신경이 예민해져서 학생들의 행동 하나하나가 눈에 거슬리게 된다.

신규교사들의 또 다른 문제로 지적되는 것은 업무 스트레스에 대한 인내력이다. 과거 교사들과 달리 물리적·환경적인 어려움에 노출될 기회가 적었던 신규교사들은 발령 후에 쏟아지는 업무 앞에 쉽게 무너진다. 제주도의 경우 신규교사들 중에 우울증을 앓거나 심지어 자살 충동을 느끼는 교사가 과거에 비해 크게 늘고 있다고 한다. 이에 대한 대책으로 교사들이 전화 한 통화만 하면 시간과 장소를 가리지 않고 전문가가 직접 찾아가서 도움을 주는 원스톱 서비스를 제공하고 있다고 한다.

의대보다는 약할지 모르지만 교대도 상당히 힘든 프로그램을 운영하고 있다. 이는 과거에도 그러했고, 지금의 교대도 유사하다. 이러한 상황에서 학생들의 불만은 교육과정이 힘들다는 것 자체보다는 강의 중에 배우는 지식과 기능이 정말 훌륭한 교사가 되는데 반드시 필요하고 유용한 것인가에 대해 자신들이 공감하지 못한다는 것이다(박남기, 1997).

제4차 산업혁명기가 인간의 뇌와 몸을 신의 수준으로 완전히 바꾸어 놓거나 아니면 원격제어를 통해 인간의 생각과 몸을 완전히 제어할 수 있는 때가 오기 전까지는 몸과 뇌를 가진 인간이 인간의 한계 속에서 인간적으로 느끼고 고뇌하고 사랑하며 살아가게 될 것이다. 그러한 인간을 염두에 둔 교사교육의 방향을 탐색하는 것을 잊지 않아야 한다. 과거에 비해 기능과 지식 위주로 프로그램이 운영되면서 그러한 정서적 역량을 육성하는 데는 소홀해지고 있다는 것이 교대를 졸업하고 교대에서 근무하고 있는 교수들의 보편적인 생각이다.

지난 20여년간을 돌이켜 볼 때, 우수한 학생들이 입학하는 우리나라 교사양성교육에서 길러 주어야 할 핵심은 소명의식과 지속적으로 학습하는 자세이다. 교직은 헌신하는 마음이 없으면 수행하기 어려운 직업이다. 따라서 교사양성 단계에서 헌신하는 마음, 가르침에 대한 사랑만이 아니라 영원한 학생으로서 지속적으로 공부하는 자세 등을 반드시 길러 주어야 한다. 이를 위해서는 양성기간이 5~6년으로 늘어날 경우 2년간은 교양과 함께 예비교사들의 기본 심성과 가능성을 파악하여 필요한 정서 역량을 강화해 주는 프로그램을 가동해야 한다. 가능하다면 기숙사에서 생활하게 하며 예비교사로서의 소명의식과 자긍심 그리고 역량을 길러 주어야 한다.

2) 미래 교사에게 요구되는 역량[4)]

김병찬(2017)은 지능정보사회를 대비하기 위해 교사양성기관에서 예비교사들에게 갖추어 주어야 할 역량을 지능정보 역량, 감성 역량, 융합지식 역량, 인간사회에

4) 이 내용은 박남기(2015a)의 「미래교육에서 교사에게 요구되는 역량」과 박남기(2015b)의 「미래교육을 위한 교사 역량제고 방안」을 수정 · 보완하였다.

대한 종합적 통찰 역량, 공동체 역량, 사회정의 역량, 세계시민 역량 등으로 나누어 제시하고 있다. 제시하고 있는 역량 중에서 '인공지능, 로봇, 가상현실 등을 다루고, 과학기술 발달로 발생할 수 있는 윤리적 문제에 대해 고민하고 결정할 수 있는 지능 정보 역량'을 제외하고는 지금까지의 교사들이 갖추어야 할 일반 역량과 큰 차이는 없다. 융합지식 역량이나 세계시민 역량 등도 이미 그동안 강조되어 왔던 역량이다.

서울 미래교육을 위한 교사 역량으로 제시된 것은 다음과 같다(김성수, 2017: 71-72).

- 교육과정, 수업, 평가의 속성 이해 · 계획 · 운영 역량
  - 교육과정 개발, 재구성 및 수업 디자인, 실행 능력
  - 평가 및 환류 능력
- 학교 및 학급공동체 생성 · 유지 · 성장 능력
  - 민주시민교육과 학교 · 학급공동체 형성 · 성장
  - 학습공동체 형성 · 유지 · 발전
  - 민주적 교육 협치 · 구축 · 운영 역량
- 전인적 성장 이해 · 촉진 역량
  - 전인적 성장 지원
  - 글로벌 이슈(생태, 평화, 비차별 등) 이해 및 교육에의 적용

이러한 논의를 바탕으로 교사의 업무, 2015 개정 교육과정이 추구하는 인간상과 핵심역량 그리고 미래사회의 특성에 비추어 교사가 갖추어야 할 역량을 추출하면 다음과 같다.

(1) 교사의 업무

역량은 어떤 일을 해 나갈 수 있는 힘과 능력을 의미한다. 교사에게 어떠한 역량이 필요할지는 교사 업무에 달려 있다. 대학 교사(교수)의 역할은 교육, 연구, 봉사라는 세 가지로 구분된다. 초 · 중등학교 교사의 역할도 크게 세 가지로 나눌 수 있다. 하나는 생산활동인 교육 및 학급경영자(수업과 학급경영 업무)로서의 역할이고, 또 하나는 학교경영(지원)자로서의 역할이며, 마지막은 자기계발 및 연구자로서의 역할이다. 일부 교사는 학교경영자와 경영지원자로서의 역할을 잡무로 생각하는

경향이 있으나 지금보다 행정직원 수가 크게 늘어나지 않는 한 교사들이 학교경영(지원) 활동에서 완전히 자유로울 수는 없을 것이다. 마지막 자기계발 및 연구자로서의 역할도 교사들에게 주어진 중요한 역할이다. 교수와는 달리 지금까지는 봉사라는 역할이 중시되지 않았으나 미래에는 점차 중요시될 것으로 예상된다. 하지만 지금처럼 과중한 업무를 수행해야 하는 상황에서는 봉사가 별도의 중요한 역할로 독립되기는 어려울 것이다.

각 업무를 수행하기 위해 필요한 역량(예)을 간략히 정리하여 제시하면 〈표 1-1〉과 같다. 이 표에 제시한 다양한 역할과 그에 따른 역량은 교사가 꼭 갖추어야 할 것들이다. 이 모든 것을 한마디로 축약한다면 '스승으로서의 역량'이라고 할 수 있을 것이다. 스승에 대해 정의해 놓은 가장 오래된 글 중 하나인 한유의 사설(師說)에 보면 스승은 도를 전하고, 도를 익히는 데 필요한 공부를 시키며, 의혹을 풀어 주는(傳道授業解惑) 사람이라고 정리되어 있다. 즉, 스승은 어느 특정 분야의 지식이나 기능만을 가르치는 사람이 아니라 한 사람이 살아가는 데 필요한 삶의 자세와 함께 필요한 제반 능력을 길러 주고 이를 몸으로 실천하는 사람이다. 이는 오늘날 우리 마음속에 살아 있는 스승의 모습과 크게 다르지 않다. 요새 유행하는 멘토라는 말을 포

표 1-1 교사 역할(업무)과 필요한 역량

역할 구분	업무	내용	필요한 역량(예)
수업담당자 및 학급경영자	수업	담당 교과 지도	교과전문성, 학습자 이해, 교수법, 수업경영능력, 평가 등
	학급경영	학급경영 목표 및 연간 계획수립, 규칙과 수칙경영, 행동경영, 조직화, 교실환경, 수업경영, 행사활동을 포함한 시기별 학급경영, 학부모경영, 사무경영, 경영평가 등)	통합적 교육관, 학급경영 제반 영역 경영 역량(예: 배움 공동체 형성, 교실환경 조성, 행동경영, 학부모경영, 사무경영 역량 등)
학교경영 및 경영지원자	담당업무	부장 업무, 담당 사무	담당 업무 처리능력, 동료교사와의 협력 및 소통
자기계발 및 연구자	자기계발	연수, 자기연찬(대학원진학 등)	학습열(學習悅) 유지력, 건강 및 시간관리를 포함한 자기관리능력
	연구	현장연구를 포함한 연구 수행	연구역량

출처: 박남기(2008)에서 재구성.

함하고 있으며 더 넓고 깊은 뜻을 가진 우리말이 바로 스승임을 알 수 있다. 자신이 담당한 교과나 기능만을 전달하는 것이 아니라, 제자에 대한 진한 사랑을 가지고 제자가 꿈을 이루어 가도록 도우며, 진실한 삶을 살아가도록 이끌고 스스로도 그러한 삶을 살아가는 사람이 스승이다. 교사를 지식전달자가 아닌 스승으로 정의하는 것, 그것이 교사 역량을 제대로 이해하는 바른 접근이다(박남기, 2011. 5. 9.).

(2) 2015 개정 교육과정이 추구하는 인간상과 핵심역량

미래교육에서 교사에게 요구되는 역량을 파악하기 위한 하나의 방법은 교사가 기를 학생들에게 요구되는 역량이 무엇인지를 알아보는 것이다. 2015 개정 교육과정이 추구하는 인간상은 자주적인 사람, 창의적인 사람, 교양 있는 사람, 더불어 사는 사람의 네 가지이다. 핵심역량은 자기관리 역량, 지식정보처리 역량, 창의적 사고 역량, 심미적 감성 역량, 의사소통 역량 그리고 공동체 역량의 여섯 가지로 제시되었다. 인간상과 핵심역량 간의 관계를 정리하여 제시하면 〈표 1-2〉와 같다. 정권이 바뀌어 다시 교육과정이 바뀐다고 하더라도 추구하는 인간상 자체가 근본적으로 바뀌지는 않을 것으로 보인다.

교사는 학생들이 학교교육을 통해 갖추어야 할 역량이 무엇인지를 알아야 할 뿐만 아니라 자신들도 그러한 역량을 당연히 가지고 있어야 한다. 그래야만 학생들에

표 1-2 2015 개정 교육과정이 추구하는 인간상과 핵심역량

추구하는 인간상	인간상별 의미	핵심역량
자주적인 사람	전인적 성장을 바탕으로 자아정체성을 확립하고 자신의 진로와 삶을 개척하는 자주적인 사람	자기관리 역량, 지식정보처리 역량, 생활조직 역량*
창의적인 사람	기초 능력의 바탕 위에 다양한 발상과 도전으로 새로운 것을 창출하는 창의적인 사람	창의적 사고 역량, 지식정보처리 역량
교양 있는 사람	문화적 소양과 다원적 가치에 대한 이해를 바탕으로 인류문화를 향유하고 발전시키는 소양 있는 사람	심리적 감성 역량, 의사소통 역량
더불어 사는 사람	공동체 의식을 가지고 세계와 소통하는 민주 시민으로서 배려와 나눔을 실천하는 더불어 사는 사람	공동체 역량, 의사소통 역량

* Toffler (1994), p. 528.
출처: 김경자(2015), p. 11에서 재구성.

게 그러한 인간상과 역량을 길러 줄 수 있을 것이다.

(3) 미래사회 변화와 교사의 역량

앞에서 언급한 역량 이외에 미래사회에 적합한 미래교육을 위해 교사가 갖추어야 할 역량을 추가로 생각해 볼 필요가 있다(박남기, 2015c; 카이스트 미래전략대학원, 2015). 향후 우리 교사들이 직면하게 될 가장 큰 문제는 경제 수준 향상 및 빈부 격차 심화에 따른 학생들의 무기력감 및 학습의욕 급감, 이기심 증가, 분노조절장애 등의 정신질환 비율 증가 등이 될 것이다. 그리고 도시집중 인구 비율 증가로 인해 좁은 공간에서 더 많은 사람이 함께 살아가야 하므로 충돌 가능성이 증가하고, 불안 요인도 증가하며, 갈등도 증가하게 될 것이다. 교사는 학생들이 이러한 문제를 극복하면서 미래 인재가 되도록 이끌기 위해 학습동기 부여 역량, 갈등해결 역량, 상담 등의 학생지도 역량 등을 갖추어야 할 것이다.

혼인율 저하와 저출산에 따른 인구 감소 및 고령화시대에 대비하기 위해서 교사는 고독한 개인을 공동체의 일원으로 성장시키는 역량, 고급인력 부족을 대비하여 모든 아이에게 적합한 개별화 교육을 시키는 역량, 100세 시대에 대비할 수 있도록 경제교육과 건강교육을 시키는 역량 등을 갖추어야 한다.

미래사회의 특징 중의 하나는 민주주의 위협 및 피로감 증가이다. 에드워드 루카스는 『메가 체인지 2050』에서 현재의 민주주의는 정신을 좀먹는 돈의 힘, 유권자들의 무관심, 끝없이 이어지는 의사결정과정(예: 처리해야 할 법안을 제때에 처리하지 못한 채 세월을 보내고 있는 우리나라 국회), 특별한 이해집단들의 승리 등의 한계를 보이고 있다고 분석한다. 이러한 상황에서 향후 우리나라 민주주의의 향방은 학교교육에서 시민정신 함양을 중요한 목표의 하나로 설정하고 학생들을 잘 훈련시켜 훌륭한 시민정신을 가진 민주시민으로 길러 낼 수 있는지가 관건이 될 것이다.

정치적 변화와 관련하여 교육에 가장 큰 영향을 미칠 요소로는 남북통일이나 북한과의 교류 활성화, 국제교류 활성화 및 다문화인구 증가를 들 수 있다. 이러한 상황에서는 차이를 인내하고 다양성을 존중하는 인재를 길러 낼 수 있는 역량을 갖춘 교사가 필요하다.

과학기술의 발달로 인해 기계가 많은 부분에서 인간 노동을 대체해 가겠지만 감정근로자라고 일컬어지는 사람을 상대로 하는 일자리는 증가할 것으로 예상된다.

따라서 학교에서는 기계성에 대비되는 인성(기계로 대체하기 어려운 인간의 능력)을 기르는 교육에도 초점을 맞추어야 할 것이다. 아울러 스마트시대에 부응하는 스마로그(Smarlogue, smart+analogue)교육과 학급경영 역량(박남기, 임수진, 2015), 뇌기반 학습이론 활용 역량도 갖추어야 할 것이다.

미래사회에서의 교육은 교실에서만 이루어지는 것이 아니라 지역사회의 다양한 센터를 통해 이루어지게 된다. 이 상황에서 교사에게 필요한 역량은 지역사회의 다양한 기관 및 자원인사와 네트워크를 만들고 유지하는 능력이 될 것이다.

5. 체제공학과 복잡계 관점에서 본 교사양성체제 개혁 방향[5)]

교사양성체제는 단순한 시스템이 아니라 복잡계(complex system)에 속한다. 복잡계임을 인식하고 체제공학(system engineering)적 관점에서 세심하게 개혁안을 설계해야만 원하는 결과를 얻을 수 있을 것이다.

1) 체제공학과 복잡계가 교사양성체제 개혁에 주는 시사점

교사양성체제 개혁이란 우리가 원하는 교사가 길러질 수 있도록 체제(시스템)를 설계하는 것을 의미한다. 이러한 설계에 따라 만들어진 교사양성체제를 운영한 결과 원하는 수준의 역량과 자질을 갖춘 교사가 배출되지 않거나 부작용이 크다면 이는 시스템 설계가 잘못된 것으로 봐야 할 것이다. 이러한 오류 발생 가능성을 줄이기 위해 체제공학(system engineering)에서는 포괄적 접근을 사용한다. 포괄적 접근이란 "시스템 수명 주기, 전문분야, 이해관계자, 임무 · 목표, 자연환경, 외부 시스템, 불확실성 요소 등 상호작용을 하는 모든 것을 고려하여 개발의 문제와 해결책을 정의하고 찾는 방법이다."[6)] 교사양성체제 개혁 방향을 제시할 때에도 이러한 제반 요소를 함께 고려해야만 도깨비도로 함정(박남기, 2012. 8. 13.)에 빠지지 않게 될 것이다. 교사양성기관에 대한 국가의 통제 범위와 수준을 높일 것인가 또는 양성기관

---

5) 이 절은 박남기(2017c)의 「미래사회를 대비한 교원양성체제 개혁 방향」을 토대로 작성하였다.

의 자율성을 높일 것인가라는 주제를 논할 때 통제와 자율의 기대효과와 문제점만을 염두에 두는 것이 그러한 함정에 빠지는 길이다. '포괄적 접근'에서 이야기하는 제반 요소 간의 상호작용이 빚어낼 결과까지를 염두에 둘 때 오류를 조금이나마 줄일 수 있을 것이다.

교사양성체제를 설계할 때 포괄적 접근과 함께 고려해야 할 것은 복잡계(complex system) 개념이다. 복잡계는 쉽게 말해 복잡한 체제(시스템)인데, 수많은 사람이 서로 영향을 주고받으며 만들어 가는 사회도 대표적인 복잡계의 하나이다. 교사양성기관과 체제도 하나의 복잡계로서 기관 내부의 구성원과 외부의 구성원들이 상호영향을 주고받으며 체제를 형성해 가고 있다. 구성원은 자기 나름의 대응을 통해 수정을 거듭하면서 현상을 만들어 간다. 제도와 정책 변화에 대해 구성원들이 보이는 행동양식은 이러한 복잡계 개념으로 설명이 가능하다. 따라서 양성체제를 개혁하고자 할 때에는 구성원의 행동양식과 상호영향 방식이 설계한 시스템 기대에 부응하는 방향으로 이루어질 것인가에 초점을 맞추어야 한다. 가령 교사양성체제를 이루고 있는 구성원들이 역할을 제대로 수행하지 못하므로 외적 책무성 확보기제를 강화하겠다며 시스템을 설계할 때에는 복잡계 구성원들이 시스템이 의도한 대로 움직이도록 하는 면밀한 설계가 이루어져야만 성공할 수 있음을 기억해야 한다. 그렇지 않으면 시스템은 바뀌었지만 구성원의 행동양식과 상호영향 방식은 바뀌지 않거나 아니면 새로 도입된 시스템에 저항하는 데 에너지를 쏟아 오히려 시스템이 기대한 것과 반대의 결과가 나타나기도 한다. 교사의 사기를 진작시키기 위해 도입한 교원성과급제가 오히려 사기를 저하시킨 것이 그 예이다.

복잡계는 완전한 질서나 완전한 무질서 상태가 아닌 그 사이에 존재하는 시스템으로 몇 가지 특성을 가지고 있다(최무영, 박형규, 2007). 복잡계의 특성 중에서 교사양성체제를 설계할 때 고려할 점을 살펴보면 다음과 같다. 하나는 복잡계는 안정한 평형 상태로 나아가는 데 오랜 시간이 걸린다는 것이다.[7] 그래서 일반적으로 안정한 평형이 아닌 준안정 상태에 머무르게 된다. 사회도 최대다수의 행복 혹은 공평한

---

6) 위키백과, 시스템 공학 https://goo.gl/rMdZan

7) 가령 복잡계인 유리(glass)가 안정 상태가 되기 위해서는 우주 나이 이상의 시간이 걸린다(최무영, 박형규, 2007: 3).

세상이라는 안정한 상태에 도달하려면 너무 오랜 시간이 걸리므로 현실의 사회는 준안정 상태에 머무르는 것이 보통이다. 가만히 놓아두면 안정 상태에 이르는 데 오랜 시간이 걸리는 이러한 복잡계도 '적절한 건드림(관여, perturbation)'을 주면 빨리 안정 상태에 도달하기도 한다(최무영, 박형규, 2007: 4). 개혁이나 혁명이 우리가 꿈꾸는 안정 상태에 빨리 도달하기 위한 일종의 적절한 건드림이라고 보면, 교사양성체제 개혁이란 사회가 기대하는 역량을 갖춘 교사를 성공적으로 양성하기 위한 '적절한 건드림'이다. 적절한 건드림이라는 개념에서 보면 자율을 존중하면 원하는 안정 상태에 도달할 것이라는 주장이 복잡계에서는 타당하지 않을 가능성이 높음을 보여준다. 준안정 상태에 있는 체제가 우리가 원하는 바람직한 체제를 향해 더 빠른 속도로 나아가도록 하기 위해서는 적절한 건드림이 필요하다. 교사양성체제 개혁이 적절한 건드림이 되게 하려면 교사양성체제가 복잡계임을 전제로 체제공학의 포괄적 접근을 시도해야 한다.

또 하나 고려해야 할 특성은 **예측 불가능성**이다. 예측 불가능성을 속성으로 하는 복잡성은 생명이나 조직 현상의 존재에 필요할 뿐만 아니라 외부 환경과 상호작용하면서 최적의 방향으로 나아가는 원동력이 된다(최무영, 박형규, 2007: 6). 교육개혁안 제시자들이 빠지기 쉬운 유혹은 예측 불가능성을 간과하는 것, 무시하거나 의도적으로 단순화하여 인과관계를 추출하고자 하는 것 등이다. 그 결과, 한 정부가 바람직한 개혁안으로 제시하고 집행했던 안이 다음 정부에서는 아주 문제가 많은 안으로 비판을 받게 된다. 과거의 안을 비판하면서 등장한 새로운 안이 그다음 정부에서는 실패한 정책으로 비판받는 과정이 반복되는 것을 줄이기 위해서는 교사양성체제의 개혁 방향을 탐색할 때 체제의 원동력이 되고 있는 예측 불가능성을 받아들이며 시스템을 설계해야 할 것이다.

복잡계는 일반적으로 환경의 변화에 적응하며 끊임없이 변화해 가므로 거시변수가 변화하지 않는 평형 상태에서는 복잡계의 특성이 제대로 나타나지 않는다(김세균 외, 2015). 2017년 이후 지속적으로 교사양성체제의 문제점과 개혁 방향에 대한 논의가 활발해지는 것은 제4차 산업혁명의 도래라는 거시변수로 인해 교육 관련현상에서 복잡계의 특성이 두드러진 결과라고 볼 수 있다. 거시변수의 변화로 인해 복잡계의 특성이 제대로 나타나는 이때가 '적절한 건드림'을 시도할 수 있는 좋은 때이다.

복잡계에서 많은 구성원이 상호작용하여 떠오르는 집단 성질은 계의 거시 상태로 나타난다(김세균 외, 2015). 문화는 '복잡계에서 많은 구성원이 상호작용하여 떠오르는 집단 성질'이라고 볼 수 있다. 교사양성에서 양성기관 구성원들의 문화, 예비교사들의 문화는 향후 학교현장에서 우리가 기대하는 바람직한 행동이 이루어질지 여부를 결정한다. 따라서 교사양성체제를 설계할 때 복잡계 관점에서 양성기관, 교수, 학생들이 만들고 있는 집단 성질을 파악하고, 이 집단 성질이 우리가 원하는 모습이 되도록 시스템을 설계하는 것이 참으로 중요하다.

시스템을 설계할 때는 인간의 본능(생물학적 정보) 중에서 바람직한 속성이 발휘되도록 유도하는 것이 필요하다. 가령 모든 교수가 내적 동기를 가지고 있고 그것에 따라 움직이는 존재라고 가정하고 자율성을 존중하는 방식으로 동기부여 시스템을 설계할 경우 오류가 발생하게 된다. 역으로 양성기관 교수들의 내적 동기가 고갈되어 있다고 가정하여 외적 보상에 초점을 맞춘 동기부여 시스템을 설계할 경우에도 자율성을 바탕으로 하는 교수들의 강한 저항에 부딪히게 된다. 교수에 따라(소명의식, 성별, 연령, 성격, 경험, 건강 상태 등), 양성기관과 이를 둘러싸고 있는 환경에 따라(양성기관의 분위기와 문화, 기관장의 특성, 지역사회의 특성, 학생 구성 특성 등) 동기 유발 시스템 설계는 바뀌어야 할 것이다. 중앙에서 거대 시스템을 만들어 내려보내는 경우에도 양성기관 차원에서 시스템을 재설계하고 조정해 갈 수 있도록 허용해야 하는 이유가 이 때문이다. 동기부여 시스템에 대한 자체 재설계 및 조정 기제가 제대로 작동하지 못해 시스템 운영과정에서 오류가 발생하고 양성기관이 그 오류를 자체 수정할 능력을 갖고 있지 못할 경우 필요한 것이 외적 책무성 확보 시스템이다.

생명체가 환경의 변화에 응답하듯이 조직과 조직 구성원도 환경의 변화, 즉 정책 변화에 응답, 즉 적응하게 된다. 교사양성체제를 설계할 때에도 양성기관과 구성원들의 적응 양태에 대한 예측이 필요하다. 가령 국가가 교직과정 과목명을 바꾸더라도 교육내용 결정권을 가지고 있는 교수들은 다른 보완 조치가 취해지지 않는 한 기존에 가르쳐 왔던 내용을 기존의 방식으로 가르칠 가능성이 높다. 2003년부터 2006년까지 진행된 '교대발전을 위한 프로그램 개발' 사업에서 전국 교대 교수들이 각과 교육학과 교직과목 교재를 공동으로 개발하고 공동으로 적용하는 거대 프로젝트를 수행했던 것은 교수들이 주도하여 변화를 만들고 스스로 적용하도록 유도하기 위함이었다.

복잡계는 진화한다. 바이러스를 죽이는 새로운 의약품이 나오면 처음에는 효과가 아주 크지만 시간이 지나면서 바이러스가 약의 공격에 대응하는 방식으로 진화하며 그 약에 대한 내성을 갖게 되면 드디어 약은 효과를 발휘하지 못하게 된다. 교육 시스템을 이루고 있는 교원, 학부모, 학생들도 정부가 내놓는 다양한 대책에 대해 빠르게 적응하며 진화해 간다.[8] 그래서 초기에는 정책 효과가 나타나는 것 같다가도 시간이 지나면서 효과가 사라지는 경우가 발생한다. 교사양성체제를 설계할 시에 조직과 개인의 적응만이 아니라 진화도 염두에 두어야만 성공할 수 있을 것이다.

2) 교사양성체제 개혁 업무 지배구조에 주는 시사점

미래사회에 적합한 교사를 양성하기 위해서는 관련된 제반 변인을 고려하면서 보다 세심한 설계를 하고 운영을 해야 한다. 그런데 교육부에서 교사양성체제 관련업무를 담당하는 교원복지연수과의 직원 현황을 보면 교사양성체제를 설계 · 운영할 때에 이 체제가 복잡계임을 인지하면서 포괄적 접근을 하기에는 물리적으로 불가능함을 알 수 있다. 이명박 정부 이전에는 교육부 직원 12명과 파견직원으로 구성된 별도의 교원양성연수과가 있었다. 하지만 이명박 정부에서 양성연수과가 복지과와 통합되면서 교원양성 관련업무 담당자가 대폭 줄었다. 관련업무 담당직원은 교육부 직원 3인과 이들을 지원하는 파견직원 2인의 총 5인에 불과하다. 2017년 4월 24일 기준 각 직원별 담당업무는 ① 교원양성기관 평가 및 교대지원, ② 교원양성 및 자격제도, ③ 교원양성기관 정원 및 운영지도, ④ 교원자격, ⑤ 교원양성기관 평가 관련업무 지원 및 제도 개선 등으로 나뉘어 있다.[9] 물론 담당직원이 많다고 하여 바람직한 양성체제가 만들어진다고 보장할 수는 없지만, 교육부 담당자에 따르면 담당업무를 추진하는 데 필요한 최소 인원마저도 확보되지 않으면 현상 유지마저도 버겁게 된다. 문재인 정부에 들어서는 다시 교원양성연수과가 생기고 직원은 담당과

---

8) 바이러스와 달리 복잡계 생명체 진화는 긴 시간 단위 속에서 이루어지는 생명현상이지만, 최근 과학 연구는 부모가 습득한 기능이 자녀에게 유전될 수 있음을 보여 줌으로써 짧은 시간 단위 속에서도 진화가 가능함을 일깨워 주고 있다. 인간으로 구성된 조직도 외부 환경 변화에 적응하며 빠른 속도로 진화해 간다.

9) 교육부 조직도 http://www.moe.go.kr/user/detail.do?deptCD=1342132

장을 포함하여 8명으로 늘었다.[10)]

양성체제가 제대로 설계되고 운영되어 원하는 성과를 거둘 수 있기 위해서는 담당직원의 수가 지금보다는 늘어나고, 가능하다면 양성체제 개혁을 완수할 때까지는 양성연수를 전담하는 과가 있어야 할 것 같다. 이에 더해서 필요한 것은 협치 개념의 적극적인 도입이다. 협치(협의의 governance)는 "정부의 정책 독점 상황으로부터 벗어나 정부 외의 관련집단이 그러한 권한을 공유하는 정책결정 구조와 운영"을 의미한다(박남기, 2018a: 177-178). 기존의 통치형 정책결정 구조에서는 교육부 직원이 외부 인사들의 자문을 바탕으로 정책 방향을 기안하여 장관이 결정하는 방식을 취하게 된다. 이 경우에는 복잡한 변인을 모두 반영한 복잡계에 적합한 포괄적 설계를 하는 것이 거의 불가능할뿐더러 그 운영을 제대로 점검하고 챙길 수도 없다. 인적 자원이 충분하지 않은 상황 그리고 참여욕구가 강한 상황에서는 사용하기 어려운 정책결정 방식이다. 이를 극복하기 위해서는 심의기구 이상의 위상을 가진 위원회를 구성하고 이 위원회에서 핵심 안건을 추출한 후 각 안건별로 전문가들과 관계집단 등이 모인 가운데 구체적인 제도와 운영에 필요한 설계를 하게 할 필요가 있다. 이때 예산이 필요하다면 관련부처 담당자들과의 협의도 가능하도록 권한을 부여하고, 법 개정이 필요하다면 국회위원과의 협의과정도 거치면서 안을 확정해 간다면 훨씬 나은 방안이 도출될 것이다. 도출된 방안은 닫힌 안이 아니라 시범적용과정을 거치면서 지속적으로 고쳐 갈 수 있는 열린 안이 되어야 한다.

또 다른 방안은 교사양성기관체제 개혁에서 교육부와 유사한 권한을 교육청에 허용하는 것이다. 예산이나 인력의 한계, 교육부 업무 우선순위의 한계 등으로 인해 국가 차원에서는 수준 높은 교사를 양성할 수 있는 체제 설계 및 운영 그리고 필요한 예산 투자가 잘 이루어지기 어려운 것이 현실이다. 이 권한을 광역교육청으로 내려보낼 경우 지역에 따라서는 중앙정부보다 더 나은 시스템을 만들고 운영할 수도 있을 것이다. 물론 이를 위해서는 해당 지역 교사를 지방직화하고 해당 지역의 교대와 사대에 대한 권한과 책임도 지방자치단체와 교육청이 갖도록 하는 준공립화 작업이 선행되어야 한다. 장기적으로는 지역 간에 교원 질의 격차가 심화되는 것과 같은 문제가 나타나게 될 것이다. 하지만 이를 희망하는 교육청과 지방자치단체가 있으

10) 교육부 조직도 http://www.moe.go.kr/user/detail.do?deptCD=1342190&m=0604 (2018년 11월 26일 검색)

면 예외적으로 실시하여 국가 차원의 시스템과 지방 시스템이 상호 경쟁하도록 유도하는 방안도 생각해 볼 수 있다.

6. 初·중등 예비교사 선발 현황과 미래 방향[11)]

그동안 학계가 교사양성기관의 신입생 선발에 크게 관심을 갖지 않은 이유는 대학이 별다른 재량권을 발휘하기 어려운 우리 사회 전체의 대입제도와 관련이 있다. 하지만 그 안을 들여다보면 대학 간에 상당한 차이가 있음을 알 수 있다. 강릉 출신의 광주교대 2학년생 학생에게 춘천교대 대신 광주교대를 택한 이유를 물었더니 자기의 수능성적 가중치를 감안할 때 수학성적이 상대적으로 좋지 않은 이과생에게 춘천교대보다는 광주교대가 유리하여 광주교대를 택했다고 했다. 졸업 후에는 고향에서 교사를 하고 싶다는 이야기도 했다.

이 절에서는 초등과 중등 및 대학 사례를 토대로 교사양성기관 신입생 선발의 미래 방향을 제시하고자 한다.

1) 초등교사 양성기관 학생 선발체제 분석

전국 교대 신입생 선발제도를 비교해 보면 수시와 정시 비율, 수시 내에서도 학생부 교과와 학종 비율, 각 단계별 평가 요소와 기준 등에서 차이를 보인다. 논리적으로는 이러한 차이가 각 교대가 길러 내는 교사가 마주할 지역적 특성 혹은 각 교대가 추구하는 교육이념이나 교사상과 관련되어 있어야 하지만 전형제도 특성에서 그러한 논리적 연관성을 찾기는 힘들다. 현재 각 교대 신입생 선발 전형의 차이는 실력주의 원칙에도 어긋난다(박남기, 2018b). 훌륭한 초등교사가 되기 위해서 갖추어야 할 실력(학력을 비롯한 다양한 인성적 특성)의 잣대가 교대마다 서로 다른 상황으로 인해 학생들의 정보력, 운 등이 작용할 소지가 과거에 비해 더 큰 상황이다.

11) 이 절은 박남기(2017a)의 「교사 양성 정책의 현장 적합성 진단과 혁신 방향」을 토대로 작성하였다.

(1) 모집 현황

전국 교대 2018학년도 신입생 모집 현황을 학생부 전형 위주인 수시와 수능전형 위주인 정시로 나누어 살펴보면 [그림 1-1]과 같다. 이 그림에서 보는 것처럼 수시는 크게 학생부교과, 학생부종합으로 나뉜다. 교육대학교의 수시전형 비율은 일반대학교 수시전형 평균인 73.7%보다 낮다.

교원대 초등교육과는 총 125명의 학생을 선발하는데 그중 수시전형으로 80명(학생부 종합 정원 내 66명, 정원 외 14명), 정시전형으로 45명을 선발한다. 학생부 종합 전형 중 정원 내 선발인원은 큰스승인재 2명, 학생부 종합 우수자 63명, 국가보훈 대상자 1명의 66명이고, 정원 외는 농·어촌 학생 9명, 기초수급 및 차상위계층 3명, 특수교육 대상자 2명의 14명이다. 이화여대 초등교육과는 39명 전원을 수시전형으로 선발하는데, 구체적으로 살펴보면 논술전형 10명, 고교추천 전형 15명, 미래인재 전형 13명, 고른 기회 전형 1명이다.

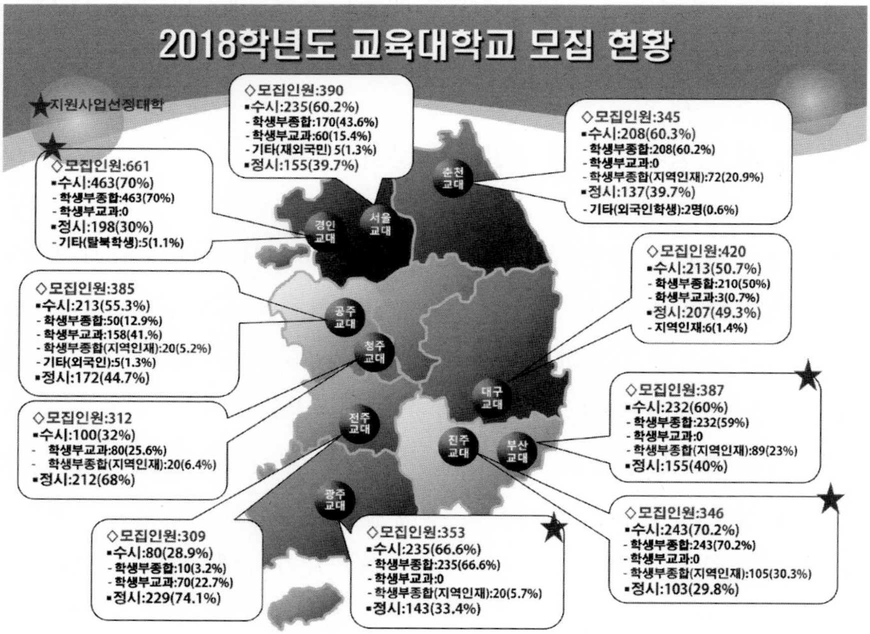

[그림 1-1] 2018학년도 교육대학교 모집 현황

출처: 광주교대 입학사정관실 제공.

(2) 경인교육대학교 신입생 선발 전형

경인교대는 총 661명 중에서 수시 학생부(종합) 전형으로 463명을 모집한다. 이 중 교직적성 잠재능력 우수자 전형으로 400명, 고른 기회 입학 전형으로 63명(정원 외 43명 포함)을 뽑는다. 정시 수능위주 전형으로는 198명을 뽑는데 그중 일반학생 전형으로 154명, 고른 기회 입학 전형으로 44명(정원 외 19명 포함)을 뽑는다. 교직인 · 적성을 평가하고 이를 반영하는 대표적인 전형이 교직적성 잠재능력 우수자(수시 학생부종합) 전형이다. 이 전형의 1단계와 2단계 평가를 살펴보면 다음과 같다. 교직적성 잠재능력 우수자 전형은 1단계 서류전형으로 200%를 선발한 후 2단계 교직 심층면접에서 서류평가 70%와 면접 30%를 합산하여 최종 합격자를 선발한다.

① 교직적성 잠재능력 우수자(수시 학생부종합) 전형

• 1단계 서류평가

1단계 서류평가 요소는 '지원자가 제출한 서류(학교생활기록부, 자기소개서)를 교직기초지식 역량과 교직인 · 적성 역량으로 나누어 평가한 후 종합점수를 부여'하는 것으로 이루어져 있다. 평가 내용 및 방법은 '교직 기초지식, 책임감 및 성실성, 교직 소양 능력, 자기관리 능력, 나눔과 배려, 협동심, 소명감, 교직인성 및 교직적성 등을 종합적으로 평가'한다고 기술되어 있다. 교직기초지식 역량과 교직인 · 적성 역량 평가를 위한 전형 자료, 평가 요소 및 대상은 〈표 1-3〉에 상세히 나타나 있다. 경인교대는 학생부 교과와 비교과 영역 그리고 자기소개서를 평가할 때 교직기초지식 역량과 교직인 · 적성 역량에 초점을 두어 평가하겠다는 것이기에, 경인교대를 목표로 할 경우에는 비교과영역에서 관련 실적을 쌓아야 함을 알 수 있다. 특히 수상경력, 봉사활동 실적, 진로 희망사항, 독서활동 상황, 창의적 체험활동 상황, 행동 특성 및 종합의견 등이 교직과 관련될 때 더 유리할 것임을 짐작할 수 있다.

표 1-3 경인교대 교직적성 잠재능력 우수자 전형 1단계 서류 평가항목 및 기준

구분	전형 자료	평가 요소 및 대상
교직 기초지식 역량	학교생활기록부 교과영역	• 대상: 전과목(예체능 포함) 전학년 교과영역 전체 • 원점수, 과목 평균, 교과목 이수현황, 단위 수 • 표준편차, 학년별 성적 추이, 석차등급, 이수자 수 • 이수 및 미이수, 우수/보통/미흡(예체능) • 방과후 학습, 과목별 세부능력 및 특기사항 • 기타 우리 대학에서 정한 사항
교직 인·적성 역량	학교생활기록부 비교과영역	• 대상: 전학년 활동사항(교내활동 전체 및 교외활동 중 학교장의 허가를 받은 사항에 한함/세부사항은 한국대학교육협의회 가이드라인을 따름) • 출결 상황, 수상 경력, 봉사활동 실적 • 진로 희망사항, 독서 활동상황 • 창의적 체험활동 상황, 행동특성 및 종합의견 • 기타 우리 대학에서 정한 사항
	자기소개서	• 2018학년도 한국대학교육협의회 자기소개서 표준문항을 준수하며, 해당 내용을 중심으로 평가함

출처: 경인교육대학교(2017), pp. 4-5.

• 2단계 면접평가

2단계 교직심층면접은 개인면접과 집단면접으로 이루어져 있다. 개인면접은 학교생활기록부 및 자기소개서 기재내용 확인 면접을 통해 교직인성과 교직적성을 10분 내외로 평가하는 것이다. 집단면접은 '대학이 자체 개발한 면접 문항을 활용하여 수험생이 상호 간의 의사소통을 통해 배려하며 토의하고, 모두가 공감하는 합리적인 방향으로 논의를 이끌어 가는 공감토의 방식을 통해 문제를 해결하고 발표하는 과정에서 교직인성과 교직적성을 평가'하는 방식으로 35분 내외에서 이루어진다. 〈표 1-4〉에 나타난 것처럼 교직인성은 협동심과 리더십에, 교직적성은 창의적 문제해결 능력과 의사소통 능력에 초점을 맞추어 평가한다.

참고로 공주교대 면접고사 평가 기준과 요소를 살펴보면 〈표 1-5〉와 같다. 면접은 공주교육대학교에서 자체 개발한 문항을 활용하여 교직관 및 교양, 표현력, 태도 등을 종합적으로 평가한다.

표 1-4 경인교대 교직적성 잠재능력 우수자 전형 2단계 교직심층면접 서류 평가 항목 및 기준

구분	내용
개인면접	• 평가항목: 교직인성, 교직적성 • 평가방법: 학교생활기록부 및 자기소개서 기재 내용 확인 면접을 통해 교직인성과 교직적성을 평가(10분 내외)
집단면접	• 평가항목: 교직인성(협동심, 리더십), 교직적성(창의적 문제해결능력, 의사소통능력) • 평가방법: 대학 자체 개발 면접문항을 활용하여 다수의 수험생이 상호간의 의사소통을 통해 배려하며 토의하고, 모두가 공감하는 합리적인 방향으로 논의를 이끌어가는 공감토의 방식을 통해 문제를 해결하고 발표하는 과정에서 교직인성과 교직적성을 평가(35분 내외)

출처: 경인교육대학교(2017), p. 5.

표 1-5 공주교대 면접고사 평가 요소와 기준

교직관 및 교양	초등교사 교육과정을 이수하는 데 필요한 교직에 대한 이해, 열의, 사명의식, 신념, 인간관, 아동관, 가치관, 기본적 교양 등을 평가
표현력	답변의 명료성, 객관성, 논리성, 적절성 등을 평가
태도	대화 태도, 자신감, 예의, 자세, 복장, 정서적 안정성 등을 평가

② 정시 일반학생 전형(수능 위주)

정시 일반학생 전형은 1단계에서 수능성적을 기준으로 2배수를 선발한다. 2단계에서는 수능성적 700+면접시험 300을 기준으로 최종 합격자를 결정한다.

2) 중등 예비교사 신입생 선발[12)]

종합대학에 속해 있는 중등교사 양성기관의 신입생 선발은 대학본부 차원의 방침에 따라야 하는 한계를 가지고 있다. 따라서 선발과정에서 지원자가 가지고 있는 예비교사로서의 역량과 자질을 평가하는 제도를 만들기가 상대적으로 힘들다.

12) 중등 부분은 한국교육개발원이 개최한 전문가 협의회에서 논의된 내용을 토대로 작성하였다.

(1) 사범대

종합대 내에 있는 대부분의 사범대는 일반대학과 유사한 전형을 통해 학생을 선발하는 경우가 대부분이다. 수시와 정시에서 면접을 통해 인·적성을 파악하고 전공에 대해 묻는 정도에 그치고 있다. 따라서 사범대만의 고유한 선발기제를 만들 필요가 있다.

(2) 교직과정 선발

교직 이수 학생을 선발할 때 해당 학과에서 성적과 면접을 토대로 합격자를 결정한다. 그러나 실제로는 성적 상위 10% 학생을 선발하여 보내는 방식을 취하고 있다. 면접기준을 잘 만들더라도 면접 점수를 가지고 불합격한 학생들을 설득하기 어렵기 때문이라고 한다. 이러한 문제가 발생하는 이유는 이미 교수와 학생들이 긴밀한 유대관계를 형성하고 있는 상황에서 해당 학과 교수들에게 교직과정 학생 선발권을 주기 때문이다. 그런데 성적 위주의 선발이 아니라 교직인·적성을 제대로 반영하는 선발이 되게 하려면 해당 학과가 아닌 교직과에서 교직과정 대상 학생을 선발하도록 하는 것이 바람직해 보인다. 학생들을 1년간 지켜볼 기회가 있었던 해당 학과 교수들도 면접관으로 참여시킬 필요는 있을 것이다.

교직과정 학생 선발은 대학 신입생을 선발할 때와 달리 1년의 과정을 통해 교사로서의 잠재력을 어느 정도 파악할 수 있고, 학생들의 심적 부담 또한 대학 신입생 선발 때보다는 낮다. 따라서 1차에서는 성적을 기준으로 2배수 정도를 뽑고 2차에서는 인·적성 면접만을 가지고 선발하거나 아니면 성적과 인·적성 면접을 일대일의 비율로 감안하는 방안도 검토할 수 있을 것이다.

(3) 교육대학원 선발

교육대학원은 연수목적의 프로그램과 예비교사 양성기능을 하는 프로그램이 있는데 선발 절차와 기준에서 별다른 차이가 없이 운영되고 있는 것으로 나타났다. 양성기능을 하는 교육대학원 신입생을 선발할 때에는 이미 학부를 졸업한 사람들을 대상으로 하므로 교사 자원으로서의 적합성을 판단하는 데 더욱 초점을 맞추어야 할 것이다.

대학원 수준에서 교사를 양성하는 데 있어 직면하게 되는 어려움의 하나는 학부과정에서와는 달리 소명의식이나 교사로서의 자질을 기르기가 더욱 힘들다는 것이다. 미국의 경우, 자기 전공분야에서 두각을 나타내지 못하는 학생들이 차선책으로 대학원 수준의 교사양성 프로그램에 진학하는 경향이 큰 것으로 나타났다(박남기, 고민영, 1996). 만일 수학자가 될 수 있거나 수학 전공을 통해 자신의 전문성을 살릴 수 있다면 굳이 급여가 낮은 교사 프로그램에 지원하지 않았을 것이라는 것이다. 이들 대부분은 이미 대학 4년을 거친 성인으로서 다양한 요인을 고려하여 가장 가능성이 높은 '직업'으로서 교직을 택하고자 한 것이지 교직에 대한 소명의식이나 교직에 대한 사랑 등을 가지고 교사양성과정에 진학한 것도 아니라는 것이다.

교육대학원은 선발인원도 많지 않으므로 교직인 · 적성 평가에 보다 큰 비중을 두고 선발하는 것이 가능할 것이다. 다만, 평가자들의 평가 능력을 향상시키고, 더 정교한 평가 기준과 절차 등을 마련할 필요가 있을 것이다.

3) 개선 방향

(1) 교대의 '교직적성 잠재능력 우수자' 전형

① 잠재력 평가의 허와 실

학생부종합 전형은 교직인 · 적성을 갖춘 학생을 뽑는 데 적합한 전형이다. 그런데 몇 가지 우려가 되기도 한다. 경인교대의 경우 교직적성 '잠재능력' 우수자를 선발하겠다는 것인데, 이것이 가능한지 그리고 얼마나 성공적이었는지를 분석할 필요가 있다. 이미 갖춘 실력인 지식과 기능 그리고 역량을 평가하기도 어려운데 구현되지 않은 잠재력을 평가하는 것이 현실적으로 가능할까? 이는 결국 타당성과 객관성 그리고 공정성 문제로 이어진다. 어쩌면 이러한 고민이 교대의 낮은 학생부 전형 비율로 나타나고 있는지도 모른다.

보다 근본적으로는 직업에 대한 확신이 뚜렷한 고등학생보다는 그렇지 못한 고등학생이 훨씬 더 많은 상황에서 고등학교 때부터 특정 직업을 염두에 두고 진학 준비를 하도록 유도하는 것이 과연 타당한가 하는 생각이 든다. 특히 폭넓은 교양을 필요로 하는 전문직종에 종사해야 할 예비교사 자원을 선발하면서 교사가 갖추어야 할 역량과 소양에 초점을 맞추어 선발하는 것이 바람직한가? 전문적인 역량이나 소양은 해당 대학에 진학한 후에 준비해야 하는 것 아닌가? 이렇게 준비해 온 학생들이 교대에 합격하면 다시 4년 내내 초등교사 준비교육을 받도록 할 경우 시야가 좁은 교사 자원이 되는 것은 아닐까? 학생의 입장에서 생각해 보면 교육대학교를 염두에 두고 고등학교 시절 내내 학생부(종합) 기록을 관리하다가 만일 교대에 합격하지 못할 경우 미래를 어떻게 다시 준비해야 할 것인가 하는 걱정도 된다.

평가 요소와 기준을 살펴보면, 경인교대의 경우 지원자가 제출한 서류(학교생활기록부, 자기소개서)를 교직기초지식 역량과 교직인·적성 역량으로 나누어 평가한 후 종합점수를 부여한다. 교직 기초지식, 책임감 및 성실성, 교직소양 능력, 자기관리 능력, 나눔과 배려, 협동심, 소명감, 교직인성 및 교직적성 등을 종합적으로 평가한다고 열거하고 있는데, 이러한 것들이 교직 인성과 적성의 하위역량으로 타당한 것인가에 대해서는 논란의 여지가 있어 보인다. 이러한 것들은 교직인·적성의 하위역량이 아니라 어느 전공의 학생들에게나 필요한 역량이기 때문이다. 보편적인 역량임에도 불구하고 굳이 교직인·적성 역량이라고 명시한 이유는 예비교사를 선발한다는 명분 때문이다. 교대가 선발과정에서 유의해야 할 것은 합격 후 교대 교육을 통해 길러져야 할 교직인·적성을 보다 많이 갖춘 사람이 아니다. 교직을 싫어하거나 교직을 자신의 진로로 전혀 생각하지 않으면서도 부모의 강요로 혹은 안정적인 직업을 갖기 위해 지원하는 학생들을 어떻게 골라낼 것인가 하는 것이다. 이를 위해서는 학생부의 진로 희망사항, 독서활동 상황, 창의적 체험활동 상황, 행동 특성 및 종합의견, 자기소개서, 개별 및 집단 면접을 통해 교직에 부합하지 않은 학생을 골라내는 방법을 개발해야 한다. 예비교사 선발 결과의 성패는 교대에 합격한 후 방황하는 학생의 비율 변화 추이로 판단할 수 있다.

② 교직인·적성 면접 분석

교사 자원을 선발하는 교대나 사대는 교사로서의 자질과 소양을 갖춘 학생을 선발하기 위해 나름 노력하고 있다. 그러나 이러한 노력에도 불구하고 학생 선발 결과는 기대와 거리가 먼 것이 현실이다. 교대가 직면하고 있는 가장 큰 딜레마는 성적이 우수하고 학생부종합 서류가 잘 갖추어진 학생과 교사로서의 잠재력을 갖춘 학생이 일치한다는 보장이 없다는 것이다. 또한 짧은 면접이나 집단 토론을 통해 교사로서의 자질과 소양을 판단하기 어려운 것이 현실이다.

면접은 글보다는 언어 구사력이 뛰어난 사람 그리고 내향적인 사람보다는 외향적인 사람에게 유리하다. Berry Deutsch에 따르면 지원자를 외향적 성격과 내향적 성격 각각 50 대 50으로 나눠서 면접관들에게 선택하게 한 결과, 85%가 외향적인 사람을 선택했다(윤지연, 2016). 사람과 더불어 소통을 해야 하는 교직의 특성에 비추어 볼 때, 교대생을 선발할 때 면접기법을 활용하는 것은 문제가 없어 보인다. 하지만 피면접자들은 대부분 자신에게 유리한 거짓말을 한다는 연구 결과도 있다. 미국 매사추세츠 대학의 로버트 펠드먼 교수팀(Weiss와 Feldman)이 2006년 대학생 59명을 대상으로 심리학 조교 선발 면접 실험을 했다. 이 실험에 따르면 참가자의 81%가 거짓말을 했고, 거짓말 횟수는 평균 3회 정도였다(윤지연, 2016). 미래를 좌우할 고부담 면접 상황에서는 거짓말 정도가 더 심해질 것으로 예상된다. 교대 신입생 선발과정에서 면접에 참여한 경험에 따르면, 면접생 대부분은 오래전부터 초등교직을 꿈꾸어 왔고 아이들 가르치는 것을 좋아한다고 답을 한다. 합격할 수만 있다면 최선을 다해 초등교사로 성장해 가겠노라고 답을 하지만 정작 교대에 합격한 신입생 중의 상당수는 적성에 맞지 않아 방황을 한다. 상당수가 면접관의 마음에 드는 연기를 하였을 뿐 교사로서의 자질과 적성에 관한 솔직한 모습은 숨긴 결과이다. 면접관들도 이러한 현실을 잘 알고 있지만 옥석을 가려낼 만한 혜안을 갖추고 있거나 기법을 가지고 있는 것이 아니어서 연기력 테스트만 하는 결과가 나타나기도 한다. 이러한 문제를 완화시키기 위해 면접 점수를 매길 때 기본 점수를 높게 하여 변별력을 낮추기도 한다. 하지만 변별력을 낮추면 결국은 인 · 적성 면접 결과가 미치는 영향도 함께 낮아진다. 면접에 의한 교직인 · 적성 평가의 한계를 극복하기 위해 교육대학교 나름의 노력을 하고 있지만 기대한 만큼의 효과는 나타나고 있지 않다.

③ 개선 방향

이상의 분석에서 알 수 있듯이 학부의 예비교사 선발과정에서 교직인 · 적성 평가 결과를 너무 높게 반영하는 것은 오히려 부작용을 가져올 수 있다. 고부담시험에서는 면접이 연기 수준이 되는 경향이 있고, 그러한 면접을 통과하였더라도 부적응 상태를 보이는 경향이 강하기 때문이다. 전문가협의회 결과, 임용 가능성이 낮아지면서 사대에 대한 유인도 점차 떨어지고 있는 것으로 나타났다. 만일 선발과정에서 면접을 포함한 인 · 적성 평가를 강화하면 유인은 더욱 떨어지게 될 것으로 예상된다. 교직인 · 적성 기준으로 제시하고 있는 상당한 부분은 교사양성과정을 통해 길러져야 할 것들이다. 따라서 선발에서 인 · 적성 평가는 통과 미통과(Pass Fail)로 하여 인 · 적성에 문제가 없을 경우 통과시키는 것이 오히려 바람직할 수 있다.

인 · 적성 평가와 관련하여 신경써야 할 것은 인 · 적성 평가를 담당하는 평가위원(교수) 대상의 연수를 강화하는 것이다. 대부분의 대학에서는 평가 당일의 평가 직전에 30분 정도의 간단한 설명만 하고 평가 요원들을 인 · 적성 면접 평가에 투입하고 있다. 이들이 제대로 된 평가를 할 수 있도록 질문방식, 답변 평가기준 등에 대한 연수를 실시해야 할 것이다.

(2) 선발 시기 조정: 사전 선발

사대의 경우 고유한 선발기제가 없으니 이를 만들 필요가 있다는 의견이 제기되고 있다. 교사양성기관은 법이 허용하는 범위에서 가장 먼저 학생들을 선발하는 방법을 도입하는 것도 방안이다. 사관학교나 경찰대학처럼 가능하면 수시 1차에서 전원을 선발한다면 더 나은 예비교사 자원을 확보할 수 있을 것이다.

4) 시사점

학생들이 개인의 적성을 감안하기보다는 안정적이고 급여와 사회적 인식이 상대적으로 좋은 직업으로서 교직을 택하는 현실, 학생부나 수능 성적에 맞추어 대학에 진학하는 현실, 대입 선발 요소와 기준은 합격하기 위해 그저 넘어야 할 장애물로 인식되는 현실은 당분간 변하기 어려울 것이다. 그리고 학생을 선발할 때에도 적성보다는 먼저 모두가 수긍하는 보다 객관적인 실력을 기준으로 삼아야 하는 것도 무한경쟁 승자독식의 실력주의사회에서 우리가 받아들여야 할 현실이다(박남기, 2018b). 주어진 현실의 제약 속에서 현재의 신입생 선발제도가 가지고 있는 문제점을 분석하고 개선할 여지를 찾아가는 것이 학계가 해야 할 역할이다.

무한경쟁 승자독식 실력주의사회 상황에서는 교사양성기관의 신입생들이 대부

---

13) 역으로 교직이 적성에 맞고 간절히 교사가 되기를 희망하는 학생도 성적이 되지 않으면 양성기관에 입학할 수가 없다.

분 교직적성이 높고 교사가 되기를 희망하는 학생들이라고 가정하기는 힘들다.[13)] 따라서 교사양성기관은 진학 동기가 무엇이었든 일단 입학한 학생들은 특히 교사로서의 소명의식을 갖도록 하는 데 초점을 맞추고, 아울러 필요한 지식과 역량을 갖추도록 이끌어야 한다. 또한 양성과정 중에 교사가 되기에 적합하지 않은 학생들을 선별하여 특별지도를 하고, 그래도 적응이 어려울 경우에는 자신에게 맞는 직업으로 진로를 바꾸도록 지원할 필요가 있다.

7. 교사양성체제 개혁 방향[14)]

1) 전통적인 전문직종 양성체제가 주는 시사점

서양에서 3대 전통적인 전문직종으로 분류되던 것으로는 신부, 의사, 법조인이 있고, 교사도 이와 함께 전문직종 범주(semi-profession)에 포함시키고 있다. 3대 전문직종의 양성체제를 보면 몇 가지 유사점이 있다. 그중 하나는 졸업 후에는 특별한 경우가 아니면 대부분이 해당 전문직에 종사할 수 있도록 신입생 수를 통제한다는 것이고, 또 하나는 전문직종에 종사할 능력을 갖출 수 있도록 충분한 기간 동안 교육을 시킨다는 것이며, 또 다른 하나는 해당 전문직종 종사자가 직접 양성에 참여한다는 것이다.

첫째, 세 전문직 양성과정 모두 신입생 정원을 통제하는 체제를 갖추고 있다. 그 이유는 만일 졸업생 중에서 해당 전문직종 종사자가 될 수 있는 비율이 높지 않다면 미래가 불확실한 학생들을 대상으로 그 긴 기간 동안 강한 교육을 시키는 것이 현실적으로 불가능할뿐더러 설령 시킬 수 있다고 하더라도 그것은 비윤리적이고 자원을 낭비하는 결과를 가져올 것이기 때문이다. 교사의 경우 초등교사 양성기관 신입생은 다른 전문직종처럼 국가가 정원을 강하게 통제함으로써 졸업 후 2~3년이면 대부분이 교사가 될 수 있지만 중등의 경우에는 통제 불가 상태가 되어 졸업생의 극히 일부만 교사가 될 수 있다. 일부만 교사가 되는 상황에서는 강도 높은 전문교육

---

14) 이 절은 박남기(2017a)의 「교사 양성 정책의 현장 적합성 진단과 혁신 방향」을 수정 · 보완하였다.

을 시킬 수가 없기 때문에 임용시험제도 개선만으로 문제를 해결하는 것은 쉽지 않다. 따라서 이 경우에는 사대 신입생 정원을 수요에 맞추어 조정하거나 아니면 사시 합격자를 대상으로 사법연수원에서 법관양성교육을 실시한 것처럼 임용시험 합격자를 대상으로 강도 높은 양성교육을 실시하는 것이 더 타당할 것이다.

둘째, 세 전문직 모두 교육기간이 다른 전공에 비해 길다는 특징을 가지고 있다. 신앙세계를 책임지는 신부는 10년, 인간의 몸을 책임지는 의사는 11년, 법을 다루는 법조인은 7년 6개월의 교육기간을 거쳐야 독립된 전문직 종사자로서의 역할을 수행하게 된다. 이에 비해 학생의 미래를 책임질 교사는 4년이라는 짧은 기간에 실습 및 임용시험까지를 모두 마치고 합격만 하면 바로 자기책임하에 독립적으로 학생을 가르치게 된다. 이렇게 짧은 기간에 교사로서의 전문지식, 실무 능력 그리고 소명의식까지 갖추는 것은 현실적으로 무리이다. 그러다 보니 신규교사들이 학생 생활지도나 학부모와의 관계 및 학교 실무 처리에서 많은 어려움을 겪고 있다. 제기되고 있는 학교현장의 여러 문제를 완화시키고 날로 고급화되고 있는 학부모의 교육수요에 부응하기 위해서는 교사양성교육 기간도 다른 나라처럼 늘릴 필요가 있다. 양성과정에서는 사회가 원하는 자질을 갖도록 교육시키는 것이 상대적으로 용이하지만 일단 교사가 된 이후에 연수를 통해 변화시키는 것은 몇 배 어렵다. 만일 양성기간을 연장하는 것이 어렵다면 최소한 일반 공무원 채용 시에 적용하는 시보제도(수습교사제도)라도 도입하여 일 년 정도는 뛰어난 교사의 지도하에 수업 능력과 학생지도를 포함한 학급경영 능력을 기르도록 할 필요가 있다. 임용고사 합격자를 대상으로 해외원조 행태로 시행되고 있는 해외교육봉사를 다녀오도록 하는 것도 하나의 방법일 수 있다.

셋째, 전문직 종사자 양성에는 모두 해당 전문직 종사자가 직접 참여하고 있다는 특징이 있다. 신학대학에는 현직 신부가 성당과 대학을 순환하며 교수로 재직하고 있고, 의대에서도 의사인 교수가 의사양성과정에서 핵심 역할을 하고 있다. 사법시험 합격자를 대상으로 법관양성교육을 실시하는 사법연수원 교수도 대부분이 부장판사나 부장검사이다. 법학전문대학원의 경우 초기에는 국가가 현직 판사와 검사를 교수요원으로 파견하였는데 지금은 판검사 출신자를 교수로 채용하여 양성과정에 직접 참여하도록 하고 있다. 수요에 맞추어 신입생을 통제하고 있는 교육대학교에라도 현장에서 존경받고 실력이 뛰어난 교사를 교수 요원으로 일정 기간 동안 파견하여 시범적으로 양성에 직접 참여하도록 한다면 교육의 질과 국민의 만족도는 더욱 높아질 것으로 기대된다(박남기, 2012. 11. 26.).

2) 교사양성기관에 대한 투자[15)]와 체제 설계를 위한 협치

정부가 교사양성기관에 대한 통제권을 가지고 있는 상황에서 중요한 것은 질 높은 교사를 양성하고자 하는 정부의 의지만이 아니라 이에 상응하는 투자의지와 이에 필요한 사회적 공감대를 형성하는 것이다. 각 대학의 2010년 정보 공시 자료를 기준으로 비교해 보면, 전국 교대의 학생 1인당 교육비는 평균 530만 원이고 국립대학교 학생 1인당 교육비는 평균 570만 원이다(〈표 1-6〉 참조). 다른 특수목적대학과 비교해서가 아니라 일반대학과 비교해서도 더 낮은 상황이다. 미래 학교에 적합한 최고 수준의 교사를 배출하기 위해서는 학생 1인당 교육비를 다른 특수목적대학 수준으로 높이며 교육 여건을 개선하는 방향으로 교사양성체제를 개편하는 것이 타당할 것이다. 교육대학교와 다른 특수목적대학교의 교수 현황을 보아도 현격하게 차이가 있음을 알 수 있다. 학생 1인당 교육비나 교수 현황을 보면 다른 특수목적대학과 달리 교육대학교는 **특수차별 목적대학**으로 취급하여 오히려 다양한 지원에서 소외시켜 왔음을 알 수 있다.

국립사대는 교대보다 더 열악한 실정이라고 한다. 교사양성에 대한 투자 확대의 전제조건은 사대도 교대처럼 졸업생 대부분이 임용되는 시스템으로 전환되는 것이다. 의대의 경우에는 특별한 하자가 없으면 거의 대부분 의사가 될 수 있고, 상당한 수준의 소득도 기대되기 때문에 인턴과 레지던트 과정까지 거치도록 해도 별로 문제가 되지 않는다. 하지만 사대는 교사가 되는 비율이 너무 낮기 때문에 교육비를 대폭 올리거나 국가가 투자를 크게 높이는 것도 어려운 것이 사실이다. 반면, 교대는 거의 100% 교사가 되기 때문에 다른 특수목적대학 수준으로 투자를 늘려도 되지만 정부는 다른 단계 교사양성대학과의 형평성을 핑계 삼아 투자를 하지 않고 있다.

투자와 병행되어야 할 것은 사회가 공감할 만한 분명한 청사진을 정부가 제공하는 것이다. 이혁규(2017)가 사례로 제시한 산타바바라 대학의 경우에도 양성기관

15) 이 내용은 박남기(2011)의 '교육대학교 구조개혁 방향'에서 가져왔다.

표 1-6 국립대학교 학생 1인당 교육비 비교(2010년 기준) (단위: 천 원, 명)

대학	재학생 (학부)			대학원	합계	국고 세입결산액	국고 세출결산액	학생 1인당 투자액	유형별 평균 투자액
	정원 내	정원 외	계						
경인교대	1,664	43	1,707	1,447	4,825	2,515,307	17,944,136	3,719	
경인제2 캠퍼스	1,573	98	1,671						
공주교대	1,871	126	1,997	480	2,477	1,471,842	13,189,651	5,325	
광주교대	1,752	92	1,844	591	2,435	1,427,931	13,924,359	5,718	
대구교대	2,043	129	2,172	866	3,038	1,683,487	13,846,053	4,558	
부산교대	2,030	103	2,133	732	2,865	1,837,358	19,526,986	6,816	
서울교대	2,072	0	2,072	1,176	3,248	1,928,684	19,544,772	6,017	
전주교대	1,514	104	1,618	445	2,063	1,067,481	13,591,806	6,588	
진주교대	1,775	85	1,860	408	2,268	1,340,995	11,833,567	5,218	
청주교대	1,567	113	1,680	495	2,175	1,210,231	10,653,518	4,898	
춘천교대	1,847	60	1,907	548	2,455	1,347,278	10,365,348	4,222	5,308
강원대	13,636	1,281	14,917	3,949	18,866	15,304,892	119,821,522	6,351	
경북대	18,389	1,824	20,213	9,734	29,947	21,453,267	138,624,255	4,629	
경상대	13,166	1,030	14,196	4,103	18,299	13,082,567	102,252,965	5,588	
부산대	18,978	2,442	21,420	12,062	33,482	19,690,815	142,475,734	4,255	
서울대	14,896	1,429	16,325	16,585	32,910	22,505,984	321,479,953	9,768	
전남대	16,504	1,513	18,017	7,606	25,623	20,094,041	162,118,217	6,327	
전북대	16,235	1,628	17,863	6,507	24,370	14,764,641	124,809,590	5,121	
제주대	8,866	718	9,584	2,473	12,057	7,479,230	75,536,687	6,265	
충남대	17,114	817	17,931	7,866	25,797	16,399,344	108,351,391	4,200	
충북대	13,045	1,125	14,170	5,231	19,401	12,201,834	87,661,438	4,518	5,702

스스로가 개혁을 한 것이 아니라 주정부의 요구에서 개혁을 시작하였다. 정부가 제시한 청사진이 성공하기 위해서는 대학 구성원들이 외부의 요구를 긍정적이고 적극적으로 수용하도록 하는 섬세한 설계가 필수적이다. 앞에서 언급한 것처럼 우리나라의 경우 교육부의 현재 인력으로는 이러한 설계를 하는 것이 불가능하다. 이를 극복하기 위해서는 협치의 개념을 도입할 필요가 있다.

표 1-7 전국교육대학교 교원 확보 현황(2010년 기준)

(단위: 명, %)

대학	학생 현황(A) * (학부+대학원)				교원 법정정원(B) *		교원 현황	교원확보율(%) (C/B)×100	
	편제정원		재학생		편제정원 기준 학급 수	재학생 기준 학급 수	전임 교원 수 (C)	편제정원 기준	재학생 기준
	정원	학급 수	정원	학급 수					
경인교대	5,381	290	3,222	187	604	398	127	21.0	31.9
공주교대	2,982	148	2,471	89	320	202	85	26.6	42.1
광주교대	2,855	152	2,435	100	328	224	73	22.3	32.6
대구교대	3,328	173	3,038	112	370	248	85	23.0	34.3
부산교대	3,114	157	2,865	457	338	938	74	21.9	7.9
서울교대	3,571	224	3,248	255	472	534	94	19.9	17.6
전주교대	2,299	113	2,063	101	198	226	56	28.3	24.8
진주교대	2,518	112	2,268	87	248	198	70	28.2	35.4
청주교대	2,506	130	2,175	111	284	246	64	22.5	26.0
춘천교대	2,780	140	2,455	102	304	222	75	24.7	33.8

* 학생 현황(A): 학부와 대학원 입학정원의 합
- 정원
  - 편제정원: (학부) 1~4학년 입학정원의 합 + (대학원) 입학정원×.5배수
  - 재학생: (학부) 1~4학년 재학생 수 + (대학원) 재학생 수
- 학급 수
  - 편제정원: (학부) 정원/40명 + (대학원) 정원/10명
  - 재학생: (학부) 정원/40명 + (대학원) 정원/10명 또는 실 학급 수

* 교원법정정원(B) 산출식: 8 + (편제정원의 학급 수 또는 재학생 수의 학급 수) − 2}×2

표 1-8 특수목적대학 학생 수 및 교수 수(2010년 기준)

(단위: 명)

특수목적대학명	재학생 수	교수 수	비고
육군사관학교	872	171	
해군사관학교	563	97	
GIST대학 (광주과학기술원 대학)	400	160 (40*)	
경찰대학교	480	35	

광주교육대학교	2,591 (1,802**)	73	

* 학부교수

** 학부학생 수(광주교대는 학부학생 수 규모 기준 10개 교대 중 하위인 8위임)

※ 다른 특수목적대학은 대부분 교수 1인당 학생 수가 5명 정도로 극히 우수한 교육을 시키고 있지만 교육대학교는 교수법정정원 확보율이 30%에도 미치지 못하여 일반대학에도 못 미치는 극히 열악한 상황에서 주로 강사에 의존하여 교육을 수행해 오고 있음.

3) 평가인증제 개선 방향

앞에서 지적한 것처럼 사회가 생각하는 수준의 교사를 양성하는 데 부합하는 평가인증 기준을 마련하여 양성기관의 변화를 유도하는 것이 필요하다. 홍창남(2017)이 교원양성기관 평가 발전 방향으로 제시한 것은 수업실연 지표 폐지, 중복 지표의 단일화, 대학구조개혁 평가와의 '이중평가' 문제 보완 등이다. 아울러 평가지표 및 평가척도의 사전 공개, 평가위원 자격 요건 강화 및 전문성 기준 강화 등도 제시하고 있다.

평가와 관련한 문제 핵심의 하나는 평가자(위원)와 피평가자가 중첩된다는 것이다. 즉, 돌려가면서 한 해는 평가 준비자(피평가자) 역할을 하고 다음 해에는 평가자가 된다. 평가기준 마련에서도 해당 프로그램 교수들이 참여하여 자기 대학에 불리한 부분은 제외하거나 축소하는 노력을 기울이기도 하여 평가지표 왜곡현상이 나타나기도 한다. 이러한 왜곡을 막기 위한 보완책도 필요하다. 유럽의 소규모 국가들과 대만이 하고 있는 방안은 피평가 대학의 교수들과 맥이 닿지 않는 외국 교수나 전문가를 참여시키는 것이다. 이러한 방안이 도입되어야 과잉공급 상태가 중등교사 양성기관의 질을 높이는 데 크게 기여할 수 있을 것이다.

중등교사 양성기관의 경우 기관별로 문제점이 다르므로 거기에 맞추어 필요한 제도 개선책을 마련하고 강력히 실시하여야 한다. 제도개선위원회를 만들어 해당 기관 대표만이 아니라 교직단체, 해당 교사단체, 정부, 국회, 교육청, 학부모단체 등의 대표가 추천한 전문가로 위원회를 구성하고, 이 위원회에서 문제를 분석하고 미래사회에 적합한 양성 프로그램 대안을 모색하도록 한다. 이 위원회에서 결정한 사항은 입법을 통해 실행에 옮길 필요가 있다. 수급 균형을 이룰 때까지 한국교육개발원이나 대학평가인증원 산하에 교사양성기관 평가인증센터를 한시적으로 운영하고 여기에서 교사자격증 수여 프로그램에 대한 평가인증을 강도 높게 실시할 필요가 있다.

4) 교사양성체제 개혁

(1) 교사양성기관 연계 강화

유·초·중등교사 양성기관과 프로그램을 연계시키는 것이 필요하다는 것에 대해서는 반대하는 사람은 별로 없을 것이다. 연계를 강화하거나 통합하는 데 있어서 가장 큰 장애 요인은 특수목적형인 교대와 임용률이 아주 낮아 일반대학화의 길을 걷고 있는 국립사범대를 어떻게 연계시켜야 교대가 가지고 있는 강점과 문화를 유지시켜 줄 것인가 하는 것이다.

(2) 양성기간 연장 및 전문대학원체제 도입

앞에서 검토한 것처럼 현행 교육기간으로는 국가와 사회가 원하는 준비된 교사를 배출할 수 없다. 전통적인 전문직인 의사, 변호사, 신부가 되기 위해서는 최소한 6년 이상의 교육을 받아야 한다. 이 기간에 실습기회도 상당한 기간 포함되어 있어서 졸업을 하면 실무를 담당할 역량을 갖추게 된다. 그러나 교사의 경우에는 4년이라는 기간 안에 이론과 실습을 동시에 하려다 보니 역량의 기본이 되는 지식 습득도 벅찬 것이 현실이다. 교대를 6년제 혹은 최소한 5년제로 하자는 안을 오래전부터 제시하였지만 과거에는 중등교사 양성기관이 반대하여 그리하지 못했다. 그런데 2017년 4월에 국회 교육희망포럼이 주최하고 국공립대학교 사범대학장 및 교육대학원장 협의회가 공동으로 주관한 토론회의 발표와 토론 내용에 따르면, 중등교사 양성기관도 이제는 5년제 혹은 6년제로 가자는 주장을 강하게 펴고 있다(김희백, 2017: 87; 박철웅, 2017: 101; 이병기, 2017: 12). 일차적으로는 인턴교사 과정을 필수로 하는 5년제 도입을 실시할 필요가 있다. 또 하나는 미국이 초기에 했듯이 모두 6년제로 바꾸기보다는 기존의 4년제 양성과정을 그대로 두고 6년제 양성과정 시범대학을 선정하여 실시해 보는 것도 하나의 방안이다. 이때 늘어나는 학년을 실습학년제(홍섭근, 2017: 10)로 운영하는 것이 바람직할 것으로 보인다.

우선 전환 준비가 되어 있는 교육대학교를 5년제 혹은 6년제 전문대학원 연계과정으로 전환하여 시범 운영할 필요가 있다. 중등교사 양성기관은 법학전문대학원 도입과 유사한 방식으로 수요를 감안하여 5~6년제 전문대학원을 신설하고 여기에서 필요한 인력의 1/3에서 1/2 정도를 배출하게 하는 방안이 있다. 나머지는 기존의 교사자격 프로그램 이수자(이들에게는 가산점 부여) 및 일반대학 졸업생들을 대상으로 시험을 통해 전문대학원 신입생으로 선발한 후 이 과정에 입학시켜 추가 2년 교육을 받게 한다. 이 기간 동안 학생들이 프로세스 폴리오를 작성하게 하고 교원, 교수 등 외부 전문가 평가 점수에 임용시험 점수를 더해 최종 합격을 결정하는 방식을 취한다. 형식적인 과정이 되지 않도록 시스템을 보완하지 않으면 2년 후 모두 합격하는 상황이 되어 별 의미가 없을 수 있을 것이다. 중등교원 전문대학원 과정을 인가받은 국립대 사범대는 교대와의 연계를 강화하여 종합대학 시스템 내의 독립된 교원대학으로 통합시키는 것이 가능할 것이다.

현재의 교직과정이나 교육대학원에서 운영하고 있는 특수교과목을 비롯한 일반교과목 자격증 프로그램의 질에 대한 우려가 크다. 그렇다면 아예 파격적인 교사양성제도를 시범적으로 시도해 볼 필요도 있다. 현재 교원자격증 프로그램 중에서 2급 정교사 프로그램을 제외한 1급 정교사, 교감, 교장 자격증 제도는 교육청이 주관하여 운영하고 있다. 시범적으로 특수교과목 교사의 경우 해당 분야의 학사학위 소지 전공자를 대상으로 교육청과 사범대학이 공동 운영하는 2급 정교사 자격증 과정(교육전문대학원 과정)을 개설해 볼 필요가 있다. 교육청은 연수원을 가지고 있고 많은 실습학교를 확보하기가 용이하므로 공동운영이 충분히 가능할 것이다.

(3) 지능형 네트워크 구축

교사양성을 위한 주체들 간의 협력이 필요하다. 그러나 생존이 위협받는 상황에서는 협력이 아닌 경쟁과 힘겨루기만이 난무하게 된다. 박영숙(2017)은 주체들 간의 현안 진단과 혁신 요구를 공유하고 스스로 진화해 가는 '지능형 네트워크 구축'이 필요함을 역설한다. 이를 위해 논의내용이 공유될 수 있도록 시계열적인 지능형 정책 데이터베이스 구축이 필요하다는 것이 그의 주장이다. 미래형 교사양성체제를 구축하기 위한 협치기구를 만들고 운영할 때 참고할 만한 제안이라고 판단된다. 이 기구가 주도하여 현재의 여건을 고려하지 않은 상황에서 미래사회 변화에 대한 예측을 기반으로 이상적인 미래형 교사양성체제를 구안해 볼 필요도 있을 것이다.

5) 자격제도 개혁

(1) 통합자격증제도

초·중등통합학교가 증가하는 현실을 반영하여 이에 필요한 통합자격증제도를 신설할 필요가 있다. 이를 위한 프로그램을 어느 기관에 따로 개설할지, 아니면 기존 교사들을 대상으로 추가 교육을 시켜 자격을 따도록 할지 등에 대한 논의가 필요하다.

현행 중등교사 양성 프로그램의 교육과정은 주로 고등학교 교사양성에 초점이 맞추어져 있다. 여러 학문영역을 통합한 통합교육과정이 편성·운영되고 있는 중학교의 교육과정에 적합한 양성 프로그램과 자격증제도를 신설할 필요가 있다. 그 모습은 현행 초등교사 양성 프로그램에 가까운 것이 될 것이다. 고등학교 교사양성에 적합하게 프로그램을 운영하고 있는 기관은 스스로 중학교 교사양성에 적합한 프로그램을 만들도록 유도하든지, 아니면 고등학교 교사자격증만 주도록 제한할 필요가 있다. 현행 시스템을 유지하면서 수요에 부응하는 바람직한 방향은 통합교육과정 운영에 필요한 자격증과 함께 개별 과목 자격증을 받을 수 있도록 시스템을 재설계하는 것이다.

(2) 통합교과 자격증제도

통합사회와 통합과학 과목이 신설되어 자격을 갖춘 교사가 필요하게 되었다. 양성을 위한 하나의 방안은 1+1 체제이다. 이 방안은 학생들이 기존의 사범대 학과(일반사회, 역사, 지리 등)에 적을 두면서도 통합사회나 통합과학 교사자격증은 필수로 취득하게 한다. 이를 바탕으로 자신 속한 사회과와 과학과 한 과목을 심화하여 그 과목의 교사자격을 이수하는 1+1 체제를 도입하는 것이다. 통합사회, 통합과학 교사 자격과정에서 학급경영을 중시하여 학급담임으로서의 역할을 제대로 수행할 수 있도록 준비시키는 것도 필요하다.

다른 방안은 현 사범대학에 '통합과학교육과' '통합사회교육과'를 별도로 신설하는 안이다. 제3안으로 통합사회, 통합과학을 부전공 또는 복수전공으로 하는 방안을 검토할 수 있다. 이는 기존 대학의 체제 개편 부담을 크게 줄여 줄 것이다. 그러나 미래사회에 대비하여 학과의 벽을 허물어야 한다는 사회적 요구와 동떨어진 방안이 될 수 있다. 제4안은 중학교 교사자격증과 고등학교 교사자격증을 분리하는 방안이다. 기존의 사범대학에서는 중학교 사회과목 교사와 과학과목 교사만을 배출하도록 한다. 고등학교에서 세분화된 사회과목이나 과학과목을 가르칠 교사는 해당 분야의 중등교사 자격증 소지자 중에서 교사양성 기능을 제대로 수행하는 교육전문대학원에 진학하여 해당 분야의 학위를 취득한 자로 국한시킬 필요가 있다.

필요한 교사를 공급하는 것과 관련하여 가장 바람직한 방향에 대해 그 과목을 담당해야 할 교사 집단들의 네트워크를 만들고, 이 네트워크에 관련학과 교수, 담당공무원, 교직단체 등을 참여시켜 네트워크를 가동할 필요가 있다. 이 네트워크는 신설과목을 성공적으로 교육시키고자 할 때 예상되는 어려움과 해결해야 할 과제, 교육부가 도와주기를 바라는 점 등을 추출하는 역할을 한다. 여기서 제시된 방향을 토대로 교육부가 지원책을 마련할 필요가 있다. 이 과정은 신설과목을 담당해야 할 교사들의 현실을 바라보는 인식을 바꾸어 주고, 나아가 이들이 제시하는 대안의 타당성을 높여 주는 역할도 하게 될 것이다.

6) 교사양성 교육과정 초점 변화

(1) 역량중심 교육과정 개념 반영

초·중등학교 현장에 역량중심 교육과정이 도입되고 있다. 교사양성 프로그램에도 이러한 변화가 반영될 뿐만 아니라, 나아가 미래 교사가 필요로 하는 기본 역량을 제고할 수 있도록 교사양성기관도 역량중심 교육과정의 도입을 서둘러야 할 것으로 보인다. 역량중심 교육과정에서 말하는 역량은 지식을 아는 상태에서 더 나아가 이를 적용하여 사회에서 성공적으로 살아 나가기 위한 능력을 의미한다(백남진, 온정덕, 2014). 역량중심 교육과정 개념을 교사양성에 적용해 보면 교사가 '학교현장에서 살아 나가기 위한 능력'을 길러 주는 데 더 초점을 맞추는 교육과정이 되어야 한다.

(2) 현장밀착형 교사양성

또 하나 중요한 것은 현장밀착형 교사양성이다. 역량중심 교육과정을 운영하기 위해서는 법학전문대학원에 법관과 검찰을 파견하듯이 박사학위를 가진 현장교사를 교사양성기관(우선 교육대학교 시범 적용)에 파견하여 교육을 담당하게 해야 한다. 그리고 실습학교 혹은 협력학교를 크게 늘려 양성교육 기간 내내 실습학교와 대학을 오가며 동시에 학습할 수 있게 해야 한다. 또한 실습학교 교사들이 미래 교사들의 멘토가 되게 해야 한다. 그렇게 하여 미래 교사가 지도교수와 멘토교사로부터 동시에 지도를 받게 될 때 미래 교육에 필요한 역량과 현장에서의 생존에 필요한 역량을 두루 갖추게 될 것이다.

(3) 실습제도 개선

이혁규(2017)가 미국 산타바바라 대학의 사례를 토대로 제시하고 있는 포트폴리오 평가제, 예비교사 교육관리자제도는 우리나라 교사양성교육 개혁방안에 시사하는 바가 크다. 포트폴리오 제도는 교사양성교육 과정에서 학습한 내용에 대한 포트폴리오를 평가하여 교사자격을 부여하는 제도이다. 광주교대에서는 2009년부터 학생들의 대학생활 모든 것(심지어 과외교습 경험까지)을 인터넷 프로그램에 입력하도록 하는 '프로세스 폴리오' 제도를 도입하였다. 입력한 모든 것을 교원임용시험 중에서 면접시험 때 지참하도록 하여 면접의 한계를 보완하고자 하였다. 하지만 교육청이 면접 시 제출을 허용하지 않아 결국 중단하게 되었다.

실습현장을 방문하고 필요한 조언을 하며 전문성 발달을 돕는 역할 등 현장실습을 지원하는 예비교사 교육관리자는 실습기간이 길어지면 꼭 필요하게 될 것이다. 산타바바라 대학의 경우 교육관리자 한 사람이 4~5명의 예비교사를 책임지고 12개월 동안 밀착지도를 한다. 우리의 경우에도 질 높은 교사교육을 위해 이를 도입함 직하다. 이들은 현장교사로도 보임이 가능할 것이다. 이를 위해서 교사양성 교육기관 교수의 이원화도 필요하다. 실습지도나 단순한 실기역량 지도는 실기강사로 대체하는 것도 가능할 것이다. 광주교대에서는 2009년부터 학생과 현직교사 일대일 멘토교사제를 도입하여 실시하였다. 이를 위해 교사양성에 기여하고자 하는 현직교사 희망자와 교대생 중에서 멘토를 희망하는 학생을 모집하였다. 대학이 프로그램을 운영하면서 필요최소한의 예산을 지원하였다. 방법은 최소 월 1회 이상 교대생이 현직교사의 학급을 방문하여 학급경영을 포함한 다양한 노하우를 전수받고 실습기회도 가지며 교사를 돕는 역할을 하도록 한 것이다. 그러나 정식교육과정으로 채택되지 못해 학생들의 참여가 줄어들면서 결국 폐지되었다.

(4) 소명의식 제고

지난 20여 년간을 돌이켜 볼 때 우수한 학생들이 입학하는 우리나라 교사양성 교육기관에서 길러 주어야 할 핵심은 소명의식과 지속적인 학습하는 자세이다. 박수정, 박장완, 이인희, 이길재, 박용한(2015: 191)은 교사양성에서의 인성 제고방안을 다음과 같이 제시하고 있다. 이는 인성 제고에 필요한 세심한 설계를 하는 데 좋은 지침이 될 것이다.

- 교사 인성 및 교직적성을 반영한 예비교사 선발 및 교육
- 교과 프로그램에서 교사 인성 및 교직적성 요소 반영
- 비교과 프로그램을 통한 교사 인성 및 교직적성 함양
- 협력적인 학습 경험 및 동아리활동 활성화
- 교원양성에서 인성교육의 필요성과 가능성에 대한 홍보 강화

7) 교사양성기관 교수

교사와 달리 교수는 연수를 받지 않고 있다. 교대와 사대 교수는 제4차 산업혁명기의 예비교사들이 갖추어야 할 역량 교육에 필요한 지식과 기능 그리고 교수법과 학생지도법 등에 대해 희망 시 연수를 받을 수 있도록 연수 예산과 지원 시스템을 갖출 필요가 있다.

교대와 사대 교수들 중에는 자신이 교사를 기르는 교사라는 의식과 실천이 부족한 이들이 있는 것이 우리의 현실이다. 교수업적 평가에서 일반대학들처럼 연구실적과 강의 그리고 학생지도 등을 평가할 뿐, 나머지는 철저히 교수 개개인의 자율에 맡겨져 있다. 사관학교의 특징은 교수 요원들이 교관으로서 소명의식을 가지고 있고 그에 필요한 역량을 갖추고 있다는 것이다. 현재 교대와 사대는 교수 요원들의 이러한 역량을 측정하지 않는다. 또한 교대의 경우에는 강의의 절반가량을 외부 강사에게 맡기고 있으면서도 강사 요원의 강의에 대한 관리는 단순히 강의평가 하나에만 의존하고 있는 실정이다. 교대의 교수 충원율을 대폭 높이지 않는다면 기존 교

수들의 역량 강화는 반쪽짜리 강화로 끝날 수도 있다.

우리나라 교사양성기관 교수들에게 필요한 것은 자신들이 교사를 기르는 교사라는 것을 깨닫고 이에 필요한 역량을 갖추는 것이다. 국가와 대학은 이에 필요한 지원을 하고, 교수들의 그러한 노력을 측정할 지표도 개발할 필요가 있다. "통일된 목표를 함께 도출하는 힘도 약하고 프로그램을 지속적으로 모니터링하고 개선하려는 노력도 잘 눈에 띄지 않는다."라는 이혁규(2017: 19)의 주장은 눈여겨볼 만하다. 자기 강좌 이외의 다른 강좌에서 서로 무엇을 가르치는지, 어떻게 가르치는지에 대해 함께 경험을 나누려는 노력을 유도하는 시스템을 만들고 적용할 때 새로운 교수문화가 형성될 수 있을 것이다.

산타바바라 대학의 과제 캘린더(assignment calender)제도도 도입함 직하다(이혁규, 2017: 22-23). 이 제도는 '교수들이 모여서 대학의 전체 프로그램에 비추어서 어떤 과제를 낼지를 협의하고 과제내용을 조정하여 캘린더 형식으로 정리하여 학습자에게 배부'하는 제도이다. 광주교대 학생들은 1학년 때에는 너무 한가하여 시간을 허송하다가 2학년이 되면 너무 많은 과제로 정신을 차릴 수 없을 지경이라고 한다. 과제 캘린더를 제작하기 위해서는 교수들이 긴밀히 협력해야 한다. 우리나라 교대에서 교수들끼리 모여 가르치는 내용에 대한 협의나 과제 조정을 하는 사례는 별로 없을 것으로 짐작이 된다. 그러다 보니 교육학에서 배운 내용을 각과 교육에서 다시 배우는(한 번도 아니고 여러 번) 일이 매년 반복되고 있다. 교육과정 및 평가 전공 교수와 각과 교육학을 가르치는 교수들이 모여 주기적으로 워크숍을 한다면 이러한 문제는 완화될 수 있을 것이다.

8) 임용제도 개선을 통한 교사양성 변화 유도 방향

앞에서 이야기한 것처럼 전문직종의 특성상 짧은 시간의 시험을 통해 교사로서 갖추어야 할 소명의식, 전문지식, 실무처리 능력, 다양한 역량 등을 모두 평가할 수는 없다. 물론 교원임용시험제도 개선을 통해 교원양성 프로그램의 변화를 유도하는 방안도 일부 효과는 있을 것이다. 가령 교원임용시험에서 교과내용학의 경우 교과내용 지식을 묻더라도 실제 중등교육과정과 연계된 것으로 하고, 교육과정과 학습자 이해, 수업설계 능력을 평가하는 쪽으로 임용시험을 바꾸어야 한다(김기현,

2017). 그리하면 사범대 교육과정 운영이 조금은 바뀔 것이다. 또한 광주교대가 시도했던 프로세스 폴리오 제도를 반영하여 임용평가 판단 자료로 제출하도록 하면 양성교육에 임하는 충실성 제고, 실무 역량 강화 노력 제고, 교사로서의 소양과 소명의식 제고에 필요한 다양한 경험 축적 유도 효과 등이 있을 것이다. 이에 더해 대입제도에서 학생부종합 전형처럼 양성기관의 지도교수(혹은 다른 전담교수)가 예비교사의 교직소양과 적성 등을 누가 기록하여 프로세스 폴리오와 함께 제출하도록 하는 것도 고려해 볼 수 있다. 하지만 임용제도 개선을 위한 이러한 노력은 양성기관 졸업생의 임용률이 높게 유지될 때에만 실질적 효과가 나타날 것이다.

8. 결론

우리나라에서는 교육의 성패를 좌우하는 것이 교사의 질이라고 주장하면서도 교사의 질에 막대한 영향을 미치는 교사교육에 대한 투자는 늘 뒷전이었다. 앞에서 살펴본 것처럼 사관학교, 경찰학교, 과학기술원 등의 특수목적대 학생 1인당 교육비와 교사양성기관 학생 1인당 교육비, 교수 1인당 학생 수 등을 비교하면 확연히 드러난다. 중요도에 비해 사회적 투자가 미흡한 이유는 교사의 중요성에 대한 낮은 사회적 인식, 교사교육 관계자와 종사자의 대외지원 확보 노력 부족, 교사양성기관의 자체 개혁 노력 미흡, 투자 대비 성과 확신의 어려움, 저비용 교사교육 전통 등 여러 가지를 들 수 있을 것이다. 보다 근본적으로는 그러한 재정지원을 하지 않더라도 우수한 교사 자원이 교사양성대학에 지원을 하고, 그동안 배출된 교사들이 다른 나라 교사들에 비해 상대적으로 뛰어나다는 평가를 받고 있기 때문에 국가와 사회도 더 투자할 생각을 하지 않고 있는 듯하다.

투자가 이루어지지 않다 보니 일선 현장으로부터는 교사양성기관이 시대가 요구하는 교사를 배출하지 못하고 있다는 비판이 이어지고 있다. 또한 급변하는 시대를 선도할 교사의 양성은 더욱 힘든 상황이 되고 있다. 어려운 상황을 타개하고 현장으로부터의 비판을 수용하여 교사양성기관이 변모해 가도록 돕기 위해서는 긴 호흡으로 챙길 수 있는 사람과 집단이 필요하다. 여러 당사자를 만나서 이야기를 들어보니 대통령과 청와대, 행정부와 국회, 혹은 시민단체가 각각의 자리에서 노력은 하고 있지만 모두 한계가 있다고 한다. 결국 모두에게 새로운 관점을 통해 울림이 되는 방향을 지속적으로 제시하며 논의를 이끌어 갈 책무는 학자와 학계가 져야 할 것이다. 교사교육에 대해서는 한국교원교육학회를 주축으로 한 학자들이 그 역할을 해야 한다.

참고문헌

관리자(2008. 3. 17.). 프랑스의 교수임용제도. 대학교육. https://goo.gl/AK7uyk

김경자(2015). 2015 개정 초등교육과정의 방향과 과제. 한국초등교육학회, **2015 개정 초등교육과정의 전망과 과제**(pp. 1-18). 2015 한국초등교육학회 추계학술대회 자료집.

김병찬(2017). 지능정보사회의 도래에 따른 교원 양성교육의 전망과 과제. **교원교육소식, 82**, 5-17.

김세균 외 12인(2015). **다윈과 함께: 인간과 사회에 관한 통합학문적 접근**. 서울: 사이언스북스.

김성수(2017). 미래교육을 위한 교원 양성 발전 방향. 국회 교육희망포럼, **EduNext2 미래 한국을 위한 교원 양성 방향**(pp. 67-72). 국회 교육희망포럼 자료집.

박남기, 고민영(1996). **21세기를 향한 미국 교원 정책 개혁**. 서울: 교육과학사.

박남기(2004). 초등교원 수요에 영향을 미치는 정책 변인 분석. **한국교원교육연구, 21**(3), 221-243.

박남기(2008). 초등학급경영의 개념과 범위 그리고 영역 분석: 단행본, 승진규정, 학급교육과정 운영부를 중심으로. **초등교육연구, 21**(1), 1-32.

박남기(2010). 교사 양성 체제의 제도적 변화의 방향. **꿈나래, 21**(331), 11-13.

박남기(2011. 5. 9.). 〈시론〉 스승의 부활을 꿈꾸며. 한국교육신문, 5면.

박남기(2011). 교육대학교 구조개혁 방향. 대학구조개혁위원회 세미나. 교육과학기술부 대회의실.

박남기(2011. 12. 12). 젊은 교육자와 함께 나누고픈 세밑 소망. 한국교육신문, 5면. http://www.hangyo.com/APP/news/article.asp?idx=38740

박남기(2012. 8. 13.). 정책결정과 도깨비도로의 함정. 서울신문, 30면.

박남기(2012. 11. 26.). 〈시론〉 이제, 교사양성 패러다임 개혁할 때. 한국교육신문, 11면.

박남기(2015a). 미래교육에서 교사에게 요구되는 역량. **교육부, 행복한교육**, 56-57.

박남기(2015b). 미래교육을 위한 교사 역량제고 방안. **교육부, 행복한교육**, 58-59.

박남기(2015c). 학교혁신의 방향과 과제: 교육개혁을 위한 새패러다임 탐색. 한국교총 · 한국교육행정학회, **5.31 교육개혁과 학교교육의 혁신**(pp. 69-115). 5.31 교육개혁 20주년 연속세미나(2) 자료집.

박남기(2017a). 교사 양성 정책의 현장 적합성 진단과 혁신 방향. 한국교원교육학회 · 한국교육개발원, **교원 양성 및 채용 정책의 현장 적합성 진단과 혁신 방향**(pp. 5-40). 제104차 KEDI 교육정책포럼 자료집. 서울 중앙우체국 21층 스카이홀.

박남기(2017b). 대통령 선거 공약 및 관련 쟁점: 초중등 교육지배구조를 중심으로. 한국교육정치학회, **교육정치학적 관점에서 본 제19대 대선 교육공약**(pp. 31-61). 2017 교육정치학회 춘계학술대회 자료집. 고려대학교 운초우선교육관 204호.

박남기(2017c). 미래사회를 대비한 교원양성체제 개혁 방향. 한국교육학회, **교원양성제도의 문제점과 개선 방향**(pp. 3-37). 2017 한국교육학회 교육정책포럼 자료집. 대전 평생교육진흥원 식장산홀.

박남기(2018a). 교육거버넌스 개념과 범위 재구조화 및 이를 활용한 2017 대통령선거 초중등 교육지배구조 공약 쟁점 분석. **교육정치학연구, 25**(1), 173-201.

박남기(2018b). **실력의 배신**. 서울: 쌤앤파커스.

박남기, 임수진(2015). 스마트 학급경영의 개념과 방향 탐색. **한국교원교육연구, 32**(1), 371-394.

박수정, 박상완, 이인회, 이길재, 박용한(2015). 교원양성체제 개편방안 연구. 교육부정책연구보고서. 대전: 충남대학교.

박영숙(2017). 미래 지향적 교원 양성 방향에 관한 토론. 국회 교육희망포럼, **EduNext2 미래 한국을 위한 교원 양성 방향**(pp. 73-82). 국회 교육희망 포럼 자료집.

박영숙, 박균열, 정광희, 김갑성, 전제상(2015). 교직환경 변화에 따른 교원정책의 진단과 과제: 교원의 역량 개발을 중심으로. 연구보고 RR 2015-03. 한국교육개발원.

박철웅(2017). 교육의 질은 교사의 질을 넘어설 수 없다. 국회 교육희망포럼, **EduNext2 미래 한국을 위한 교원 양성 방향**(pp. 97-102). 국회 교육희망포럼 자료집.

백남진, 온정덕(2014). 역량 기반 교과 교육과정에서 기준과 수행의 의미. **교육과정연구, 32**(4), 17-46.

신수정(2006. 5. 18.). 우리나라 초중고교생, 체격은 커졌는데 체력은 약해져. 동아일보. https://goo.gl/UO4yhl

윤지연(2016). 면접, 왜 연기력 평가가 되었나?. SERICEO 강연-人事, 조직심리를 읽다. https://goo.gl/m6VoaB

이혁규(2017). 현장 중심 미국 교사교육 프로그램에 대한 관찰 연구. **좋은 교사운동, 교원양성과 승진구조, 어떻게 바꿀까?**(pp. 14-31). 교육대통령을 위한 대토론회(10차) 자료집.

조상식, 박현주, 안홍선(2015). 중등학교 교원의 적정 양성규모 산정 및 양성기관별 특성화 방향 연구. 교육부 정책연구보고서.

최무영, 박형규(2007). 복잡계의 개관. **물리학과 첨단기술, 16**(10), 2-6.

카이스트 미래전략대학원(2015). **대한민국 국가미래전략 2016**. 서울: 이콘.

허승(2014. 10. 24.). 한 · 중 · 일 3개국 중 가장 '저질 체력'은 어느 나라? 한겨레. https://goo.gl/PeObdf

홍섭근(2017). 교원양성-교원임용-교원연수-교원승진 연계 시스템의 문제. **좋은 교사운동, 교원양성과 승진구조, 어떻게 바꿀까?**(pp. 1-10). 교육대통령을 위한 대토론회(10차) 자료집.

홍창남(2017). 교원양성기관 평가의 발전 방향. 국회 교육희망포럼, **EduNext2 미래 한국을 위한 교원 양성 방향**(pp. 31-65). 국회 교육희망포럼 자료집.

The Economist. (2012). **메가체인지 2050**[*Megachange: The world in 2050*]. 김소연, 김인항 공역. 서울: 한스미디어.

Toffler, E. (1994). **제3의 물결**[*The third wave*]. 원창엽 역. 서울: 홍신문화사. (원저는 1980년에 출판).

참고자료

교육공무원법

대학교원 자격기준 등에 관한 규정 제2조

영유아보육법

유아교육법

전국 교육대학교와 교원대학교 그리고 이화여자대학교의 2018학년도 대학입학전형 시행계획

초 · 중등교육법

특수교육법

제 2 장

교사교육의 이념 및 철학: 철학이 있는 교사교육을 위하여

정윤경(전주교육대학교 초등교육과 교수)

1. 서론

교사교육의 이념 및 철학에 관해 성찰하는 것은 교사교육의 정책 및 제도의 기본 방향과 비전, 실천 운영의 기준과 원리에 해당하는 것으로 중요하게 다루어져야 할 것이다. 그럼에도 불구하고 '한국 교사교육의 이념 및 철학'이라는 주제를 보면서 처음 드는 생각은 '이 주제를 탐구하기 위해서는 무엇을 어떻게 해야 할까?' 하는 것이다. 이런 생각으로 난감해지는 것은 여러 가지 이유에서인 것 같다.

첫째, '이념'과 '철학'이 갖는 의미의 불명료함이다. '이념'과 '철학'은 각각 서로 다른 두 개의 개념으로 구분해서 사용되기도 하고, 일상생활에서는 그 두 가지가 실제 인간생활을 있게 하는 논리적 가정이자 사고에 해당되는 의미를 갖는 것으로 혼용되기도 한다. 또한 '사상' '목적' '관점' 등의 용어를 이념이나 철학에 해당되는 용어로 사용하기도 한다. 이와 같이 다양하게 그 의미가 해석될 수 있고, 또 다른 용어들과 혼용되고 있는 '이념'과 철학'의 의미를 어떻게 볼 것인가 하는 문제이다.

둘째, '이념'과 '철학'은 모두 인간 활동의 '안쪽'에 해당하는 것으로, 인간 활동을 있게 한, 눈에 보이지 않는 사고체계나 논리적 가정에 해당된다. 그런데 한국 교사교육의 이념 및 철학이라고 할 때, 특정한 이념과 철학이라고 할 만한 것이 쉽게 떠오르지 않는다. 이것은 이념과 철학이 가진 속성이 인간 활동의 실제 자체라기보다는 활동을 있게 한 사고체계에 해당되기 때문에 그럴 수도 있고, 해방 이후 이루어져 온 교사교육의 역사 속에서 교사교육의 분명한 이념과 철학이 확립되고 그러한 이념과 철학에 따라 교사교육이 이루어지지 않았기 때문에 그럴 수도 있다. 따라서 한국 교사교육의 이념과 철학을 '이것'이라고 말하기 힘들다.

해방 이후 오늘날까지 정권교체기마다 교육의 변화가 있어 왔지만, 그것은 교육내부의 논의에서 촉발된 것이 아니라 주로 정치 · 경제 · 사회적 동인에 의한 것으로, 제도와 정책 중심으로 변화가 이루어져 왔다. 교사교육도 예외는 아니다. 이런 까닭에 교사교육을 포함한 한국교육에 대해 '철학이 부재한 교육'이라고 쉽게 비판하는지도 모른다. 이념과 철학이 있는 교사교육을 위하여 지나온 역사 속에서 교사교육의 이념 및 철학은 무엇이었고, 변화된 시대에 교사교육의 이념 및 철학은 어떠해야 하는지를 성찰하고 탐구해 봐야 할 것이다.

이상에서 살펴본 난점을 고려하면, '교사교육의 이념 및 철학'이라는 주제는 여타 분야, 예컨대 유아교육, 초등교육, 중등교육 분야별로 탐구하는 주제들과 좀 다른 방식으로 구상해 봐야 할 것이다. 다른 주제들의 경우, 해당 분야별로 교사교육의 역사를 추적하면서 그 분야의 교사교육이 시대별로 어떻게 이루어져 왔는지 변천과정을 살펴봄으로써 특징을 성찰할 수 있을 것이다.

그런데 인간 활동의 안쪽에 해당되는 '교사교육의 이념 및 철학' 탐구는 어디에서부터 시작해야 할까? 먼저, 교사교육의 이념과 철학을 탐구하는 일은 교사교육이 그 한 부분을 이루고 있는 전체 교육의 맥락 속에서 이루어질 필요가 있다. 왜냐하면 교사교육 역시 교육이기 때문에 당대의 교육이 어떤 이념과 목적에 따라 이루어지고 실천되었는가와 관련되며, 또한 교사교육기관에 들어오는 사람들을 배출해 낸 교육이 어떤 이념 속에서 이루어져 왔는가가 교사교육의 실제와도 밀접하게 관련되기 때문이다. 따라서 교사교육의 이념과 철학에 대한 성찰은 교육의 맥락 속에서 이루어져야 할 것이다. 또한 교육 이념과 철학은 교육목적의 상위 개념으로 교육목적과 관련되므로, 교육법과 교사교육기관에서 명시하는 교사교육의 목적을 살펴볼 수도 있다.

더불어 교사교육의 변천과정에서 교사교육의 변화된 특징들을 살펴봄으로써 그 시대마다 교사교육에 대한 가정과 생각이 어떠했는지 살펴볼 수 있다. 역사가는 과거의 유물을 통해 과거 사람들의 사고를 알아낼 수 있고, 이렇게 해서 알아낸 과거 사람들의 사고를 통하여 다시 그들이 어떤 일을 했는지 알아낼 수 있다(김안중, 1993: 8). 요컨대, 유물이나 유품 등 남겨진 물건들을 통해 과거 사람들의 활동과 행위를 있게 한 사고를 알 수 있다는 것이다. 실제로 해방 후 현재까지 한국 교사교육의 이념과 철학을 탐구하기 위해 교육이론가나 교육정책 수립자와 실행자들이 어떤 교사교육의 이념이나 철학을 천명했는지를 살펴보는 것은 별로 의미가 없다. 오히려 해방 이후 현재까지 우리가 '어떻게 교사교육을 해 왔는가?'가 그동안 교사교육에 대한 이념과 철학을 말해 줄 수 있다.

따라서 교사교육의 이념 및 철학을 탐구하기 위해 먼저 2절에서는 이념 및 철학의 의미와 역할을 살펴보고, 3절에서는 교육이념의 변천과 교육법 및 교사교육기관에 명시된 교사교육의 목적을 살펴볼 것이다. 4절에서는 교사교육의 변천과정을 통해 교사교육의 현실을 성찰하고, 마지막으로 5절에서는 교사교육의 이념 및 철학 탐색을 위한 질문과 조건을 중심으로 살펴볼 것이다.

2. 이념과 철학: 의미와 역할

'이념'과 '철학'이 '교육'과 결합한 '교육이념'과 '교육철학'은 보통 각각 다른 개념으로 사용되지만, 경우에 따라서 '교육이념 · 철학'으로 표기하고(한명희, 1984) 명확한 의미 구분 없이 혼용되기도 한다. '이념'은 포괄성, 보편성, 기본성, 일관성, 지속성, 긍정성의 특징을 갖는 체계로서 이데올로기, 목적, 이상(ideal)의 의미를 모두 담고 있다. 한편, '철학'은 생물학, 사회학처럼 하나의 학문 분야이자 하나의 지식체제를 뜻한다. 철학의 지식은 우주의 궁극적이고 본질적인 특징에 대해 탐구하는 형이상학, 진리와 지식의 근거 및 본질에 대한 탐구인 인식론, 선과 악, 옳고 그름에 대한 가치 탐구인 가치론으로 요약할 수 있다. 또한 철학은 형이상학, 인식론, 가치론적 신념체제를 뜻하지만, 이러한 지식의 체제를 얻기 위해 성찰하고 사유하는 '철학함'이라는 동사로서의 의미도 갖는다. 최진석(2018: 92)은 철학이 철학의 결과물을 습득하는 것이 아니라, 어떤 철학자가 그 결과물을 생산할 때 사용했던 시선의 높이에 동참하는 것임을 강조한다. 즉, 철학에서는 철학자의 사유 내용을 익히는 것이 아니라 사유과정에서 발휘된 비판적 사고과정 자체가 중요하다는 것이 강조된다. 이념과 철학은 이성과 관련된 사고라는 공통점을 갖는다. 그러나 하나의 학문 분야로 체계화된 철학이 이념보다 더 체계적이고 상위의 개념으로 간주된다. 또한 철학은 비판적 성찰의 과정 자체를 뜻하는 철학함의 의미도 갖고 있다.

이 절의 목적은 '이념'과 '철학'의 엄격한 의미 분석에 있는 것이 아니라, 해방 이후 오늘날까지 교사교육에서 이루어진 교육의 실제를 뒷받침하고 있는 가치체계나 사고체계라는 의미의 교사교육의 이념과 철학을 탐구하는 것이기 때문에, '이념 및 철학'으로 표기하고 서로 관련된 개념으로 사용할 것이다. 맥락에 따라 '철학'의 의미를 명사적으로 해석하면, 교사교육의 이념 및 철학은 교사교육이 이루어지는 데 전제된 이데올로기, 목적과 이상 등의 의미를 갖는다는 점에서 이념이라고만 표기해도 무방하다. 한편, '철학함'의 의미를 '교사교육'과 결합하면, 교사교육의 이념과 현실에 대한 비판적 성찰이라고 해석할 수 있을 것이다. 요컨대, 교사교육의 이념 및 철학은 교사교육의 이념과 목적의 변천을 살피며 동시에 교사교육의 변천과정을 통해 교사교육의 실제를 성찰하는 의미를 포함한다고 볼 수 있다.

이념과 철학(함)의 역할은 무엇일까? 최진석(2018)은 중국인들의 근대화 과정을 설명하면서 철학함의 중요성을 보여 준다. 중국이 근대화 과정에서 서양의 과학기술 문명 따라 하기를 하지만 그것의 원천은 정치제도에 있었는데, 정치제도는 결국 윤리와 사상과 문화, 한마디로 철학에 있었음을 보여 준다. 중국인들은 서양인들의 과학기술문명을 따라잡기 위해 양무운동을 벌이지만, 그 과학기술 배후의 무엇인가를 개혁하지 않았음을 알게 된다. 따라서 변법자강운동으로 정치제도의 변화를 꾀한다. 하지만 변법자강운동이 큰 효과를 내지 못하면서 '더 큰 힘'을 찾게 된다. 그것이 바로 윤리와 사상, 문화라고 하는 넓은 의미의 '철학'이라고 말할 수 있다(최진석, 2018: 54에서 재인용).

> ……이에 모두가 정치개혁도 지엽적인 것이며 배후에 더욱 근본적인 문제가 있음을 깨닫게 되었다. …… 단순히 정치제도의 채용만으로 성공할 수 없다면, 반드시 근본 기반을 바꿔야 하는데 가장 근본적인 것은 바로 윤리사상-인생철학이다. …… 각종 개혁이 통용되지 못하는 가장 근본적인 이유는 윤리사상에 있음을 깨달았다고 하였다. 이 근본을 개혁하지 않으면 모든 개혁도 효과가 없으리라는 것이었다. …… 이런 깨달음이 있었으므로 사람들은 무엇보다도 사상의 개혁-문화운동을 해야 한다고 주장할 수 있었다.

이상은 중국인의 근대화 과정을 통해 기술 도입보다 중요한 것이 제도개혁이고, 제도개혁이 제대로 효과를 내기 위해서는 제도의 근본 기반이 되는 윤리와 사상(철학)이 있어야 함을 시사한다. 교육은 인간의 실제적 활동이다. 실제적 활동의 변화는 기술 변화에 그치는 것이 아니라 제도개혁이 있어야 하고, 제도개혁은 그 기반이 되는 철학함이 병행될 때 가능하다. 교사교육의 이념과 철학의 역할 역시 이런 맥락에서 이해할 수 있을 것이다. 즉, 교사교육의 실질적인 변화를 위해서는 교사교육의 제도개혁이 이루어져야 하고, 제도개혁은 교사교육에 관한 이론적 탐색인 이념과 철학(함)에 기반을 두어야 한다([그림 2-1] 참조).

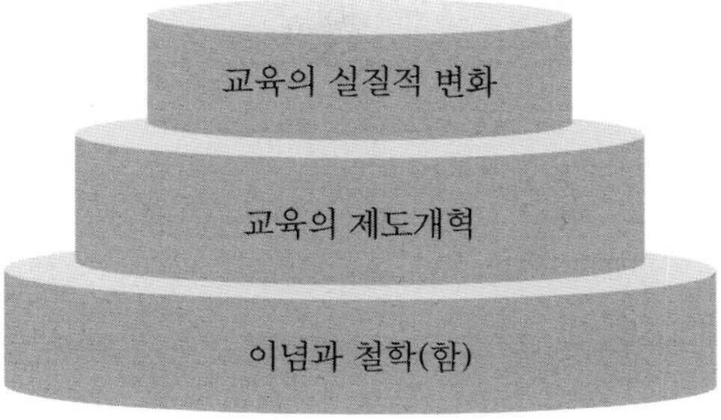

[그림 2-1] 교육의 변화를 위한 철학의 역할

3. 교사교육의 이념 및 철학

교사교육의 이념을 살펴보기 위해서는 먼저 전체 교육의 맥락에서 교육이념을 살펴볼 필요가 있다. 교사를 양성하는 교사교육 역시 교육의 일부이고, 교사는 교육을 실천할 주체이며, 따라서 교사교육은 국가의 교육이념 위에 이루어지기 때문이다.

1) 한국 교육이념의 변천

〈표 2-1〉에서 볼 수 있듯이, '**교육이념**'은 학자마다 다양한 의미로 사용되고 있다(신득렬, 2004; 한명희, 1984). 오천석은 교육이념을 '교육이 지향할 바'라고 규정하고, 포괄성, 보편성, 기본성, 일관성, 지속성, 긍정성의 조건을 충족해야 한다고 주장한다. 한편, 교육목적은 교육의 여러 가지 조건을 고려하면서 교육을 통해 성취하고자 하는 궁극적 표적 또는 구체적 지향점으로, 일상적으로는 교육목표와 동일한 의미로 사용되기도 한다. 정범모는 이념의 수준을 언표명문(表言明文)한 수준의 이념, 논의 수준의 이념, 합의 수준의 이념, 토착문화 수준의 이념으로 세분하기도 한다(서울대학교 교육연구소, 1994: 106, 120). 이러한 설명에 따르면, 교육목적은 궁극적으로 도달하고자 하는 지향점이며, 교육이념은 이러한 교육목적의 원천이 되는 관념으로 보다 상위의 개념으로 볼 수 있다.

한국의 공적인 교육이념은 「**교육기본법**」에 명시된 홍익인간이다. 「교육기본법」에 제시된 교육 이념과 목적은 〈표 2-1〉과 같다.

표 2-1 교육이념의 의미

오천석(1975)	• 교육적 행위 전체를 지휘하는 근본 원리 • 교육이념과 교육 원리를 동일시
한명희(1984)	• 목적으로서 교육이념 • 가치판단의 척도와 원리로서의 이념
한기언(1988)	• 교육의 기본 원리요 지도 원리 • 교육의 지표가 되는 관건이 되는 개념
김안중(1993)	• 교육목적에 대한 아이디어 • 교육의 실제를 지배했던 교육사상
이돈희(1995)	• 궁극적으로 달성해야 할 목표 • 교육적 판단의 기준으로 작용하는 가치체계
신득렬(2004)	• 국가가 교육의 목적, 내용, 방법을 규율하기 위해 공식적으로 제시한 기본 원리

제2조(교육이념) 교육은 홍익인간(弘益人間)의 이념 아래 모든 국민으로 하여금 인격을 도야(陶冶)하고 자주적 생활능력과 민주시민으로서 필요한 자질을 갖추게 함으로써 인간다운 삶을 영위하게 하고 민주국가의 발전과 인류공영(人類共榮)의 이상을 실현하는 데에 이바지하게 함을 목적으로 한다.

해방 이후 한국은 식민지교육에서 벗어나 새로운 교육을 재건하기 위해 노력한다. 미군정하에서 조선교육심의회는 한국교육의 재건을 위한 기본 이념으로 민주주의와 민족주의를 내세웠다(김종철, 1989: 15). 그런데 조선교육심의회에서 교육이념을 '홍익인간'으로 결정하기까지의 과정은 성찰과 숙의 과정을 거치지 못했던 것 같다. 김인회(2003: 72-73)에 의하면, 당시 홍익인간에 대해 가장 많은 말을 했던 백낙준조차도 교육이념 형성과정에서 선결되어야 할 '민족으로서 우리는 누구이고, 우리가 사는 이곳은 어떤 곳인지와 우리의 이상 사회'에 대한 진지한 논의 없이 당시 선진하다고 생각되는 미국식 민주주의 이념을 수용하고, 그 이념과 닮은 내용을 우리 고전에서 발견하자 홍익인간을 민족적 민주교육 이념으로 간주하게 되었다는 것이다.

여러 가지 비판에도 불구하고, 홍익인간은 명시적인 교육이념으로 정립되어 오늘에 이르고 있다. 민족주의와 민주주의 이념 이외에 홍익인간 이념에 영향을 준 것은 미국의 진보주의이다. 박부권(1989: 안승대, 2007: 36에서 재인용)은 홍익인간 교육이념은 단군신화의 추상적 · 신화적 내용을 민족주의로 제시하였을 뿐, 실제로 이를 대신한 것은 듀이의 미국식 진보주의였다고 비판한다. 그러나 당시 민주주의 교육이념으로 제시된 진보주의 역시 많은 한계를 드러냈음을 알 수 있다. 김천기(1992: 47-52)는 진보주의 교육이념은 미군정이 한국의 친미국화 정책과 정치사회적 이해를 반영한 것일 뿐, 민주주의의 실질적 내용을 담고 있지 않다고 비판한다.

이상의 홍익인간 이념이 교육이념으로 어떻게 정착해 왔고, 또 시대 변화에 따라 새롭게 부상한 교육이념은 무엇인지를 시기별로 살펴볼 필요가 있다. 해방 이후 현재까지 시기를 구분하는 방법은 여러 가지가 있다. 안승대(2007)는 교육이념의 이데올로기적 분석을 하면서 시기 구분을 정권주체의 변화에 따라 국가형성기(1 · 2공화국), 산업화 시기(3 · 4공화국), 민주화 시기(5 · 6공화국)로 나눈 후, 민주화 시기를 다시 유사민주주주의 시기(전두환, 노태우 정부)와 민주정부 시기(김영삼 정부 이후)로 구분한다. 조홍순(2017)은 역사적 맥락을 중시하는 시대 구분은 정책 변동을 촉발하는 거시적 구조의 변화 기점을 기준으로 삼는 것이 적절하다고 보고, 70년간 교원정책의 역사를 정부 수립부터 1960년대 초 군부정권의 태동기, 군부정권 태동기에서 1995년 5 · 31 교육개혁 시기까지, 그리고 5 · 31 교육개혁 이후 현재까지의 세 시기로 보고 있다. 교육이념 면에서 1995년은 새로운 전환을 보여 주고 있음에 틀림없다. 따라서 조홍순이 1995년을 시기 구분의 전환점으로 보는 것은 타당하다고 생각한다. 그러나 1960년대 이후부터 1990년대까지를 한 시기로 묶는다면 상이한 변화를 함께 설명하기가 힘들다. 그렇기에 안승대의 연구처럼, 1960~1970년대의 산업화시기와 1980~1990년대의 민주화가 시작되는 시기로 구분할 필요가 있다고 생각한다. 따라서 이 장에서는 시기 구분을 ① 국가형성기(해방~1960년), ② 산업화 시기(1961~1979년) ③ 민주화 시기(1980~1995년 5월 31일 이전) ④ 1995년 5월 31일 이후로 하고, 교육이념의 변화와 교사교육을 관련지어 살펴볼 것이다.

(1) 국가형성기(해방 이후~1960년)

해방 이후 조선교육심의회가 민족주의와 민주주의를 주된 교육이념으로 제시한 이래, 민족주의와 민주주의는 핵심적인 정치이념이자 교육이념으로 자리하고 있다.

민족 개념은 일제 식민지배에 대한 저항과 반대, 해방의 새질서를 건설하기 위한 공통의 기반을 의미하였으며, 민주주의 역시 억압과 탄압의 일제 지배에 대한 대안이자 해방의 새정치 조직의 기본 원리가 되었다. 그런데 자유민주주의 이념은 반공주의와 결합하면서 시작부터 거짓 자유민주주의로 등장하게 된다(안승대, 2007: 34). 해방 이후 한국은 해방과 분단, 전쟁과 전쟁 복구 등 급속한 변화를 겪는다. 최장집(1996)의 지적처럼, 한국의 해방은 성취된 것이 아니라 주어진 것이었다. 따라서 이 시기의 미군정은 미국의 한계선 속에서 군정정책을 실시하였다. 미국의 한계선이란 남한이 반공국가여야 하되, 그것은 민주주의 체제를 갖지 않으면 안 된다는 것이었다. 따라서 '반공'은 이 시기의 정치이념 형성에 중요한 영향을 미친다. 또한 반공주의는 민족주의를 표방함으로써 그 정당성을 확보하고자 하였다. 이것은 이승만의 일민주의에서 잘 나타난다. 이승만은 해방 이후 민족주의적 사회주의 분위기에 대항할 수 있는 이데올로기로서 반공주의를 포함한 일민주의를 내세운다. 일민주의는 홍익인간 정신과 화랑도 정신을 기본으로 한 민족주의 이념이다. 그러나 민족주의를 표방한 일민주의는 반공주의적 성격과 배타적 단일민족주의 성격을 띠었다. 이와 같이 민족주의 이념은 반공이념과 결합하면서 강력한 국가주의 이데올로기 성격을 갖게 된다. 이상에서 볼 때, 해방 이후 민족주의와 민주주의는 주된 정치이념이자 교육이념이었다. 그러나 이승만 정부의 일민주의는 반공주의와 파시즘적 민족주의가 결합된 군국주의 교육을 제도적으로 정착시킨다.

(2) 산업화 시기(1961~1979년)

1961년 쿠데타로 시작된 박정희 정권은 권위주의적인 방식으로 국정을 운영하면서, 단계적 경제개발정책을 중심으로 하여 경제성장을 국가의 일차적 과제로 삼았다. 5 · 16 쿠데타의 명분은 '반공'이었다. 박정희 정권은 반공주의를 민족주의, 민주주의, 발전주의와 결합시킴으로써 정권의 태생적 한계를 극복하고 지배 이데올로기의 우위를 점하고자 하였다(안승대, 2007: 39). 1968년 국민교육헌장이 선포되고, 1972년 박정희는 전국교육자대회에서 '국적 있는 교육'을 제창하고 같은 해 10월에 유신을 발표한다. 이러한 일련의 교육적 실행은 명분상 민주주의 이념을 실현하기 위한 것이라고 하였지만, 민주주의는 본래 의미에서 벗어나 집권 세력의 의도대로 자의적으로 해석돼 왔음을 알 수 있다.

1960~1970년대 교육은 국민교육헌장으로 대표되는 국가주의 교육과 경제발전을

위한 산업인력 양성이라는 발전교육론이 강조된다(조홍순, 2017: 361-362). 즉, 산업화 시기에는 교육을 국가발전과 경제발전의 가장 강력한 원동력이자 수단으로 보았다. 이 시기의 교육이념 역시 민족주의와 민주주의가 제시됐지만, 독재정권에서 민족주의는 국가와 정권을 동일시하는 국가주의 이데올로기로 변질되고, 민주주의 실현은 불가능한 것이었다.

(3) 민주화 시기(1980~1995년 5월 31일 이전)

군부집권으로 정권을 잡은 전두환 정권은 여러 면에서 박정희 정권의 교육이념을 계승하고 있다. 4대 국정지표의 하나로 국민정신교육을 추진하는데, 이것은 민족주의를 변형한 국가주의 이데올로기로 작용했고, 강조했던 정의사회론과 복지담론은 정권의 폭력성과 반민주성을 은폐하려는 민주주의 이데올로기였다. 한편, 노태우 정권기는 제도적 · 형식적 차원에서 교육자치제, 교육민주화, 통일교육을 추진하는 등 반공주의와 국가주의 이데올로기와는 다른 것을 보이기도 한다. 그러나 이런 차별화 전략은 민주화와 탈냉전 시대의 흐름에 따른 수동적 변화일 뿐 실질적 민주주의 교육이라고 볼 수 없다(안승대, 2007: 43-44).

5 · 16 쿠데타 이후 박정희는 '혁명공약'에서 '반공'을 국시로 삼겠다고 하여 1960~1970년대 반공 이데올로기를 한국식 민족주의, 민주주의와 결합시킨다. 반면, 1980년대 들어서 이전까지 강조되던 '반공'이 표면 아래로 사라진 듯했다.

하지만 1986년 신민당의 한 의원이 "이 나라 국시는 반공보다 통일이어야 한다."라고 주장했다가 국회에서 체포되어 「국가보안법」 혐의로 1년형을 선고받는 사건이 일어난다. 이것은 당시 한국의 국가이념이 자유와 민주인지, 반공이 곧 민주인지라는 심각한 질문을 하게 한다(김동춘, 2015). 이와 같이 '국시'라는 전체주의적 용어가 1980년대까지 사용됐고, 여전히 한국의 국시는 자유민주주의가 아닌 반공으로 간주된 것을 볼 수 있다. 이런 한국 사회와 교육의 모순을 고형일(1990)은 '분단의 고착화' '종속경제의 발전' '예속문화의 심화', '반(半)봉건성 유지'로 규정한다. 또 이런 사회 모순은 학교교육에 반공 및 국가 안보의식, 계층상승 및 경제지상주의, 미국식 민주주의와 사대주의, 권위주의와 충효사상의 강조로 나타난다.

1987년 군사정권이 막을 내리고 대통령 직선제 개헌이 이루어진 이후 민주화 바람이 확산된다. 이런 영향 속에서 교육계에도 교육 민주화가 시작된다. 대표적인 것이 교사들의 교직원 노동조합 결성과 함께 시작된 참교육운동을 들 수 있다. 이것은 기존의 권위적이고 중앙집권적 교육을 변화시키려는 노력이 교육민주화 운동의 형태로 표출된 것이다.

(4) 1995년 5월 31일 이후

김영삼 정부는 1995년 5월 31일 '세계화 · 정보화 시대를 주도하는 신교육체제 수립을 위한 교육개혁 방안'을 발표한다. 신교육체제는 학습자 중심 교육, 교육의 다양화, 자율과 책무성에 바탕을 둔 학교운영 등의 기본 특징을 보인다. 이전 교육개혁과 다른 특징은 신자유주의 논리를 교육에 적용하여 수요자 중심 교육과 경쟁의 원리를 전면적으로 도입했다는 점이다. 신교육체제를 수립하기 위한 교육개혁 방안으로 아홉 가지를 제안한다(고전, 2002). 그것은 ① 열린교육사회, 평생학습사회 기반 구축, ② 대학의 다양화와 특성화, ③ 초 · 중등교육의 자율적 운영을 위한 '학교공동체' 구축, ④ 인성 및 창의성을 함양하는 교육과정, ⑤ 국민의 고통을 덜어 주는 대학 입학제도, ⑥ 학습자의 다양한 개성을 존중하는 초 · 중등교육 운영, ⑦ 교육 공급자에 대한 평가 및 지원체제 구축, ⑧ 품위 있고 유능한 교원 양성, ⑨ 교육재정 GNP 5% 확보이다.

5 · 31 교육개혁안은 전통적인 교육의 제도와 사고를 전면적으로 바꾸는 패러다임의 전환에 해당하는 것으로 평가된다. 1995년 신교육체제 이후 현재까지 정부들이 같은 교육정책을 펼쳤다고 할 수 없지만, 시장논리에 기초한 신자유주의 기조를 유지하고 있다는 공통점이 있다. 1995년 5 · 31 신교육체제 수립을 표방한 교육개혁은 교육이념 면에서도 변화를 가져온다. 이전까지 민족주의와 민주주의 그리고 발전주의가 지배적인 이념이었다면, 1995년 이후 교육은 신자유주의의 흐름 속에서 세계화시대의 국가경쟁력을 강조하며 진행된다. 1997년 외환위기 이후 본격화된 탈산업사회의 징후들인 세계화 · 시장개방 · 구조조정 · 노동시장 유연화 등으로 경제사회적 불평등은 심화 · 확대되고 있다. 이런 사회 변화와 맞물려 신자유주의는 교육계에도 본격적으로 도입되고, 교육이념과 교육현실에서 '경쟁' 이데올로기로 확고하게 정착된다. 1970~1980년대에는 산업화시대 국가발전을 위한 인력 양성에 치중했다면, 이제 교육은 국가의 범위를 넘어 글로벌 경쟁력을 갖춘 인간 양성에 초점을 두게 된다.

2) 교사교육의 이념과 목적

(1) 교사교육과 교육사상의 영향

교사교육의 이념과 목적은 교육이념의 변화에 영향을 받을 수밖에 없다. 앞에서 살펴본 한국 교육이념의 변화는 정치이념과 사회경제적 변화와 밀접하게 관련된 것을 알 수 있다. 교사교육의 이념과 목적은 이러한 정치 · 사회 · 경제적 변화 외에 교육사상의 영향을 받기도 한다. 한국교육에 가장 많은 영향을 준 교육사상은 단연 미국의 진보주의이다. 안귀덕(1993)은 해방 이후 한국교육에 실질적인 영향을 준 것은 홍익인간 이념이라기보다는 일제강점기부터 전해져 온 전통적 보수주의 교육관과 미국의 진보주의 교육사상이라고 본다. 또 이후 교육과정 개정기마다 학문중심 교육관(3차 개정), 인본주의 교육관(4차 개정)이 강조되고 있으며, 1990년대 급진적 교육관의 도입으로 제도교육에 대한 비판과 함께 교사교육에 대한 비판도 나타나고 있다. 전통적인 보수적 교육관은 교과중심 교육관으로 교사교육에서 교과에 관한 지식 습득과 전달 기술의 함양을 강조하며, 진보적 교육관은 교사교육에서 아동의 성장과 발달에 관한 이해를 강조한다. 이 외에도 우리 교육에 영향을 크게 준 것으로 행동주의 교육관을 포함시키고 있다.

김안중(1993)은 교육이념의 의미를 교육목적 또는 교육사상과 혼용하면서, 해방이후 한국교육에 영향을 준 이념이자 사상으로 '교육의 과학화' '미국의 진보주의' '사회화로서의 교육'을 꼽는다. 좀 더 부연설명하면, 교육의 과학화는 "교육은 곧 '방법'"이라는 사고방식으로 미국 교육관의 영향을 받은 것이라고 볼 수 있다. 미국에서 학문의 발달 중 공학 분야가 우세하면서 교육에서도 공학적 접근이 강세를 보인다. 공학적 접근은 교육을 사회 변화와 국가발전을 위한 근본적인 방법으로 간주한다. 1970년대의 발전교육론, 1990년대의 신자유주의 이후 글로벌 경쟁력을 위한 교육에서 볼 수 있듯이, 해방 이후 교육은 지속적이고 확고하게 문제해결을 위한 '방법'으로서 자리 잡아 왔다.

진보주의는 아동 개개인의 성장과 발달을 최고 가치로 간주한다. 이것은 다시 말해 교육을 개인의 성장과 발전으로 연결 짓는 사고방식이라고 할 수 있다. 실제로 해방 이후 미국의 진보주의의 영향을 받아 온 한국교육이 개인의 자아실현을 위한 것이라고 가정한다. 이러한 교육관은 오늘날 당연한 것이 됐다. 그런데 일제강점기

이전 성리학에 기초한 조선시대의 전통적 교육관은 이와 다른 교육의 결을 보여 준다. 조선시대 성리학의 관점에서 교육은 개인의 성장과 발전이라는 자아실현보다는 자신의 도덕적 수양임을 강조한다. 이것을 '위기지학(爲己之學)'이라고 하면서, 교육을 개인의 출세나 입신양명을 위한 수단으로 간주하는 위인지학(爲人之學)에 대비하고, 위기지학이야말로 참된 교육의 가치이자 목적임을 강조하였다. 오늘날 교육계에서는 이러한 위기지학으로서 교육관의 흔적은 찾기 힘들다. 이것은 해방 이후 한국교육이 전통적 교육관을 계승하기보다는 서구교육의 영향 속에서 개인의 자아실현에 초점을 둔 교육관을 정착시켜 왔음을 의미한다. 서구 교육관 중 가장 영향력 있는 것이 바로 미국의 진보주의 교육사상이었다.

'사회화로서의 교육'이란 교육은 사회적 적합성을 가져야 한다는 논리요 이념이라고 할 수 있다. 김안중(1993: 44)은 사회화로서의 교육이념은 우리가 교육을 통해서 길러 내는 인간이 어떤 인간인지, 그런 교육을 통해 우리 사회가 나아가고 있는 방향은 무엇인지에 대한 반성 없이, 사회가 교육에 대해서 갖는 필요와 요구에 교육이 어떻게 하면 효율적으로 부응할 수 있는지에 관심을 보이는 것이라고 보고, 사회화로서의 교육을 비판한다. 실제로 오늘날 교육 이념과 실제는 인간 형성으로서 교육보다는 사회적 요구에 따른 방법으로서 간주되고 사회적 적합성을 찾고자 하는 것이 지배적이다.

이상에서 한국교육에 영향을 준 교육이념으로 교육의 과학화(방법으로서 교육), 진보주의, 사회화로서의 교육을 살펴보았다. 교사교육 역시 이러한 교육사상의 영향을 받아 왔다. 교육을 '방법'으로 간주하고, 교육이 사회적 적합성을 가져야 한다고 보며, 따라서 사회의 필요와 요구에 부응하기 위한 방법론을 모색하는 데 경도된 사고방식은 교사교육에도 그대로 재현된다. 이러한 교사교육에 대해 김민남(1995)은 필요와 요구를 앞세우는 기술로서의 교사교육, 행동주의적 교사교육 논리라고 비판하고, 인간 형성을 위한 일이 교직의 핵심이라고 볼 수 있는 '존재로서의 교사교육'을 역설한다. 다시 말해, 교사교육론에 '인간화'에 대한 관심을 어떻게 정립할 것인가를 모색해야 한다는 것이다. 이제까지 한국교육은 철학적 빈곤을 보여 왔다. 교육은 본래 사람다운 사람을 기르는 활동이다. 따라서 어떤 사람을 기르고자 하는지, 또 어떤 사회를 만들고 싶은지에 대한 철학적 사유와 목적에 대한 성찰이 교육적 논의의 출발이라고 생각한다. 그런데 교육은 물론 교사교육의 주된 논의는 사회가 변화하고 있으니 교육이 이러한 변화와 사회적 요구에 어떻게 부응할 것인가 하는 '방법론'에 치중해 왔다. 최근 국가교육회의에서 대학 입시제도를 어떻게 변화시킬 것인가에 대한 논의 결과를 발표하였다. 입시제도에 대한 논의도 교육에 관한 논의이니 당연히 교육의 방향과 비전에 대한 논의가 이루어지고, 그 속에서 선발과 평가에 관한 입시제도 논의가 이루어져야 할 것이다. 그럼에도 불구하고 교육의 방향과 비전에 대한 고민은 없이 어떻게 학생을 평가하고 선발하는 것이 공정한 것인지에 대해서 갑론을박만 하다 끝난 느낌이다. 아직까지도 한국의 교육은 철학적 빈곤에서 벗어나지 못하고 있는 셈이다.

1990년대 들어서면서 교육계에 큰 영향을 준 사상으로 포스트모더니즘(post modernism)을 빼놓을 수 없다. 포스트모더니즘은 새로운 주장이라기보다는 근대 이후 지배적인 모더니즘적 사고방식에 대해 다시 성찰해 볼 것을 급진적으로 주장하는 것이라고 할 수 있다. 포스트모더니즘이 도래하면서 교사교육을 재개념화할 것이 요청된다(최정실, 1998). 포스트모던 교사교육에서 강조하는 것은 즉흥적 기술, 상황적 참여, 민주적이고 자발적인 교육 그리고 다원주의의 수용이다. 모더니즘에 근거한 교사교육으로 가장 영향력 있는 이론은 행동주의이다(Kincheloe, 1993: 최정실, 1998에서 재인용). 포스트모더니즘이 교육계에 빠르게 확산되면서 교사교육 분야에서도 교사의 역할과 교사교육에 관한 관점의 변화를 가져왔다. 포스트모던 교사교육은 당연시해 온 것들을 비판한다. 포스트모더니즘의 확산으로 상대주의적 · 다원적 지식관이 수용되고, 교육은 더 이상 객관적 지식의 전달에 그치지 않게 된다. 교사의 역할도 객관적인 지식 전달자로부터 상황적이고 맥락적인 지식 구성을 할 수 있게 하는 조력자이자 학습의 협력자로서의 역할이 요청된다. 따라서 지속적으로 성찰하고 탐구해 가는 '연구자로서의 교사' 개념이 포스트모던 교사교육을 재개념화하는 데 중요하게 된다.

(2) 「교육법」과 교사교육기관에 명시된 교사교육의 목적

홍익인간이 교육 이념과 목적으로 법적 규정 대상이 된 것은 1949년 12월 31일 법률 제86호로 제정 · 공포된 「교육법」에서이다. 이 「교육법」은 1997년 대통령 자문 교육개혁위원회에서 「교육기본법」과 「초 · 중등교육법」 「고등교육법」으로 분화해 입법 예고하여 이루어졌다. 그러나 「교육법」이나 현행 「교육기본법」 제2조에 나타난 교육이념과 교육목적은 자구수정이나 일부 삽입된 구절이 있지만 과거 「교육법」의 그것과 크게 다르지 않다.

해방 이후 종합적이고 체계적인 교사교육이 이루어진 것은 법제가 마련된 이후부터이다. 1948년 초등 의무교육 내용을 포함한 「헌법」이 제정되고, 1949년 12월 31일 교육법제가 정립되면서 6−3−3−4제의 교육연한과 교원에 대한 일반적 사항이 규정되었다. 따라서 「교육법」 제정 이후 교원양성은 「교육법」(제118조와 제119조)에 규정되어 있는 교육목적과 교육목표에 의거하여 이루어졌다. 「교육법」에 명시된 교사교육의 목적과 목표는 1950년대부터 오늘날까지 큰 변화 없이 지속되고 있다(김영우, 1989; 김영우, 안귀덕, 1994).

「교육법」 제118조[1]와 제119조[2]는 각각 초등교원 양성과 중등교원 양성의 목적을 명시하고 있다. 그리고 제119조는 이러한 교육목적을 보다 구체화하여 교육목표를 제시한다. 「교육법」 제119조 ② "국민교육의 이념과 방도를 체득케 한다."에서 볼 수 있듯이, 교사교육은 국민교육의 이념을 실현할 수 있는 교원을 양성하는 것을 목표로 하고 있다. 앞에서 살펴본 대로, 1960, 1970, 1980년대 민족주의와 민주주의 이념은 반공이라는 이념의 강조 속에서 국가주의 이데올로기 역할을 하는 데 충실했다. 국가의 공적 이데올로기 역할을 해 온 국가의 교육이념은 교사교육의 이념과 철학

표 2-2 「교육법」에 나타난 교사교육의 목적과 목표

구분	초등교사교육	중등교사교육
교육목적	초등학교 교원양성 (「교육법」 제118조)	중학교와 고등학교 교원양성 (「교육법」 제118조)
교육목표	① 근검노작의 정신과 협동 책임의 관념이 왕성하고, 정확한 판단력과 실천력을 구비한 국민적 품성과 기능을 기른다. ② 국민교육의 이념과 그 실천방도를 체득케 한다. ③ 교사로서의 확고한 신념과 견실한 사상을 가지게 한다. (「교육법」 제119조)	

1) 교육대학은 국민학교의 교원을, 사범대학은 중학교와 고등학교의 교원을 양성함을 목적으로 한다. 〈전문개정 1963. 8. 7.〉

2) 교육대학과 사범대학의 교육은 전조의 목적을 실현하기 위하여 다음 각 호의 목표를 달성하도록 노력하여야 한다. 〈개정 1963. 8. 7.〉

에도 영향을 준다. 교사교육기관이 제시하는 보다 구체적인 교육목적을 살펴보면 다음과 같다.

초등교원의 경우, 사범학교 시기와 2년제 교육대학 시기를 거쳐 1984년 4년제 교육대학교로 바뀐 이후 오늘날까지 같은 체제에서 이루어지고 있다. 사범학교 시기의 교원양성교육에서 특히 강조한 것은 인격교육, 경제교육, 국방교육이었음을 볼 수 있다(인천교육대학사 편찬위원회: 김영우, 안귀덕, 1994: 37에서 재인용).

- 자유와 민주주의를 수호하고 인격을 존중하는 인간교육을 실시하고 제2세 국민을 육성하는 선도자가 되도록 교육하는 일에 힘쓰도록 하였다.
- 모든 개인이 어려서부터 경제적 자립과 부국강병의 관념을 굳건하게 갖고 학교에서 습득한 기술로서 생산활동에 참가할 수 있도록 지도하는 교사 양성에 중점을 두게 하였다.
- 국토통일의 성업을 완수하기 위하여 국방교육을 강화하였다. 이를 위해 사범학교 교육과정에 교련 과목을 설치하여 심신단련과 군사에 관한 지식과 기술을 체득케 하여 국가관이 투철한 제2세 국민을 양성할 수 있는 지도력을 함양하는 데 역점을 두었다.

모든 사범학교는 「교육법」 제118조와 제119조를 바탕으로 하고, 각 사범학교별로 강령을 제시하기도 한다. 광주사범학교의 경우, 1951년 전시교육강령을 제정하여 교사교육을 실시하였다. 전시교육강령의 내용은 다음과 같다(김영우, 안귀덕, 1994: 81-82에서 재인용).

- 필승의 민족적 세계관 수립
- 필승의 지도적 인격 양성
- 필승의 과학적 생활인 육성
- 필승의 군사 체육 훈련
- 필승의 국민경제력 확립
- 필승의 민주적 생활훈련

「교육법」과 교사교육기관에 명시적으로 드러난 교사교육의 이념과 목적은 교사교육이 국가 교육이념에 연계하여 교직관과 교육자로서의 전문성을 강조하고 있음을 보여 준다. 그런데 이러한 명시적 목적이 민족적이고 민주적인 내용을 포함하고 있다고 해서 당시 교사교육이 그대로 이루어졌다고 볼 수는 없다. 따라서 교사교육기관에서 제시하는 명시적인 이념과 목적만으로는 교사교육의 이념 및 철학을 제대로 파악하기가 힘들다.

교사교육의 목적과 교육과정 간의 연계는 어떠한가? 중등교원의 예를 통해 살펴보자. 일제강점기에 국내에는 중등교원 양성기관이 없었다. 1945년 해방 이후 자주적인 교육제도를 수립하면서 중등교육이 급격히 성장했고 중등교원 양성은 시급한 정책 과제로 부각하였다.

먼저, 미군정하에서 국립 서울대학교를 발족하면서 서울대학교 사범대학을 설치하게 되었다. 미군정청 학무국 중등교원 양성 방침에 따라 1945년 경성사범학교가 경성사범대학으로 승격 개편됨으로써 한국 교육사상 최초의 정규 중등교원 양성기관으로 사범대학이 출현하였다. 1946년 국립서울대학교 설치령을 제정하여 종합대학교로 서울대학교를 설치하게 된다. 국립서울대학교 설립에 관한 법령에 의거하여 경성사범대학과 경성여자사범대학을 폐지하고 서울대학교 사범대학을 개편하게 된다(김종철, 1989). 그런데 1945년 10월 발족된 경성사범대학의 교육과정은 국립사범대학으로 편입될 때까지 1년간 별 근거 없이 제공된 과목의 나열에 불과하였다(김영우, 1989). 이것은 중등교사 교육기관을 설립할 당시 구성된 교육과정이 교육목적과 상호 연계하여 이루어지지 않았음을 뜻한다.

3) 논의

이상의 내용을 토대로 교사교육의 이념 및 철학에 관해 논의하면 다음과 같다.

첫째, 한국의 교육이념은 홍익인간으로 법에 명시되어 있다. 하지만 살펴보았듯이, 홍익인간의 구체적인 이념인 민족주의와 민주주의는 반공 이데올로기와 결합하여 국가주의 이데올로기로 변질된다. 따라서 박정희 정권의 '한국식 민주주의'나 전두환 정권의 '민주주의 토착화'는 구호에 그쳤을 뿐, 민주시민을 길러 내는 교육으로 실현되지 못했다. 1987년 민주화운동의 대중화로 교육민주화운동이 일어나면서 교사들이 전교조를 결성하고 민족·민주·인간화 교육을 제창한다. 이것은 당시 교육이 이러한 이념과 얼마나 동떨어졌는지를 방증한다. 이러한 저항 이데올로기로 나타난 주장들이 점차 사회에서 수용될 정도로 사회가 민주화되면서, 전교조가 합법화되고 이후 교육은 민주주의 교육을 표방한다. 그런데 1990년대 민주주의는 자유주의를 전면에 내세운 민주주의, 자본과 시장의 자유를 핵심으로 하는 신자유주의 색채를 강하게 띠고 나타난다. 1995년 김영삼 정부의 신교육체제가 공식적으로 신자유주의를 교육에 도입한 이후, 신자유주의에 따른 경쟁 이데올로기는 자연스럽게 한국교육 이념과 실제의 중심으로 자리 잡는다. 김인회(2003: 106)는 이러한 변화를 거친 한국교육을 교육이념 면에서 비판하였다. 즉, 교육현실을 주도하는 이념의 정체가 모호하게 은폐되어 있고, 국가권력이 교육에 대한 획일적 지배력을 강화하는 과정에서 민족·민주·경제성장·국가경쟁력·정보화 같은 '이념 비슷한 개념들'(필자 강조)이 정치적 상황에 따라 선전구호로 활용됐을 뿐, 단 한 번도 뚜렷한 이념적 성격을 천명한 적이 없었다는 것이다. 이는 두드러진 이념이 실질적으로 발휘되지 못하고 구호에 그쳤다는 점에서 비판하는 것이다. 해방 이후 한국사회 통치체제의 변화를 '개발주의'와 '신자유주의'로 대별하고 있는 정훈(2015: 99-100)은 한국교육은 여전히 경쟁교육이 진행 중이고, 국민 만들기와 경제성장이 최고 목적이라는 도구화에서 벗어나지 못했으며, 시험 위주의 전통적 교육모형이 주류를 이루고 있고, 교육 공공성은 공백 상태이고, 교육의 정치도구화를 위한 강력한 국가 통제와 개입이 여전하다고 비판한다. 요컨대, 해방 이후 한국교육은 인간 형성의 활동으로서 교육의 역할을 다하지 못했다. 민족주의와 민주주의가 결합된 홍익인간 이념은 교육 실천으로 이어지지 못하고 '이념 따로 교육 따로' 현상을 보여 준다.

둘째, 교사교육은 교육이념 및 철학적 바탕 위에 이루어졌는가? 「교육법」 제119조에서 교사교육은 "국민교육의 이념과 그 실천방도를 체득케 한다."라고 명시하고 있듯이, 교사교육은 국가의 교육이념 실현을 위해 교육이념과 동일한 이념과 목적을 추구하고 있다. 그런데 교육이념이 제대로 실현되지 못한 상황에서 교사교육이 교육이념과 철학적 바탕 위에 이루어져 왔다고 보기는 힘들다. 앞에서 살펴본 바에 따르면, 교원양성기관의 명시적 교육목적은 분명히 민족적 세계관이며 민주적 생활에 관한 내용을 담고 있지만, 이러한 교육 이념과 목적이 실제 교사교육을 이끌지 못했다. 뿐만 아니라 사범대학 설립 당시 교육과정 구성이 별 근거 없이 과목의 나열에 불과했음을 보여 준다. 즉, 교육목적과 교육과정 간의 연계성 없이 사범대학 교육과정이 구성된 것이다. 이런 점을 볼 때, 한국 교사교육이 확실한 이념과 목표를 가지고 운영되어 왔다고 평가하기는 힘들다(진동섭, 1993: 151)는 비판은 타당해 보인다. 교사양성기관의 설립이 원칙 없이 이루어졌고, 교원 교육과정의 정체성과 효과성도 의문이 제기되는 등 교사교육의 실상이 교사교육의 이념과 철학의 부재를 보여 준다.

셋째, 이러한 비판을 넘어 '이념과 철학이 있는 교사교육'이 이루어지려면 무엇이 달라져야 할까? 이념과 철학이 있는 교사교육이란 어떤 것일까? 홍익인간 교육이념에 대한 주된 비판은 그것이 교육에서 구현되지 못했다는 것이다. 다시 말해, 홍익인간 이념이 추상적이고 모호하여 교육의 실제를 움직이는 역할을 제대로 해 오지 못했다는 것이다. 그러나 이것은 '홍익인간'이라는 특정 이념에 대한 비판이라기보다는 이념 자체가 갖는 속성에 대한 비판일 수 있다. 법조문 속의 고정된 하나의 이념이 끊임없이 변화하는 인간의 교육활동을 지휘하는 것은 본래부터 불가능한 일일지도 모른다. 이런 점에서 한명희(1984)는 우리가 보통 교육이념을 말하면서 궁극적으로 교육이 도달해야 할 목적의 의미로 본다면, 그것은 현실적으로 불가능할 수밖에 없다고 말한다. 도달해야 할 궁극 목적으로서 교육이념이 가능하려면, ① 한 사회나 국가가 생각하는 최종적 교육 산물로 생각하는 이상이나 가치에 대해 합의할 수 있어야 하며, ② 그런 최종 산물이 나오도록 교육의 과정을 통제할 수 있어야 하고, ③ 그런 통제의 권리가 정당화될 수 있어야 한다는 세 가지 조건을 충족시켜야 한다. 그런데 다원화된 현대사회에서 이 세 가지 기준을 충족시키는 것은 사실상 불가능하기 때문이다. 따라서 한명희(1984)는 교육이 궁극적으로 도달해야 할 '궁극 목적으로서 교육이념' 대신에 모든 교육의 과정, 즉 정책과 제도, 행정과 운영에 적용할 '가치 기준이나 원리로서 교육이념'의 의미가 돼야 함을 역설한다. 타당한 주장이라고 생각한다. 따라서 이념과 철학이 있는 교사교육을 위한 과제는 특정한 하나의 교사교육의 이념과 철학을 정립하는 일이라기보다는 변화된 시대에 교사교육이 이루어지는 전 과정에서 가치 기준과 원리가 될 이념을 탐색해 가는 일일 것이다.

교사교육의 이념이 교육의 과정에서 가치판단의 기준과 원리가 된다는 것은 구체적으로 그 이념이 교육과정과 교수방법은 물론 전체 교육의 과정에 관련돼야 함을 뜻한다. 교사교육의 이념이 요청되는 것은 교사교육의 목적부터 교육 내용과 방법에 이르는 전체 교사교육의 과정이 기준과 원리에 따라 이루어질 수 있게 하기 위함이다. 교육이념은 교육이 이루어지는 실제에 대한 가치판단의 궁극적 기준으로 추상적일 수밖에 없다. 따라서 그것이 보다 구체적이고 덜 추상적인 목적으로 연결돼야 한다. 그리고 교육목적이 구현되는 것은 교육내용이다. 따라서 교육 이념과 목적이 교육내용과 긴밀하게 연계되고 구현될 때 이념과 철학이 있는 교사교육을 실천해 갈 수 있다. 그러나 지난 교사교육의 역사는 이념과 철학의 부재, 이념과 교육과정 간의 유기적 관련성 부족, 또한 이에 대한 연구 역시 부족한 실정을 보여 준다. 이홍우(1974)는 교원양성 교육과정의 역사적 변천을 살펴보면서, 교육과정의 전체적인 성격이나 기본 가정이 근본적으로 문제시된 적이 없다고 비판한다. 교사교육이 체계화된 이래 교양, 교직, 전공의 3분이 지속되고 있고, 영역별 시간 배분이 조금씩 달라졌을 뿐이라고 한다. 이런 비판이 이루어진 1974년 시점에서 30년이 지난 현재는 무엇이 많이 달라졌을까? 이홍우(1974)는 교원양성 교육과정은 교직의 지적 요구를 효과적으로 충족시킬 수 있게 조직 · 운영돼야 함을 역설한다. 다시 말해, 교원양성 교육과정이 교육행위와 교육현상에 대한 지적 탐색의 과정이 되어야 한다는 것이다. 그런데 교사교육 교육과정의 문제는 교양, 교직, 전공 영역을 각각 어떻게 배분할 것인가의 문제로만 이해하는 경향이 있다. 그리하여 이러한 논의는 해당 관계자들마다 각자의 이익 속에서 이루어질 뿐 진전이 이루어지지 않을 수 있다. 좀 더 새로운 각도에서 교사교육을 위한 교육과정을 재검토할 필요가 있다. 특히 전공과목과 교직과목 간의 연계 필요성, 교양 영역은 구체적인 교과목의 문제라기보다는 교육내용이 교사의 교양이 될 수 있게 '교양적 방식'의 교수방식을 고민할 필요가 있다.

넷째, 교사교육 이념 및 철학에 대한 이해를 위해서는 교사교육에 관한 패러다임 분석도 시도해 볼 필요가 있다. 미국의 경우, 교사교육의 패러다임에 관한 연구들이 여러 학자(Popkewitz et al., 1979; Schubert, 1989; Zeichner, 1983)에 의해 이루어지고 있다. 반면, 국내에서 한국 교사교육의 변화를 패러다임별로 종합적으로 분석한 연구는 거의 없다. 김병찬(2000)에 의하면, 한국 교사교육에 관한 패러다임 연구는 어느 한 관점의 패러다임에 관한 연구가 몇 가지 있을 뿐이다(윤기옥, 1993; 이철배, 1992). 이런 점을 비판하고 김병찬(2000)은 외국 학자들이 논의한 교사교육에 관한 패러다임을 '지향하는 목적에 따른 패러다임' '탐구양식에 따른 패러다임' '개

표 2-3 Zeichner의 교사교육의 지향(목적)에 따른 패러다임

구분	행동주의 패러다임	개인발달 지향 패러다임	전통-장인성 중시 패러다임	탐구지향 패러다임
이론적 배경	실증주의 인식론, 행동주의 심리학	현상학적 인식론, 발달심리학	장인성 획득을 위한 도제제도	듀이의 반성적 사고
교사교육의 목적	구체적이고 관찰 가능한 기술 습득	교사의 심리학적 성숙(특정 행동, 기술, 내용지식에 대한 인식과 신념의 재조직	도제제도에 의해 경험 있는 실천가의 지혜 전수	비판적 탐구능력, 반성적 행위 능력의 발달
교사관	수동적	능동적	수동적	능동적 행위자
핵심어	생산(production)	성장(growth)	장인성(craft)	탐구

념적 지향에 따른 패러다임' '이상적 교사상에 따른 패러다임' '개혁 전통에 따른 패러다임'으로 구분하여 종합하고, 새로운 교사교육의 패러다임에 관해 논의한다. Zeichner(1983)는 **교사교육의 패러다임**을 교사교육의 특정한 실천을 파악할 수 있는 것으로 학교교육, 가르침(teaching), 교사, 교사교육의 특성과 목적에 대한 신념과 가정의 기반이라고 본다. Zeichner(1983)는 교사교육이 지향하는 목적에 따라 패러다임을 구분하고 있는데 각 패러다임의 특징을 간단히 살펴보면 〈표 2-3〉과 같다(김병찬, 2000).

이러한 패러다임 구분은 개념적 구분이기 때문에 교사교육의 실제가 여기에 일대일 대응하지는 않는다. 교사교육의 실제는 어느 한 관점이나 패러다임에만 한정되지 않고 여러 패러다임의 특징들을 공유한다.

한국 교사교육의 철학에 관한 연구 동향 분석(정윤경, 2013b)에 따르면, 교사교육에 대한 논리적 가정에 관한 연구는 다음과 같은 특징을 갖는다. 그동안의 교사교육에 대한 연구는 주로 행정적 · 제도적 차원에 집중되었고, 또 방법론에 치우친 행동주의적 접근과 기능주의가 대세였다(한명희, 1990). 또한 김민남(1999)은 한국 교사교육의 문제점을 **'준전문가'**와 **'기능주의'**의 두 가지로 요약한다. 즉, 교사를 특수한 목적을 달성하기 위해 효과적인 교과와 방법과 평가기술을 익히는 자로 간주하고, 따라서 교사교육 자체가 기능주의 관점에서 제도 규칙과 관행을 주로 다루고 있다는 것이다. 서명석(2007)도 비슷한 맥락에서 교사교육이 **기술공학적 패러다임**에 치우

쳐 있음을 비판한다. 수업에 대한 기술공학적 패러다임이 지배적인데, 이러한 패러다임은 교사에게 수업에 대한 철학적 반성의 계기를 제공하지 않는다는 것이다. 이러한 연구 동향 분석에 따르면, 한국 교사교육의 이념과 철학은 이상의 패러다임 중 행동주의 패러다임에 가장 가깝다고 볼 수 있다. 교사교육의 목적이 교사로 하여금 정해진 지식과 기술을 습득하여 교육이념을 실현하게 한다는 가정은 교사를 지식의 전달자요 수동적 존재로 한정하는 한계를 갖는다. 최근 이런 교사교육의 문제점과 한계를 비판하고, 교사를 능동적인 주체로 교육할 수 있는 대안적 교사교육에 대한 탐색이 이루어지고 있다.

Zeichner의 패러다임 구분에 따르면, 한국 교사교육의 이념 및 철학은 주로 행동주의에 근거함을 알 수 있다. 행동주의란 관찰 가능한 인간 행동의 연구, 행동의 예언과 통제를 주요 내용으로 하는 심리학적 접근의 하나를 이르는 말이다. 행동주의적 교육관에서는 인간은 관찰 가능한 행동적 자료를 관찰하고 분석함으로써 이해 가능하고 인간의 행동은 외적 조건을 조작함으로써 통제할 수 있다고 가정한다.

따라서 인간 행동의 변화는 조건화를 통해 이룰 수 있다는 신념하에 교육목표를 세분하고 세분된 목표를 달성하기 위한 외적 조건을 통제하는 기술과 교육목표의 달성 여부를 평가하는 기술의 습득을 교사교육의 목표로 삼고 있다. 오늘날 교사교육의 내용에 교육방법적인 측면을 강조하고 있는 것은 이러한 행동주의적 교육관의 영향이라고 볼 수 있다(안귀덕, 1993: 168).

행동주의적 접근의 교사교육은 인식론적 측면에서는 기술적 합리성을 당연한 것으로 가정한다. 김재웅(1998)은 1970년대 사범대학과 문리과대학 간의 논쟁에서 사범대학이 주장하는 프로페셔널리즘이나 문리과대학이 주장하는 아카데미즘 사이에 큰 차이가 있는 것처럼 보이지만, 양자 모두 교사양성과정에서 배운 교과목이 학교현장에 직접 쓰일 수 있다고 보는 '기술적 합리성'을 따르고 있다는 점에서 차이가 없다고 본다. 기술적 합리성은 실증주의에 근거한 것으로, 교사교육을 통해 배운 지식이 교사의 교육현장에서 직접적인 영향을 준다고 보는 가정을 말한다.

Schön(1983: 30)은 기술적 합리성이 전문가가 지녀야 할 전문적 지식을 제대로 설명하지 못하는 한계를 갖고 있다고 비판한다. 기술적 합리성의 인식론은 전문적 지식을 과학적 이론과 기술을 도구적으로 적용하는 것으로 간주한다. 배운 이론적 지식을 실제 문제 상황에 적용하는 것을 전문가의 지식으로 보는 기술적 합리성은 전문지식의 위계화를 야기한다. 이러한 기술적 합리성이 가정하고 있는 교사교육은 교사를 학교현장에서 활용할 지식을 습득하는 수동적인 존재로 간주하며, 또 그러한 이론적 지식의 현장 적합성이 떨어져 이론과 실천의 간극이 생기는 한계를 갖는다. Giroux(2003: 238)는 미국 교사교육이 교사를 효과적인 교수법과 원리의 집행자로 간주하여 전문가(교수)가 만들어 놓은 지식을 퍼 담기만 하면 되는 수동적 그릇으로 인식한다고 비판하는데, 이런 비판은 우리 교사교육에도 그대로 적용된다. 따라서 Schön은 전문가의 실천행위 중에 반성을 통해 실천적 지식을 구성해 갈 수 있는 대안적 인식론을 제안한다. 그리하여 1980년대 후반 영미권을 중심으로 이러한 '반성(reflection)' 개념에 기초한 반성적 교사교육이 대안으로 나타나 주목받고 있다.

반성을 핵심으로 하는 반성적 교사교육의 장점은 교사를 수동적인 존재가 아닌 전문가로 성장할 수 있게 한다는 점이다. 반성적 교사교육은 교사교육에 대한 기술적 합리성 관점과 행동주의 접근을 비판한다. 반성적 교사교육은 교사 스스로 자신의 실천을 비판적으로 성찰할 수 있고, 자신의 실천을 탐구할 수 있으며, 자신의 실천으로부터 실천적 지식을 구성할 수 있는 역량을 키워 주는 교육을 지향한다(정윤경, 2008).

4. 교사교육의 변천과정을 통해 본 교사교육의 실제

1) 국가형성기(해방 이후~1960년)

초등교원 양성기관의 경우, 한말 1895년 한성사범학교 설치를 시작으로 일제하에 이미 사범학교가 전국적으로 설치돼 있었다. 미군정 시절 남쪽에 있던 사범학교 10개교 중 7개교를 초등교원 양성기관으로 존속하였고, 따로 10개교를 신설하였다. 정부 수립 이후 1개교(대구사범)를 증설하여 모두 18개의 사범학교가 설치·운영되었다(김종철, 1995: 92). 중등교원 양성은 일제강점기의 사범학교를 개편하여 사범대학을 운영하는 식으로 이루어진다.

초등교사 교육은 사범학교에서 겨우 중학교 졸업자에 의해 이루어진다. 전쟁 후에는 상황이 더욱 악화되어 부족한 교원을 양성하기 위해 속성과정을 두었다. 중등교원의 경우, 중학교 교사는 2년제 대학에서 양성되고 고등학교 교사는 4년제 대학에서 양성된다. 1957년 이화여대에 교육학과를 설치하고 여기에 초등교육, 중등교육 분야를 두어, 역사상 최초로 4년제 대학에서 초등교원이 양성됐다. 이 시기 교원양성의 주된 특징은 교원의 질에 관한 고려 없이 부족한 교원을 메우기 위해 다양한 단기양성과정이 운영된 점이다. 이것은 해방 이후 증가된 교육의 수요에 따라 부족한 교원을 공급하기 위한 것이었다. 교원의 양적 수급에 초점을 맞추어 여러 가지 속성 교원양성 과정이 남발된다. 이것은 교직의 전문성을 고민하고 교원의 질을 높이기 위한 교육이 제대로 이루어지지 않았음을 말해준다.

2) 산업화 시기(1961~1979년)

1960, 1970년대 교육은 국가발전과 경제발전을 위한 **발전교육론**, 경제성장을 위한 **도구적 교육관**이 지배적이었다. 교원양성제도에는 큰 변화가 있었다. 이전의 초등교육기관이었던 고등학교 수준의 사범학교가 초급대학 2년제로 승격 개편된다. 정부가 1961년 9월 1일에 법률 제708호인 「교육에 관한 임시특례법」을 제정 · 공포하여 초등교원을 2년제 교육대학에서 양성케 함으로써 교육대학의 법적 설치 근거가 마련된다.

이에 따라 1962년 3월부터 기존의 18개 사범학교가 폐지되고 전국에 10개교의 교육대학이 설립되었다. 이후 교육대학의 수요 증가로 16개교까지 증설되었으나 1970년대 중반 들어 공급과잉 현상이 나타나 전국 각 도 1개교 원칙에 따라 11개교로 정리되었다. 이후 신 군사정부가 1981년 「**교육법**」을 개정하여 2년제 교육대학이 4년제 교육대학으로 개편되어 간다(고전, 2002: 307). 중등교원 양성을 위한 2년제 사범대학은 1961년 4년제로 개편된다. 이로써 중등교원은 모두 4년제 대학에서 양성이 이루어지게 된다. 또한 이 시기의 중등교원 양성은 사범대학 외에 일반대학 교직과, 임시중등교원양성소, 실업교육과 등 다양한 곳에서 이루어진다.

중등교원 양성에 관해 주목할 만한 일로는 사범대학과 문과대학(교직과정 이수) 간 논쟁을 들 수 있다. 논쟁이 진행되는 동안 5 · 16 쿠데타가 일어났고, 정부는 교육개혁을 단행하였다. 그 내용의 골자는 "사범대를 폐지하고 교육대학원으로 한다." "종합대학교 문리과대학은 사범대학의 폐지와 교육대학원의 신설을 고려하여 설치 학과를 조정하고 증설 또는 폐과할 것"이다. 이러한 조치에 대하여 사범대학의 격렬한 반대가 이어지고, 사범대학 폐지는 면했지만 교육대학원 설치계획과 대폭적인 사범대학 학과 감축이 일어났다(오태진, 2001: 89). 문리과대학이 주장하는 것은 중등교사 양성에서 중요한 것은 교과에 대한 학문적 수월성이라는 입장을 가진 **아카데미즘**(academism)이고, 사범대학이 주장하는 것은 교사로서의 품성과 사명감, 가르치는 방법과 기술 등 교직에 대한 전문적 능력을 중시하는 **프로페셔널리즘**(professionalism)으로, 둘 간의 대립으로 요약된다(김재웅, 1998: 25).

이 시기 교사교육의 특징은 수급 상황의 변화가 극심하다는 것이다. 초등교원의 경우, 교원의 공급 부족과 과잉양성 문제가 교차하는 정책 혼선이 빚어졌다. 예컨대, 1960년대 초중반에는 초등교원 부족으로 중등교원 자격자를 대상으로 보수교육 과정을 운영하여 초등교원으로 임용하였고, 1960년대 후반에는 초등교원 확보를 위해 교육대학을 증설하고 임시 초등교원양성소를 설치·운영하였다. 그러던 것이 1970년대에는 초등교원 과잉공급으로 이어진다. 따라서 임시 초등교원양성소를 폐지하는 것을 시작으로 교육대학 학생 수 감축, 교육대학 수 정리 등이 이루어졌다.

1969년 중학교 무시험 진학, 1974년 고교평준화 조치 등 계속되는 교육기회 확대 정책으로 중등교사 부족 사태가 1970년대 이후에도 장기화될 것으로 전망한 당국의 공급 극대화 정책은 이후 심각한 과잉양성과 질 관리 문제를 야기하게 된다(조홍순, 2017: 383).

이상에서 볼 때, 이 시기의 교사교육은 수요 전망에서 실패하고 교원의 공급 과잉과 부족을 오가는 방만과 혼란을 겪었음을 알 수 있다.

3) 민주화 시기(1980~1995년 5월 31일)

1980년대에 이르면서 그간의 중등교원 과잉공급 현상으로 국립 사범대학 졸업자 중 미발령자 적체 문제가 심각한 수준에 이르자, 정부는 국립 사범대 정원 감축, 사립 사범대의 학과 신설 억제 및 영세 사범대학의 일반대학으로의 전환, 일반대학의 교과교육과 설치 억제 정책으로 전환했다(김영우, 1992: 138).

초등교원 양성제도가 바뀌면서 2년제 교육대학이 4년제로 개편된다. 전두환 정부는 집권 초기 1981년부터 1984년까지 11개 교육대학을 4년제 대학으로 개편하는 조치를 취한다. 그러나 이러한 교원양성체제의 변화는 충분한 검토 없이 이루어져 많은 혼란을 야기했다고 평가받기도 한다. 박남기(1997a: 93)는 교육대학 4년제화 정책이 신군부에 의해 대국민 선심용으로 급작스럽게 이루어져 학사운영의 혼란을 초래하고 정체성의 위기를 가져왔다고 비판한다.

교사 공급과잉 상태에서 1985년 초중등교사를 종합적으로 양성할 것을 목표로 하는 국립교원대학교가 설립된 것은 특이한 일이다. 설립 당시 공급과잉 상태에서 국립대학을 설립하는 것이 교사 수급을 무시하는 일이며 재정 낭비라는 비판을 받았다(김재웅, 1998). 그러나 한국교원대학교는 교원의 수급만을 위한 양성기관에 그치지 아니하고 유치원, 초·중·고등학교 교원교육의 혁신 모델을 개발하고 학교교육에 관한 질 높은 연구 결과를 보급해 가는 체계적이고 종합적인 기관의 필요성(김영우, 1989)에 따라 설립된다.

민주화가 확산되는 이 시기에 교원들의 **전국교직원노동조합**(이하 전교조)이 결성된다. 교사운동의 주축이 된 전교조는 교육무크지『민중교육』에 교사들이 교육에 관한 비판적인 글을 실은 것이 계기가 되었다. 이를 문제 삼아 글을 기고한 교사들을 해직하였는데, 이를 계기로 '민주교육실천협의회'를 결성하고 전국 각 지역별 교사협의회(전교협)를 거쳐 1989년 조직적이고 지속적인 교육운동을 위해 '민족·민주·인간화 교육'을 참교육의 가치로 표방하면서 전교조를 결성한다(전국교직원노동조합, 1990). 이들이 주창한 민족의 자주화, 독재정치로부터의 민주화를 위한 민족, 민주 교육 그리고 입시위주 교육으로 비인간화된 교육을 극복하기 위한 인간화 교육은 교육이념으로 강조해 온 것과 상통하기도 한다. 이것은 교육이념이 지배적인 이념 외에 저항적 교육이념으로서 작용할 수 있음을 보여 준다.

1980년대 초 전두환 정부는 '학교교육 정상화 및 과열과외 해소 방안'으로 7·30 조치를 시작으로 교육개혁을 시도한다. 처음에는 교원정책과 관련된 사항은 없었다. 1983년 레이건 대통령 당시 출간된『위기에 선 국가』보고서를 계기로 국가경쟁력을 높이기 위한 교육개혁의 필요성이 공론화되기 시작하고, 1985년 교육개혁심의위원회에서는 10개 교육개혁안을 제시한다. 이 중 교원 관련 개혁안은 '우수교원 확보'였다. 우수교원 확보를 목표로 교원 처우의 획기적 개선을 위한 입법 조치, 교원의 주당 수업 시간 감축, 수석교사제 실시, 교원양성교육의 특성화 및 전문화 등을 제시하고 있다(고전, 2002; 정영수, 2009).

4) 신자유주의 시기(1995년 5월 1일 이후)

신자유주의를 기반으로 한 신교육체제는 교사교육에도 변화를 가져온다. 교육이 수요자의 요구를 충족하기 위한 서비스로 간주되면서, 교원은 수요자의 요구 충족을 위한 교육공급자로 간주된다. 5 · 31 개혁방안에서 교사교육과 관련된 것은 '품위있고 유능한 교원 양성'을 들 수 있다. 기존 교육의 질적 한계와 병폐가 무경쟁의 공급자 중심 교육에 있다고 보고, 수요자의 선택을 통해 교원의 전문성과 책무성을 확보하는 것을 강조한 것이라고 볼 수 있다(조홍순, 2017: 368).

김대중 정부는 개혁의 연속성을 강조하면서 수립된 개혁방안의 실천에 중점을 둔다. 국민의 정부에서 이루어진 교육개혁정책 중 '교원'과 관련된 것으로는 교원정년단축, 교원노조 합법화, 교원성과 상여금제, 교직발전종합방안을 들 수 있다. 이러한 김대중 정부의 교원정책은 김영삼 정부의 신교육체제 시장논리를 계승하고 있다. 신현석(2010: 36)에 따르면, 교육논리보다는 정치경제 논리에 의한 거시적인 교원정책을 교육계 안의 충분한 공론화를 거치지 않고 14개월이라는 이해찬 교육부 장관 재임 기간 동안 단행함으로써 국민의 정부 내내 그 후유증에 시달렸다.

노무현 참여정부는 공식적으로 개혁방안을 천명하지 않았지만, 노무현 자신의 교육관이 '협동과 연대의 교육철학'에 부합하면서 경쟁보다는 형평성과 공공성에 무게를 두고 있다. 그의 교육공약과 대통령직 인수위원회의 10대 국정과제를 통해 노무현 정부의 교육개혁 이념을 유추하면, 신자유주의보다는 공동체주의, 수월성보다는 평등성, 교육의 사상성보다는 공공성, 전문가주의보다는 대중참여주의, 중앙집권보다는 분권 · 자율에 경쟁적 가치보다는 연대와 협력의 가치를 중시한다(신현석, 2005: 39). 참여정부에서는 개혁적인 이념을 주창하는 집단과 기존 정책의 이념을 유지하려는 집단 사이에서 집단별로 주장하는 이념들의 과잉 양상이 나타났지만, 정작 정부의 교육개혁정책을 통합할 수 있는 이념은 없었다. 이를 두고 신현석(2005: 47)은 교육개혁에 대한 이념의 과잉 속에서 역설적으로 이념의 부재가 나타나고 있으며, 이것은 교육개혁 이념에 대한 철학적 빈곤현상을 보여 주는 것이라고 비판한다. 따라서 교육개혁 이념에 대한 철학적 분석과 논구가 절실함을 역설한다.

이명박 정부의 교사교육정책은 '교원의 전문성 신장과 경쟁력'으로 요약된다. 이명박 정부는 교원의 전문성 신장을 통한 교직의 경쟁력 강화를 강조한다(서정화,

2010). 박근혜 정부도 교원의 질 제고와 전문성 향상에 대한 요구에 대응하면서 교원정책을 이어 간다. 박근혜 정부의 교원정책은 '교원의 교육전념 여건 조성'이라는 국정과제로 범주화되고, 구체적인 방안으로 교원 1인당 학급당 학생 수 감축, 행정업무 경감, 교원평가제도 개선을 추진한다(신현석, 윤지희, 2017: 104-105).

이상에서 볼 때, 5 · 31 교육개혁 이후 현재까지의 교원정책은 조금씩 다르지만 교원 정년단축, 교원노조 합법화, 교원성과제, 교원능력개발평가제 등 큰 틀은 시장경제 논리 기반 정책이라는 공통점을 갖는다. 요컨대, 5 · 31 이후의 교원정책은 시장경제 논리를 기반으로 수요자 중심 교육, 신자유주의적 교육정책을 기반으로 한 것으로 ① 시장 기제를 통한 교원의 전문성과 책무성 확보로 교원정책 기조 변화, ② 공급 위주 정책에서 적극적인 질 관리 정책으로의 전환, ③ 교육논리보다 정치 · 경제 논리에 치중한 정책 결정, ④ 정부주도형에서 개방형 교원정책 결정방식으로의 전환이라는 특징을 갖는다. 신현석(2010: 19-20)은 신자유주의에 입각한 수요자 중심 교육론이 교원정책이 변화되는 계기가 되었다고 평가한다. 즉, 교원정책의 목적이 평등성에서 수월성으로, 종전 교원지위 보장과 교원 존중을 통해 교육의 발전을 도모하려 했던 간접적 · 지원적 접근방식에서 수요자에 의한 보다 직접적 · 통제적 접근방식으로, 교원정책 결정의 주된 근거가 교직의 특수성보다는 보편성 추구의 양태로 전환되는 계기를 마련했다.

한편, 교육이라는 특수한 활동의 특징을 고려하지 않고 경제논리에 따라 효율성을 극대화하기 위한 교원정책은 교원들에게 큰 불신을 갖게 했으며 교사를 개혁의 대상으로 간주함으로써 교육개혁정책의 한계와 부작용을 낳기도 하였다. 가장 큰 부작용은 교원들의 '무력감과 체념'이라고 할 수 있다. 오늘날 교사문화의 특성으로 나타난 '무력감과 체념'은 단순한 교사들의 내부 요인보다는 외부 영향이 크다고 볼 수 있다. 고전(2002: 524)은 전문성 신장이라는 채찍에 해당하는 정책이 범람한 것에 비하여 당근에 비유될 교원의 사회경제적 지위 향상에 관한 우대조치가 빈약한 것이었다고 평가한다. 이런 분위기 속에서 범정부적 구조조정을 계기로 단행된 교원의 정년 단축은 경제적 논리의 부적절성으로 인해 많은 교원을 등돌리게 했다. 이러한 심리적 이반현상인 교심이반(敎心離反) 수준이 단순한 반감 수준을 넘어 무력감과 체념을 낳게 된 것이다.

5) 논의

해방 이후 현재까지 교사교육의 변천과정에 대해 다각적인 평가가 이루어져 왔다. 김영우(1992)는 해방 이후 1980년대까지의 교사교육정책의 역사를 고찰하고, 교사교육정책에 대해 ① 초등교원 양성 교육체제가 미비했고, ② 교사의 질적 수준 향상보다는 교원 수급을 위한 양적 확보에 치중한 교육정책을 펼쳤으며, ③ 교직의 전문성을 무시한 교사양성 교육정책을 추진했고, ④ 특색 있는 교사양성 프로그램이 미비했으며, ⑤ 교사양성 교육기관의 유인체제가 미비했고, ⑥ 중 · 고등학교 교사양성체제의 전문화가 미비했으며, ⑦ 질적 수준을 고려하지 않고 지나치게 다양한 교사양성 과정을 설치하여 교사자격증의 권위가 떨어지고 교직전문성이 인정받지 못한 결과를 초래했다고 비판한다. 김재웅(1998)은 교사양성체제의 변화과정이 이론적 논의과정을 통해 이루어지지 않고 정치적 동인에 따라 결정되는 것을 보여 준다. 즉, 교사교육에 관한 정책 변화가 교원의 전문성 함양을 위한 고려에서 모색되기보다는 관련 집단의 이해관계를 대변하고 있다는 것이다. 이혜영 등(1998: 179) 역시 교사양성체제의 변화가 교육의 내적 요구보다는 정치경제적 동인, 사회 변화에 의해 일방적으로 결정된 경향을 특징으로 꼽는다. 오태진(2001)은 광복 이후 김영삼 정권에 이르기까지 30년간의 교원양성과 임용정책의 특징을, ① 교원 수급정책이 체계적이지 못하고, 다양한 변수를 고려한 정책결정이 이루어지지 못했고, ② 교원의 전문성, 우수교원에 대한 분명한 기준이 설정되지 못했으며, ③ 정책 결정과정에 민주적 절차가 결여됐고, ④ 폐쇄형 양성과정과 공개형 임용시험제도가 양립했음을 꼽는다.

이상의 교사교육의 변천과정에 관한 평가를 토대로, 해방 이후 현재까지 교사교육의 현실을 성찰하고 향후 철학이 있는 교사교육을 위한 과제를 논의하면 다음과 같다. 첫째, **교사교육정책 변화는 교사교육의 이념과 철학** 위에서 이루어지지 않았다. 교사교육정책은 주로 사회정치적 변화, 더 정확하게는 정권의 변화에 의해 주도되어 왔다. 물론 교사교육에 관한 분명한 이념이 제시되고 그에 따라 일사불란하게 교**사교육정책**이 이루어지는 것은 현실적으로 불가능하다. 따라서 한명희(1984)의 주장대로, 교육이념은 최종적으로 도달해야 할 목적의 의미가 있는 것이 아니라 교육의 전체 과정을 지배하는 가치기준과 원리로서의 역할을 하는 것이다. 즉, 교사교육의 이념(철학)이 교사교육의 과정 전체를 지배하는 가치판단 체계나 원리로서 그 역할을 해야 한다. 이것이 철학이 있는 교사교육의 모습일 것이다.

철학이 있는 교사교육이란 교사교육의 본래적 목적에 합당한 교육을 고민하고 목적이 이끄는 교육에서 출발한다. 교사교육의 목적은 교육을 담당할 교사를 양성하는 것이다. 교육은 사회제도적 측면에서 여러 가지 기능을 갖지만, 교육의 출발점이자 궁극 목적은 바로 인간을, 그것도 바람직한 인간으로 형성하는 일이다. 따라서 교육은 '바람직한' 변화를 위한 가치지향적 활동이다. 시대 변화가 급격히 이루어지는 오늘날이다. 교육은 시대사회적 변화에 부응해야 한다. 하지만 그 변화에 휩쓸려 가는 것이 아니라, 그러한 변화 속에서 우리는 어떤 미래를 지향하는지, 장차 어떤 모습의 아이로 미래세대를 길러 나가고 싶은지에 대한 비전을 갖고 있어야 한다. 따라서 이러한 교육을 담당할 교사를 교육하는 일은 장차 교사가 될 학생들이 인간과 세계 그리고 교육을 어떻게 바라보고 이해하는가에 관한 가치지향적 활동임을 분명히 할 필요가 있다.

21세기 들어 지식사회로의 변화가 거론되면서 교사 역할의 변화와 중요성이 강조되고 있다. Hargreaves(2011)에 의하면, 오늘날의 교사는 학생이 지식경제의 유혹과 필요를 넘어서서 생각하고 행동할 수 있도록 돕기 위해 학생에게 인격과 공동체, 인도주의와 민주주의를 심어 주는 데 헌신해야 함을 강조한다. 이러한 능력은 학생들의 성취도와 효율성을 높이는 교과지식 측면의 역량 외에 사회정서적인 측면의 역량을 갖출 때 가능하다. 이것은 교사가 될 학생들이 인간관, 세계관, 교육관을 갖추어 갈 수 있게 해 주는 가치관 형성의 교육으로서의 교사교육이 이루어져야 함을 뜻한다. 이를 위해서는 '교직과목'으로 불리는 교육학 과목의 가치와 의미를 제대로 인식할 필요가 있다. 교육학 분과학문들로 이루어진 교과목들은 교사가 될 학생들로 하여금 교육현장에서 교육을 바라보고 판단할 수 있는 안목과 교육적 판단력을 갖추게 하는 과목이다. 한명희(1990)는 교육학 과목을 '교직과목'으로 부르고 교과의 학문적 지식을 전공과목으로 부르는 것이 교사교육에서 교육학 과목을 전공이 아닌 부수적인 것으로 인식하게 만들 수 있다는 점에서 잘못됐음을 지적한 바 있다. 다시 말해, 교사교육은 인간 형성을 업으로 하는 교사의 인간됨을 형성하는 일이다. 따라서 인간 형성에 필요한 지식과 기술, 태도가 통합적으로 형성될 수 있는 교육과정을 고민하고 구성해야 할 것이다. 교육학에서 다루는 내용들이 현재 '교직과정'이라는 용어 사용이 가정하는 것처럼 전공과목에 부수적인 것쯤으로 간주되는 정책과 제도를 재고해야 할 것이다.

둘째, 이제까지 교사교육의 변천과정은 '이념 따로 정책 따로'의 모습을 보여 왔다. 철학이 있는 교사교육이 이루어질 수 있으려면, 교사교육의 정책과 제도가 이념(철학)과의 유기적 관련 속에서 논의되고 실행돼야 할 것이다. 신현석은 5 · 31 교육개혁 이후 노무현 정부까지 10년간의 교육개혁 이념과 철학에 관해 탐색하면서, 교육개혁 이념에 대한 철학적 분석과 논구가 부재했음을 비판한다. 따라서 교육개혁 이념을 확립하기 위한 철학적 논구와 관심이 중요하고, 이와 함께 교육개혁 이념이 궁극적으로 국민통합에 기여할 수 있는 방안을 제도화하는 것이 중요하다고 역설한다. 목영해(2017)는 우리 교육은 "교육 관료들은 교육정책을 교육철학에 의거해 결정하기보다는 당면 교육문제의 임기응변식 해결 차원에서 결정하고, 학부모들은 성적과 대학입시에만 관심을 두며, 교사들은 입시위주 교육에 휘둘리는 것"에 있다고 비판하며, 그간 교육정책에 교육철학이 끼어들 여지가 없었다고 지적한다.

요컨대, 한 축에서는 이념 정립을 위한 철학적 논의가 이루어져야 하고, 다른 한 축에서는 그러한 이념이 실행될 수 있도록 방안을 제도화하는 것, 다시 말해 이념(철학)과 정책이 유기적으로 관련돼야 한다는 것이 분명하다. 그렇다면 교육이념에 대한 철학적 논증을 그간 해 오지 않은 것일까?

교육철학자들은 교육의 본질과 목적 탐구를 통해 교육현상을 성찰하고 교육의 방향을 모색해 오고 있다. 그런데 이런 논의가 교육정책 결정과정에 제대로 반영되지 못했다. 5 · 31 교육개혁안 수립과정에서도 교육학자들의 역할은 상대적으로 적었고, 다른 교육정책 결정이나 교육과정 개정과정에서도 특히 교육철학자들의 목소리는 적극적으로 반영됐다고 보기 힘들다. 이런 현상은 왜 나타날까? 혹시 의도적으로 교육철학자들의 목소리가 배제된 것은 아닐까? 왜? 해방 이후 교육에 대한 도구적 관점이 지배적이고 경제발전과 국가발전을 위해 '빨리빨리' 근대화를 이루어야 하기에, 서구가 300여 년에 걸쳐 이룬 과정을 우리는 30년에 걸쳐 해내느라고 정책 수립과 실행 과정에서 근본적인 문제제기를 하는, 교육을 철학할 여유가 없었던 것은 아닐까? 모두가 '어떻게'라는 방법론을 찾고 있는데 '무엇을 위한 교육인가?' 하고 원론적으로 교육의 목적과 방향을 묻는 교육철학자들의 질문은 당장의 문제해결을 위한 해결책이 될 수 없다고 간주했기 때문이라고 생각된다. 이러한 과정 속에서 갖게 된 '빨리빨리' '문제해결을 위한 즉각적인 해결책으로서 교육'이라는 기능주의적 행동주의가 바로 우리의 교사교육의 이념이자 철학이 돼 버렸다고 할 수 있다.

셋째, 교육 이념과 철학이 있는 교사교육을 위해서는 교육계로부터 교육이 무엇인지와 교육이 나아가야 할 방향에 대한 탐색을 통해 교육 본연의 목소리를 내는 것이 필요하다. 이제까지 교사교육의 변천과정은 그때그때 달라지는 정부정책에 따라 변화해 왔음을 부인할 수 없다. 따라서 교육정책이 결정되고 실행되는 과정은 권위주의적이고 관료주의적이며 상명하달식의 관리감독체제를 보여 왔다. 이때 교육은 늘 정치 · 경제 · 사회 변화의 수단이자 방법으로서 지위만 갖는 한계를 갖는다. 또한 집권 정부의 교체에 맞추어 달라지는 정책으로 교육정책의 일관성을 유지하기도 힘들다.

이런 점에서 교사를 양성하는 교사교육기관조차 정부시책에 굽실거리는 '시녀교육학'이 횡행하고, 젊은이들로 하여금 현세적 · 실용주의적 지평 이상을 내다보지 못하게 하는 오류를 확대 재생산해 왔다(고병헌 외, 2009: 388)고 비판받는 것이다. 이러한 비판을 넘어 철학이 있는 교사교육을 하기 위해서는 교사교육에 임하는 교육자들 스스로 교육적 논리를 찾고 목소리를 낼 필요가 있다. 교육계 논리에 따라 교사교육에 대한 철학함이 이루어지고 이것이 정책과 제도 수립과정으로 이어질 수 있어야 할 것이다. 이 과정에서 교육 전문가들의 다양한 목소리를 참여시키는 민주적 공론화 과정이 이루어지는 것이 중요하다. 또한 이런 과정은 정권의 변화에 상관없이 일관되게 실행될 수 있어야 할 것이다. 최근 한국교육이 대안 모색을 하면서 참조하는 핀란드나 북유럽 국가들의 경우, 집권세력이 바뀌어도 교육정책의 일관성을 유지해 가는 것을 볼 수 있다. 그것이 가능했던 것은 정치세력들이 경쟁관계에 있지만, 정권을 잡더라도 교육정책은 일관되게 개혁의 방향을 유지할 수 있는 풍토가 마련돼 있기 때문일 것이다.

넷째, 교사교육의 핵심은 교원 전문성 향상에 있다. 해방 이후 한국 교원정책의 변천사가 교원 전문성 향상을 위한 도전의 역사(정영수, 2009)였다고 보기도 하지만, 교사교육의 변천과정이 교원 전문성을 향상시켰다고 평가하기는 힘들다. 교사교육이 정착되는 초기에는 양적 확대와 수급에 치중하느라 교원의 질에 초점을 두지 못했다고 할 수 있다. 하지만 교사교육의 제도적 정착이 이루어지고 신자유주의가 도래한 1990년대 이후 역시 상황은 크게 나아지지 않는다. 1995년 신교육체제 이후 교원 전문성에 관한 관심이 고조되었다. 그런데 이때 '전문성'은 신자유주의 교육개혁의 흐름 속에서 학생들의 시험성적 올리기, 표준화된 교육과정을 지도안에 따라 가르치기 등 가시적인 결과를 효율적으로 낼 수 있는 협소한 의미의 수업기술에 한정되는 경향을 보인다. 이것은 신자유주의 흐름 속에서 교사교육 역시 시장주의적 해결방식과 기술공학적 접근에 치중하면서 나타난 결과이다. 따라서 교원 전문성에 대한 관심과 교직 전문화에 대한 관심은 커지는데 교사는 오히려 교육의 본질에 대한 고민과 자신의 교육과 의미는 도외시한 채, 전문주의 이데올로기 속에서 전문가로서의 자율성을 점점 잃어가는 아이러니를 경험하게 된다(정윤경, 2013b). 이러한 맥락에서 손준종(2010)은 '교사 전문성'이란 개념이 보편적이고 객관적으로 주어진 개념이 아니라 구성되고 해체되며 재구성되는 개념임을 보여 준다. 이명박 정부의 교원정책을 중심으로 분석한 바에 따르면, 신자유주의적 교사 전문성 담론은 교사의 탈전문화를 강화하고, 국가에 의해 주도된 전문성 담론이 교사의 일을 표준화하고, 가르치는 일의 도구성을 강화한다. 또한 이명박 정부의 교사 전문성 담론은 '자유'와 '자율'의 시장논리를 강조하면서 동시에 권위적 국가주의적 형태를 띤다. 이로써 교사들은 자신들의 정체성을 국가에 종속된 전문가로 새롭게 구성하게 된다. 이와 같은 신자유주의적 교원 전문성으로는 교사가 자발적이고 능동적인 변화를 시도할 수 없으며, 따라서 교원정책 및 교육정책의 실효를 거두지 못할 것이다.

"당신이 가르치는 것은 바로 당신"(Manen, 2012: 104)이라는 말이 있다. 이것은 가르침의 활동이 교육내용만의 문제가 아니라, 교사 자신의 존재방식의 문제임을 말해준다. 의사는 수술과정에서 전문적 기술을 사용하면서 자신의 개인적 인격과 인성을 별로 드러내지 않는 데 비해, 교사는 가르침에서 자신의 자아 전체를 드러내게 되기 때문이다. 즉, 교사는 교과를 가르치면서 자신의 전 인격을 드러낼 수밖에 없다. 이런 점에서 볼 때, 인간 형성을 위한 가르침과 교육을 하는 교사의 전문성은 수업 전문성을 넘어 교사 자신의 인간됨이라는 포괄적인 것임을 의미한다고 볼 수 있다.

5. 결론

해방 이후 교육 이념 및 철학이 분명한 교사교육이 이루어졌다고 보기 힘들다. 남은 과제는 교육 이념과 철학이 있는 교사교육을 탐색하고 정착시켜 가는 일이다. 교육 이념과 철학이 있는 교사교육이란, 앞에서 살펴본 대로 특정의 교육이념을 정립한다고 해결되지 않는다. 철학이 있는 교사교육은 시대 변화에 적합한 교사교육의 이념과 철학을 탐색하고, 그것이 교육의 전체 과정에 가치판단의 원리나 기준으로서 작동할 수 있을 때 가능하다. 오늘날과 같이 다원화된 사회에서 하나의 교사교육의 이념과 목적을 정립하는 것은 현실적으로 가능하지 않고 정당화할 수 있는 것도 아니다. 교육이념이 본래 추상성과 일반성을 갖지만, 그것이 법조문 속의 구호에 그치지 않고 교육실천 과정에서 교육 정책과 제도의 나침반으로서의 역할을 다하기 위해서는 당면한 사회문화적 상황과 맥락 속에서 지속적으로 탐구돼야 할 것이다.

1) 철학이 있는 교사교육을 위하여

해방 이후 현재까지 70여 년간의 교사교육에 대해 행동주의에 치중한 교사교육, 철학이 부재한 교사교육이라고 비판하는 것은 교육을 인간 형성의 활동으로 보기보다는 빠르게 문제해결을 위한 방법으로 접근해 왔던 것의 결과이다. 해방 이후 70여 년을 성찰하며 새로운 시작을 전망하는 시점이다. 양적 성장을 넘어 질적 전환을 꾀하고자 한다면 빨리 즉각적인 성과를 내고 해결책을 찾으려는 조급증을 멈추어야 한다. 조급증과 오랜 시간이 걸리는 사람을 기르는 교육은 양립하기 힘들다. 이런 맥락에서 미국 사회학자 Sennett(1998:10)는 급변하는 지식사회가 사람의 인격이 가진 본질을 위협하는 것을 다음과 같이 경고한다.

> 충성심, 상호 헌신 등으로 표현되는 인격은 특히 인간의 정서적 경험의 장기적(long-term) 측면이다. …… 그런데 지금 이 순간에 중점을 두는 이 조급한 사회에서 우리는 어떻게 우리 자신 속의 어떤 것이 영속적인 가치를 지니는가를 알 수 있을까? 단기적 성과에 몰입하는 경제 속에서 어떻게 장기적인 목표를 추구할 수 있을까? 끝없이 분열하고 계속해서 재설계되는 조직에서 상호 충성심과 책임감은 어떻게 유지될 수 있을까? 이것들이 유연한 신자본주의가 제기하는 인격에 관한 질문들이다.

철학이 있는 교사교육, 교육이념이 이념으로서 제 역할을 하는 교사교육이 이루어지기 위해서는, 첫째, 교사교육이 그것의 본질과 목적을 분명히 인식하는 것이 필요하다. 교사교육은 '교사'를 교육하는 것이다. 또 교사교육 역시 인간을 교사로서 길러 내고자 하는 '교육'이다. 교육이 바람직한 방향으로 인간이 변화될 수 있도록 인간을 형성하는 것이라면, 교사교육은 우리가 어떤 인간을 길러 내고자 하는지, 어떤 사회와 어떤 미래를 원하는지에 대한 인간교육의 핵심적인 질문에서 출발해야 한다. 그리고 교사교육이 '교육'인 한 교사교육 역시 인간 형성의 활동임을 분명히 할 필요가 있다.

둘째, 철학이 있는 교사교육이 이루어지기 위해서는 한편에서는 이념 탐색을 위한 철학적 논의가 이루어지고 다른 한편에서는 그러한 이념이 실행할 수 있는 정책과 제도를 마련하는 일이 이루어져야 하고, 이 둘 사이에 유기적 관련성을 갖는 것이 중요하다. 그동안 정권교체기마다 정부의 요구에 따라 교사교육의 정책과 제도가 변화해 온 것을 반복하지 않으려면, 교육과 교사교육에 대한 철학함의 기반 위에서 교사교육의 바람직한 방향을 모색하고 그러한 방향을 구현할 수 있는 정책과 제도를 모색하는 것이 유기적으로 연계될 수 있어야 할 것이다.

2) 시대 변화와 교육이념

교육은 시대사회적 변화를 수용할 수 있어야 한다. 이런 점에서 해방 이후 강조해 온 민족주의, 민주주의를 기반으로 한 홍익인간 이념의 적합성을 물을 필요가 있다. 해방 이후 70여 년이 지난 시점에 우리는 이제 외세로부터 자주적인가? 전쟁 이후 아직도 분단 상태인 지금 통일은 민족적 과제로 남아 있다. 따라서 민족주의 이념은 여전히 중요하다. 물론 민족주의가 정권유지와 국민통치를 위한 선전 구호에 지나지 않고 계급적 · 극우적 배타주의에 지나지 않는다(박노자, 2002)고 비판받는 자민족중심주의를 극복해 가야 할 것이다. 오늘날 세계는 빠르게 하나로 연결되고 있다. 따라서 세계시민교육이 요청되는 시대이다. 이러한 것과 접점을 찾아가는 민족주의를 모색해 가야 할 것이다.

민주주의 역시 다원화된 사회에 가장 절실하게 요청되는 이념이다. 1980년대 민주화운동이 민주주의 실현을 위한 초석을 놓았다면, 박근혜 정권을 무너뜨린 촛불

혁명은 더 이상 권위주의적 정치를 용납하지 않고 민주화를 지향하는 시민세력의 성장을 보여 준다. 대한민국은 민주공화국이다. 교육의 일차적 책임은「헌법」에 명시된 대로 민주공화국의 민주시민을 길러내는 것이어야 할 것이다. 민주주의는 정치제도에 국한되지 않고 삶의 방식 속에서 이루어져야 한다. 이제 정치제도로서의 민주주의를 정착시키고, 제도를 넘어 생활 속의 민주주의로 한 단계 성숙해 가야 할 것이다. 이를 위해 민주주의 이념이 민주시민 양성을 위한 민주시민교육을 실천해 가는 기준과 원리가 돼야 할 것이다.

1995년 신교육체제 이후 한국교육은 신자유주의에 빠르게 지배된다. 이후 교육이념과 실제의 지배적 화두는 경쟁이다. 해방 이후 짧은 시간에 성과를 내기 위해 1990년대 이전에도 이미 교육은 인간 형성의 활동이라기보다는 잘 살기 위한 도구와 수단으로 간주되고 과잉기대를 받아 왔다. 여기에 신자유주의 논리가 가세하면서, 공식적으로 교육은 경쟁력 있는 인간 양성을 목표로 하게 된다. 신자유주의가 급속하게 퍼지면서 세계적으로 교육개혁의 주된 기조는 표준화운동이라고 할 수 있다. 표준화운동은 교육을 통해 경제성장을 꾀하고자 한다. 표준화로서의 개혁은 교육에서 표준과 시험을 중심축으로 학업성취도를 향상시키기 위한 교육개혁에 초점을 두는 것을 뜻한다. 이런 표준화운동은 1983년 미국의『위기에 선 국가』출간 이후 활발해지기 시작해서 세계적으로 급속하게 확산되고 있다. 이런 현상을 감염성 높은 세균(GERM)[3)]에 비유하기도 한다(Robinson, 2015: 36). 그러나 표준화운동으로서의 교육은 많은 문제와 한계를 보여 주고 있다(Noddings, 2008; Robinson, 2015). 경쟁, 그것도 한계가 없는 무한경쟁의 틀 속에서 교육은 결코 인간의 온전한 형성을 돌보고 인간의 잘 삶(well-being)을 위한 교육이 될 수 없다. 더욱이 표준화운동이 경제성장에 실질적인 변화를 가져오지 못할뿐더러, 오늘날 요청되는 창의력과 혁신에도 기여하지 못하며 교육적으로 많은 폐단을 낳는다면, 경쟁을 통한 학업성취도에 초점을 둔 표준화운동으로서의 교육개혁은 방향전환을 할 때가 됐다.

교육의 방향과 목적을 모색하는 데는 '한국' 사회의 특수성과 교육의 본질이라는 보편성을 포함해야 할 것이다. Standish(1995)에 따르면, 교육목적은 ① 사회의 필요, ② 공통된 인류문화 유산에 대한 지식과 이해, ③ 개인 학습자의 내적 자아실현

3) Global Education Reform Movement

이라는 기준을 충족시켜야 한다. 이것은 교육목적이 사회 변화를 수용하면서도 인간의 보편적 발달을 위한 문화유산이라는 전통에의 입문과 학습자 개인의 자아실현이라는 측면 모두를 고려해야 함을 뜻하는 것이다. 그렇다면 한국교육은 이런 요구를 충족시켜 왔는가?(김상무, 정윤경, 2015: 37에서 재인용).

3) 교원의 전문성과 행동주의 교사교육을 넘어서

교사교육은 교원의 질 향상에 노력해 왔는가? 시대사회적 변화 속에서 바람직한 교원의 전문성은 무엇인가? 박남기(1997b)는 해방 이후 오늘날까지 교사교육이 교사의 질을 중시하고 교원정책이 교사의 질 향상에 초점을 두어 왔다는 것은 거짓 신화에 불과하다고까지 비판한다. 이런 비판은 교사교육 변천과정의 핵심이 교원의 전문성 향상보다는 외적인 동인에 의해 영향받아 온 것에 대한 비판이라고 생각된다. 또한 그동안의 교사교육은 교원의 질보다는 양적 수급 조절에 초점을 두어 왔다. 해방 이후 70여 년을 성찰하고 다시 새로운 시기를 계획하면서, 교원의 질과 전문성 향상을 위한 교사교육이 이루어지기를 기대해 본다.

후기산업사회, 지식사회 등으로 불리는 오늘날, 교사 역시 다각적인 역할을 요청받는다. Hargreaves(2011)는 지식사회에서 교사는 지식사회가 약속하는 모든 기회와 번영의 '촉진자'이자 지식사회의 위협에 맞서는 '대응자' 역할을 해야 하고, 심지어 교육에 대한 상승된 기대를 만족시키도록 요구받는 지식사회의 '희생자'가 될 수 있음을 역설한다. 지식사회의 촉진자요 대응자로서의 역할을 한다는 것은 지식경제와 지식사회가 요청하는 창의력을 길러 줄 수 있는 교육을 하는 것을 포함하여 지식사회를 넘어서는 교육, 즉 학생들에게 인격과 공동체, 인도주의와 민주주의를 가르치는 것에도 헌신해야 함을 뜻한다. 이와 같은 전문성을 발휘하는 것은 지식의 전달자, 국가에 종속된 전문가로서는 불가능하다. 현재 교사교육의 지배적인 교육이념으로 자리 잡은 행동주의와 기능주의는 교원양성에서 지식과 기술 습득에 초점을 두고 수동적 존재로서의 교사, 자율성을 갖춘 전문가보다는 공복이나 가르치는 기술자를 길러 왔다.

이를 극복하기 위해서는 교사의 활동인 가르침이 인간을 형성하는 일이라는 기본을 다시 확인하는 데서 시작할 필요가 있다. 인간 형성을 위한 가르침과 교육을 하는 데 요청되는 전문성에는 지식과 기술은 물론 교사 자신의 인감됨(인성)이 포함된다. 즉, 교사는 지식과 기술을 갖춘 지식인을 넘어 도덕적 비전과 지성적 통찰력을 갖춘 지성인으로서의 역할을 할 수 있어야 한다. 이것은 신자유주의 이후 협소한 의미의 수업기술자의 전문성이나 주체적인 판단은 할 수 없는 사실 관련 전문성만 갖는다고 될 일이 아니다. 교원의 전문성은 포괄적인 교사의 역할을 토대로 그 기준을 분명히 하고, 다시 지성인으로서 교사의 지위를 회복할 필요가 있다. 또한 교심이반이라는 표현이 나올 정도로 교사의 마음이 떠나고 무력감을 느끼는 교사의 현실을 돌볼 필요가 있다. 교사의 가르침에는 정서적 측면이 중요하다. 교사의 일은 정서적 노동의 측면이 강하기 때문이다.

그런데 창의력이 요구되는 시대에 교사가 시험점수를 올리기 위해서 표준화된 지식을 가르치고, 아이들과 동료 교사와 관계를 맺는 데 시간을 보내기보다는 외부에서 부과된 작업에 압도되는 것은 정서적 노동이 스트레스가 되게 하고 동기를 없애고 사기를 떨어뜨린다. 일이 너무 많고 학생을 적절하게 보살필 시간이 없으며, 끊임없이 정부에 의해 비판받고 동료와 함께 작업할 기회가 거의 없으며, 변화를 혼자 감당해야 할 때 진정으로 낙관적이고 열정적이기는 힘들다(Hargreaves, 2011). 다행히, 대안적 교사교육에 관한 다양한 논의가 이루어지고 있다. 이러한 많은 논의는 현재 지배적인 교사교육 패러다임인 행동주의 패러다임을 극복하고, 보다 능동적이고 주체적인 연구자로서의 교사, 반성적 실천가로서의 교사상을 탐색하고 있다. 끊임없이 좋은 교사의 본(paradigm)을 찾는 일은 가르치는 자와 교사교육을 연구하는 모든 이의 공동 탐구과제일 것이다.

참고문헌

고병헌 외(2009). 교사, 대안의 길을 묻다. 서울: 이매진.

고전(2002). 한국교원과 교원정책. 서울: 도서출판 하우.

고형일(1990). 사회구성체론과 한국 교육의 위상. 한국교육의 위상과 교직원노조운동. 서울: 푸른나무.

교육기본법. http://www.lawnb.com

김동춘(2015). 대한민국은 왜?: 1945~2015. 서울: 사계절.

김민남(1995). 교사교육론의 철학. **한국교사교육**, 11, 1-32.

김민남(1999). 교사교육론과 실천. **교육철학**, 17, 19-37.

김병찬(2000). 교사교육의 패러다임 변화. **교원교육연구**, 17(3), 113-141.

김상무, 정윤경(2015). 한국교육 70년, 교육목적의 변화. 광복70년, 교육70년, 무엇이 얼마나 달라졌는가? **안암교육학회 동계 학술대회자료집**, 23-40.

김안중(1993). **해방후 한국 교육이념의 변천. 한국 현대교육의 재조명**. 서울: 한국정신문화연구원.

김영우(1989). **한국 중등교원 양성교육사**. 서울: 교육과학사.

김영우(1992). 한국교사교육정책의 역사적 평가. **한국교육사학**, 14, 131-161.

김영우(2001). **교사의 자질과 교사교육의 개혁방향**. 서울: 도서출판 하우.

김영우, 안귀덕(1994). **한국현대초등교원양성교육사**. 서울: 정신문화연구원.

김인회(2003). 민족교육 50년의 실상과 위기에 처한 한국교육학의 과제. 한국교육학회 50년사 편찬위원회(편), **자생적 한국교육학의 미래**. 서울: 원미사.

김재웅(1998). 교육정치학적 관점에서 본 교사 양성 체제. **교육정치학연구**, 5(1), 22-41.

김종철(1989). **한국교육정책연구**. 서울: 교육과학사.

김종철(1995). 역사적 측면에서 본 교원양성 교육체제의 방향. **한국교원교육연구**, 11, 91-114.

김천기(1992). 진보주의 교육이 한국교육정책에 미친 영향에 관한 수정주의적 분석. **교육학연구**, 30(2), 45-69.

목영해(2015). 5.31 교육개혁안의 교육적 인간상에 대한 내적 분석. **교육과학연구**, 20, 55-65.

박남기(1997a). 초등교원 양성정책 및 교육과정. **교육행정학연구**, 15(3), 88-115..

박남기(1997b). **초등교원 양성의 현주소**. 서울: 교육과학사.

박노자(2002). **당신들의 대한민국**. 서울: 한겨레신문사.

박상완(2002). 교원교육에 대한 대안적 관점과 교원교육의 체제. 19(3), 31-54.

서명석(2007). 수업철학과 교사실존 간의 연관. **교육철학**, 32, 139-168.

서울대학교 교육연구소 편(1994). **교육학 용어사전**. 서울: 하우 동설.

서정화(2010). 이명박정부의 교원정책 진단 및 평가. **한국교원교육학회 57-58차 학술대회 자료집**, 3-22.

손준종(2010). 교사전문성 담론의 성격 분석. **교육정치학 연구**, 17(4), 91-119.

신득렬(2004). 교육이념과 학교교육. **교육철학**, 26, 19-36.

신현석(2005). 교육개혁의 이념과 철학: 교육개혁 10년의 반성과 과제. **교육정치학 연구**, 12(1), 19-50.

신현석(2010). **한국의 교원정책**. 서울: 학지사.

신현석, 윤지희(2017). 박근혜정부의 교원정책 평가. **한국교육학연구**, 23(4), 101-133.

안귀덕(1993). 한국 교원교육의 변화 과정과 문제점. **한국 현대교육의 재조명**. 서울: 한국정신문화연구원.
안승대(2007). 이데올로기에 따른 교육이념의 역사적 변천과정 분석. 교육문제연구, 27, 27-56.
오태진(2001). 한국 교원정책의 전개과정에 관한 고찰. 한국교육사학, 23(2), 81-113.
이혜영 외(1998). 한국 근대 학교교육 100년사 연구(Ⅲ). 한국교육개발원 연구보고.
이홍우(1974). 교원교육의 실제. 한국교육문제총서. 교원의 제문제. 서울: 능력개발.
전국교직원노동조합(1990). 한국교육운동백서: 1978-1990. 서울: 풀빛.
정영수(2009). 한국교원정책 60년의 성과와 과제. 교육학연구, 47(2), 136-160.
정윤경(2008). 반성적 교사교육에 대한 비판적 고찰. 교육철학, 42, 195-219.
정윤경(2013a). 교사교육을 위한 교육철학의 역할. 교육사상연구, 27(2), 139-157.
정윤경(2013b). 한국 교사교육 철학(관점)연구 동향 성찰과 전망. 2013년 한국 교원교육학회 연차학술대회 자료집, 175-199.
정재걸(1996). 교육개혁에서의 교사교육의 문제. 교육철학, 14, 169-181.
정훈(2015). 광복 70년 한국사회 통치체제의 변화와 교육. 한국교육사상연구회 학술대회 자료집, 80-102.
조홍순(2017). 한국 교원정책 70년의 역사적 맥락과 함의. 한국교원교육연구, 23(1), 353-377.
최장집(1996). 한국 민주주의의 조건과 전망. 서울: 나남출판.
최정실(1998). 포스트모던 시대의 교사교육에 대한 인식론적 접근. 교육철학, 20, 85-100.
최진석(2018). 탁월한 사유의 시선. 경기: 21세기북스.
한명희(1984). 한국 교육이념 · 철학의 정립 과제. 교육학연구, 22(3), 73-80.
한명희(1990). 교사교육의 이념과 내용의 관계. 한국교사교육, 7, 16-34.
한준상(1993). 교육지배집단의 모더니티와 한국교육의 과제. 한국의 교육과 윤리 2집. 서울: 한국정신문화연구원.

Giroux, H. (2003). 교사는 지성인이다[*Teachers as intellectuals*]. 이경숙 역. 서울: 아침이슬.
Hargreaves, A. (2011). 지식사회와 학교교육[*Teaching in the knowledge society*]. 곽덕주 외 역. 서울: 학지사.
Manen, M. (2012). 가르친다는 것의 의미[*The tone of teaching*]. 정광순, 김선영 공역. 서울: 학지사.
Noddings, N. (2008). 행복과 교육[*Happiness and education*]. 이지헌 외 공역. 서울: 학이당.
Robinson, K. (2015). 아이의 미래를 바꾸는 학교혁명[*Creative schools*]. 정미나 역. 서울: 21세기 북스.
Schubert, W. H. (1989). Reconceptualizing and the matter of paradigms. *Journal of teacher*

education, *40*(1), 27-32.

Schön, D. (1983). *The reflective practitioner: How professionals think in Action.* New York: Basic Books.

Schön, D. (1987). *Educating the reflective practitioner.* San Francisco: Jossey-Bass.

Sennett, R. (1998). *The corrosion of character.* New York: Norton Company.

Zeichner, K. M. (1983). Alternative paradigms of teacher education. *Journal of teacher education*, *34*(3), 3-9.

제 3 장

교사교육 정책 및 제도 성찰

김병찬(경희대학교 교육대학원 원장)

1. 서론

한국교원교육학회가 2018년에 50주년을 맞이하였다. 한국교원교육학회는 50여 년 동안 한국 교사교육 연구의 중추적인 역할을 해 왔으며, 한국 교사교육 실제에도 많은 영향을 끼쳐 왔다. 50주년이라는 역사적 매듭을 지으며 지난 기간 동안의 교사교육을 성찰해 보는 것은 앞으로의 교사교육의 미래 방향을 정립하는 데 의의 있는 일이라고 할 수 있다. 교사교육의 철학과 이념, 교사교육의 교육과정 및 방법, 초등·중등 등 각 단계별 교사교육 등 다양한 측면에서 지난 역사에 대한 성찰이 필요하다고 할 수 있는데, 이 장에서 특별히 교사교육의 정책 및 제도 성찰에 초점을 맞추고자 한다. 교사교육의 과정이나 내용의 근간이자 기반이 되는 것은 교사교육의 정책이나 제도이기 때문에 교사교육의 역사를 성찰함에 있어 교사교육 정책이나 제도에 대한 성찰도 나름대로 의미가 크기 때문이다.

수많은 교육개혁의 노력을 기울이고 우수한 교육 프로그램을 개발·적용함에도 불구하고, 학교를 변화시키고 학생들의 성취를 향상시키는 가장 중요한 열쇠는 결국 교원들이 쥐고 있다(김병찬, 2000; Burstein, Kretschmer, Smith, & Gudoski, 1999). 다시 말해, 교육에 있어서 교원의 전문성과 역량, 즉 교원의 '질'에 따른 영향력과 중요성은 아무리 강조해도 지나치지 않을 것이다. 그리고 그러한 교원을 길러 내는 교사교육은 어느 나라든 핵심적인 국가 교육의 과제이다. 국가 차원에서 교사교육을 위한 가장 기본적인 기반은 교사교육 정책 및 제도라고 할 수 있다(김영우, 1992).

사회·경제적 환경의 변화로 인한 교육 패러다임의 변화는 교육을 담당할 교원을 길러 내는 교사교육 패러다임의 변화로 연결된다(김병찬, 2000). 최근의 사회에서는 4차 산업혁명이라는 용어의 대두와 함께 정보화·세계화시대의 가속화로 창의적이고 자기주도적인 학습 능력을 지닌 인간을 요구하고 있으며, 이러한 사회환경의 변화에 따라 추구되는 능력과 역량을 함양시키기 위한 교육, 그리고 그러한 교육을 담당할 교원을 길러 낼 수 있는 교사교육이 중시되고 있다(임종헌, 유경훈, 김병찬, 2017). 각 나라의 교사교육은 사회 변화에 적합한 역량과 자질을 갖춘 교원을 길러 내야 하는 큰 도전에 직면해 있다(최상덕 외, 2013). 급격한 사회 변화에 대응하고 부합할 수 있는 교원을 확보하기 위해서는 그에 적합한 교사교육 정책 및 제도를 구축할 필요가 있다(정미경, 김미경, 김병찬, 박상완, 전제상, 2014).

그런데 우리나라에서 그동안 교사교육 정책 및 제도와 관련하여 지속적으로 다양한 문제점이 지적되어 왔으며, 교사교육의 효과성 및 효율성에도 문제가 있다는 평가가 있어 왔다(김민희, 2008; 김이경, 2017; 박영숙 외, 2017; 이종재 외, 2004). 따라서 오래전부터 교사교육의 정책 및 제도 개혁에 대한 논의가 이루어져 왔지만, 만족할 만한 합의에 이르지 못하였으며 학교현장의 요구와 필요를 수용하는 데도 일정한 한계를 보여 왔다(김운종, 2018). 교사교육에 대한 이론적 · 실제적 비판이 끊임없이 제기되면서 기존 교사교육 정책 및 제도의 효과성에 대해 의심 받고 있는 상황인데(김태원 외, 2008; 박수정, 박상완, 이인회, 이길재, 박용한, 2015; 조영달, 2013), 이는 교사교육에 있어 단순한 변화를 넘어 근본적인 개혁이 필요함을 시사해 주고 있다(김병찬, 2008).

교사교육 정책 및 제도는 교육의 특수성 및 교원의 특수성이 고려되어야 하는 매우 섬세하고 치밀한 접근이 필요하다. 그리고 환경 변화 및 역사적 변천과정을 면밀히 살펴 종합적으로 접근해야 하는 일이기도 하다(김종철, 1995). 그런데 그동안 우리나라에서 교사교육 정책 및 제도에 대한 접근은 문제가 발생했을 때 일시적으로 봉합하는 임기응변식 접근이 주류를 이루어 왔다(김영우, 1992; 김운종, 2018; 김이경, 2017). 관련 연구들 또한 교사교육의 교육과정, 운영방식, 교수진을 비롯한 구성원, 교원수급, 시설 및 여건 등 세부영역을 중심으로 각 영역에서의 문제점을 진단하고 이를 위한 정책적 개선방안 등을 제시하는 접근이 지배적이었다(김갑성 외, 2009; 김정원, 김기수, 정미경, 홍민기, 이정윤, 2012; 김현자, 엄문영, 이정화, 김현규, 2016). 이러한 접근과 연구들이 의미가 없는 것은 아니지만, 교사교육의 철학과 이념을 바탕으로 정책 및 제도가 추진되어 왔는지, 교사교육에 있어 시대 및 사회적 환경의 변화를 적합하게 잘 고려하여 반영하였는지, 교사교육의 큰 틀이 체계적이고 유기적으로 연계되어 이루어져 왔는지 등과 관련한 근본적인 논의는 상당히 부족한 편이었다(김종철, 1995; 김영우, 1992; 이혜영, 최광만, 윤종혁, 김규태, 1998).

교사교육은 상당히 다양한 맥락과 기반의 토대 위에서 이루어지는 것이기 때문에 어떤 문제가 발생하더라도 상당히 종합적이고 체계적인 접근이 필요하다. 그리고 교사교육의 모든 정책 및 제도는 환경적 · 역사적 맥락 속에서 형성 · 추진되는 것이기 때문에 교사교육을 이해하고 미래 방향을 찾아 나가기 위해서는 환경적 · 역사적 맥락에 대한 이해와 고려가 필요하다(김정원 외, 2012).

교사교육의 환경적 · 역사적 맥락을 살펴보는 것은 교사교육 정책 및 제도의 배경을 알아보는 것임과 동시에 현재의 교사교육 정책 및 제도의 근원을 확인하는 과정이기도 하다. 즉, 현재 교사교육의 문제점을 포함한 특징은 교사교육 정책 및 제도의 역사에 그 뿌리를 두고 있다는 것이다(오태진, 2001; 이혜영 외, 1998). 따라서 오늘의 교사교육을 잘 이해할 뿐만 아니라 미래의 교사교육 정책 및 제도를 잘 추진 · 발전시켜 나가기 위해서는 교사교육의 정책 및 제도에 대한 역사적 고찰이 필요하다.

이러한 맥락에서 이 장에서는 우리나라 교사교육 정책 및 제도의 변천과정에 대해 살펴보고자 한다. 그동안 우리나라 교사교육의 정책 및 제도가 어떠한 배경 속에서 어떠한 내용을 중심으로, 어떻게 이루어져 왔는지 등을 면밀히 살펴보고 그 특징을 밝혀 보고자 한다. 이는 또한 향후 미래지향적 교사교육 정책 및 제도를 수립하고 추진해 나가는 데 있어서도 상당한 시사점을 줄 수 있을 것으로 보인다. 한편, 교사교육은 다양한 접근이 가능한데, 교원의 입직과정을 기준으로 양성 교사교육과 현직 교사교육으로 나눌 수 있다. 양성 교사교육은 입직 전의 교사교육이고 현직 교사교육은 입직 후의 교사교육으로서 둘 사이에는 목적, 대상, 여건 등 여러 측면에서 상당한 차이가 있다(박상완, 2009). 따라서 둘은 각각의 특성을 고려하여 접근할 필요가 있는데, 이 장에서는 양성 교사교육에 초점을 맞추어 양성 교사교육과 관련된 정책 및 제도의 변천과정을 탐구하고자 한다. 따라서 이 장의 내용은 우리나라 교원양성교육 관련 교사교육 정책 및 제도의 변천과정을 분석한 것이며, 현직교육 관련 교사교육 정책 및 제도에 대한 분석은 추후 과제로 남겨 두고자 한다.

2. 교사교육 정책 및 제도에 관한 기존 논의

한국에서 교사교육 정책 및 제도 연구와 관련하여 기존의 연구들은 대체로 교사교육체제 개선이나 교원정책이라는 큰 주제를 다루면서 교원자격 및 임용제도, 현직교육 등의 주제를 함께 다루어 온 측면이 강하다(강원근, 2002; 김갑성, 2009; 김명수, 2003). 또한 우리나라에서 교사교육 정책 및 제도 관련 연구들은 주로 교사교육의 문제점을 파악하고자 하는 연구들이 주류를 차지하고 있다.

교사교육 정책 및 제도 관련 연구들이 보다 본격적으로 이루어진 시기는 1990년대 들어서이다. 물론 그 전에도 산발적으로 이루어진 사례는 있으나(김영우, 1989) 보다 체계적인 연구들은 1990년대 들어서면서부터 이루어지기 시작하였다. 예를 들어, 김종철(1995)은 우리나라 교사교육체제를 종합적으로 분석하면서 우리나라 교사교육의 문제점으로 교원수급을 위한 양적 확보에 치중한 정책, 교직 전문성에 대한 무시, 특색 있는 교원양성교육 프로그램의 미비, 중고등학교 교원양성 전문화 미흡 등을 지적한 바 있다. 황규호 등(1999)의 연구에서도 우리나라 교사교육체제의 문제점을 밝히고 있는데, 이들이 밝혀낸 주요 문제는 교원자격 질 관리 기제의 미흡, 교원양성교육 프로그램의 전문성 결여, 현장과의 연계성 부족, 실습 및 실습내용 체계화 미흡, 열악한 교육 시설과 여건 등이었다.

2000년대 들어서도 우리나라 교사교육 정책 및 제도 관련 연구들은 주로 교사교육의 문제점을 밝히는 연구들이 주류를 이루었다. 예를 들어, 김병찬(2000)은 우리나라 교사교육체제에 대한 분석을 바탕으로 우리나라 교사교육의 지식과 이론 중심의 교육, 연계성이 부족한 교사교육체제, 실제 현장과 괴리된 교육 등의 문제를 밝혀낸 바 있으며, 손충기(2004)는 우리나라 교사교육체제의 특징을 밝히면서 교육현장과 괴리된 대학교수 중심 교육과정, 교육현장에 대한 이해 부족, 이론중심 교육과정 편성, 양성기관과 현장의 연계 미흡, 교직관 및 교직윤리 함양 부족 등의 문제를 도출하기도 하였다.

2010년대에도 이러한 경향은 계속 이어졌는데, 우선 유경훈 외(2011)는 우리나라 교사교육의 문제점으로 실제와 괴리된 수업방식, 공급 과다로 인한 비효율성, 임용고사 중심의 교원양성교육 등을 밝혀 제시한 바 있다. 한편, 김현자 등(2016)의 연구에서는 우리나라 교사교육체제의 문제로 이론 중심적 경향에 따른 현장과의 연계성 부족, 심도 있는 교수-학습 기회의 부족, 교직의식 및 교육관 등의 정의적 측면에 대한 교육과정 미흡, 임용고사 준비로 인한 교과목의 비정상적 운영 등을 제시하였다. 또한 김이경(2017)은 우리나라 교사교육정책의 문제점 및 쟁점을 분석한 연구를 수행하였는데, 이 연구를 통해 우리나라 교사교육에서 정책 마스터 플랜 마련, 양적 통제적 접근에서 벗어나 프로그램 내실화에 초점, 학생에 초점을 둔 교원자격관리, 현장 실천 역량을 담보하는 교원 선발제도 마련, 학생 성장에 중점을 둔 교원평가, 교수 전문가와 지원인력이 협업할 수 있는 선진국형 인력구조 형성 등의 개선방안을 제안하였다.

한편, 흥미로운 것은 1990년대 연구를 통해 밝혀진 문제점들이 20여 년이 지난 2010년대의 연구들에서도 거의 동일하게 우리나라 교사교육의 문제점으로 나타나고 있다는 점이다(남수경, 2018; 박수정 외, 2015; 정미경, 이재덕, 강구섭, 박상완, 이명희, 2015; 최상덕 외, 2013). 즉, 교사교육 교육과정의 특성 부족, 교사교육 현장과의 연계성 부족, 이론과 지식 중심의 교사교육, 질보다는 양에 치중한 정책, 질 관리체제의 미비, 교직관을 비롯한 정의적 측면에 대한 고려 부족, 교육 시설과 여건의 미흡 등은 몇 십 년이 지나도 교사교육의 문제점으로 동일하게 지적되고 있다. 수십 년이 지나도 동일한 문제점들이 반복적으로 지적되는 것은 실질적인 교사교육 개선 노력이 거의 이루어지지 않았음을 반증하는 것이기도 하다. 이는 또한 교사교육의 정책 및 제도 개선과정에서 근본적인 문제를 개선하지 못하고 지엽적인 문제에 치중한 결과이기도 하다(윤정일, 2002; 윤종건, 2001; 조영달, 2013).

3. 교사교육 정책 및 제도 분석 준거

교사교육 정책 및 제도는 단순히 교육만의 일이 아니라 정치, 경제, 사회, 문화 등 다양한 환경적 영향을 받아 수립 · 추진된다고 할 수 있다(김영우, 1992; 김재복, 2004). 그리고 이러한 환경적 요인들은 시대적 흐름에 따라 변화되기 때문에 교사교육 정책 및 제도 역시 시대 변화에 따라 함께 변화되어 왔다고 할 수 있다(박영숙, 2017; 서재복, 2008). 따라서 교사교육의 정책 및 제도를 이해하는 중요한 준거 중의 하나는 시대적 흐름에 따른 변화과정을 이해하는 것이다(김영우, 1989; 송광용, 2002; 오태진, 2001). 이 절에서는 이러한 맥락에서 우리나라에서 교사교육 정책 및 제도와 관련하여 역사적 흐름 속에서 각 시기별 특징을 분석해 보고자 한다.

우리나라에서 교사교육 정책 및 제도 관련 시기별 특징을 분석하기 위한 시대 구분을 하기 위하여 우선 선행연구들의 시기 구분을 살펴보았다. 먼저, 이혜영(1998)의 연구에서는 한국 근대 학교교육 100년사 연구를 수행하면서 해방 이후부터 1990년대까지의 교원양성제도의 변천과정을 고찰하였는데, 이들은 해방 이후에서 1950년대, 1960~1970년대, 1980년대, 1990년대로 구분하여 각 시기에서의 주요 정책과 제도를 종합적으로 분석·정리하였다. 한편, 강원근(2002)은 초등교원 양성정책의 변천과정에 대한 연구에서 근대 조선과 일제 강점기시대(1911~1945년), 8·15광복과 한국전쟁시대(1945~1950년), 개발주도시대의 초등교원 양성정책(1960~1970년), 그리고 1980년대 이후의 초등교원 양성정책(1980~90년대) 등으로 구분하여 변천과정을 정리한 바 있다.

오태진(2001)은 보다 직접적으로 우리나라 교사교육정책 전개과정을 고찰하였는데, 그는 주요 정권 변화를 기준으로 이승만 정권, 박정희 정권, 전두환 정권, 노태우 정권, 김영삼 정권으로 시기를 구분하여 1950년대부터 1990년대 후반까지의 교사교육정책들을 시간 흐름에 따라 분석하였다. 한편, 김정원 등(2012)이 수행한 미래형 교사교육체제 구안 연구에서는 교사교육정책의 변천과정을 비교적 상세히 정리하였다. 이들의 연구에서는 한국 교사교육체제 변천과정을 교원양성교육과 현직교육으로 구분하여 정리하였는데, 교원양성교육의 변화과정을 특정한 연대가 아닌 시기적 특징에 따라 모색기(1945~1960), 정부주도기(1961~1993), 공개선발고사기(1991~현재)로 구분하여 제시한 바 있다.

이러한 연구들을 바탕으로 이 장에서는 우리나라 교사교육 정책 및 제도 변천과정을 분석하기 위하여 시기적으로 1945년 광복 이후부터 2010년대까지의 시기를 설정하였다. 이는 비록 기간이 길기는 하지만 우리나라 교사교육 정책 및 제도에 대한 종합적인 분석을 시도하고자 하는 의도에서이다. 또한 시대 구분을 해방 이후에서 1950년대, 1960년대에서 1980년대, 1990년대에서 2010년대의 세 시기로 구분하였다. 이는 선행연구에 대한 종합적인 고찰을 토대로 구분한 것인데, 교사교육 정책 및 제도 흐름의 전환점을 이루는 시대적 특징을 보여 주었기 때문이다. 따라서 이 장에서는 우리나라에서 해방 이후 2010년까지 주요 시기별 교사교육 정책 및 제도 변천과정과 그 특징을 분석한다.

4. 교사교육 정책 및 제도의 변천과정

이 절에서는 한국 교사교육 정책 및 제도의 변천과정을 살펴보고자 한다. 연구

분석 결과, 해방 이후부터 1950년대까지의 첫 번째 시기는 '임시방편적 대응 시기'로, 1960년대부터 1980년대까지의 두 번째 시기는 '산업화에 따른 전환의 시기'로, 1990년대부터 2010년대까지의 세 번째 시기는 '개혁적 노력과 변화의 시기'로 그 특징이 나타났다.

1) 해방 이후~1950년대: '임시방편적 대응 시기'

해방 후부터 1950년대까지의 시기는 거의 기반이 없는 상황에서 교원양성교육을 위한 토대를 만들어 나가는 시기였다. 해방 후, 미군정기, 한국전쟁 등을 거치면서 거의 폐허나 마찬가지인 상황에서 교원양성 교육기관들이 발족되기 시작했지만, 안정적이고 종합적으로 이루어지기보다는 쏟아지는 사회적 수요에 대응하기 위한 임시방편적 정책이나 제도에 따른 것들이 대부분이었다(김정원 외, 2012). 이 시기의 주요 교사교육 정책 및 제도로는 사범학교제도, 중앙교원훈련소와 중등교원양성소 설립, 사범학교의 국립사범학교로의 전환, 사범대학 및 일반대학 교직과의 신설 등이 있다.

(1) 사범학교제도

교원의 양성은 교원수요와 밀접하게 관련이 있는데, 8·15광복 이후 교육에서의 자주화와 민주화가 주요 정신으로 추구되면서 각급 학교에서 폭발적으로 증가한 교원수요를 충당하는 것이 시급한 과제였다(김종철, 1995). 해방과 함께 초등교원의 40% 이상, 그리고 중등교원의 과반수를 차지하고 있던 일본인 교원들이 일본으로 돌아감에 따라 교원의 수가 절대적으로 부족했던 것이다(김정원 외, 2012). 이에 따라 당시 관련업무를 맡고 있던 미군정청 학무국에서는 장기적 차원에서 사범학교 육성체제를 모색하면서도 임시 조치로 단기교원양성소를 설치하여 교원을 확보하고자 하였다(이혜영 외, 1998).

한국에서 초등교원의 양성은 1895년부터 1906년까지 존속된 한성사범학교의 발족을 효시로 하는데, 일제하에서 이미 사범학교가 전국적으로 설치되어 있었으므로 미군정청 학무국은 개성, 청주, 공주, 대전, 전주, 광주, 대구, 진주, 춘천에 있는 9개의 사범학교를 개편하여 초등교원을 양성토록 하였다. 이에 더하여 경기사범학교(서울사범학교), 개성사범학교, 부산사범학교, 충주사범학교, 강릉사범학교, 군산사

표 3-1 부산사범학교 교육목표

구분	주요목표	내용
1	반공 애국 교육 강화	애국 애족정신이 강하고 반공정신이 투철한 교원양성을 목표로 한다.
2	학교의 질서 확립	사회의 무질서한 혼란으로 학생들의 분수 없는 허영과 사치, 지각 없는 영웅심을 시정하여 학생들의 풍기를 바로잡기 위해서 전 교직원이 협력하여 선도한다.
3	면학 분위기 조성	국민(초등)학교 교원은 자기가 담당한 학생들에게 이론적 이해는 물론 생활을 통한 실제 실습, 실천 등 면학하는 것을 애호하고, 그 습관 형성을 위해서 이를 강조하고 실천하도록 한다.
4	교육적 신념과 견실한 사상 견지	일반국민의 사표가 되고, 제2세 국민을 교육할 교육자로서 자질요건이 확고한 신념과 견실한 사상을 갖도록 한다.

출처: 이혜영 외(1998), p. 170에서 수정 · 보완.

범학교, 목포사범학교, 순천사범학교의 8개 사범학교를 1946년에 증설하고, 안동사범학교를 1947년에 신설하는 등 사범학교를 확대 · 신설하였다(김정원 외, 2012). 그 중의 한 사례로 당시 부산사범학교의 교육목표를 살펴보면 〈표 3-1〉과 같다.

부산사범학교 사례에 나타나 있는 바와 같이 당시 사범학교 교육목표에는 반공애국교육 강화, 사치와 허영의 배격, 풍기문란 방지 등과 같은 당시의 정치적 · 사회적 이념이나 필요가 반영되어 있었다. 해방 이후의 정국에서 국가, 사회를 재건해야 하는 필요가 교원양성과정에도 깊이 반영되어 나타난 것이라고 할 수 있다.

(2) 중앙교원훈련소와 중등교원양성소 설립

미군정 시기의 초등교원 양성제도는 일제 식민지 시기의 제도적 틀을 그대로 유지하였지만 반공애국교육과 같은 미국식 교육원리를 적용하고자 하였다(김영우, 1989). 한편, 당시 미국식 교육원리를 적용한 것이 우리 교육을 획일화시키는 발판이 되었다는 비판도 있다(이혜영 외, 1998). 좀 더 구체적으로 당시 교사교육을 위하여 1948년에는 중앙교원훈련소가 설치되었는데, 이 기관에서 미국인 교육자들이 한국인 교원들에게 미국식 교육 원리와 방식을 습득하도록 하는 교육이 철저하게 이루어지기도 하였다(김영우, 1989).

한편, 당시 중등교원의 양성은 중등교원양성소와 중등교원 양성과를 설치하여

6개월~1년 정도의 단기간의 교육을 통해 속성으로 이루어졌는데, 이후 그 수요를 모두 충족시키지 못하여 다양한 중등교원 양성과정이 생겨났다. 구체적으로 1945년부터 1950년까지 중등교원은 사범대학을 비롯한 중등교원양성소, 중등교원 양성과, 중등교원 양성강습회, 임시중등교원양성소, 국어교원양성소 등 다양한 형태의 단기 중등교원 양성기관에서 양성되었다(이혜영 외, 1998). 임시교원양성소는 1949년 제정된 「교육법」(법률 제86호) 제124조에 의거해 임시로 운영되었다가 교원양성의 질 저하 문제가 제기되어 1958년에 폐지되었다. 이후 1964년에 제정된 「교원자격검정령」의 공포에 따라 다시 시행되었고, 1966년 「임시교원양성소 규정」(대통령령 제2469호)이 제정되면서 본격적으로 설치되어 교원양성을 담당하였다(김운종, 2018).

(3) 사범학교의 국립사범학교로의 전환

1949년에는 「교육법」이 제정되었는데, 이 법에 중학교 졸업자가 입학하는 3년제의 사범학교에서 초등학교 교원을 양성하도록 규정하였으며, 당시 문교부는 이 「교육법」에 따라 1950년 4월에 기존의 사범학교를 국립사범학교로 전환하고 1951년에는 대구사범학교를 신설하였다(김정원 외, 2012). 1950년 한국전쟁 이후에는 사범학교에 강습과, 초등교원양성소, 특설교원양성소, 연수과 등을 부설하여 단기과정을 통해 초등교원을 양성하도록 하였는데, 이 시기에는 당시 시급한 교원수급 필요에 따라 상당히 미봉적으로 교원양성이 이루어졌다(김종철, 1995).

당시 부족한 교원수요를 충당하기 위하여 고등학교에도 교직과정을 설치하여 초등학교 준교원 자격증을 수여하기도 하였다(김영우, 1992). 1954년에는 문교부령 제35호로 사범학교의 교과편제와 교육과정의 기준이 확정되었고, 1955년 8월에는 국어, 사회, 교육 및 철학, 수학, 과학, 체육, 교련, 실업 및 가정, 음악, 미술, 외국어, 특별활동의 교과과정이 공포되었다. 1957년에는 이화여자대학교에서 초등교육 전공과정을 개설하여 초등교원을 양성하기 시작하였다(김영우, 1989).

(4) 사범대학 및 일반대학 교직과의 신설

당시 미군정 당국은 정규 중등교원 양성기관으로 사범대학을 신설하였는데, 각 도의 남녀 사범학교 본과를 중등교원 양성기관으로 개편하고 학생을 편입학 혹은 새로 모집하도록 하였으며, 전문학교 수준의 경성사범학교와 경성여자사범학교가 대학으로 승격되면서 경성사범대학으로 1945년 10월에 통합 발족하였다(김정원 외, 2012).

그 후 1946년 9월에 경성사범대학은 서울대학교가 설립되면서 서울대학교 사범대학으로 흡수되었으며, 같은 연도에 대구사범대학이 설립되었고, 1948년에는 공주사범대학이 설립되었다(이혜영 외, 1998). 이와 같이 3개의 사범대학이 설립・운영되었지만, 그럼에도 수요에 비해 교원 수가 부족하여 4~16개월 과정의 임시중등교원양성소를 30여 개 설립하여 1958년까지 운영하였다(김영우, 1992). 1949년 12월 이후에는 「교육법」이 제정되었는데, 이 개정 「교육법」에 따라 중학교 교원은 2년제 사범대학에서, 그리고 고등학교 교원은 4년제 사범대학에서 양성하도록 하였다. 한편, 1953년에는 「교육공무원 자격검정령」(대통령령 제824호)을 제정하여 교원들의 자격에 대한 법적 근거를 마련하였다(김정원 외, 2012).

이어서 1954년 11월에는 각급 학교 교원자격의 시험검정 및 교직과 설치의 법적 근거를 마련하고, 1955년도부터는 일반대학에 교직과를 설치하여 해당 과의 이수자에게는 중등교원 자격증을 수여하였다(김정원 외, 2012). 그리고 1950년대 후반기에는 초등교원의 질 저하에 대한 비판이 거셌는데, 이러한 비판에 따라 정책적으로 사범학교 부설 단기 초등교원 양성과정 및 고등학교 교직과정을 모두 폐지하였다(이혜영 외, 1998).

한편, 1950년대 후반부터 중등교원 양성은 대체로 종합대학 내에 설치되어 있는 사범대학에서 주로 이루어졌는데, 이는 예비교원들이 다양한 학문적 기반을 갖추어야 한다는 목적도 있었지만, 사범대학이 종합대학 내에 설치되는 것이 독립형 기관으로 존재하는 것보다 인프라와 비용 등 여러 측면에서 절감 효과가 크다는 정책적・재정적 고려도 크게 작용한 것으로 보인다(김갑성, 2009; 김이경, 2017).

2) 1960~1980년대: '산업화에 따른 전환의 시기'

1960년대에서 1980년대까지의 시기는 산업화에 대응하여 국가가 교사교육체제를 변화시키기 위해 여러 정책을 시도한 시기이다. 특히 이 시기에는 초등교원 양성제도에 있어서 일대 전환이 이루어졌으며(이혜영 외, 1998), 초등교원양성소의 폐지 및 교육대학 개편, 4년제 사범대학체제 구축, 교육대학원 설립, 중등교원 양성과정 정원 감축, 한국교원대학교 설립 등 다양한 변화가 이루어졌다.

(1) 교육대학체제 변화

이 시기에는 초등교원 양성기관이 종전의 고등학교 수준인 사범학교에서 초급대학으로 승격·개편됨으로써 2년제 교육대학체제를 구축하였는데, 1961년 2월 국무회의에서 초등교원 양성을 위한 2년제 사범대학 설립이 결의되었고, 같은 해 9월 「교육에 관한 임시특례법」(제6조)이 제정되면서 2년제 초급대학 설립의 기반이 마련되었다(김정원 외, 2012). 이어 1962년에는 10개의 교육대학이 발족되었고, 1975년에는 교육대학이 16개로 증가하였다(김영우, 1992). 1981년부터는 그간 2년으로 운영되었던 11개 교육대학의 수업연한을 4년으로 연장하였으며, 교원의 질을 향상시키겠다는 명분으로 잔존하고 있었던 보수교육제도와 임시초등교원양성소 등을 폐지하였다(이혜영 외, 1998). 이러한 과정에서 당시 문교부는 교육대학의 4년제 교육과정을 개발하였는데, 이를 두고 일부에서 체계적인 준비과정을 거치지 않고 사범대학 교육과정과 유사하게 흉내 낸 것이라는 비판을 제기하기도 하였다(박남기, 1997).

1960년대 초에 출범한 제3공화국 정부는 근대화를 추진하는 과정에서 많은 수의 산업분야 인력을 필요로 하게 되었는데, 이 과정에서 산업분야로 옮겨 가는 교원들로 인해 교원 퇴직률이 크게 증가하여 교원 부족현상이 심각한 상황에 이르기도 하였다(이혜영 외, 1998). 1960년대 후반에는 한해 6,000명 이상의 교원이 교직을 그만두었고, 1970년까지 교원을 그만둔 수가 28,856명에 이르렀다(김정원 외, 2012). 이에 따라 정부는 1964년 각 교육대학에 보수교육제도를 마련하여 초급대학 이상의 대학 졸업자를 대상으로 5~8주간의 교육을 실시한 후에 교원자격증을 수여하여 교원으로 임용하였다(김영우, 1989). 그리고 중앙에서 교원을 선발하여 전국에 임용하던 방식에서 각 시·도별로 교원을 임용하는 방식으로 바뀐 것도 이 시기의 일이다(김정원 외, 2012).

한편, 보수교육제도는 시급한 상황에서 교원수급을 원활하게 할 목적으로 간헐적으로 이루어진 것인데, 다른 학교급 교원자격증 소지자에게 일정 기간 보수교육을 실시한 후 초등학교 또는 특수학교 교원자격증을 부여했다는 점에서 교원양성과정의 일환이었다고 보고 있다(김운종, 2018). 많은 논란과 함께 유지되었던 보수교육제도를 1967년에 폐지하고, 대신 교육대학에 임시초등교원양성소를 설치하여 고등학교 및 대학 졸업자를 대상으로 18주간의 단기교육을 실시한 후 2급 정교사 자격을 부여하고 교원으로 임용하기도 하였다(이혜영 외, 1998), 이와 같이 심각한 교원 부족현상을 해결하기 위한 방안들은 대체적으로 단기적 · 임기응변적 방안들이 주류를 이루었다.

(2) 초등교원양성소의 폐지 및 교육대학 개편

1970년대에는 1960년대와 달리 초등교원 공급과잉 현상이 나타났다(김영우, 1989). 당시 초등교원 교육대학, 임시초등교원양성소, 이화여대 사범대 교육학과, 한국방송통신대학 초등교육과 등에서 초등교원이 양성되었다(이혜영 외, 1998). 이들 중 한국방송통신대학 초등교육과에서는 고교 졸업자가 2년과정을 이수하면 초등학교 준교원 자격증을 수여하는 방식으로 이루어졌는데, 1970년대 중반에는 현직교원을 대상으로 2년제 대학 졸업 학력을 취득할 수 있는 교육과정으로 그 기능이 변화되기도 하였다(김영우, 1992). 1960년대에 부족한 교원을 충당하기 위해 다양한 교원양성과정을 설치한 것이 10년도 못 가서 1970년대에는 공급과잉 현상을 빚게 되었다. 당시 정부에서는 이러한 초등교원 공급과잉 현상을 해결하기 위하여 1973년에는 임시초등교원양성소를 모두 폐지하였고, 교육대학 내 학생정원을 대폭 감소시켰으며, 16개 교육대학 중 마산, 군산, 강릉, 목포, 안동에 위치한 5개 교육대학을 일반대학으로 전환시키기도 하였다(김정원 외, 2012).

한편, 2년제로 운영되어 오던 교육대학은 1984년에 이르러 4년제 교육대학교로 승격되었는데, 이는 해방 후 40여 년간 초등교원 양성체제를 제대로 갖추지 못하고 있다가 비로소 제대로 된 교육체제를 갖추게 된 전기가 되었다(김영우, 1992). 그럼에도 불구하고 준비가 부족하여 4년제 교육대학교 1차 교육과정 전공선택과목이 사범대의 해당 전공과목과 별 차이가 없다는 비판을 받는 등 정착되기까지는 상당한 혼란을 겪기도 하였다(김정원 외, 2012).

(3) 4년제 사범대학체제 구축 및 교육대학원 설립

1960년대의 중등교원 양성은 사범대학, 교육연수원, 임시중등교원양성소, 일반대학 교직과, 실업교육과, 일반대학 교과교육과, 교육대학원 등 다양한 기관에서 담당하였다(이혜영 외, 1998). 1961년 「교육에 관한 임시특례법」을 기반으로 2년제 사범대학들이 4년제 사범대학이나 일반대학으로 개편해 갔으며, 서울대학교 산하에 교육연수원을 설치하여 일반대학 졸업자들이 1년과정의 교직과정을 이수하면 중등교원 자격증을 취득할 수 있도록 하였으나 지원자가 부족하여 1963년에 폐지하였다(김영우, 1989). 한편, 당시 산업인력 공급을 위한 실업계고등학교 설립이 계획되고 실업계 고등학교의 교원이 필요하게 되었다. 이에 문교부는 1963년 실업계 중등교원 양성을 위해 실업계 대학 내에 실업교육과를 설치하였는데, 그 후 1977년 충남대학교 공과대학이 공업교육대학으로 개편되어 실업계 교사를 양성하게 되면서 기존 국립대학교에 있었던 공업교육과를 포함하여 실업교육과들이 1978년에 모두 폐지되었다(김영우, 1992).

당시 또 하나의 변화는 교육에 관한 이론을 연구하고 응용 능력을 발휘할 수 있는 보다 우수한 교원을 양성하기 위하여 1963년부터 교육대학원에서 교원양성을 시작하게 되었다는 것이다(김영우, 1992). 교육대학원을 설치한 것은 당시 교육개혁의 일환이라고 할 수 있다(김정원 외, 2012). 즉, 1960년대 초반, 당시 급격한 대학 증가와 그에 따른 고등 실업자의 양산이 사회 불안 요인이 되었는데, 이러한 불안 요인을 해소하기 위하여 4년제 사범대학 학과의 정원 감축이 이루어졌다(김영우, 1989). 그리고 차츰 학부에서 교원양성 인원을 줄이고 교원양성교육의 질을 향상시키기 위한 목적에서 교육대학원이 설치되기 시작한 것이다(박수정 외, 2015; 오태진, 2001). 교육대학원이 초창기에는 현직교원을 대상으로 한 재교육 위주의 교육을 실시하였는데, 1965년부터는 교원자격증이 없는 자도 교육대학원에 들어와 교육받고 교원자격증을 취득할 수 있도록 하였다. 한편, 1966년부터는 지역의 필요에 따라 각 지역에서 교원을 양성하고 특수한 교과의 교원을 양성하기 위하여 일반대학에 교과교육과를 설치하여 그 졸업자에 대해서는 사범대학 졸업자와 동등한 권리를 부여하였다(이혜영 외, 1998).

당시 사범대학을 폐지하고 교육대학원 체제로 전환하는 문제에 대하여 수학기간의 연장이 빈곤한 가정의 우수한 인재의 진학의욕을 제한하고, 교원수급 문제에 적절히 대응할 수 없으며, 2년의 대학원과정만으로는 교원이 되기 위한 준비기간이 짧고 인성교육이 충분히 이루어지기 어렵다는 점 등의 비판이 끊임없이 제기되었으며 이후 큰 진전을 이루지 못하였다(김영우, 1989; 장용희, 1994).

(4) 중등교원 양성과정 정원 감축 및 한국교원대학교 설립

1970년대 중등교원 양성과정은 1960년대 후반기의 중등교원 양성제도를 거의 그대로 수용하였다(이혜영 외, 1998). 1950년대에 폐지되었던 임시교원양성소는 1964년에 제정된「교원자격검정령」의 공포에 따라 다시 시행되었고 1966년「임시교원양성소 규정」(대통령령 제2469호)이 제정되면서 본격적으로 설치되었는데, 1969년 중학교 무시험 진학과 1974년 고교 평준화로 인한 교원수요 증가와 함께 산업화의 진전에 따른 교원 이직률의 증가 등으로 교원이 부족하게 되어 1967년부터 임시중등교원양성소를 설치·운영하게 된 것이다(김재웅, 1998). 또한 1978년의 개정령(대통령령 제9206호)에서는 중등교원양성소의 입소자격을 대학 졸업자 외에도 중등학교 교원자격증 소지자, 공업계 전문대학 졸업 이상의 학력을 가지고 3년 이상 실기교원으로 근무한 경력이 있는 자, 공업계 전문대학 졸업 이상의 학력을 가지고 산업체에서 관련분야의 직무에 3년 이상 근무한 경력이 있는 자 등으로 확대하였다(김운종, 2018). 한편, 당시 문교부에서 지정하는 대학의 실업계 학과 졸업자에게는 교직과정을 이수하지 않아도 준교원 자격증을 수여하는 제도에 대해서는 교원의 질을 저하시킬 수 있다는 비판이 일기도 하였다(이혜영 외, 1998). 특히 임시교원양성소는 1950년대 후반부터 1970년대 초반까지 부족한 교원을 단기간에 양성함으로써 교원수급에는 일정 부분 기여하였으나, 교직의 전문성에 대한 잘못된 인식을 심어 주는 계기가 되기도 하였다(김운종, 2018). 한편, 사범대학은 1970년대 이후 14개가 증설되었으며 일반대학 교직과정도 꾸준히 증가하였다.

중등교원 양성기관의 증가는 1970년대 후반 들어서면서 중등교원 공급과잉으로 이어져 심각한 사회문제로 부각되기도 하였다(김정원 외, 2012). 이에 따라 1967년부터 다시 운영되었던 임시교원양성소를 모두 폐지하였고, 1980년대에 들어서는 사범대학의 정원을 감축시키고 일부 사립 사범대학을 일반대학으로 개편하기도 하였다(이혜영 외, 1998). 또한 학부 교직과정 설치를 제한하고, 1982년 입학자부터는 교직과정 이수자를 학과별 졸업정원의 30% 이내로 제한하는 등 정원감축정책이 적극 추진되었다(김영우, 1992).

한편, 1985년에는 교원양성, 교원연수, 교육연구 등을 종합적으로 수행하는 교원양성 전문대학인 '한국교원대학교'를 설립하였는데, 한국교원대학교의 설립은 우리나라 중등교원 양성체제가 목적형 양성체제에서 개방형 양성체제로 진전되는 과정에서 그 흐름을 반영하지 못하고 퇴행적으로 도출된 기형적인 것이라는 비판도 있다(이혜영 외, 1998). 또한 정부는 한국교원대학교 설치를 통하여 교육현장과 교원

양성체제를 종합적으로 연계하는 교육활동을 추진하고자 하였지만, 교원 공급과잉 상황에서 이루어진 국립교원대학교의 설립은 교원수급 균형을 무시하고 국가재정을 낭비하였으며, 또한 대학교육의 이념화 사업에 지나치게 경색된 교육체제를 고수함으로써 목표했던 성과를 거두지 못했다는 비판도 있다(김정원 외, 2012).

3) 1990~2010년대: '개혁적 노력과 변화의 시기'

1990년대에서 2010년대의 시기는 전반적인 국가의 교육개혁정책의 흐름 속에서 교사교육의 긍정적 변화를 위한 여러 개혁적 노력과 변화가 이루어진 시기라고 할 수 있다. 이 시기에는 교원공급의 과잉문제가 심화되었고, 이러한 문제를 해결하고자 많은 정책적 노력을 기울였지만, 여전히 문제는 해결되지 않았다. 이 시기에는 대표적으로 우선임용제도 폐지 및 공개 임용고사 실시, 교직교육 중심의 교육과정 재정비 및 무시험검정, 교원양성기관 평가 도입 등의 정책이 추진되었다.

(1) 우선임용제도 폐지 및 공개 임용고사 실시

1990년까지 국립 교육대학교 및 국립 사범대학을 졸업한 학생들에 대해서는 공립학교에 무시험으로 우선 임용하는 국립 교원양성기관 졸업생 출신 우선임용제도가 이어져 왔다. 그런데 1990년에 '국립사대 우선임용정책'이 헌법재판소에 의해 위헌 판결이 나면서 전격 폐지되고, 1991년부터 국립, 사립 출신 구분 없이 공개경쟁을 통해 공립학교 교사로 임용하는 임용고사제도가 도입되었다(정미경 외, 2015). 이로써 설립 유형에 관계없이 모든 예비교원이 교원임용을 위한 시험을 치름으로써 자격과 임용이 완전히 구분되는 전기가 마련되었다(김현자 외, 2016). 임용고사가 실시되기 이전에는 국립 교육대학과 사범대학의 교육과정을 이수하고 교원자격증을 획득하게 되면 의무적인 교원 임용이 가능하여 국립 교원양성기관에서의 교원자격은 교원 임용과 긴밀하게 연계되어 있었다. 하지만 임용고사제도를 도입한 이후에는 국립 교원양성기관에서 교원자격을 갖추었다고 하더라도 임용을 보장하지는 않는 자격, 임용 분리체제가 구축된 것이다. 한편, 임용고사제도가 시행된 이후 학생들이 대학의 교육과정보다 시험에 합격하기 위한 준비에 더욱 치중함으로써 교원양성교육의 파행의 모습이 상당히 심각하게 나타나고 있다(김정원 외, 2012).

(2) 교직교육 중심의 교육과정 재정비 및 무시험검정

1990년대는 교직교육 중심의 교육과정 재정비의 시기이기도 하다. 우선, 일반대학 교직과정 이수자를 학과정원의 10% 이내로 제한하여 그 규모를 줄였을 뿐만 아니라 교육의 내실화를 위한 노력이 이루어지기도 하였다. 한편, 사범대학 교직과정은 1993년부터 커다란 변화를 맞이하게 되었는데, 모든 교직과목이 일반 전공과목과 같이 3학점체제로 변화되면서 교직이론 과목의 비중이 9학점으로 현저히 낮아지게 되었다. 이에 반해 교과교육 3개 과목 9학점은 필수과목으로 상향 조정되었는데, 이러한 변화는 사범대학 내에서 교직교육의 강화 추세를 반영한 것이라고 할 수 있다(이혜영 외, 1998). 1983년에 「교원자격검정령 시행규칙」(문교부령 제519호)에서 개정된 교직과목 이수기준은 2009년 이전까지 교원양성과정에서 교직과목 이수기준의 기본 틀이 되었는데, 교직과목의 영역이 교직이론, 교과교육, 교육실습으로 구분되면서 영역별 이수학점 기준이 상향되었다. 그리고 교직이론 과목 명칭이 일부 변경 및 추가되었으며, 교과교육영역에서 교과교육론, 교과교재 연구 및 지도법 등의 과목이 명시되었다(김운종, 2018).

한편, 우리나라는 다른 나라와 달리 교원자격을 취득하는 데 있어 무시험자격검정을 기반으로 하고 있다(김민희, 2008). 현재 국내 초·중등교원 양성기관의 교육과정은 「교원자격검정령」에 근거를 두고 있는데, 제19조에 의하면 교육대학 또는 사범대학 졸업자가 무시험검정으로 교원자격증을 취득하기 위해서는 전공과목과 교직과목을 각각 50학점 이상과 22학점 이상 이수하고 각 영역에서 성적은 평균 75점 이상과 80점 이상을 충족시켜야 한다(김현자 외, 2016). 중등교원을 양성하는 대표적 기관인 사범대학의 교육과정은 교양과목, 전공과목, 교직과목의 세 영역으로 구분되는데, 대학에 따라 교육과정 편성 및 운영 방식에 다소 차이가 있다(정미경 외, 2010). 이와 같이 우리나라는 초등, 중등 교원자격 모두 무시험으로 검정이 이루어진다는 것이 주요 특징이라고 할 수 있다.

(3) 교원양성기관평가제 도입

1995년에 대통령 직속 교육자문기구인 교육개혁위원회의 5·31 교육개혁안이 발표되었는데, 이를 토대로 교원양성제도에서도 일정 부분 변화가 이루어졌다(김정원 외, 2012). 교육개혁위원회에서는 교원양성기관에 대한 평가인정제 도입을 제안하였는데, 이에 따라 1998년에 사범대학을 시작으로 모든 형태의 교원양성기관에 대한 제1주기 평가가 시행되었고(김현자 외, 2016), 2018년 기준 5주기 평가가 진행되고 있다. 교원양성기관 평가의 궁극적인 목적은 교원양성기관의 교육 여건 및 운영 상태를 체계적으로 개선하고 평가 결과를 공개하여 각 교원양성기관 간 선의의 경쟁을 통해 교원양성교육의 질을 제고하는 것이었다(김이경, 2017). 한편, 교육개혁위원회는 일반대학의 교직과정은 사대에서 양성하기 어려운 교과목 교사를 양성할 것을 제안했는데, 1997년부터는 사범대와 중복되는 과목의 교직과정 추가 승인을 불허하고 승인인원의 감축 조치가 이루어지고 있다(김정원 외, 2012).

2000년대 초반 교원 정년단축으로 인하여 일시적인 초등교원 부족현상이 발생하면서, 이 문제에 대응하기 위하여 교육부는 중등교원 소지자를 단기간의 교육을 통해 초등교원으로 선발·배치하고 교대 편입학 정원을 확대하기도 하였다. 하지만 초등교원 부족문제가 어느 정도 해소된 이후에는 초등교원 역시 발령 정체 문제가 나타나기 시작하였고, 이는 지금까지도 완전히 해결되지 못한 문제로 남아 있다(김정원 외, 2012).

5. 논의: 교사교육 정책 및 제도의 특징

1950년대는 한국전쟁으로 인해 저하된 교육 환경과 조건을 재건하는 시기로 특징지을 수 있는데, 새로 제정한 「교육법」에 기초하여 양성제도를 정비하고 사범대학을 국립과 사립, 2년제와 4년제로 구분하는 등 사범교육 개선을 위한 여러 가지 교육시책을 강구한 시기이기도 하였다(이혜영 외, 1998). 이 시기에는 사범대학이 설립되는 등 중등교원 양성을 위한 교육 정책 및 제도가 추진되었으나, 정규 초등교원 양성교육제도는 1960년대 초까지 고등학교 수준의 사범학교에서 초등교원 양성이 이루어졌을 뿐이어서 초등교원 양성교육체제가 상당히 미흡했다고 할 수 있다.

1960년대부터 산업인력 수요가 증대됨에 따라 중등교원의 퇴직률이 높아지면서 중등교원의 수요를 충당할 수 없게 되자, 정부에서는 양성기관 증설정책을 시행하였다. 즉, 급격한 산업화에 따라 산업현장에서의 고급인력 수요가 증대하였고, 교원들이 대거 이직하는 현상이 나타남과 동시에 학교에 진학하는 학생 수가 증가하여 교원수급이 절대적으로 부족한 상황이 발생하였다.

이러한 상황 속에서 정부에서는 교원수급을 맞추기 위해 여러 양성기관을 증설하는 정책을 펼치게 되었는데, 1970년대, 1980년대에는 반대로 교원공급이 과잉되는 현상이 나타나면서 이러한 상황에 대해 국가가 다시 주도적으로 대응하는 모습을 보였다(김정원 외, 2012). 예를 들어, 입학금과 수업료 면제 및 학비 보조금제도가 폐지되고 졸업생의 복무의무와 무시험 임용 특혜제도도 폐지되었다(이혜영 외, 1998). 즉, 이 시기는 교원양성 교육제도의 기반과 체계를 마련해 가는 노력과 함께 사회환경의 변화와 요구에 따라 교원의 수요와 공급을 조율하는 데 초점이 맞추어진 시기였다.

1990년대에서 2010년대의 시기는 국가주도적 접근을 바탕으로 다양한 개혁 시도가 이루어진 시기이다. 즉, 1995년 문민정부의 '5 · 31 교육개혁안'을 토대로 교원양성기관의 질적 향상을 위한 평가제도가 도입되었으며, 일반대학의 교직과정과 사범대 교과목의 차별성을 확보하고자 하였다. 이 시기에 나타난 가장 큰 특징은 1980년대부터 교원 공급과잉 문제가 심화되었는데 1991년 임용고사제도의 도입으로 과잉경쟁이 더욱 본격화되었다는 점이다(김이경, 2017). 즉, 공립, 사립 구분 없이 어느 기관에서 교원자격을 취득하였듯 동등하게 모두 경쟁을 통해 교원으로 임용되는 기회가 주어졌는데, 이는 결과적으로 임용 경쟁과 적체 현상을 더욱 심화시켰다. 이때부터 전국 각 교원양성대학에서 배출되는 교원자격증 소지자 중 특히 중등의 경우 교원으로 임용되는 경우보다 교원으로 임용되지 못하는 학생이 훨씬 더 많아지는 기현상이 일반화되기 시작하였다. 실제로 1999년도 이후 임용고사 지원자 대비 합격자가 10%를 넘는 경우가 드물었으며, 2011년도에는 지원자의 4.0%만이 합격하는 등 신규 임용교원 수는 계속 줄어들고 있다(정미경 외, 2015).

그럼에도 불구하고 국내의 사회 · 경제 환경이 변화하여 보다 안정적인 직업을 얻고자 하는 경향과 흐름이 강화되면서 교직에 대한 선호도는 더욱 높아졌다(김현자 외, 2016). 이로 인해 교원양성기관에 우수한 학생들의 지원이 지속되고 있으며 지원율 또한 매우 높은 상태가 이어지고 있다(김이경, 2017). 결국 교원 선발인원은 지속적으로 줄고 있는데 교원자격증 배출인원은 크게 줄지 않음으로써 과잉배출에 따른 교원 자원의 수요-공급 불균형이 여전히 심각한 상황이다(김정원 외, 2012). 게다가 학령인구가 감소되면서 교원자원의 수요가 급격하게 줄어들 것으로 예상되는

데, 이는 향후 교원의 수요–공급 문제가 사회 문제화 될 가능성을 예견해 주는 것이기도 하다(김갑성 외, 2009).

한편, 1998년부터 교원양성기관의 질 향상을 위한 교원양성기관 평가가 도입되어 4차에 걸쳐 시행이 되었고 5주기 평가가 진행 · 예정되어 있다(홍창남, 2017). 그런데 이러한 교원양성기관 평가가 교원양성기관의 질 향상에는 크게 기여하지 못하고 교원양성기관의 정원 조정 등 행 · 재정적 조치에 초점이 맞추어졌다는 비판도 있는 편이다(김이경, 2017). 교육부의 의도를 정확하게 파악하기는 어렵지만, 결과적으로 교원양성기관 평가가 교원 자원의 심각한 수요–공급 불균형 현상을 해소하기 위한 정책적 노력으로 보이는 측면도 있다.

이와 같이 교육 여건이나 환경의 변화에 따라 우리나라 교사교육 정책 및 제도가 다양하게 변화 · 발전되어 왔다고 할 수 있다. 이러한 시기별 특징을 기반으로 우리나라 교사교육 정책 및 제도의 주요 특징에 대해 논의하면 다음과 같다.

1) 수요–공급 조절에 초점을 맞춘 교사교육 정책 및 제도

이 글에서 해방 후부터 2010년대까지의 교사교육의 정책 및 제도를 분석한 결과, 우리나라 교사교육의 정책 및 제도는 교원의 수요와 공급을 조절하는 데 상당 부분 초점을 맞추면서 행 · 재정적 관리 측면으로 정책 및 제도가 변천되어 왔음이 나타났다. 우리나라에서 교사교육의 정책 및 제도가 교원의 수요–공급 조절에 초점이 맞추어진 이유는 해방 이후의 국가 재건의 과정 및 산업화, 민주화 등 사회의 격변 및 격동과도 상당히 관련이 있다고 할 수 있다(박영숙 외, 2017). 즉, 국가 재건과정에서 교육수요의 급속한 팽창은 교원의 수요 증가를 가져와 교원공급이 부족한 문제를 야기하였고, 또한 산업화 시기에도 교사들이 산업분야로 이동함으로써 심각한 교사 부족문제가 나타났다. 이후 급격하게 교사공급을 확대하는 정책을 펴 왔는데, 교사 공급의 확대로 수요가 어느 정도 충족된 이후에는 증원된 교사 자원이 적체되는 결과를 낳았다. 그리하여 대체로 민주화 시기 이후에는 교사 자원의 공급과잉 문제가 나타나 공급을 억제시키는 것이 교사교육 정책 및 제도의 주요 방향이 되었다(박수정 외, 2015).

이러한 수요–공급 조절 중심의 교사교육 정책 및 제도가 추진되면서 때로는 교원의 심각한 부족현상이 나타나고 때로는 과잉배출로 인해 대량의 교사 자원 적체 현상이 나타나는 악순환이 반복되기도 하였다(김이경, 2017). 나아가 결정적으로 수요-공급 중심의 교사교육 정책 및 제도는 교사교육의 질을 향상시키고 교원으로서의 자질, 전문성 역량을 길러 주는 데에는 한계를 가질 수밖에 없었다(정미경 외, 2014). 구체적으로 광복 이후 학령 아동이 급격히 증대됨에 따라 교원 확보가 시급한 과제였는데, 교사공급이 부족한 문제를 단기간에 해결하기 위해 다양한 정책 및 제도를 시행하여 한시적으로 그 문제가 해소되었으나 교사교육의 질 저하는 당시에도 심각한 문제로 지적되기도 하였다(윤정일, 2002). 한편, 1990년대 이후 특히 중등교원 양성기관이 난립하였는데, 이로 인해 중등교원 공급과잉 사태가 초래되었고 이것이 또한 중등교원 적체현상을 가져와 사회적인 문제로까지 발전하였다(이차영 외, 2013: 정일화, 2016). 이러한 결과는 또한 당시에 우수한 학생들의 교직 기피현상을 가져오기도 하였다(송광용, 2002). 그런데 최근 들어 사회・경제적 환경의 변화로 안정적 직업에 대한 선호도가 높아져 수많은 학생이 교원이 되겠다는 꿈을 가지고 교원양성기관에 들어오지만, 실제적으로 교원이 되는 비율은 높지 않다. 게다가 교원양성기관의 교육은 교사교육이라는 특정한 목표를 가지고 있으며 교사교육을 위한 교육과정으로 이루어져 있기 때문에, 졸업생 중에 교직으로 진출하지 못하는 학생들이 교직이 아닌 다른 직업을 갖는 데에도 많은 제약이 따른다(유경훈 외, 2011). 이러한 수요-공급 조절 중심의 교사교육정책으로 인해, 그리고 일정 부분 이러한 정책에서의 정부 실패로 인해(조동섭, 2004) 교원양성기관이 난립되면서 오늘날 그 폐해가 상당한 수준에 이르고 있다(최상덕 외, 2014).

한편, 이러한 문제로 인해 각 정부에서는 교원양성 인원수를 줄이기 위하여 다양한 노력을 기울이고 있으나(정미경 외, 2014; 정제영 외, 2014), 교사교육의 질이나 전문성은 여전히 미흡한 상태에 있다(박영숙 외, 2017). 즉, 1970~1980년대의 교원 부족문제를 해결하기 위해 추진되었던 교원양성기관의 다원화 및 확대는 결정적으로 교사교육의 질과 전문성을 약화시키는 결과를 낳았고, 교원 수요-공급 불균형을 장기화시키는 단초를 제공하였다(김갑성 외, 2009). 이와 같이 해방 이후의 우리나라 교사교육 정책 및 제도는 일정 부분 교원의 수요-공급 조절에 초점이 맞추어지면서 교원의 수요 부족 혹은 공급 부족의 장기화를 초래하였으며 궁극적으로 교사교육의 질 저하를 가져왔다는 점이 하나의 특징이라고 할 수 있다.

2) 교사교육 기형적 체제의 지속

이 장에서 드러난 바와 같이 우리나라 교사교육 제도 및 정책은 각 시대마다 필요한 교사교육의 본질적인 부분은 잘 반영하지 못한 채 유지되어 왔고, 교사교육의 체제, 내용, 방법 등에 대한 학문적-실제적 논의가 미흡한 상태에서 존속되어 왔다고 할 수 있다(김운종, 2018; 김정원 외, 2012; 남수경, 2018). 이로 인해 결과적으로 교사교육의 기형적 체제의 지속을 가져왔다는 것이 우리나라 교사교육 제도 및 정책의 또 하나의 특징이라고 할 수 있다.

우선, 우리나라에서는 초등교원 양성과 중등교원 양성을 엄격하게 구분해 오고 있는데, 이는 초창기에 초등교원은 사범학교에서, 중등교원은 사범대학에서 양성하기 시작한 전통이 지금까지 이어진 결과라고 할 수 있다(김재복, 2004). 초등교원과 중등교원을 분리 양성하는 이런 전통은 체제가 바뀜에도 이어져 1960년대에 초등교원 양성기관인 사범학교가 2년제 교육대학으로 바뀌고 1980년대 초에는 교육대학이 다시 4년제 교육대학교로 바뀌었음에도 불구하고 계속되었다. 즉, 우리나라 교사교육의 제도와 정책의 뚜렷한 특징 중의 하나는 초등교원 양성과 중등교원 양성을 엄격하게 구분하여 서로 다른 기관에서 맡아 왔다는 것인데, 이는 세계 그 어느 나라에서도 찾아보기 어려운 우리만의 기형적인 독특한 모습이다(정미경 외, 2015; 조영달, 2013; 최상덕 외, 2013).

한편, 중등교원 양성은 1960년대와 1970년대 학령인구의 급격한 팽창으로 인해 개방화 · 다양화되어 사범대학, 일반대학 교육과, 일반대학 교직과정, 교육대학원 등에서 함께 양성하게 되었는데, 이는 목적형과 개방형의 절충 형태라고 할 수 있다(김현자 외, 2016). 목적형 체제는 교원양성을 목적으로 하는 체제로서 사범대학과 일반대학 교육과가 해당이 되며, 개방형 체제는 교원양성 이외에 다양한 교육목적을 추구하는 기관에서 교원양성을 담당하는 형태로서 일반대학 교직과정, 교육대학원 등이 해당된다(손충기 외, 2007). 이와 같이 우리나라 중등교원 양성체제는 목적형과 개방형의 혼합체제라고 할 수 있는데, 주요 국가들의 경우 교원을 양성함에 있어 거의 대부분 목적형을 취하고 있음에 비해 우리나라 중등교원 양성은 개방형도 함께 취하고 있는 독특한 체제라고 할 수 있다.

우리나라의 경우, 다른 나라에서 찾아보기 어려운 것으로 초등교원 양성과 중등교원 양성을 분리 · 운영해 왔다는 점, 그리고 중등교원 양성은 목적형과 개방형을 함께 취해 왔다는 점이 특징이라고 할 수 있는데, 이는 각각의 독자성을 유지할 수 있다는 점에서는 의미가 있지만 교사교육의 통합적 · 종합적 발전을 위해서는 적합하지 않는 독특한 체제라는 비판도 있어 왔다(김갑성, 2009; 조영달, 2013; 최상덕 외, 2013). 이러한 문제의식에서 초등교원 양성과 중등교원 양성을 통합하고 목적형 체제로 교원을 양성하고자 하는 교육전문대학원 체제의 도입, 혹은 5~6년제 사범대학체제의 연장 등 다양한 개선방안이 제안되었으나, 실제적 체제 변화는 이루어지지 않은 채 여전히 논의만 20년 넘게 이어져 오고 있는 상황이다(고전, 2009; 김운종, 2018; 김태완, 최원회, 고대혁, 박선형, 박인심, 2008; 이돈희 외, 1998; 정일화, 천세영, 2017).

최근 들어 교육수요가 확대되면서 기존의 교원양성기관 외의 일반대학이나 민간분야 출신자들도 교직에 진입할 수 있도록 교직 문호를 확대 · 개방해야 한다는 목소리가 나타나기도 하였다(김태완 외, 2008; 최상덕 외, 2013). 특히 문재인 정부 들어 고교학점제 정책 추진을 비롯한 학교교육 교육과정의 다양화 추세에 따라 학생들의 적성과 흥미, 진로, 역량 등과 관련된 학생들의 교육과정 선택권을 확대하고, 이를 위해 다양한 과목을 개설해야 한다는 필요가 증가하고 있다(김혜영, 홍후조, 2018). 이에 따라 보다 다양한 전공의 교원들을 필요로 하게 되었고, 교사교육체제에 있어서도 변화가 요구되고 있으며, 이러한 교육과정 및 교원의 다양화 측면에서 보았을 때 개방형 체제에 따른 양성이 보다 효율적이고 효과적일 수 있다는 의견도 있다(박영숙 외, 2017; 정태범, 강환국, 이수임, 2000). 한편, 이러한 교직 개방의 기저에는 교과 관련지식만 있으면 교원으로서 충분하다는 오해도 깔려 있지만, 다른 한편으로는 기존의 교원양성기관들이 사회 변화 및 미래사회에 대비한 교원을 충분히 길러 내지 못하고 있다는 것에 대한 반증이기도 하다(김이경, 2017).

이와 같이 우리나라 교원양성 정책 및 제도는 시대 · 사회적 변화에 따라 다양한 역할을 요구받고 있는데, 기존의 초등교원 양성과 중등교원 양성의 분리, 그리고 중등교원 양성의 경우 목적형과 개방형의 혼재 등의 체제는 아직까지 견고하게 유지되고 있다. 그리고 이러한 체제는 세계 그 어느 나라에서도 보기 어려운 독특한 기형적 체제이며 우리의 특징이다.

3) 교사교육의 목표 정립 미흡

우리나라 교사교육 정책 및 제도와 관련하여 대체로 각 정책 및 제도가 다루고 있는 교사교육의 목표가 추상적이고 모호하다는 점이 또 하나의 특징이다. 우리나라에서 교사교육의 기반을 구축하는 초창기에는 부족한 교원을 시급히 충원해야 하는 문제가 선결과제였기 때문에 임시교원양성소의 그것과 같은 단기적이고 비정규적인 양성과정이 상당기간 교원양성의 한 축을 담당하였다(오태진, 2001). 즉, 우선 교원을 길러 내는 것이 시급하여 교사교육의 목표에 대한 충분한 학문적·이론적 논의를 할 겨를이 없었다(정태범 외, 2000). 그리고 이후에는 산업화되어 가는 사회에 대비하여 인력을 양성하는 데 초점이 맞추어지면서 교사교육 역시 짧은 시간에 많은 교원을 길러 내는 것이 당시에 중요한 목표였다(이규환, 1995). 사회 및 경제적 환경이 급격하게 변하여 필요한 교원 자원을 확보하는 데 우선적인 초점이 맞추어지면서 교사교육의 질과 전문성에 대해서는 큰 관심을 기울이지 못한 것이다(이종재 외, 2004). 교사교육의 질 및 목표에 대한 학문적·이론적 논의가 부족한 상태에서 교원을 양산하는 체제가 일정 기간 지속되면서, 교원양성은 국가의 규정에 따라 주도되었다. 예를 들어, 교원양성과정 이수기준이 1983년 재정된 법적 근거를 바탕으로 약 25년이라는 긴 시간 동안 큰 변화 없이 유지되어 왔고, 중등 교직과목 기준은 2009년이 되어서야 규정되기도 하였다(김운종, 2018). 교사교육의 철학이나 이념을 기반으로 목표가 설정되기보다는 국가 주도의 통제와 규정에 따라 교사교육이 이루어져 온 것이 우리의 모습이다.

1960년대부터 1990년대까지 국가재건기, 산업화 시기, 민주화 시기 등을 거쳐오면서 우리나라 교사교육기관들은 사회적 인력수요 확충에는 기여해 왔지만 교사교육의 본질, 철학, 목표 등의 측면에서는 준비도 정립도 미흡했으며, 국가의 규정이나 관리에 의해 유지되어 왔다고 할 수 있다(이수임, 2000; 정영수, 2002; 조동섭, 2002). 그리고 2000~2010년대를 들어서면서 민주화·다양화가 진전되고 지식정보화사회가 가속화되면서 또 다른 급격한 사회 변화를 예고하고 있다(조상식, 김기수, 2016). 하지만 이러한 변화의 소용돌이 속에서 사회체제 변화에 대응하고 적응하기 위해 교원양성체제가 변화해야 한다는 논의는 이루어지고 있지만(임종헌 외, 2017; 정제영 외, 2014; 최상덕 외, 2013), 교사교육의 목표와 철학에 대한 논의는 여전히 미흡한 상황이다.

그동안 시대, 사회가 변화하였고 그에 따라 학교의 역할과 목표, 교육방법, 교육과정 등이 무수히 변화해 왔으며 교원에게 요구되는 역할과 전문성 또한 변화하고 있다. 그런데 우리나라 교원양성체제에 있어 이러한 변화과정에서 교사교육의 역할이 무엇이고 교사교육의 목표가 무엇이어야 하는지에 대한 깊이 있는 문제의식과 논의가 부족한 상황이라고 할 수 있다.

그리고 교원양성기관의 정체성은 그 기관의 교육목표와 그에 따른 교육과정 및 교육내용 등에 의해서 가장 잘 드러날 수 있다(윤정일, 2002). 즉, 교사교육을 통해 어떠한 교원을 길러 낼 것인가가 국가적인 교원양성의 목표와 연계되어 검토될 필요가 있으며, 미래사회에 적합한 유능한 교원의 자질과 능력이 무엇인지를 결정하고 이러한 자질과 능력을 함양할 수 있는 교사교육의 교육과정과 운영방안을 모색하여야 한다(김운종, 2018). 그러나 교육대학과 사범대학의 교육목표는 여전히 초등학교, 중학교와 고등학교의 교원양성으로만 되어 있을 뿐 나름의 특유한 교육목표가 뚜렷하게 설정되어 있지 못하고, 교원양성기관으로서의 특수성 또한 적절히 반영되어 있지 않아 교육대학과 사범대학의 성격은 상당히 모호한 편이다(윤정일, 2002).

교사교육의 교육과정과 내용은 교원의 역할 및 과업 영역과 밀접하게 관련될 수밖에 없다. 교원이 수행할 것으로 기대되는 역할, 학생과의 관계, 학교조직에서 기대되는 역할 등을 기준으로 교원의 역할이 규정되고, 교사교육은 교원들이 현장에서 이러한 역할을 보다 긍정적으로 수행할 수 있는 전문성과 역량을 함양시켜 줄 수 있어야 한다. 특히 교원의 역할은 시대, 사회 변화와 관련지어 규정되는 경향이 크다. 즉, 교원의 역할은 지식기반사회, 정보화사회 등의 정치 · 경제 · 사회 · 문화적 여건의 변화를 반영하여 규정되어야 하므로 시대의 요구에 따라 지속적으로 변화 · 승화되어야 한다. 그러나 앞서 살펴본 것과 같이 우리나라에서 1980년대에 만들어진 교원양성 구조, 틀, 내용이 큰 변화 없이 지속되어 왔다는 것은 외부 동인에 의한 교원양성교육의 변화 이외에 내부 동력에 의한 교원양성교육의 변화는 거의 이루어지지 않았다는 것을 보여 주고 있다. 심지어 교사교육과 관련하여 약 30년 전부터 비판을 받았던 부분들이 여전히 개선되지 않고 지속되고 있다는 것(조영달, 2013)은 그 한 단면을 보여 주는 것이기도 하다.

그런데 이러한 근본적인 교사교육의 철학이나 목표 정립을 더욱 어렵게 하는 것은 바로 임용고사제도이다. 1990년대부터 시작된 공개임용시험으로 인해 교원양성기관의 교수, 학생 상당수가 교사교육기관으로서의 본질적인 목적보다 임용시험의 합격에 치중하는 경향을 보이기도 한다(남수경, 2018). 과도한 경쟁에서 승리해야 교직에 입직할 수 있는 상황에서 이러한 현상은 자연스러운 것일 수 있으며, 이로 인한 교원양성기관의 파행적 운영 역시 나타날 수밖에 없는 모습이다(고전, 2006).

특히 1990년대부터 공개 임용고사의 경쟁률이 매우 높아지면서, 교원양성교육은 임용고사 합격을 위한 교육에 초점이 맞추어진 채 운영되고 있는 경향이 크다. 즉, '어떤' 교원이 되는가보다는 '어떻게' 교원이 되는가에 초점이 맞추어져 있는 것이다(박수정 외, 2015; 박영숙 외, 2017). 지금 우리는 역사적으로도 교사교육의 목표 정립이 제대로 이루어지지 않은 상황에서 현재의 여건도 교사교육의 근본적이고 본질적인 목표 정립이 어려운 상황에 있다. '머리는 없이 몸통만 움직이는' 이 위험한 교사교육의 질주는 이제 멈추고 차분히 어디로 가야 하는지, 무엇을 해야 하는지부터 다시 찾아 나가야 한다.

4) 교육현장과의 괴리

우리나라 교사교육 정책 및 제도의 변천과정 분석에서 나타난 또 하나의 특징은 교사교육 정책 및 제도가 교육현장과 괴리되어 있다는 점이다. 교사교육의 정책 및 제도가 국가주도, 관주도, 관료주도로 수립·집행되면서 해방 이후의 초창기뿐만 아니라 2010년에 이르기까지 교육현장과 괴리되어 있다는 문제는 꾸준히 제기되어 왔다(강환국, 2000; 고전, 2006; 김명수, 2003; 김종철, 1995; 정일화, 천세영, 2017). 즉, 교사교육의 내용이나 과정이 특히 학교현장에서의 필요나 요구를 반영·수용하지 못해 왔다는 것이다(이혜영 외, 1998). 실제 교사교육의 정책 및 제도 변천과정에 대한 분석과정에서도 교육현장의 의견을 적극 수렴하고 교육현장과의 긴밀한 연계 가운데 정책 및 제도가 입안된 사례를 찾아보기 어려웠다.

한편, 교사교육 정책 및 제도의 교육현장과의 연계와 관련해서 주목해야 할 대상은 교육청이다. 교육청은 교원양성기관에서 배출한 교원들을 직접 임용하고 배치하는 기관으로서 교원양성기관과 밀접한 관계에 있다. 하지만 교사교육 정책 및 제도의 변천과정을 분석한 본 연구에서 교사교육기관과 교육청 간의 연계 사례는 거의 나타나지 않았다. 즉, 우리나라는 공급자로서 예비교원을 양성하는 교원양성기관과 수요자로서 교원을 임용하는 교육청 간의 협력이 매우 미흡했다고 볼 수 있다(김운종, 2018). 교육현장에서의 실제적 필요, 요구, 어려움 등이 교사교육의 기반, 토대가 되어야 하는데, 이 부분이 매우 부족했던 것이 그동안의 우리나라 교사교육 정책이나 제도의 모습인 것이다. 또 다른 측면에서 교사교육기관에서 다루는 내용이 학문 중심으로 치우쳐 있는 우리나라 교사교육 교육과정의 특징도 교원양성기관과 교육현장 간의 괴리를 더 심화시키는 요인이 되고 있다(박상완, 2009; 정미경 외, 2014).

결과적으로 우리나라 교원들 중에서 교원양성기관에서 학습한 내용들이 학교현실과 동떨어져 있다고 인식하는 교원들이 꽤 많은 것으로 드러났다(유경훈 외, 2015). 이들은 대체로 학교에서 교원으로서 처한 문제 상황에서나 학생지도와 관련된 문제 등 각종 업무를 수행하는 데 있어 교원양성기관에서 배운 내용들이 큰 도움이 되지 않았다고 인식하고 있었다(박수정 외, 2015; 정미경 외, 2015). 교원양성기관을 졸업한 학생들은 임용이 되면 곧바로 교단에 서야 하는 예비교사들이다. 따라서 교단에 서야 하는 학생들이 적절한 교수 능력과 생활지도 능력, 업무 능력 등을 갖출 수 있도록 해 주는 것은 교원양성기관의 가장 기본적인 역할이다(조동섭, 2002).

또한 우리나라 교사교육 정책 및 제도의 변천과정에서 학교현장의 교육과정 개정과 교원양성기관의 교육과정 개선이 긴밀하게 연계되지 못했다는 것도 또 하나의 뚜렷한 모습이다(손충기 외, 2007; 최상덕 외, 2013). 우선 간단한 예로 현재 2015 개정 교육과정이 학교현장에 적용되고 있으나 우리나라 교원양성기관들 중에서 이러한 개정 교육과정을 제대로 다루어 주는 곳은 거의 없는 편이다(박영숙 외, 2017). 2015 개정 교육과정에서는 학생들의 핵심역량을 규정하고 협력-토론 수업의 강화, 통합-융합적 수업의 확대, 과정중심 평가 및 형성평가의 확대, 교육과정의 재구성 등을 강조하고 있지만(김혜영, 홍후조, 2018), 교원양성기관에서 이와 관련된 전문성 및 역량을 갖추어 주기 위한 노력은 찾아보기 어려운 상황이다. 이와 같이 우리나라에서 본격적으로 교사교육 정책 및 제도가 수립된 지는 60여 년이 넘었지만, 여전히 교원양성기관과 교육현장 간의 괴리는 해결되지 않고 지속되고 있다.

5) 교사교육 질 관리 기제 미흡

우리나라 교사교육 정책 및 제도의 변천과정에서 교사교육의 질 관리 기제가 미흡했다는 것도 하나의 특징이다. 앞에서도 언급했듯이 우리나라 교사교육 정책 및 제도는 상당 부분 교원양성 인원을 조절하는 데 치중하면서 교사교육의 질에 대해서는 큰 관심을 기울이지 못했다. 우리나라 교원양성기관들은 교원이 부족한 상황에서는 양성인원을 시급히 늘리는 데 치중하고, 교원이 과잉 양성된 상황에서는 임용 합격에 치중하면서 교사교육의 질에 관심을 기울이지 못했던 것이다(김교홍, 2007; 김영우, 1989). 한편, 교원의 과잉공급이 만성화된 상황은 일반적으로 교원 자원이 충분히 확보되었다는 신호가 되어 국가나 교원양성기관으로 하여금 교사교육의 질에 관심을 기울이게 하는 시급성을 약화시키는 요인으로 작용하기도 하였다(김이경, 2017).

교사교육의 질 관리에 대해 대체적으로 관심이 적었지만, 전혀 노력을 기울이지 않은 것은 아니다. 1995년 당시 교육개혁위원회에서는 교사교육의 질을 향상시키기 위하여 교원양성기관 평가를 제안하였고, 실제로 1998년, 1999년, 2001년에 사범대, 교대, 교육대학원 평가를 실시하였다. 하지만 평가 이후에 질 관리 정책이나 제도로 연계되지 못하는 아쉬움을 남겼다(윤정일, 2002). 이러한 교원양성기관 평가가 이후에도 지속되고 있지만 교사교육의 질 제고라는 본질적 목적에서 벗어나 교원공급 규모의 양적 축소에 초점을 맞춰 형식적인 평가에 그치고 있다는 것은 '모두가 알고 있는 불편한 진실'이다(김이경 외, 2017). 즉, 교원양성기관 평가는 보고서 중심의 평가에 머무르고 있고, 오히려 평가가 교원양성기관 담당자들에게 평가를 위한 준비로 업무 과중을 가져다주었으며, 평가 결과가 교원양성기관 교육의 질을 향상시키는 기제로 활용되지도 못하고 있는 상황이다(고전, 2006).

사실상 표준화와 경쟁을 앞세운 교원양성기관 평가가 양성기관에 부담만 주고, 평가 준비를 위해 인적·물적 자원을 낭비하고 교수-학습에 투여되어야 할 시간과 자원을 낭비하도록 하는 경향이 있음을 인지하고 평가의 목적과 방식, 결과 활용방안에 대한 근본적인 재검토가 필요한 상황이다(김이경 외, 2017). 특히 교원양성기관의 교육 여건 개선의 책임을 해당 기관에 떠넘기면서 국가의 역할과 책임을 감추려 하는 듯한 인상을 주기도 하는데(손충기 외, 2007), 교사교육의 질은 물론 교원양성기관들의 노력도 필요하지만 국가의 적극적인 역할과 노력이 필요함을 직시할 필요가 있다. 국가는 교사교육의 질을 교원양성기관에 떠넘기지 말고, 교원양성기관들이 질 높은 교사교육을 해낼 수 있는 여건과 구조를 갖춰 주는 데 더 우선적인 노력을 기울여야 한다.

6. 결론 및 제언

지금까지의 교사교육 정책 및 제도를 개괄하고 분석하는 일은 우리나라 교사교육의 특징, 문제점, 의미 등을 종합적으로 밝혀내 줄 뿐만 아니라 향후 우리나라 교사교육의 방향을 정립하는 데에도 의미 있는 시사를 줄 수 있을 것이다.

우리나라에서 해방 이후부터 현재까지 교사교육 정책 및 제도의 가장 큰 특징은 교사교육의 변화가 교육 내적 요인보다는 정치 · 경제 등 외적 요인에 의해 이루어져 왔다는 점이다. 1945년 해방과 함께 교육 재건을 위한 미국의 지원, 한국전쟁 이후 국가 재건의 필요, 제3공화국 수립 이후 산업화의 박차, 1980년대 이후의 민주화의 물결 등 국가, 사회의 격동의 역사는 교육에도 그리고 교사교육에도 큰 영향을 미쳤다. 즉, 국가, 사회적인 외적 영향이 너무 커서 교사교육 내부에서 중심을 잡고 교사교육의 기반과 기틀을 다져 나갈 여건도, 역량도 갖추지 못한 것이다. 최근 들어서는 인공지능을 대표로 하는 4차 산업혁명사회의 도래라는 사회 변혁의 물결이 거세게 일고 있는데, 그 철학과 기반이 제대로 정립되어 있지 않은 우리나라 교사교육이 또 그 물결에 휩쓸려 가는 것은 아닌지 하는 우려를 떨칠 수 없다. 과거의 우를 되밟지 않기 위해서는 이제는 차분히 우리나라 교사교육의 방향, 목적, 철학 등에 대해 궁구하며 정립해 나가야 한다.

나아가 이제 교사교육에 있어 수요-공급 프레임에서 벗어나야 한다. 앞선 역사들이 보여 주듯이 교사 자원의 수요-공급은 항상 불균형 상태를 유지할 수밖에 없다. 따라서 적정한 수준의 수요-공급을 맞추기 위해 노력해야겠지만, 거기에 머무르지 말고 교사교육의 본질적인 측면에서 미래사회를 책임질 최고의 질을 갖춘 교원을 길러 내기 위한 방향을 정립하는 데 보다 적극적인 관심을 기울여야 한다.

교사교육에 있어 외적 영향에 대응하는 수준을 넘어 근본적인 재정립이 필요한 것이다. 한편, 이러한 교사교육의 질에 대한 강조와 개선 노력은 예전부터 없었던 것은 아니다(김영우, 1989; 김재복, 2004; 김태완 외, 2008; 박수정 외, 2015). 지속적인 강조와 노력이 있었음에도 불구하고 변화는 거의 이루어지지 않았으며, 30여 년 전에 제기되었던 문제가 지금도 여전히 제기되고 있는 안타까운 상황만 반복되고 있다(김병찬, 2000; 유경훈 외, 2011; 김현자 외, 2016). 수많은 연구와 노력이 이루어졌음에도 불구하고 교사교육의 질은 여전히 그 수준에서 맴돌고 있다는 것이다(조동섭, 2002; 최상덕, 2014). 시대의 변화와 교육 패러다임의 변화에 따른 근본적인 교사교육 패러다임의 재정립이 필요한 시점이 아닌가 생각된다.

한편, 교사교육의 질을 향상시키기 위하여 어렵게 마련된 방안마저도 각 교사교육 주체들의 이해관계에 발목 잡혀 좌초되거나 변질・왜곡되어 온 것 또한 우리의 지난 모습이기도 하다(김재복, 2004; 윤종건, 2001; 이규환, 1995). 교사교육과 관련하여 어떠한 논의를 거치든, 교사교육 관련 주체들의 소통, 공적 믿음 그리고 핵심 가치에 대한 공감 등 기본적인 기반부터 갖춰 나가야 할 것이다(조영달, 2013). 즉 교사교육 당사자들이 모두 활발한 논의를 통해 방안을 모색하고, 그것의 구현을 뒷받침하기 위한 법적・제도적 장치를 마련할 필요가 있다(김재복, 2004). 그리고 이러한 논의와 소통의 과정에서 반드시 교육현장과 연계할 장치를 마련하는 것도 잊지 말아야 한다.

해방 이후 지금까지의 교사교육 정책 및 제도의 특징에 대해 검토 및 분석을 한 결과, 가장 큰 교훈은 교사교육의 외적 동인의 굴레를 극복하고 진정으로 교사교육의 본질에 입각하여 우리나라 교사교육의 기반을 구축해야 한다는 것이며, 이를 위해 우리에게 한국 교사교육의 '큰 그림'이 필요하다는 것이다.

참고문헌

강원근(2002). 초등교원의 수급정책과 질 확보 방안. 초등교육연구, 15(1), 397-416.

강환국(2000). 21세기의 교원 양성 체제에 대한 토론. 한국교사교육연구, 17(1), 47-50.

고전(2006). 2005년 교원 양성 정책 분석. 대구교육대학교 초등교육연구논총, 22(1), 163-194.

고전(2009). 교육전문대학원 도입 방안의 검토와 과제. 한국교사교육연구, 26(2), 345-364.

김갑성(2009). 교원의 질 제고를 위한 효율적 교원양성 방향. 제43차 KEDI 교육정책포럼. 한국교육개발원 RRM 2009-06.

김갑성, 박영숙, 정광희, 김기수, 김재춘, 김병찬(2009). 교원양성체제 개편 방안 연구(현안보고 OR 2009-02). 한국교육개발원.

김명수(2003). 교원양성체제와 신규임용. **한국교원교육학회 학술대회자료집**, 39.

김민희(2008). 외국의 교원양성 사례와 시사점. **한국교사교육연구**, 24(3), 30-64.

김병찬(2000). 교사교육의 패러다임 변화. **한국교사교육연구**, 17(3), 113-141.

김영우(1989). **한국 중등교원 양성교육사**. 서울: 교육과학사.

김영우(1992). 한국 교사교육정책의 역사적 평가. **한국교육사학**, 14, 131-167.

김운종(2018). 우리나라 중등교원 양성과정의 변천과정 고찰. **한국교사교육연구**, 35(1), 321-344.

김이경(2017). 새 정부 출범에 따른 중등교원정책의 쟁점과 과제. **한국교원교육학회 제71차 춘계학술대회 자료집**, 165-190.

김재복(2004). 교육발전을 위한 교원양성체제의 혁신 방안. **한국교사교육연구**, 21(3), 29-47.

김재영, 임채성, 김경호, 김남일, 권치순, 松本伸示(2003). 한국과 일본의 초등학교 교원 양성체제에 관한 비교연구. **한국초등교육**, 14(2), 265-287.

김정원, 김기수, 정미경, 홍인기, 이정윤(2012). 미래형 교사교육체제 구안연구. 한국교육개발원 PR 2012-03.

김종철(1995). 역사적 측면에서 본 한국 교원양성 교육체제의 방향. **한국교사교육연구**, 11(11), 91-132.

김태완, 최원희, 고대혁, 박선형, 박인심(2008). 교원양성 및 임용의 다양화 방안 연구. 교육과학기술부 정책연구(교육부).

김현자, 엄문영, 이정화, 김현규(2016). 현장요구에 기반한 초중등 교원양성 교육과정 개선방안. 경기도교육연구원 수시연구 2016-11.

김혜영, 홍후조(2018). 미국 고교학점제의 특징과 한국 고교학점제 시행을 위한 정책적 시사점: 노스캐롤라이나 주의 운용 사례를 중심으로. **교육학연구**, 56(1), 246-277

남수경(2018). 융복합 시대의 교원 전문성 신장을 위한 교원 양성기관의 질 관리(pp. 229-254). 2018 한국교육학회 연차학술대회 융복합 시대의 공교육 혁신. 한국교육학회.

박상완(2009). 학교 자율화의 관점에서 본 초등 교원양성교육의 진단과 과제. **한국교사교육연구**, 26(1), 85-107.

박수정, 박상완, 이인회, 이길재, 박용한(2015). 교원양성체제 개편방안 연구. 교육부 정책연구보고서.

박영숙, 양승실, 황은희, 허은정, 김갑성, 김이경, 전제상, 정바울(2017). 교직환경 변화에 따른 교원 정책 혁신 과제(Ⅰ): 교원 양성 및 채용 정책의 혁신 과제. 한국교육개발원 RR

2017-40.

서재복(2008). 한국 근대 교원양성에 관한 연구. **교원종합연구**, 6(1), 27-44.

손충기(2004). 사범대학 교육과정 편성, 운영방법 개발을 위한 교원의 요구분석 연구. **교육과정연구**, 22(4), 251-271.

손충기, 박정환(2007). U-learning 시대의 교원양성 체제 구축을 위한 탐색적 연구. **교육연구**, 26, 97-114.

송광용(2002). 교원양성 및 임용체제의 현 주소와 개선과제. **교육개발**, 3, 20-25.

오태진(2001). 한국 교원정책의 전개과정에 관한 고찰. **한국교육사학**, 23(2), 81-113.

유경훈, 김병찬(2011). 교육대학원 경험 의미에 대한 질적 사례연구. **교육문제연구**, 39, 131-160.

윤정일(2002). 교육의 질적 향상을 위한 교원양성체제의 발전 방향. **한국교사교육연구**, 19(1), 5-24.

윤종건(2001). 한국교원정책의 쟁점과 교육의 질 향상 과제. **한국교사교육연구**, 18(3), 113-127.

이규환(1995). 교원양성 교육체제의 개혁방향: 비교교육학적 측면에서. **한국교사교육**, 11, 1-20.

이수임(2000). 21세기 교원양성 체제의 발전방안. **한국교사교육연구**, 17(1), 20-40.

이원규(2017). 일본의 교사 임용 제도. **월간교육**, 20, 107-115.

이종재, 한만길, 박상철, 이차영, 엄기형, 박영숙, 류방란, 박상완, 김왕준(2004). 교원정책 혁신방안연구: 교원인사제도를 중심으로. 한국교육개발원 CR 2004-25.

이혜영, 최광만, 윤종혁, 김규태(1998). 한국 근대 학교교육 100년사 연구(III). 한국교육개발원 RR 98-8.

임종헌, 유경훈, 김병찬(2017). 4차 산업혁명 사회에서 교육의 방향과 교원의 역량에 관한 탐색적 연구. **한국교육**, 44(2), 5-32.

정미경, 김이경, 김병찬, 박상완, 전제상(2014). 창의적 학습생태계를 위한 교직환경 고성 방안 연구. 한국교육개발원 RR 2014-82.

정미경, 이재덕, 강구섭, 박상완, 이명희(2015). 융합형 교육을 위한 교사교육 개선 방안 연구. 한국교육개발원 RR 2015-05.

정영수(2002). 중등교원 양성체제의 발전방향. **한국교사교육연구**, 19(1), 63-82.

정일화(2016). 지능정보사회의 대학원 수준 교원양성. **한국교원교육학회 학술대회자료집**, 283-294.

정일화, 천세영(2017). 교육전문대학원 교원양성체제의 탐색. **한국교사교육연구**, 34(1), 149-173.

정태범, 강환국, 이수임(2000). 21세기의 교원 양성 체제. **한국교사교육연구**, 17(1), 19-54.

조동섭(2002). 초등교원 양성체제의 발전방향. **한국교사교육연구**, 19(1), 45-62.

조상식, 김기수(2016). 미래 한국교육의 교육철학적 기초-진단, 과제 그리고 방향. 경기도교육연구원 개원3주년 기념 심포지엄, 30-52.

조영달(2013). 한국교원양성교육에 대한 성찰과 지향: 해체와 재구성의 논리와 윤리. **한국교사교육연구**, 30(4), 139-162.

최상덕, 서영인, 황은희, 최영섭, 장상현, 김영철, 김경은, 김은하(2013). 미래 인재 양성을 위한 핵심역량 교육 및 혁신적 학습생태계 구축(Ⅰ)(연구보고 RR 2013-20). 진천: 한국교육개발원.

허병기, 최돈형, 김도기, 김민희, 김한별, 박병기, 손준종, 차우규, 이성민, 조성화(2009). 교실친화적 교원양성을 위한 기본체제의 설계와 과제. **교사교육**, 25(2), 1-23.

홍성연(2012). 교직과정 예비교원양성을 위한 학습자 지원 체제. **교육문제연구**, 45, 1-30.

제 4 장

영유아교육분야 교사교육 성찰

임승렬(덕성여자대학교 유아교육과 교수)

1. 서론

우리나라에서 유아교육은 1897년 최초의 근대적 유치원이 설립된 이래 이미 100년이 넘어 공교육의 역사보다 긴 만큼 정치적 · 사회적 변화와 요구에 따라 수많은 변화를 겪어 왔고 지금도 언제, 어떻게 변화해야 할지 위기감에 휩싸여 있다. 「유아교육진흥법」과 「유아교육법」 제정을 통해 유치원을 학교체제에 포함시킴으로써 유아교육을 공교육화하기 위한 노력이 50년 넘게 지속되어 왔고, 이러한 노력으로 최근 이삼십 년간의 유아교육은 양적 · 질적 팽창의 시기이며 무엇보다 유아교육과정을 체계화함으로써 유아교육의 내실화를 이룩하는 데 성공했다는 평가를 받을 수 있다. 그러나 유아교육기관 및 보육시설은 양적으로 괄목할 만한 성장을 하였으나 여전히 질적 수준을 향상시키기 위한 노력은 유아교육 수혜자와 그들의 부모들이 만족할 만한 수준이라고 보기 어려운 것이 현실이다. 유아교육의 질이 다름 아닌 교원의 질에 달려 있다는 점에서 유아교육의 질적 수준 향상이 미흡한 원인 중 하나를 바로 유아교원에서 찾는 것은 당연한 일이다. 그러나 비난의 책임이 전적으로 유아교원에게 쏟아지는 것은 유아교원의 질은 유아교원 정책과 제도에서 비롯된다는 점을 간과한 것이다.

여러 가지 악조건 속에서 소외되고 사교육화된 유아교육에서 이제 공교육화를 시도하고 공급 위주에서 벗어나 질 관리의 중요성을 부각시키며 교원의 전문성과 책무성을 확보하기까지 부단한 노력을 해 왔다. 그러나 이러한 유아교육의 성취에는 많은 시행착오가 있었음은 자명한 일이며, 이러한 성공과 실패의 역사적 경험을 되새겨 미래의 유아교육의 발전과 동인이 되는 교원을 위한 정책을 설계하고 미래 방향을 구상해 보기 위해서는 영유아교원정책의 역사를 고찰할 필요성이 있다. 교원정책이란 '교원에 관한 정책일 뿐만 아니라 교원을 위한 정책'이어야 한다는 점에서 볼 때, 우리나라의 교원정책은 아마도 교원에 관한 정책에 치중한 면이 있다. 영유아교원 정책과 제도를 되돌아보면서 교원에 관한 그리고 교원을 위한 영유아교원정책의 방향을 정립하는 것은 의미 있는 일이라 하겠다. 특히 영유아교원의 양성 및 자격 제도가 초 · 중등학교 교원의 양성체제와 달라 영유아교원의 자질 향상의 걸림돌이 되고 있을 뿐만 아니라 유아교육 안에서도 유아교육과 보육의 이원화체제를 유지하고 있다. 이와 동시에 유치원과 어린이집에서 3~5세를 위한 국가수준의 공통과정인 누리과정을 실시하고 교육비를 지원하는 '준 통합'의 형태로 운영되고 있어, 차제에 유아교육과 보육의 통합에 가장 큰 걸림돌인 영유아교원 양성과 자격과 관련된 영유아교원정책의 나아갈 방향을 모색해 볼 필요가 있다.

2. 영유아교사 양성교육 현황

1) 유치원교사 양성기관 및 규모

해방 후 우리나라의 유아교사는 전문학교, 초급대학, 2년제 전문대학, 4년제 대학, 방송통신대학 등에서 양성되어 왔다. 연대별로 유아교사 양성 현황을 살펴보면 해방을 전후한 시기에는 해방 직전부터 등장한 3년제 전문학교의 보육과에서 주로 이루어졌다(권기욱, 2005). 이화보육, 중아보육, 수의보육, 경성보육을 중심으로 이루어지다가 정부 수립 후 하워드가 대전에 대전보육학원을 설립하여 유치원교사를 양성한 것이 효시라고 할 수 있다. 이들 전문학교에서 이루어진 유아교사 양성의 특징을 살펴보면 유아교사를 양성한 연한은 짧으나 종전의 2년제에서 3년제로 교사 양성교육 기간이 늘어났다는 것, 교과과정이 보육학교의 그것에 비해 다양해졌다는 것, 실습시간이 많이 감소하였다는 것 등의 특징이 있다(이기숙, 이연섭, 이영자, 1984).

1970년대에는 2년제 전문대학과 4년제 대학에서 유아교사를 양성하였는데, 4년제 대학에서는 보육과에서 유아교육과로 학과명을 바꾸어 유아교사를 양성하는 데 동참하였다. 사회와 정부의 관심을 얻기 시작한 유아교육은 1980년대 초에는 정부의 유아교육정책이 강화됨에 따라 많은 발전을 이루게 되어 유아교육을 담당할 유아교사를 양성하는 기관도 많이 설립되었으며, 기존의 2년제 초급대학이나 4년제 대학, 2년제 전문학교의 유아교육과도 많은 발전을 하였다. 이 시기에는 1970년대에 전적으로 사학에 의존하여 유치원교사를 양성했던 것에 반해 국립대학교에 유아교육과를 신설하여 국가가 유치원교사 양성에 관심을 가졌던 시기라고 할 수 있다.

1980년대에는 공립유치원 학급 수가 늘어나면서 초등학교 저학년 교사가 해당 지역의 전문대학 유아교육과에서 60시간의 위탁교육을 받고 유치원교사를 겸직하기도 하여 교원교육의 질적인 문제의 심각성이 나타났다. 당시 우리나라 유아교원 양성기관은 11개 4년제 대학과 56개 전문대학이 담당하고 있었는데, 이 시기는 유아교육의 부흥기로 유아교원의 수가 급증하여 교원양성이 양적으로 확장되는 시기이기도 했다. 1990년대에는 4년제 대학과 전문대학 그리고 교육대학원에서 유치원교사를 양성하게 되었다.

그러나 2000년부터 2년제 전문대학의 유아교육과 설립이 금지되고, 2001년 이후는 2년제 전문대학 유아교육과가 3년제로 개편되었다. 전문대학의 유아교육과는 꾸준히 증가하였으며, 2002년까지 90개의 전문대학이 있었고(이기숙, 이연섭, 이영자, 2004) 그 수가 증가하여 2009년에는 유치원교사 자격을 취득할 수 있는 전문대학교가 104개로 증가하였다. 뿐만 아니라 아동학과 전공자 중 교직이수자의 경우 학과정원의 10%까지 유치원교사 자격을 부여하고 있다. 2000년대에 접어들어서는 4년제 대학교에 개설된 유아교육 관련학과가 더 증가하였고 전문대학 역시 4년제 대학보다 더 많은 유치원교사를 배출하게 됨으로써 유치원교사 양성은 전문대학이 주도할 정도였다. 유치원교사는 2 · 3년제 또는 4년제 대학 외에 방송통신대학교와 교육대학원을 통한 양성과정으로 기본적으로 학과제에 기반을 두고 있어 다양한 통로를 통해 자격을 취득할 수 있으나 보육교사 양성 경로보다는 배출률이 낮다.

2018년 기준 유치원교사 양성 현황은 〈표 4-1〉에 제시한 바와 같이 4년제 85개 학교의 92개 학과에서 2018년 기준으로 입학정원이 3,374명이고, 2 · 3년제 대학의 입학정원은 7,402명이며, 방송통신대학과 산업대학 등의 입학정원을 포함하면 13,666명에 이른다. 그러나 지난 3년간의 입학정원은 다소 감소한 것을 알 수 있다.

표 4-1 유치원교사 양성기관과 입학정원

양성기관	설립별	학교 수	학과 수	학년도별 입학정원				비고
				2018	2017	2016	2015	
대학교 (4년제)	국립	12	12	305	305	320	326	
	공립	1	1	20	20	20	20	
	사립	72	79	3,049	3,212	3,239	3,206	
	소계	85	92	3,374	3,537	3,579	3,552	
방송통신대	국립	1	1	2,700	2,700	2,700	2,700	
산업대학	사립	1	2	90	90	90	90	
전문대학 (2/3년제)	공립	2	2	100	100	100	100	
	사립	97	103	7,402	7,402	7,421	7,752	
	소계	99	105	7,502	7,502	7,521	7,852	
총계	국립	13	13	3,005	3,005	3,020	3,026	
	공립	3	3	120	120	120	120	
	사립	170	184	10,541	10,704	10,750	11,048	
	합계	186	200	13,666	13,829	13,890	14,194	

※ 상기 입학정원 수치는 유아교육과 외 아동복지학과 및 보육학과 등 유치원교사 양성학과의 총 입학정원을 함께 기재한 것임. 이들 학과는 별도로 괄호 속의 승인정원을 따로 기재하였음.

2) 보육교사 양성기관 및 규모

보육교사 자격 부여방식이 2004년부터 전공학과 중심이 아닌 이수과목 중심의 개방형 체제로 조정되어 유치원교사 자격보다 훨씬 다양한 경로를 통해 보육교사 자격을 취득할 수 있다. 유아교육과, 보육학과, 아동학과, 아동복지학과 등의 주요 학과 이외에 학과 명칭에 '유아 또는 아동'이나 '유아 특수/장애'가 포함되어 있는 관련학과, 사회복지사 자격 취득과 더불어 보육교사 자격 취득을 할 수 있는 사회복지학과에서 보육교사를 양성하고 있으며, 이 외의 비관련학과에서도 17개 교과목만 이수하면 보육교사 자격을 취득할 수 있게 되었는데, 이로 인해 보육교사 양성기관은 증가 추세에 있다.

보육교사 2급 자격을 부여하는 기관은 4년제 대학 85개교, 2~3년제 전문대학 61개교의 177학과이다. 그리고 보육교사 자격 부여방식이 2004년부터 전공학과 중

표 4-2 보육교사 자격 취득자 양성기관 현황

구분	2급 양성기관							3급 양성기관
	합계	대학교	전문대학	원격대학 등				보육교사 교육원
				소계	사이버대	학점은행	방통대	
2013~2014 기관 수(학과 수)	561 (1,350)	140 (487)	136 (511)	285 (352)	19 (147)	265 (194)	1 (11)	67
2015~2016 기관 수(학과 수)	471 (885)	135 (314)	125 (371)	211 (200)	17 (67)	193 (122)	1 (11)	60

출처: 김은영, 김길숙, 이연주(2014), p. 19.

표 4-3 대학 종류별 2급 보육교사 자격 취득 현황 (단위: 건, %)

구분	4년제 대학	2·3년제 대학	방송통신대학	사이버대학	학점은행	합계
2013	6,024(9.2)	21,743(33.1)	1,435(2.2)	2,144(3.3)	34,400(52.3)	65,746(100)
2014	6,303(8.9)	19,947(28.2)	1,455(2.1)	1,933(2.7)	41,183(58.2)	70,821(100)

자료: 조용남(2015).

심이 아닌 이수과목 중심의 개방형 체제로 조정되면서 보육교사교육원, 전문대학, 일반대학교 및 원격대학에서 보육교사를 배출하고 있어 2009년 이후로 2급 보육교사의 자격 발급은 증가 추세에 있으며, 보육교사 2급 자격을 부여하는 기관은 4년제 대학 135개교의 314개학과, 2~3년제 전문대학 125개교의 371학과이다. 3급 보육교사 자격은 60개 보육교사교육원에서 취득할 수 있다. 구체적인 보육교사 자격 취득자 양성기관 현황은 〈표 4-2〉에, 대학 종류별 2급 보육교사 자격 취득 현황은 〈표 4-3〉에 제시한 바와 같다.

3. 영유아교육정책 및 교원정책의 변천

1) 유아교육정책

정책이란 정부 또는 정치단체가 그들의 정치적·행정적 목적을 앞으로 실현하기 위해 마련한 방책이나 방침이라고 정의될 수 있으나, 학자마다 사용 용도에 따라 다양하게 정의하고 있다(김신복, 1982; 유훈, 1999: 최혜윤, 2009; Dye, 2007). 그런데 학자들이 내린 정의의 공통점은 공공문제를 해결하고자 정부에 의해 결정된 행동 방침이라는 데 있다. 이러한 정책의 정의에 따르면 교육정책은 교육활동을 위하여 공공복리에 영향을 미치는 관심사안에 대한, 공권력을 배경으로 한 강제성 있는 기본 지침이라고 할 수 있으며 영유아교육정책은 교육정책 안에서 영유아를 대상으로 하는 정책이라고 할 수 있다.

영유아교원정책은 영유아교육정책의 일부로 영유아교원정책의 변천과정을 분석하기 위해서는 우리나라의 유아교육과 보육 정책의 변천과정을 살펴볼 필요가 있다. 유아교육은 100여 년이라는 짧지 않은 역사 속에서 여러 가지 악조건을 극복하면서 교육적 성취를 이루는 동안 적지 않은 판단과 시행착오 그리고 이를 해결하기 위한 다양한 노력이 있었다. 유아교육이 괄목할 만한 성취를 하기까지 유아교육의 역사적 경험을 반추하고 그 과정에서 교원정책의 새로운 발전의 싹을 찾는 것은 미래 유아교육을 위해 꼭 필요한 일이다. 영유아교육이 역사적으로 정부 수립 이후 현재까지 유아교육정책과 보육정책의 이원적인 흐름으로 발전되어 온 과정을 고찰하여 그에 따른 변화를 알아보고 국가가 추진하고 있는 유아교육과 보육 통합정책의 가능성을 탐색해 보고자 한다.

정책 변천의 역사를 분석하기 위한 시기 구분은 정권별이나 10년 단위 연대별 구분방식을 취하는 것이 일반적이기는 하나, 단순한 물리적 시기 구분보다는 정책 변화를 촉발하는 시점을 기준으로 삼는 것이 적절하다. 이에 유아교육정책의 역사를 구분하는 기준으로 정책의 주요 관점과 관련 법령의 정비, 국가 개입의 형태 등을 중심으로 다섯 시기로 나누어 기술하고자 한다. 유치원이라는 명칭을 사용한 최초의 유치원이 설립된 1897년부터 일제강점기까지는 우리나라 유아교육의 태동기라는 점에서 의미 있는 시기이지만 유아교육정책이라고 할 수 있는 내용을 거의 담고 있지 않기에 제외하고, 광복 이후부터 현재까지의 변천과정을 유아교육 등한기(1948~1960년), 유아교육체제 정비기(1961~1980년), 유아교육 질적 고양 및 공교육 기반 조성기(1981~2004년), 유아교육 공교육 정착기(2004~2008년) 및 유아교육 선진화기(2009년~현재)로 구분한다.

(1) 무정책의 유아교육정책기(1948~1960년)

광복 이후 정부가 수립되었으나 일제의 식민정책의 후유증과 정치적 · 사회적 혼란과 더불어 정부의 무관심은 초 · 중등교육에 비해 유아교육의 발전을 늦추게 했다. 교육의 기본법인 「교육법」을 공포하면서 제5장에 유치원에 관한 조항이 삽입되고 「교육법 시행령」을 통해 유치원이 교육 기반의 법적 근거를 마련하게 되었다. 그러나 정부나 문교부조차 명확한 유아교육정책이 없어 유아교육의 발전은 부진할 수밖에 없었다(한국교육개발원, 1986). 이 시기의 유치원 교육을 '외면당한 교육의 불구아'라고 규정할 만큼(이상금, 1965), 유치원은 일제강점기와 다름없이 여전히 국가정책에서 소외된 채 교육기관으로 거의 인정받지 못했다. 그러나 하워드가 대전 보육학원에서 운영한 유치원교사 양성기관은 이 시기의 유아교육 발전에 이바지한 것이라고 할 수 있다.

(2) 유아교육체제 정비기(1961~1980년)

유아교육체제 정비기의 중요한 유아교육정책은 유치원 교육의 시설기준을 정하고 유치원의 장학행정을 강화하도록 하였으며, 유치원 교육의 핵심인 유치원 교육과정을 제정 · 고시한 것이라고 할 수 있다. 정부는 유치원의 교육목표와는 무관하게 운영되었던 교육내용에 대한 내적 정비를 강화하기 위해 유치원 교육과정을 마련하기로 하였고, 1969년 문교부령으로 '유치원 교육과정'이 최초로 제정 · 공포되었다. 유아의 흥미중심, 경험중심, 생활중심의 교육실천에 주안점을 둔 제1차 유치원 교육과정은 유치원 교육의 목표, 영역, 수업일수 등 교육내용 면에서 중요한 기준을 제시하여(이원영, 1981) 국가수준 교육과정의 일반 기준을 제시함으로써 유아교육이 교육적 기능을 발휘할 수 있는 지침이 되었다.

이 시기의 유아교육은 개인이나 단체가 운영하는 사립유치원이 늘어나면서 유치원 교육이 일부 부유층의 교육이라는 부정적인 무관심한 인식을 대변하였고, 취학전 교육을 예능교육이나 특기교육으로 생각하여 유치원이 아닌 학원을 선호하는 부모들의 유아교육에 대한 몰이해로 유아교육의 정체성 확립이 저해되기도 하였다. 한편으로는 유아교육에 대한 정부의 무관심으로 유아교육의 기회를 받지 못하는 저소득층을 위해 지역사회에서 함께 자발적으로 만든 공동체의 특성을 가진 유아교육시설인 골목유치원에 주목할 필요가 있다. 무인가시설이지만 국가나 사회가 방치한 저소득층 유아에게 관심을 갖고 교육적 시도를 하고자 했다는 점에서 골목 유치원의 설립취지는 높이 인정받아야 할 것인데, 이는 유아교육의 공교육화에 관한 무언의 요구라고 볼 수 있다.

1970년 유네스코가 선포한 세계 교육의 해, 미국의 헤드스타트(Head Start), 영국의 Plowden 보고서, 독일의 개혁 유치원운동 등과 같은 유아교육에 대한 세계적 관심으로 유아교육의 필요성이 인식되기 시작했다. 이 시기에 문교부가 수립한 유아교육장기종합계획은 취학전 교육의 중요성을 강조하여 전국에 공립유치원을 세워 운영함으로써 유아교육의 공교육화의 의지를 강하게 나타내었으나 계획에 그쳤을 뿐 실행되지는 못하였다. 그러나 장기적인 교육계획 수립에 유아교육을 포함시켰다는 사실은 그동안 국가나 국민의 무관심 속에 방치해 둔 유치원 교육에 정부가 관심을 가지기 시작하였다는 점에서 의의를 찾을 수 있다.

「교육법」 개정으로 유치원교원 자격 기준을 초등학교 교원자격 기준에서 분리하여 별도로 제정함으로써 교육자격의 전문성을 높이려는 정책과 더불어 한국교육개발원의 「교육발전의 전망과 과제」라는 보고서에 유아교육확대계획안을 제시한 바 있다. 더불어 유아교육과 관련된 정책 추진을 위한 해결과제로 교육과정의 개언, 교사양성과정의 확충, 단일호봉제제에 의한 유치원 교원의 보수체제 개선, 유아교육 연구기능 강화, 유아교육 지원체제 강화, 유아교육 보편화를 위한 단계적 접근의 필요성을 제시하였다.

유아교육의 체제를 정비하기 위한 많은 노력이 있었으나 큰 문제 중 하나는 그동안 유치원에서 근무하는 많은 교사가 무자격이거나 비전공자 또는 낮은 학력 등으로 전문성을 갖추지 못했거나 유치원교사에 대한 낮은 사회적 인식과 보수로 인해 철저한 직업의식을 갖지 못하는 점이었다(박은혜, 김명순, 신동주, 정미라, 2000). 이는 정부가 유아교육에 대해 무관심하고 정책의 사각지대에 방치하면서 유치원 교원정책 역시 함께 방치함으로써 사회적으로 유치원교사가 전문직으로서 인정받지 못하게 된 원인을 제공한 것이다. 이에 전문대학 보육과와 4년제 대학에 유아교육과를 설치하여 전문성을 갖춘 유치원교사를 양성하게 되었다.

(3) 유아교육 질적 고양 및 공교육 기반 조성기(1981~2004년)

이 시기는 「유아교육진흥법」과 「영유아보육법」이 제정되면서 유아교육과 보육의 일대전환기를 맞이하게 되었으며, 교육개혁위원회가 앞장서서 공교육의 기반을 조성한 시기라고 할 수 있다. 「유아교육진흥법」은 '모든 유아에게 균등한 교육적 혜택을 준다.'는 취지에서 제정된 만큼 유아교육 기회 확대라는 점에서 우리나라 유아교육의 역사적 시기 구분의 중요한 기준(나은경, 2016; 송지윤, 2016; 정경애, 2014; 홍인혜, 2006)으로 삼을 만큼 유아교육의 비약적인 발전을 가져오는 데 촉매 역할을 하였다. 유아에게 적합한 교육적 환경을 제공하고 심신의 조화로운 발달이 이루어지도록 교육하고 보호자의 다양한 교육 요구에 부응하고자 하는 목적에서 제정된 「유아교육진흥법」은 유아교육 성장의 분기점 역할을 하는 중요한 기능을 했다. 교육 분야에서 주변적 위치에 놓여 있던 유아교육을 국가적인 관심사로 등장시켜 그에 따른 정책적 · 재정적 지원을 확대한 것은 유아교육분야의 혁신을 가져왔다.

그러나 「유아교육진흥법」에 대한 평가는 다양하다(오화영, 2006; 이덕난, 2009; 이일주, 1999; 황보영란, 2014). 즉, 「유아교육진흥법」은 취원률을 높이는 등 유아교육의 양적 팽창을 가져왔으며 유치원 교육의 내실화를 위해 교사에 대한 연수를 강화하고 유치원 교육과정이 효율적으로 운영될 수 있도록 교재 · 교구를 제작 · 보급하였다는 점은 긍정적 평가라고 할 수 있다. 특히 사립유치원의 양적 성장은 사립유치원이 특정 집단의 소수 유아만을 위한 교육이 아닌 보편적 교육을 위한 기관으로 새롭게 인식되는 계기를 마련해 주었으며, 이로 인하여 국가의 제도적 행 · 재정적 지원을 요구할 수 있는 힘을 가지게 하여 유아교육의 공교육화를 공론화할 수 있는 토대를 마련하는 계기가 되었다(심은희, 2009).

그러나 이러한 공만 있는 것이 아니라 「유아교육진흥법」이 가진 과는 유아교육과 보육의 통합에 상당히 큰 후유증을 남기게 되었다. 황보영란(2014)은 「유아교육진흥법」이 교육의 기능을 부여하면서도 교육의 자주성 · 전문성 · 정치적 중립성, 교육제도, 교육재정 및 교원지위 법정지위 등 교육의 본질에 관련된 제도는 도입하지 않은 입법상의 잘못이 있으며 이러한 문제는 현재의 「영유아보육법」에까지 답습되는 계기가 되었다는 점에서 비판의 여지가 있다고 지적하고 있다. 더욱이 「유아교육진흥법」은 개념적으로는 유치원과 새마을유아원을 교육으로의 일원화체제로 규정하고 있지만, 제도적으로는 새마을유아원과 유치원의 이원화체제를 가지는 뚜렷한 양면성을 가지고 있었다. 말하자면, 유치원과 새마을유아원은 프로그램과 운영 모두 양자의 차이가 없는 '교육으로의 일원화체제'로 이행되었지만 제도상 이원화체제를 유지한 것이다. 이로 인해 결국 현재 유아교육의 공교육 정착에 최대 걸림돌인 유아교육과 보육의 이원화체제를 고착화시키는 단초가 되었다. 결국 국가가 적극적으로 유아교육에 개입하여 교육정책에서 소외되었던 유아교육을 국가가 정책적으로 추진했던 법으로 유아교육의 발전에 중요한 전환점이 될 수 있다. 그러나 유아교육 발전의 계기가 되었음에도 불구하고 정치적 목적으로 이용될 수밖에 없었기 때문에 짧은 시간 안에 큰 실적을 내려는 조급함과 유아교육에 관한 철학의 부재로 유아교육의 공교육화를 가로막는 부정적인 결과를 초래하게 되었다.

정부는 1987년 교육개혁심의회를 통해 국민기초교육의 기반을 조성하기 위해 5세 유아의 유치원 취원을 조장하는 한편 유치원 명칭을 유아학교로 개칭한다고 발표하여 미취학 유아를 대상으로 체계적이고 전문적인 교육을 적기에 실시할 수 있도록 유치원 교육을 공교육화하기로 결정한 바 있다. 1980년대는 제5공화국 출범과 함께 국가가 유아교육에 적극적으로 개입하여 유아교육이 양적으로 팽창되었을 뿐만 아니라 「유아교육진흥법」이 제정되면서 유아교육의 행・재정체제가 정립되고, 나아가 공교육화를 모색할 수 있는 기반이 마련되었다고 할 수 있다. 그러나 이것이 유아교육에 대한 국가의 순수한 개입이 아니며 정권창출의 정당성을 확보하고 국면을 전환하기 위한 목적이 컸다는 것은 부인할 수 없다.

1991년 1월 14일 영유아의 심신을 보호하고 건전하게 교육하여 건강한 사회 구성원으로 육성함과 아울러 보호자의 경제적・사회적 활동이 원활하게 이루어지도록 함으로써 영유아 및 가정의 복지를 증진할 목적으로 「영유아보육법」이 제정・공시되었다. 「영유아보육법」은 국가와 지방자치단체뿐 아니라 모든 국민이 영유아를 건전하게 보육할 책임이 있다고 규정함에 따라 국가가 영유아보육에 대한 책무성을 가지게 되었음을 알 수 있다. 영유아의 보육에 관한 필요한 사항을 심의하는 기관으로 보건복지부에 중앙보육정책위원회를 두고 특별시・광역시・도 및 시・군・구에는 지방보육정책위원회를 두도록 규정하면서 유치원과 보육시설의 이원화체제를 확립하여 보육시설은 「영유아보육법」을 적용하고 유치원은 「교육법」을 따르게 했다.

1997년 교육개혁위원회는 유아교육 공교육체제 확립방안에서 유치원을 기간학제에 넣어 공교육화(이음재, 2012)에 대한 적극적인 안을 제시하였다. 이에 더하여 농・어촌 지역 및 도시영세민 자녀에 대하여 무상교육을 실시하고, 그 대상을 점차 확대함으로써 현실성 있는 공교육체제를 확립하기 위한 유아교육 장기발전 방안을 수립하였다(최혜윤, 2009). 유아교육 장기발전 방안에는 유아학교체제를 구축하기 위한 법적 토대로 기존의 「유아교육진흥법」을 전면 개정하여 「유아교육법」을 별도로 마련하는 안이 포함되어 있다. 「유아교육법」의 제정은 보건복지부와 보육 관계자들의 반대에 부딪히는 등 진통을 겪다가 2004년 1월에 공포되었다. 유아학교로 명칭을 변경하고 「유아교육법」을 제정한 것이 유아교육이 공교육화로 나아가는 기폭제가 되었다는 의미를 가지고 있으나, 이로 인해 유치원과 보육시설의 이원화체제가 다시 도래하게 되었으며 유아교육계와 보육계의 갈등이 심화되었다. 즉, 「유아교육법」의 제정과 「영유아보육법」의 개정은 만 5세 무상교육·보육으로 교육과 보육의 공공성을 강화하는 점에서는 의의가 있으나, 법적·행정적 이원화체제를 법을 통해 공공연하게 함으로써 유아교육기관의 일원화 논쟁을 종식시키기 어렵게 하였다.

(4) 유아교육 공교육 정착기(2004~2008년)

이 시기는 2004년 「유아교육법」이 제정된 이후 2005년 1월 25일 「유아교육법 시행령」이 의결되면서 유치원 종일제 운영을 위한 종일제 유치원의 종일반 운영 담당교사를 추가 배치하고 교육환경 개선비, 인건비, 교재·교구비 등을 국가가 지원할 수 있도록 하였다. 또한 유치원교사의 업무를 줄이기 위해 3학급 이상 유치원에 1명, 6학급 이상 유치원에 2명 이상의 보조교사를 둘 수 있게 했으며 교육부 장관과 시·도 교육감이 사립유치원 설립비와 교사 인건비, 연수경비 등을 지원하도록 하였다. 이 시기는 국가적으로 유아교육의 공교육 정착기를 맞이한 시기로 다양하고 체계적인 유아교육정책들이 마련된 시기라고 할 수 있다. 특히 보직교사제도, 유치원 기관평가, 내실 있는 종일제 운영은 유아교육에 시사하는 바가 크다고 할 수 있다.

(5) 유아교육 선진화기(2009년~현재)

이 시기에는 정부가 선진 유아교육 시스템을 구축하기 위하여 유아교육 정책과 제도를 마련하고 추진하여 유아교육 선진화를 위한 종합 발전방안(2009~2012년), 2012년 시행된 만 5세 누리과정, 2013년 전면 확대된 누리과정, 1차(2013~2017년), 2차(2018년~현재) 유아교육발전 5개년계획 등으로 유아교육정책이 눈에 띄게 강화되었다.

2009년 정부는 유아교육 인프라 강화, 교육과정, 교원정책 등 선진국 수준으로 유아교육을 질적으로 고양할 것을 목표로 유아교육 선진화 계획을 발표하였다. 유아교육 선진화 방안은 유아학비 경감, 선진 유아교육제도 구축, 미래지향적 교육과정 운영, 우수교원 배치 및 활용, 유아교육 지원체계 강화의 5개 정책분야로 구성되었으며 단순히 선언적 정책 방향을 제시한 것이 아니라 단계별 정책 추진계획을 가지고 실행되어 유아교육 현장을 실질적으로 변화시키는 동력이 되었다.

2011년 5월 2일 만 5세 공통과정인 **누리과정**을 도입 · 실시한다는 것을 발표하였는데, 이는 유치원과 어린이집으로 이원화되어 있는 유아교육과 보육을 통합하기 위한 첫 단계로 통합된 양질의 교육과정을 제공하여 생애 초기 출발점 평등을 보장한다는 점에서 매우 중요한 의미를 갖는다. 뿐만 아니라 누리과정 시행으로 「유아교육법」과 「영유아보육법」을 통해 명문화된 무상교육 · 보육이 실현되었고, 이로써 일부 취약계층에 한하였던 무상교육이 만 5세 전면에 시행되어 유아교육이 공교육화로 나아가는 중요한 계기가 되었다고 할 수 있다.

이 시기에 유아교육 관련 국정과제인 무상보육 및 무상교육 확대를 위해 영유아보육 · 교육에 대한 국가의 완전책임 실현이라는 목표를 달성하기 위하여 **제1차 유아교육발전 계획**(2013~2017년)을 발표하였는데, 추진해야 할 정책과제에 유아교육 기회 확대, 유치원 운영 효율화, 교육과정 및 방과후 과정 내실화, 교원의 전문성 및 자긍심 강화, 유아교육 지원체계 강화와 관련된 내용들이 포함되었다.

2012년 누리과정으로 유치원과 어린이집의 교육과정이 일원화되면서 교육적인 측면에서는 두 기관의 격차가 감소하였으나, 법적 · 행정적 그리고 재정적 측면에서는 많은 차이가 있어 유아교육과 보육 관련자들 간의 불필요한 경쟁, 학계 간의 갈등, 행 · 재정적 비효율성 등이 여전히 존재하고 있다. 이에 국가완전책임제를 실현하기 위해 유아교육과 보육 통합을 위한 **유보통합추진위원회**가 구성되어 유보통합을 추진해 왔다. 유보통합은 유아교육 · 보육의 양질의 통합적 서비스 균등 제공, 수요자의 관점에서 이용 편의성과 적정 비용 및 선택권 보장, 이해집단 간의 갈등 최소화 및 사회적 통합 유도, 정부재정 투자 확대에 상응하는 민간 운영주체의 책무성 강화, 정부재정 투입 적정화 및 효율화, 관련 부처 간 협업 및 단계적 추진을 골자로 하여 유아교육 · 보육 통합 추진단이 구성되어 로드맵에 따라 단계적으로 추진되고 있다.

2) 보육정책

우리나라의 보육사업은 빈민아동을 대상으로 하는 구제사업으로 시작한 바 있고, 전쟁 후 혼란기는 보육사업에 관한 국가 주도의 정책 없이 주로 외국 원조에 의존한 시기이고 선언적이고 상징적인 의미를 가졌던 시기여서 구체적인 법이나 시행규칙이 미미하였다. 따라서 보육정책에 관한 시기는 보육시설에 대한 내용을 규정하는 정책을 수립하게 된「아동복리법」이 제정되고「유아교육진흥법」과「영유아보육법」이 제정되어 국가가 주도적인 보육정책하에 보육사업을 실시하기까지의 보육의 기초정책 수립기(1961~1980년), 보육발전기(1981~1997년), 보육정책 질적 고양기(1998~2008년), 수요자 중심 및 무상보육 확대기(2009년~현재)로 구분하고 각 시기별 정책 특성에 대하여 기술하고자 한다.

(1) 보육의 기초정책 수립기(1961~1980년)

1961년「아동복리법」의 제정은 외국의 원조와 무정책의 보육사업에 국가가 적극적으로 개입하게 하여 보육사업의 전환기를 가져왔다.「아동복리법」은 아동복리시설의 유형, 아동복리행정 종사자, 아동복리시설의 주체, 보조금 지원근거, 보육시설의 설치기준, 종사자 배치기준, 보육시간, 보육내용 등을 구체적으로 규정하고 있다.「아동복리법」이 탁아시설과 보육시설를 구분하고 유치원시설기준령과는 다른 아동복리시설기준령을 제정하여 보육시설은 보건사회부 부녀아동국 아동과에서 담당하는 행정체제를 갖추게 되었다.

산업화로 인해 취업여성이 증가하면서 보육수요가 늘어나자 민간인이 설립하는 보육시설의 증설을 국가가 권장하였고, 단순보호 또는 결손 아동을 대상으로 한다는 인상을 주는 탁아소의 명칭을 교육이 이루어지는 곳이라는 이미지를 갖게 하는 어린이집으로 변경하였다. 그 결과, 민간 중심의 어린이집에 양적인 확대를 가져온 반면 시설환경, 교사의 자격 등 시설의 질적 수준과 관련된 많은 문제를 초래하였다. 이에 정부는 1977년「사회복지사업 시행규칙」을 개정하여 미인가 탁아시설 임시조치령을 폐지하였으며 탁아시설 운영개선안을 마련하여 교육기능을 강화하고 보육시설에서 보육료를 받을 수 있도록 하여 중산층 아동도 보육시설을 이용할 수 있게 했다.

1980년에는 농촌진흥청에서 농번기 유아원을, 내무부에서는 새마을협동유아원을 운영하기 시작하면서 문교부가 관리감독하는 유치원, 내무부가 관장하는 새마을협동유아원, 보건사회부 산하에 있는 어린이집 등 유아교육기관이 다원화됨에 따라 문제가 발생하게 되면서 일원화의 필요성을 인식하게 되었다.

(2) 보육발전기(1981~1997년)

이 시기는 「유아교육진흥법」과 「영유아보육법」의 제정으로 보육시설이 확충되는 시기인 반면 유아교육과 보육이 별도의 행정과 체제로 분리되어 두 집단에서 갈등이 심화되는 시기였다. 1981년 「유아교육진흥법」이 제정되면서 일대 변환기를 맞게 되고, 1991년 1월 「영유아보육법」이 제정 · 공포되면서 탁아에서 보육의 개념으로 발전되고 보육정책의 확실한 법적 근거가 마련되었다. 「영유아보육법」은 아동에게 제공되는 서비스 기능을 보호와 교육을 통합한 보육으로 확대하고 저소득층 자녀의 보육비를 국가와 지방자치단체에서 부담할 것을 명시하였다. 폭발적으로 증가하는 보육수요를 국가 차원에서 감당하기 어려워서 민간에 의존하게 되어 민간주도의 보육시설이 증가하게 되었는데, 민간시설의 난립은 보육시설을 기형적으로 발전하게 만들고 보육시설의 질적 수준을 낮추는 결과를 초래하게 되었다. 이에 정부는 보육의 질을 높이기 위해 보육사업의 목표를 '보육사업의 질 개선 및 보육 서비스 향상'에 두고 보육시설 운영방법의 개선, 다양한 보육 서비스의 제공, 보육 서비스 종사자의 자질 향상, 우수한 보육 프로그램의 개발 및 보급에 주력하였다.

1995년을 전후로 우리나라의 보육정책은 '보육시설 확충계획 3개년(1995~1997년)'을 계기로 급속히 변화하였다. 이 계획으로 보육시설은 엄청난 양적 발전을 이루게 되었다. 보육시설의 양적 확대는 주로 민간보육시설이 주도하였는데, 짧은 기간 동안 민간보육시설이 과도하게 확충되면서 보육의 질 저하, 다양한 서비스 부재, 특히 영아보육의 미흡 등의 문제를 초래하게 되었다

(3) 보육정책 질적 고양기(1998~2008년)

1998년 질적 성장을 위한 다양한 시도 가운데 장애아 전담보육시설의 강화, 민간보육시설의 교재 · 교구비 지원, 보육료 특별 소득공제 신설, 저소득층 보육료 추가 지원 등의 다양한 질적 향상방안이 이루어졌다. 1999년에는 「영유아보육법」을 개정

하여 보육시설 설치 절차를 간소화하고 신고제로 전환하였다. 2000년에는 만 5세 무상보육 대상지역을 확대하여 농·어촌 및 준 농·어촌 지역까지 정책이 확대되었다. 뿐만 아니라 보육시설의 자율화를 확보하기 위하여 지역의 실정에 맞게 보육료를 차등화하였다. 2001년에 '보육발전위원회 기획단'을 구성하였고, 보육정책 전반에 걸친 보육정책 과제에 대한 연구를 실시하여 2001년 말에 '보육사업 중장기 종합 발전계획'을, 2002년 상반기에는 '보육사업 활성화 방안'을 제시하였다. 보육사업 중장기 종합 발전계획은 국가 최초의 보육정책 계획이라는 데 의의가 있다. 그러나 기대와는 달리 이 정책은 심도 있게 추진되지 못했고 오히려 보육료 상한선 폐지를 포함시킴으로써 시장화 논란의 출발점이 되었으며 이 두 계획에 대한 대중의 인지도는 낮았다(백선희, 2012). 2004년 1월 「영유아보육법」이 전면 개정되었고, 보육업무를 여성가족부로 이관하고 동시에 조직을 개편하게 되었다. 「영유아보육법」이 전면 개정되면서 영유아보육 및 유아교육의 내실화 및 질적 성장을 도모하기 위한 법적인 지지기반을 마련하게 되었다. 같은 해 6월에는 '제1차 육아지원 정책방안'이 마련되고 2005년 5월에는 여성가족부의 출범과 함께 '제2차 육아지원 정책방안'이 마련되어 보육시설에 처음으로 평가인증제가 도입되었으며 보다 구체적인 중장기 보육정책인 '제1차 장기보육계획(2006~2010년) 새싹플랜'이 발표되기에 이르렀다. 이 시기에는 보육의 공공성 확보와 보육의 질적 고양의 두 측면에서 다양한 보육정책이 마련되었는데, 무상보육, 보육비용의 국부담, 우선 보육 실시 등이 보육의 공공성을 확보하는 정책이라고 한다면 보육시설 평가인증제 실시, 보육교사 국가자격증 제도, 보육시설 인가제 등은 보육의 질적인 면을 강화하는 정책이라고 할 수 있다.

(4) 보육공공성 강화기(2009년~현재)

이 시기의 보육정책에 큰 틀을 제시한 것은 '아이사랑플랜'이었는데, 이는 이전 정부의 '새싹플랜'을 수정·보완한 것으로 영유아 중심, 국가책임제 보육, 신뢰구축이라는 목표를 설정하였다. 이에 따라 부모의 비용부담 완화, 수요자 맞춤 지원, 보육의 질 제고 및 균형 배치, 보육인력 전문성 제고, 전달체계 효율화, 보육사업 지원체계 구축의 6대 추진과제를 제시했다(보건복지부, 2009). 이 시기에 가장 많은 갈등을 불러일으킨 전자바우처제도(i-사랑카드)와 영유아의 교육비와 보육료 무상지원이라는 무상보육정책은 예산 없는 보육정책이라고 할 수 있는데, 이로 인해 누리과정 예산정책에 있어 갈등이 일어났고 보육대란(최동식, 2016)이라고 불리는 초유의 사태가 발생하게 되었다.

2012년 만 5세 누리과정을 시작으로 2013년에는 만 3~4세 누리과정이 확대 실시되면서 무상보육이 확대되었고, 유치원 교육과정과 어린이집 표준보육과정이 통합되어 소득과 계층과는 무관하게 교육비를 지원받게 되었다. 교육과정 일원화의 시작으로 2015년부터 유아학비(아이즐거운카드)와 보육료 결제카드(아이사랑카드)가 하나로 통합되었다(아이행복카드). 또한 2013년 12월 제2차 중장기 보육 기본계획의 수립과 시행에서는 부모의 보육 · 양육부담 경감, 수요자 맞춤형 보육 · 양육 지원, 양질의 안심보육 여건 조성, 보육 서비스 재정 및 전달체계 개선 등의 노력이 이루어졌다.

3) 유아교육정책과 보육정책의 미래 전망: 유보통합정책

우리나라의 유아교육정책과 보육정책은 급변하는 시대적 요구와 교육 수요자의 요구에 부합하기보다는 새 정부가 열릴 때마다 공약 이행의 하나로 정해져 진행되는 경우가 대부분을 차지했다. 또한 대도시나 중소도시, 도서벽지 등 교육환경에 따른 지역의 특수성이나 유아들의 성장 · 발달에 초점을 맞춘 유아교육과 보육 정책을 펼치기보다는 여성의 사회진출 및 저출산, 교육비 지원 등 부모의 수요와 만족 중심의 정책을 펼치는 경향이 있었다. 그리하여 안정적인 유아교육 및 보육 정책으로 자리 잡기 위해서는 다양한 시행착오를 겪어야 했다. 다시 말하면, 우리나라의 유아교육과 보육 정책은 장기적이고 종합적인 정책이기보다는 근시안적이며 단기간에 그치는 정책이었다는 평가를 할 수 있다. 이는 유아교육과 보육 정책에 관한 철학이 정립되지 못한 채, 그동안의 정책에 대한 역사적 검토에 기초하여 정책을 구상하기보다는 항상 새로운 정책을 만들어 내는 데 주력하였기 때문이다. 그럼에도 불구하고 유아교육에서는 무상공교육화 실현을 목표로 하고 있고 보육은 민간 의존적인 보육의 탈피와 전문성을 지향하는 것이 보육의 공공성 확보라고 보고 이를 위한 다양한 방안을 제시하고 있다. 따라서 유아교육과 보육이 공공성을 지향하는 바가 공교육체계 확립이라는 점에서 상호관련성을 가지고 있다.

구체적으로 살펴보면, 2004년 「유아교육법」 제정 및 「영유아보육법」의 전면개정으로 공교육화 및 공보육화의 법적 근거가 마련되었다. 2004년 「유아교육법」은 모든 만 5세 유아는 초등학교에 들어가기 전 일 년 동안 무상으로 교육을 받고 저소득층 만 3~4세 유아들은 교육비를 지원받을 수 있도록 규정하고 있다. 이러한 「유아교육법」 제정은 정책에 큰 변화를 가져왔는데, 특히 다양한 교육비 지원을 위한 교육예산이 증가하였다는 것이다. 뿐만 아니라 학부모의 유아교육에 대한 만족도를 증가시키기 위하여 수요자 중심 유아교육체제로 개편해서 이를 추진하고 있다. 이것은 보육정책에서도 추진되고 있는데, 그동안 저소득층 유아들을 위한 교육의 기회균등을 실현하기 위해 다양한 보육 · 교육비(예: 만 5세아 무상교육 · 보육비, 차등교육 · 보육비) 지원이 확대되어 왔고, 다양한 육아지원 서비스(예: 유치원 종일제 확대, 장애유아에 대한 지원 강화 등)가 제공되고 있으며, 육아지원 관리체제(예: 육아정책개발센터 설립, 지역사회 보육지원을 위한 보육정보센터 및 영유아프라자 설치 등)가 정비되고 있다.

현재 유아교육과 보육이 제도적으로 이원화되어 있으나, 전 계층의 교육비 및 보육비 지원이 현실화되고 있고, 국가수준의 공통교육과정인 누리과정이 유치원과 어린이집에서 운영되고 있으며, 교육의 질 향상을 위한 유치원 평가와 보육시설 평가 인증제가 실시되고 있는 것은 유아교육계와 보육계의 공공성 증진을 위해 노력하고 있는 것이라 할 수 있다. 그러나 유아교육과 보육을 공교육 내지 공보육과 구분하는 이분법적 구도로는 공공성 증진이 효율적으로 이루어지기 어렵다. 국가 재원이 무한정 투여될 수도 없을 뿐더러, 동일한 교육과정인 누리과정 도입이 유치원과 어린이집 교육의 질 균등을 강조하고 있으나 동일한 교육과정을 운영하는 교사의 자격이나 교육 여건 등의 격차로 인해 교육의 질적 차이가 여전히 존재하고 있다. 즉, 동일한 수준의 서비스 제공을 담보할 수 있는 관리체제가 마련되지 않을 경우 누리과정 도입의 취지는 빛이 바래고 교육의 기회균등 역시 정치적 구호에 지나지 않을 것이다. 그러므로 영유아의 교육과 보육이 초등학교와의 연속성 및 연계성을 확보하기 위해서는 유아교육과 보육의 통합이 필요하며 이에 관한 구체적인 정책적 로드맵이 필요하다.

유아교육과 보육의 통합에 관한 논의는 양 분야에서는 결코 새로운 논의의 시작이 아니며 아직도 풀지 못한 채로 남아 있는 과제이다. 2012년에 만 5세 누리과정 정책을 시행하였고, 2013년에 만 3~4세까지 그 정책을 확대하였다. 당시 정부가 누리과정 정책을 시행한 목적은 만 3~5세 유아교육 · 보육과정을 통합하고, 학부모의 유아양육 비용 부담을 경감하며, 여성의 경제활동 및 출산율을 제고하고, 유치원 교육과정의 심화와 확대 측면에서 유아교육의 질을 제고하기 위함이었다(교육부, 2015. 3. 27.). 이후 2013년 국무총리 주재 국가정책조정위원회에서 유치원과 어린이집으로 이원화된 유아교육과 보육의 통합을 추진하기 위해 유보통합추진위원회를 구성하였고, 2014년 2월에는 국무총리 소속 영유아 교육 · 보육 통합 추진단을 출범하였다(국무조정실, 2013b, 2014). 유보통합추진위원회는 유보통합 방안을 3단계로 제시하였다. 1단계에서는 2014년에 통합 전에 즉시 추진할수 있는 것을 우선 시행하고, 2단계에서는 2015년까지 규제환경 조성 및 정비 등을 본격적으로 추진하며, 3단계에서는 2016년까지 관리부처와 재원 등의 통합을 마무리한다는 방안이었다. 그러나 2016년까지 1단계도 마무리하지 못한 상태이다.

유보통합이란 이원화되어 있는 유아교육(유치원)과 보육(어린이집) 간의 격차를 해소하고 둘을 효율적으로 통합 · 관리함으로써 만 3~5세 영유아의 발달에 맞는 양질의 서비스를 제공하며, 부모에게 기관 이용의 편의성과 선택권을 보장해 주는 것을 목적으로 한다. 그리고 정책목표, 관리부처 및 행정체계, 규제(법적 근거), 교육 · 보육과정, 운영기준(시간, 일수, 입소 우선순위, 교사 대 아동 비율 등), 질 관리체계, 재원, 교사 자격 · 양성 · 처우, 시설 · 설비기준, 부모 부담 등을 통합의 범위에 포함하고 있다(이해정, 2016; 장명림, 2013).

지금까지 우리나라의 유아교육과 영유아보육, 그리고 유아교육 · 보육통합과 관련된 정책의 변천과정을 중심으로 살펴본 결과, 유아교육과 영유아보육 정책이 변천하는 과정에서 많은 갈등과 그것의 해결을 위한 다양한 노력이 있었음을 알 수 있다. 그동안 유아교육과 보육을 통합하려는 많은 시도가 있어 왔고, 이제 3~5세 누리과정이라는 국가수준의 공통교육과정을 유치원과 어린이집에서 공통으로 운영하고 교육비를 지원하는 등 부분적인 통합이 가시적인 결과를 보여 주고 있으나, 여전히 유아교육과 보육의 통합은 정책적으로 어려운 문제로 남아 있다.

우리 사회는 전통적으로 보육과 유아교육을 공적 영역이 아닌 사적 영역의 몫으로 여겨 왔고, 1991년 「**영유아보육법**」이 제정되면서 유아교육과 보육이 확실히 이원화되었다. 이러한 이원화는 행정의 일관성 부족과 유아의 중복관리, 예산 낭비 등의 문제가 심각하게 제기되면서 **유보통합**의 필요성이 대두되었다. 보다 구체적으로 언급하자면, 사회적 변화에 따라 유아교육과 보육에 대한 공통적 요구가 확대되고 있으며 많은 국가에서 유아교육과 보육 정책을 통합하여 운영하고 있다. 뿐만 아니라 누리과정 운영의 효율적 관리와 지방교부금 사용의 법률적 정당성을 확보하는 것이 필요하다. 유아의 교육받을 권리를 균등하게 보장한다는 취지에서 볼 때 유치원과 어린이집의 교육 여건이 차이가 큰 상황에서는 누리과정의 도입목적이 희석되고 교육의 기회균등이 보장되지 않는다. 더 나아가 0~5세 영유아의 교육 및 보육의 국가완전책임제를 실현하기 위해서는 유보통합이 이루어져야 하며, 행·재정적인 업무의 효율성과 기관의 책무성 제고를 위해서 통합의 필요성은 절실하다. 따라서 이제 더 이상 유아교육정책과 영유아보육정책이 각각 유아교육과 보육의 지침을 제시하기보다는 유아교육과 보육을 통합한 정책으로 나아가야 할 것이다.

그동안 유보통합을 위한 다양한 정책을 구상하고 노력을 해 왔으나 가시적인 결과는 교육비 지원과 3~5세 누리과정 운영에 그치고 있는 실정이다. 따라서 명실상부한 유보통합정책으로 자리매김하기 위해서는 다음과 같은 점을 고려해야 할 것이다. 첫째, 유아교육과 보육을 재개념화해야 한다. 유아교육과 보육을 이분법적으로 정의할 것이 아니라 영유아의 발달에 적합한 보호와 교육의 조화를 이루는 개념으로 정의되어야 할 것이다(문무경, 최윤경, 김혜진, 2012; 최은영, 2015). 둘째, 현재 유아교육과 보육의 관리감독의 주체기관이 이원화되어 있는데 유보통합을 위해서는 행정관리 부처가 일원화되어 정책을 일관되게 수립하고 실행할 필요가 있다. 셋째, 현행 「유아교육법」과 「영유아보육법」은 각기 목적·정의·이념·책임, 행정지원체제, 설립기준, 운영 및 평가, 교직원과 종사자의 양성 및 임용, 재정지원, 지도·감독 및 벌칙 등에 대한 조항이 상이하여 유보통합정책이 수립되어도 시행하는 데 많은 어려움이 있기에 유아교육과 보육을 통합하는 통합법이 마련되고 그에 따른 정책이 수반되어야 한다. 유아교육계와 보육계의 오랜 숙원인 유아교육과 보육의 통합은 명실상부하게 이루어질 수 있다.

4. 영유아교원정책의 변천

앞서 우리나라 유아교육정책과 보육정책을 시기별로 나누어 살펴본 결과, 유아교육과 보육의 양적 · 질적 성장을 위한 다양한 정책이 마련되었다는 것을 알 수 있다. 유아교육정책과 보육정책에는 교원 양성과 처우에 관한 정책들이 포함되어 있고 2000년대 들어서는 교원의 전문성과 관련된 정책들이 마련되었으나 대부분의 정책이 교원양성보다는 교원의 현직교육에 치중하고 있다. 유아교원정책은 교원양성제도, 양성기관, 교육과정, 임용, 승진, 보수 및 후생복지 등의 하위 목표로 구성되어 있으나, 이 절에서는 영유아교원정책 중 교원양성과 관련된 자격, 양성 교육과정 및 임용에 국한하여 기술하고자 한다.

1) 영유아교원 자격기준

(1) 보육교사 자격기준

현재 우리나라 보육교사 양성기간은 보육교사교육원의 1년 과정에서부터 대학교나 대학원까지 그 범위가 매우 넓으며, 가장 많은 보육교사를 양성하는 대표적인 기관은 보육교사교육원이라고 할 수 있다. 보육교사교육원은 초기에는 6개월 과정으로 운영되다가 1년 과정으로 교육기간을 연장하여 운영하고 있다.

1991년 이전에는 「아동복리법」에 의거하여 시설장, 보육사라는 명칭을 사용하였으며 1 · 2 · 3급으로 구분하여 자격을 발급하였는데, 보육사 1급은 대학 졸업자 기준이고, 2급은 고등학교 양성과정을 이수한 자 기준이며, 3급은 고등학교 졸업자 또는 학력기준 없이 자격검정시험에 합격한 자로 규정하였다. 또한 3년 경력과 일정한 보수교육을 통해 상위자격을 취득할 수 있었으며, 유치원 또는 초등학교 준교사는 경력 없이 일정한 보수교육을 통해서 상위자격을 취득할 수 있었다.

1991년에 「영유아보육법」이 제정되면서 보육사가 보육교사로 명칭이 변경되었고 자격 구분도 기존의 1 · 2 · 3급이 아닌 1 · 2급으로 변경되었다. 보육교사 1급은 전문대학 또는 이와 동등 이상의 학교에서 제8조 제2항의 규정에 따른 학과를 전공하여 졸업한 자, 보육교사 2급의 자격을 가지고 영유아 보육업무에 3년 이상 종사한 경력이 있는 자로 규정하였다. 보육교사 2급은 고등학교 또는 이와 동등 이상의 학교를 졸업한 자로서 시행규칙 제8조 제3항의 규정에 따라 보건복지부령이 정하는 소정의 양성교육과정을 마친 자, 보건복지부령이 정하는 교육훈련시설에서 1,000시간 이상의 교육과정을 이수한 자로 규정하였다.

2004년 「영유아보육법」이 전면 개정되면서 보육교사의 자격기준을 새로이 규정하여 기존 1·2급에서 1·2·3급으로 변경하였으며 자격에 따라 자격기준과 양성과정을 개정하였다. 이는 보육교사의 자격기준을 강화하고, 종전의 인증제에서 탈피하여 보육교사에게 국가공인자격증을 부여함으로써 교사의 자격에 대한 체계적인 관리와 질적 수준을 향상하려는 의지가 담겨 있다. 보육교사 1급은 보육교사 2급을 취득한 후 3년 경력과 승급교육 80시간을 이수한 자, 보육교사 2급은 교과목을 이수하여 신규로 자격을 취득한 자, 보육교사 3급 자격을 취득한 이후 1년 이상의 경력과 승급교육 80시간을 받은 자로 명시하였다. 그리고 보육교사 3급은 고등학교 또는 이와 동등 이상의 학교를 졸업한 자로서 보육교사교육원에서 소정의 교육과정을 수료한 자로 규정하였다. 유아교사 양성대학 중에는 유치원교사 또는 보육교사만을 양성하는 경우도 일부 있으나, 대부분의 유치원교사 양성대학에서는 유치원교사와 보육교사 자격을 동시에 취득한 교사를 배출하고 있다.

보육교사 양성대학 중 교육부 장관이 승인한 27곳에서 보육교사와 유치원교사 자격을 동시에 취득하고 있다(교육부, 2013). 뿐만 아니라 보육자격관리사무국(현 한국보육진흥원, 보육인력개발국)에서는 2009년 보육인력의 자격관리 및 전문성 강화를 지원하기 위하여 보육인력의 전문성 제고를 위한 표준화사업(이하 '표준화사업'이라 함)을 추진하여, 보육교사 2급 자격 취득 교과목에 대한 표준교과 개요, 양성교육기관 및 보육시설용 표준보육실습지도 지침을 개발하고 각 교육기관에 배포하였다. 2012년 「영유아보육법 시행규칙」의 개정을 통해 보육교사 자격기준으로 학력의 제한, 보육실습의 내실화, 보육 관련 교과목과 학점기준의 상향 조정 등 보육의 질을 높이기 위한 다양한 시도가 있었으나, 보육교사 자격체계와 양성과정이 갖고 있는 한계를 극복하기에는 역부족이라고 할 수 있다. 비관련 전공자들이 학점 이수만으로 보육교사 자격을 취득할 수 있고, 자격 취득 경로와 상관없이 동일한 자격 및 역할과 대우를 받는다는 것(이미화, 2016)은 보육교사들의 불만을 증가시키고 나아가 보육의 질을 낮추는 원인 중의 하나가 되기도 하였기 때문이다.

보육교사 자격체계에 관한 가장 큰 문제점은 보육교사 양성기관의 교육기간과 교육과정 측면에서 편차가 크다는 것인데, 이는 보육교사의 역량과 전문성 수준에 편차가 클 수 있다는 것이다. 이는 영유아들이 속해 있는 기관과 교사에 따라 질적 수준이 다른 교육과 보육을 받게 된다는 것을 의미한다. 3~5세 유아가 유치원과 어린이집 어느 기관에 속하든지 공통과정인 누리과정이 적용되고 있는 현실에서, 이러한 수준의 차이는 고스란히 영유아의 성장과 발달의 차이로 이어진다는 점에서 보육교사의 자격체계에 관한 정책이 개선되어야 할 필요성을 시사한다.

(2) 유치원교사 자격기준

우리나라 유치원교사의 자격은 「유아교육법」에 명시되어 있으며 유치원교사 자격증은 교육부에서 심사 및 발급하고 있다. 1949년에 「교육법」(「교육공무원법」 제79조)에 의거한 유치원교사의 자격은 원장, 원감, 교사 체계로 이루어져 있는데, 이는 2011년 수석교사제를 도입한 것을 제외하고는 현행 제도와 유사하다. 1964년 이전까지는 유치원교사를 초등학교 교사들도 병행할 수 있었는데 1964년에 처음으로 「교육법」에 유아교육 전공자에 대한 언급을 하였다. 또한 1997년 이전에는 「교육기본법」 안에 유・초・중등교육법이 함께 명시되었으나, 1997년에 「교육기본법」이 개정되면서 초등(유치원)교육법과 중등교육법으로 분리되었으며, 이에 따라 교원의 자격기준에 유치원 2급 정교사의 자격기준으로 '대학에 설치하는 유아교육과 졸업'을 추가하였다.

2001년 유치원교사의 질적 수준을 향상시키기 위하여 2년제 전문대학 교육과정을 3년으로 연장할 수 있도록 「고등교육법」이 개정・시행되었다. 2004년도에는 「유아교육법」이 제정되면서 유치원 2급 정교사 자격기준은 대학에서 설치하는 유아교육과를 졸업한 자, 전문대학 및 이와 동등 이상 학교 졸업자로서 재학 중 소정의 보육과 교직 학점을 취득한 자, 교육대학원 또는 교육부 장관이 지정하는 대학원의 교육학과에서 유치원 교육과정을 전공하고 석사학위를 받은 자, 유치원 준교사 자격증을 가진 자로서 2년 이상의 교육경력을 가지고 소정의 재교육을 받은 자, 초등학교 정교사(2급) 자격증을 가진 자로 규정하고 있다(양옥승, 2002). 이는 현재까지 유치원교사의 자격기준으로 적용되고 있다. 2013년 입학자부터는 자격 취득을 위한 무시험검정 합격기준이 졸업 전체 평균성적 75/100점에서 전공 75점, 교직 80점으로 상향 조정되었으며, 교사의 인성 강화를 위하여 양성과정에 있는 동안 예비교사의 인성과 적성 검사에서 2회 적격판정을 받아야 한다.

영유아교사가 필요로 하는 전문성과 자질은 교사양성과정과 현직교육에서 길러진다. 특히 교사양성과정은 교사의 역할을 수행하기 위해 필수적으로 요구되는 기

표 4-4 유치원과 어린이집 교사 자격기준 비교

구분	유치원	어린이집
근거법	「유아교육법」 제22조	「영유아보육법」 제21조
소관부처	교육부	보건복지부
자격증	교육부 장관이 자격증 검정수여	보건복지부 장관이 자격증 검정수여
자격취득 최소학력	전문대학 졸업(이상)	고등학교 졸업(이상)
자격구분	준교사, 2급 · 1급 정교사, 수석교사	3급 · 2급 · 1급 보육교사

출처: 유아교육법시행 2014. 4. 29 법률 제12336호, 2014. 1. 28, 일부개정, 영유아보육법시행 2014. 5. 28 법률 제12697호, 2014. 5. 28, 일부개정

초적인 지식과 기술과 태도를 교육하는 것으로 교사가 되기 위해 꼭 통과해야 하는 관문이다. 교사양성 교육과정은 교사의 전문성에 영향을 미치기 때문에 교사의 전문성과 정체성을 확보할 수 있는 양질의 체계화된 교육과정을 조직하고 편성하는 것이 매우 중요하다(김은설, 안재진, 최은영, 김의향, 양성은, 김문정, 2009; 양옥승, 2002). 그런데 교육대학교 중심으로 양성되는 초등학교 교사나 사범대학 중심으로 양성되는 중고등학교 교사와 달리 영유아교사는 매우 다양한 경로를 통해 양성된다. 교사양성과정의 수업연한이 다를 뿐 아니라 그 안에 담긴 교육과정의 과목과 영역별 비중도 다르고 내용도 다르다.

유치원교사와 보육교사의 자격기준과 양성과정이 제도적으로 이원화되어 있고 매우 다양한 경로와 구조를 갖고 있는데, 보육교사의 자격기준이 유치원교사의 자격기준보다 낮아 보육교사의 전문성 및 보육 서비스의 질적 차이에 대한 문제가 제기되어 왔을 뿐만 아니라 유치원교사 집단 내에서도 전문성 수준에 심한 편차가 있다는 문제가 제기되어 왔다. 따라서 누리과정의 실시로 동일한 교육과정을 운영하면서도 영유아들에게 동일한 수준의 서비스 제공을 담보하기 어려운 것이 현실이다.

2) 영유아교원 양성교육과정

(1) 보육교사 양성교육과정

1991년 「영유아보육법」이 제정되기 전에는 보육교사 양성을 위한 제도적인 양성

과정이 존재하지 않았다가 「영유아보육법」 제정 이후 보육교사 양성과정 기준이 마련되었다. 초기에는 소양교육 5%, 영유보육 기초이론 30%, 영유아보육 실무 30%, 아동복지 일반이론 15%, 보육실습 15%로 구성되었다. 1991년 「영유아보육법 시행규칙」이 제정된 이후 보육교사 자격인정 교과목 등의 기준은 수차례 개정되었으며 「영유아보육법 시행규칙」으로 2005년 1월부터는 보육교사의 자격기준 교과목 및 학점이 전면 달라졌는데, 보육교사 자격에서 관련학과 규정을 폐지하여 전공 여부와 관계없이 보육 관련 교과목을 이수할 경우 보육교사 자격을 취득할 수 있도록 개정한 것이 특징이라고 할 수 있다.

보육교사 양성대학에서는 보육교사 2급 자격 취득을 위해 이수해야 할 교과목을 주요 6개 영역으로 구분하고 각 영역마다 이수해야 할 학점을 지정하고 있다. 이수해야 할 교과목 영역은 실습, 보육기초, 발달 및 지도, 영유아교육, 건강 · 영양 및 안전, 가족 및 지역사회 협력으로 구분되어 있으며, 영역별로 필수 5과목과 7과목 이상을 선택할 수 있도록 하여 총 12과목 이상, 총 35학점 이상을 이수하도록 하였다. 이후 이수 교과목 선택의 폭이 너무 넓고 유사교과목을 인정한 것이 보육의 전문성 수준을 떨어뜨리는 결과를 초래한다는 지적이 있었다. 이에 따라 2014년 3월 1일부터 시행된 「영유아보육법 시행규칙」 제12조 제1항에 근거하여 보육교사의 자격기준이 강화되어 보육교사 2급 자격증을 취득하기 위한 학점 이수 기준이 12과목 35학점에서 17과목 51학점으로, 이 중 보육실습 학점이 2학점에서 3학점으로 이수해야 하는 학점의 수가 상향 조정되었다. 또한 2017학년도 입학생부터는 대면교과목을 강화함에 따라 일정 교과목은 출석수업을 하여야 하는데, 사이버 강의로 학점을 이수하더라도 과목당 반드시 8시간 이상 출석수업에 참석해야 하며 1회 이상의 출석시험을 실시하여야 한다. 구체적인 교과목과 대면교과목은 〈표 4-5〉와 〈표 4-6〉에 제시한 바와 같다.

표 4-5 대학의 보육 관련 교과목 및 학점

구분		교과목	이수과목(학점)
교사 인성		보육교사(인성)론, 아동권리와 복지	2과목(6학점)
보육지식과 기술	필수	보육학개론, 보육과정, 영유아발달, 영유아교수방법론, 놀이지도, 언어지도, 아동음악(또는 아동동작, 아동미술), 아동수학지도(또는 아동과학지도), 아동안전관리(또는 아동생활지도)	9과목(27학점)
	선택	아동건강교육, 영유아사회정서지도, 아동문학교육, 아동상담론, 장애아 지도, 특수아동 이해, 어린이집 운영관리, 영유아보육프로그램 개발과 평가, 보육정책론, 정신건강론, 인간행동과 사회환경, 아동간호학, 아동영양학, 부모교육론, 가족복지론, 가족관계론, 지역사회복지론	4과목(12학점) 이상
보육실무		아동관찰 및 행동연구, 보육실습	2과목(6학점)
계		17과목(51학점) 이상	

* 교과목의 명칭이 서로 다르더라도 교과목의 내용이 비슷하면 같은 교과목으로 인정하고 보육실무 교과목 중 보육실습은 교과목 명칭과 관계없이 보육실습기관과 보육실습기간의 조건을 충족하면 보육실습으로 인정한다.
* 각 교과목은 3학점을 기준으로 하되, 최소 2학점이어야 한다.
* 17과목 이상, 51학점 이상 이수하여야 한다.

표 4-6 교육영역별 대면교과목

구분	교과목
교사 인성	보육교사(인성)론, 아동권리와 복지
보육지식과 기술	놀이지도, 언어지도, 아동음악(또는 아동동작, 아동미술), 아동수학지도(또는 아동과학지도), 아동안전관리(또는 아동생활지도)
보육실무	아동관찰 및 행동연구, 보육실습

한편, 보육교사 3급 자격 취득을 위한 보육교사교육원이라는 교육훈련시설은 3급 보육교사 양성을 위하여 보건복지가족부 장관이 지정한 시설을 의미한다. 보육교사교육원의 교육과정은 「영유아보육법 시행규칙」 제1조 제2항에 제시되어 있는데, 실습을 포함하여 25과목, 총 65학점을 이수하여야 한다. 구체적인 교과목은 〈표 4-7〉에 제시한 바와 같다.

표 4-7 교육훈련시설(보육교사교육원)의 교육과정

구분	교과목	이수과목(학점)
교사 인성	보육교사(인성)론, 아동권리와 복지	2과목(6학점)
보육지식과 기술	보육학개론(3), 보육과정(3), 영유아발달 및 지도(3), 아동생활지도(3), 영유아 문제행동지도 및 상담(3), 특수아동이해와 지도(3), 놀이지도(3), 언어지도(3), 아동음악과 동작(3), 아동미술(3), 아동수학지도 · 아동과학지도(3), 영유아교수방법론(3), 교재교구개발(3), 부모교육(3), 영유아 건강지도(3), 영유아 영양지도(3), 아동안전관리(2), 어린이집 운영관리(3),	18과목(52학점)
보육실무	아동관찰 및 실습(3), 보육실습(4)	2과목(7학점)
계	22과목(65학점) 이상	

* 각 교과목당 평가 점수가 70점 이상인 경우에만 이수한 것으로 인정한다.
* 학점당 시간은 15시간을 기준으로 한다.
* 보육실습은 「영유아보육법 시행규칙」에 따른 보육실습에 관한 기준을 적용한다.
* 22과목 이상 65학점 이상 이수하여야 한다.

(2) 유치원교사 양성교육과정

현행 유치원교사 양성은 1973년부터 실시된 실험대학의 도입에 따라 140학점, 졸업 이수 학점체계에 의해 운영되고 있다. 대부분의 교사양성 교육과정이 교양과정, 전공교육과정, 교직과정으로 구성되어 있고 교육실습은 교직영역의 일부로 실시되고 있다. 교양과정은 여러 가지 교양과목을 통해 교사에게 필요한 다양한 지식과 경험을 직간접적으로 소개하는 역할을 하므로, 교양과목을 이수함으로써 다양한 분야에 대한 이해와 적용 능력을 갖게 되고(권영례, 김소라, 2015) 유아교사가 가지고 있어야 할 기술이나 태도 등을 형성하는 데 필요한 기초 능력을 기를 수 있다.

전공교육과정의 경우, 2013학년도 이후 입학자의 전공과목은 50학점 이상으로 기본 이수과목 21학점(7과목) 이상과 교과교육 영역 8학점(3과목) 이상이 포함되어야 한다고 제시하고 있다. 각 대학에서 공통적으로 전공영역에 편성한 과목으로는 유아교육개론, 유아교육과정, 영유아 발달과 교육, 놀이관련과목, 유아미술교육, 유아음악교육, 유아동작교육, 유아언어교육, 유아사회교육, 유아과학교육, 유아수학교육, 유아건강교육, 유아관찰 및 실습, 유아교육기관 운영관리, 교과논리와 논술, 교과교육론, 교과별 교육과정 등이 있다.

교직과정은 교직이론, 교직소양, 교육실습의 세 영역으로 구성되어 있는데 교육학의 기초과목들로 구성되어 교사로서 지녀야 할 철학과 지식의 기초를 제공하는 영역이다. 교직과목은 교직과 관련된 분야의 지식을 습득하기 위한 것으로 전문적인 기술보다는 주로 교육과 관련된 이론과 정책이 중심이 된다. 교직과목을 통해 예비교사들은 교육에 관한 전문적인 이론을 학습하고 학교 및 교육이 수행하는 역할에 대한 시각을 확립하게 된다. 교원자격검정령에 의하여 2013학년도 이후 입학자의 교직 이수 과목과 학점은 총 22학점이며 세부적으로 교직이론 12학점(6과목) 이상, 교직소양은 6학점 이상, 교육실습 4학점 이상을 이수하도록 되어 있다. 따라서 교육학개론, 교육철학 및 교육사, 교육과정, 교육평가, 교육방법 및 교육공학, 교육심리, 교육사회, 교육행정 및 경영, 특수아동의 이해, 학교폭력의 예방 및 대책, 학교현장실습, 교육봉사활동 등은 각 대학에서 공통적으로 강조되고 있다.

교사양성의 마지막 단계로 생각하여 실습 이전까지 배운 것을 실제에 적용하고 정리하는 것으로 인식되던 **교육실습**은 교사가 되기 위해 필요한 자질을 계속해서 연마하는 단계로 그 의미가 확대되고 있다. 교육실습과정은 사전실습, 정규실습, 사후실습의 3단계로 나뉘며 정규실습은 4주에 걸쳐 관찰과 참여, 실무실습과정을 거친다. 구체적인 교과목과 이수 학점은 〈표 4-8〉과 같다.

표 4-8 유치원교사 자격 취득을 위한 유아교육 교과목 및 학점

구분	교과목	이수과목(학점)
전공 영역	• 기본이수과목: 유아교육론, 유아교육과정, 영유아발달과 교육, 유아언어교육, 유아사회교육, 유아과학교육, 유아수학교육, 유아미술교육, 유아음악교육, 유아교사론, 유아동작교육, 유아놀이지도, 유아교육기관운영관리, 아동복지, 유아건강교육, 유아관찰 및 실습, 부모교육 • 교과교육영역: 교과교육론, 교과 논리 및 논술, 교과 교재 및 연구법, 교과별 교수법, 교과별 교육과정, 교과별 평가방법론 등	전공과목 50학점[기본 이수과목 21학점(7과목) 이상 포함, 교과교육영역 8학점(3과목) 이상 포함]
교직 영역	• 교직이론: 교육학개론, 교육철학 및 교육사, 교육과정, 교육평가, 교육방법 및 교육공학, 교육심리, 교육사회, 교육행정 및 교육경영, 생활지도 및 상담, 그 밖의 교직이론에 관한 과목 • 교직소양	6과목(12학점) 이상 선택 (교직소양 6학점 이상, 교육실습 4학점 이상) * 교직과목 필수 이수

출처: 유치원 및 초등 · 중등 · 특수학교 등의 교사자격 취득을 위한 세부기준[교육부고시 제2014-48호, 2014. 09. 02., 전부개정] [별표 1] 전공과목의 세부 이수기준, [별표 2] 교직과목의 세부 이수기준, [별표 3] 교사자격종별 및 표시과목별 기본이수과목(또는 분야)

표 4-9 유치원과 어린이집 교사자격 취득을 위한 학점이수 기준 비교

영역	유치원(유치원정교사 2급)	어린이집(보육교사 2급)
전공영역	• 기본이수과목-7과목(21학점) 이상 포함: 유아교육론, 유아교육과정, 영유아발달과 교육, 유아언어교육, 유아사회교육, 유아과학교육, 유아수학교육, 유아미술교육, 유아음악교육, 유아교사론, 유아동작교육, 유아놀이지도, 유아교육기관운영관리, 아동복지, 유아건강교육, 유아관찰 및 실습, 부모교육	• 교사 인성 영역-필수 2과목(6학점): 보육교사(인성)론, 아동권리와 복지 • 보육지식과 기술 영역-필수 9과목(27학점): 보육학개론, 보육과정, 영유아발달, 영유아교수방법론, 놀이지도, 언어지도, 아동음악(또는 아동동작, 아동미술), 아동수학지도(또는 아동과학지도), 아동안전관리(또는 아동생활지도)
	• 교과교육영역-3과목(8학점) 이상: 교과교육론, 교과 논리 및 논술, 교과 교재 및 연구법, 교과별 교수법, 교과별 교육과정, 교과별 평가방법론 등	• 보육지식과 기술 영역-선택 4과목(12학점) 이상: 아동건강교육 영유아 사회정서지도, 아동문학교육, 아동상담론, 장애아 지도, 특수아동 이해, 어린이집 운영관리, 영유아 보육프로그램 개발과 평가, 보육정책론, 정신건강론, 인간행동과 사회환경, 아동간호학, 아동영양학, 부모교육론, 가족관계론, 지역사회복지론
	• 선택과목 • 기본이수과목의 잔여학점	• 보육 실무 영역-필수 2과목(6학점): 아동관찰 및 행동연구, 보육실습
소계	50학점 이상	17과목(51학점) 이상
교직영역	• 교직이론: 7과목(14학점) 이상 선택 교육학개론, 교육철학 및 교육사, 교육과정, 교육평가, 교육방법 및 교육공학, 교육심리, 교육사회, 교육행정 및 교육경영, 생활지도 및 상담, 그 밖의 교직이론에 관한 과목	해당 없음
	• 교직소양: 6학점 이상	해당 없음

출처: 유치원 및 초등 · 중등 · 특수학교 등의 교사자격 취득을 위한 세부기준[교육부고시 제2014-48호, 2014. 09. 02., 전부개정] [별표 1] 전공과목의 세부 이수기준, [별표 2] 교직과목의 세부 이수기준, [별표 3] 교사자격종별 및 표시과목별 기본이수과목(또는 분야)
영유아보육법 시행규칙[시행 2016. 08. 01.] [보건복지부령 제392호, 2016.01.12., 일부개정] [별표 4] 보육관련 교과목 및 학점, [별표 5] 교육훈련시설의 교육과정.

교사양성 교육과정은 유치원교사와 보육교사 양성체계 간에도 다양하지만 유치원교사 양성체계 내에서도 다름을 알 수 있다. 유치원교사와 보육교사 양성교육과정을 비교하기 위해 〈표 4-9〉에 제시된 유치원과 어린이집 교사자격 취득을 위한 학점이수 기준을 살펴보면, 2014년「영유아보육법」개정으로 보육교사의 자격기준

이 강화되어 전공 이수학점은 유치원교사의 경우 50학점 이상, 보육교사는 12과목 35학점에서 17과목 51학점, 보육실습은 2학점에서 3학점으로 상향 조정되었으나 유치원교사 자격 취득을 위하여 실습을 포함한 교직영역 학점을 이수해야 하므로 전체 학점이 유치원교사는 72학점, 어린이집 교사는 51학점으로 차이가 있다. 즉, 자격 취득을 위해 이수해야 하는 전공학점은 큰 차이는 없으나, 보육교사의 경우 자격 취득을 위하여 교직영역의 교과목을 이수하지 않으며 유치원교사의 자격 취득도 교사양성 교육과정의 수업 연한과 내용에 있어 차이가 있다. 김은영, 김길숙, 이언주(2014)에 따르면 전문대학의 교육과정은 4년제 대학과 마찬가지로 교양, 교직, 전공으로 구분하여 운영되고 있으나, 최저 이수학점은 120～140점으로 차이가 있으며 특히나 교양 이수학점은 4년제 대학의 그것과 현저한 차이가 있다. 뿐만 아니라 양성과정 중 예비교사의 인성과 적성 검사에서 적격판정을 받아야 한다. 이는 교사의 전문성 차이를 낳게 되며 결과적으로 영유아들이 속해 있는 기관과 교사에 따라 질적 수준이 다른 교육과 보육을 받게 된다는 것을 의미한다. 3～5세 유아가 유치원과 어린이집 어느 기관에 속하든지 공통과정인 누리과정이 적용되고 있는 현실에서는 이러한 수준의 차이를 최소화할 필요가 있다.

3) 영유아교원의 임용

교원양성기관에서 우수한 신입생을 선발하여 그들을 대상으로 적절하고 충실한 교육과정을 운영하며, 교원양성 교육과정을 이수한 자에 대해 적절한 평가를 거쳐 교사자격을 부여하고 이들을 대상으로 임용권자가 소정의 전형과정을 거쳐 필요한 교사를 임용하는 절차를 거친다. 이러한 교원양성체제의 과정에서 임용은 교원정책이 교육현장에 직접 실천되는 결과를 보여 주는 것이라고 할 수 있다.

유치원교사의 경우 1949년 「교육법」 제70조에 현재와 같은 교사자격 기준이 있었으나 유치원교사의 자격에 관한 행정적 조치는 없었다. 1963년 이후부터 유치원교사 자격증을 소지한 사람에 한하여 유치원교사로 근무할 수 있게 되었다. 초·중등교원과 달리 유치원교사의 임용제도는 사립유치원 교사의 임용과 공립유치원 교사의 임용으로 나누어진다. 국공립 유치원교사는 「교육공무원법」 제10조에 의거하여 자격, 재교육성적, 근무성적, 그 밖에 실제 증명되는 능력에 의하며, 교원으로서의 자격을 갖추고 임용을 원하는 모든 사람에게 능력에 따른 균등한 임용의 기회가 보장된다. 사립 유치원교사의 경우, 「사립학교법」 제53조의 2항에 의거하여 각급학교의 교원은 당해 학교법인 또는 사립학교 경영자가 임면한다고 명시되어 있다. 법인체 사립유치원에서는 원장의 제청으로 이사회 의결을 거쳐 결정하고, 사립유치원에서는 원장의 제청으로 설립자의 의결을 거쳐 구비서류를 당해 교육청장에게 제출하여 최종 결정한다. **임용절차**를 구체적으로 살펴보면, 〈표 4-10〉에 제시한 바와 같이 사립유치원 교사의 임용은 유치원 이사장 또는 원장이 면접이나 모의수업을 통해 결정하는 경우가 많으나 법으로 정해진 임용방법은 없다. 그러나 공립유치원 교사는 **임용고사**를 보아야 임용될 수 있다. 유치원교사 임용시험은 유치원교사 자격증을 가진 교사를 대상으로 각 시·도교육청에서 주관하여 실시한다. 임용고사 합격자 중 성적 순으로 유치원교사가 필요한 곳에 배치된다. 따라서 시험에 합격한 후 바로 임용될 수도 있으나 임용되기까지 기다려야 하는 경우도 있으며 임용고사 합

표 4-10 유치원 유형별 교사 신규임용 방법

구분	내용
국립유치원	공개전형(필기, 실기시험 및 면접시험 등: 「교육공무원 임용령」 제11조 제1항)으로 채용 • 임용권자가 독자적으로 마련한 공개전형(「임용령」 제9조 제2항)에 의하여 임용하는 방법 • 공립유치원 교사 중 임용권자인 시·도 교육감으로부터 3배수 범위 내에서 추천을 받아(「임용령」 제10조 제2항) 임용하는 방법 • 위 방법을 절충하는 방법 중 한 가지를 택하여 임용할 수 있다.
공립유치원	교사의 신규 채용은 공개전형에 의하며 임용권자(각 시·도 교육감)가 자체 전형계획을 수립하여 시행하거나 타 시·도와 공동으로 시행하는 방법이 있는데, 최근에는 공동으로 시행하는 방식이 많이 채택되고 있다. 합격자는 성적 순위에 따라 신규 임용하도록 하고 있다.
사립유치원	사립유치원 교사의 자격은 국공립유치원 교사의 자격과 같으며 유치원 설립자가 원장과 교사를 임명하며 교사는 원장이 제청하면 설립자가 임명한다. 교사 신규 채용방법은 다음과 같다. • 국공립과 같은 공개전형(유치원 단독 혹은 유치원 연합)에 의해 선발한다. • 유치원별로 정한 임용 기준에 따라 교사를 선발해야 하나 많은 유치원은 공개전형의 방법을 채택하지 않고 있으며 임명권자의 주관적인 기준 등에 의해 선발하고 있다.

격자의 임용 후보자 유효기간은 1년이며 1년에 한하여 연장할 수 있다.

보육교사의 임용은 「영유아보육법」(법제처, 2011) 제19조 제1항과 제2항에 의하면 특별자치도지사 · 시장 · 군수 · 구청장이 보육교직원의 임면에 관한 사항을 관리하게 되어 있고 어린이집의 장은 보건복지부령으로 정하는 바에 따라 보육교직원의 임면에 관한 사항을 특별자치도지사, 시장, 군수, 구청장에게 보고하게 되어 있다. 「영유아보육법 시행규칙」 제11조 관련 별표 3의 보육교직원의 임면 원칙에 의하면, 임면권자는 보육교직원 결원 시 1개월 이내에 보육교직원을 채용하여야 한다. 구체적인 보육교직원 임면권자와 채용방법(보건복지가족부, 2011)을 살펴보면, 보육교사는 법인이나 단체의 대표자 또는 시설 설치자가 임면하도록 되어 있으며 어린이집 원장은 국공립어린이집의 경우 특별자치도지사 · 시장 · 군수 · 구청장이 임면하고, 법인 · 직장 · 가정 · 민간어린이집은 시설 설치자가 임면한다. 다만, 국공립어린이집을 법인, 단체, 개인에게 위탁 운영하는 경우로서 국공립어린이집 설치자는 종사자 임면권을 위탁 운영자에게 위임할 수 있다. 이와 같은 규정에 의하면 보육교사의 임용은 결국 어린이집 원장에 의해 이루어진다고 볼 수 있다. 즉, 공개채용 방식으로 변화한 국공립어린이집을 제외한 대다수의 법인 · 민간 · 가정어린이집의 경우 보육교사의 임용은 공식적인 채용 절차를 거치기보다는 비공식적인 경로를 통해 이루어지는 경향이 있다. 보육교사에 관한 대외적으로 명시된 일정한 선발기준이 아니라 각 기관 내에서, 특히 원장 나름대로 정한 선발기준에 의해 이루어지는 것으로 비공식적인 절차에 따라 채용된다고 볼 수 있다. 이런 점은 사립유치원 교사 임용절차와 흡사한데, 결국 이러한 명시적인 임용방법이나 임용기준이 모호한 임용절차는 예비 영유아교사에게 취업을 위한 준비의 방향성을 제시하지 못하므로 결국 혼란을 겪게 하고 더 나아가 교육기관에서는 현장의 요구를 반영하지 못한 교육과정을 운영하게 한다고 볼 수 있다. 그러므로 영유아교사로서의 기본 자질과 능력을 갖춘 교사를 선발하기 위해서는 명시적인 임용기준과 임용절차의 공정성을 확보할 수 있는 임용방법으로 개선되어야 할 것이다(임승렬, 박은혜, 김명순, 김희진, 2003).

5. 결론 및 제언

영유아기 교육에 대한 사회적 책임 인식이 강화되어 국가가 적극적으로 유아교육의 질 관리를 해야 할 필요성은 OECD 가입국 대부분이 무상공교육체제를 구축하기 위해 시도한 것과 UNESCO가 영유아교육을 ISCED 레벨 0으로 분류하여 하나의 학제로 확장시킨 것으로 설명될 수 있다. 많은 교육 선진국가가 생애의 토대가 되는 유아기 교육에 집중적인 투자를 하는 교육정책을 펴서 교육의 질적 향상을 도모하고 있으며 양질의 교육을 실현하기 위해 유아교육의 공교육체제 확립을 강조해 왔다. 우리나라에서도 이러한 세계적 추세에 따라 '생애초기 출발선의 평등'이라는 명제하에 무상보육 및 무상교육 확대를 위한 영유아보육 · 교육에 대한 국가의 완전책임 실현이라는 목표를 수립하여 다양한 정책과제들을 제시한 바 있다. 우리나라의 영유아교육과 보육의 질 제고 차원에서 공교육체제를 확립하기 위한 노력은 지속되고 있으나 국가 차원의 체계적이고 장기적인 계획과 실천이 뒤따라야 교육의 질 제고가 확보될 수 있다. 유아교육정책과 보육정책의 미래 전망에서 언급한 바 있듯이 국가가 적극적으로 교육의 질 관리를 하고 지원하는 공교육체제를 확립하는 것이 필요하며 영유아교육과 보육의 공교육체제 구축은 현재 이원화되어 있는 유아교육과 보육의 통합을 통해 보다 실질적으로 이루어질 수 있다. 이러한 유아교육과 보육의 통합정책이라는 틀 속에서 영유아교원정책이 나아갈 방향을 모색할 필요가 있다.

영유아교원정책의 변천과정을 영유아교원 양성체제에 국한하여 교원의 자격기준과 양성교육과정 측면에서 살펴본 결과, 유치원교사와 보육교사의 양성체제가 이원화되어 있을 뿐만 아니라 교원양성 경로가 초 · 중등교원 양성 경로와 달리 너무 다양하며, 각기 다른 경로에서 운영되는 양성교육과정으로 인하여 교원교육의 내용에 차이가 있음을 알 수 있다. 이는 영유아교원의 전문성에 차이를 낳게 되어 결국 영유아교육의 질적 고양에 걸림돌이 되고 있다.

교육의 질을 결정하는 핵심 요소 중 하나는 교원이며 교원양성과정에서 훈련을 통해 교원으로서의 능력과 전문적 자질을 함양할 수 있다. 이런 점에서 많은 국가는 교원양성체제와 자격기준 그리고 현직훈련을 통해 교원의 질 관리에 노력함으로써 교육의 질을 확보하고 있다. 우리나라의 영유아교원 양성과정체제가 이원화되어 있기에 교원으로서의 출발부터 다른 교사들로부터 동일 연령의 유아가 교육을 받는 것은 형평성의 문제가 있으며 정부가 구현하려는 '생애초기 출발선의 평등'에 어긋나는 것이다. 따라서 영유아교원정책의 첫 과제는 영유아교원 양성체제의 일원화라고 할 수 있다. 영유아교원 양성체제의 일원화를 위해서는 초·중등교원과 동일하게 주무행정부처가 일원화되어야 하며 이에 따른 법 개정이 요구된다. 영유아교원 양성체제가 일원화되어야 한다는 것은 누구나 공감하는 일이지만 행정부처, 유아교육과 보육 관련 이해당사자들의 갈등, 재정 확충 등의 복잡한 과제들이 얽혀 있어 난제이다. 그러나 양성체제의 일원화는 양성대학만의 문제가 아니라는 것을 앞서 언급한 바 있고 행정부처의 일원화와 자격 관련 법령 개정 등의 과제가 선결되어야 한다.

영유아교원정책의 두 번째 과제는 유치원교사와 보육교사 자격기준의 동질성을 확보하는 것이다. 물론 영유아교원 양성체제가 일원화되면 해결될 문제이나 유아교육과 보육의 통합이 단시일 내에 이루어지지 못할 경우 양성체제 일원화가 쉽게 이루어질 수 없기 때문에 교사의 전문성 제고와 교육의 질적 고양을 우선시해야 하므로 다양한 양성체제를 모두 수용할 수 있는 최저기준이 아닌 적어도 초등교원에 준하는 자격기준으로 상향 조정될 필요가 있다. 뿐만 아니라 우리나라의 영유아교원 자격은 졸업과 동시에 무시험검정으로 취득할 수 있기 때문에 우수한 교사 배출에 대한 확신이 줄어들고 있고 이는 영유아교원의 전문성에 대한 공신력을 낮추는 요인이 되기도 하므로 무시험검정제도의 개선이 필요하다. 교원자격 기준의 동질성 확보와 더불어, 자격갱신제도의 도입은 교사로서의 기본적 자질과 교육에 대한 전문성 및 윤리를 갖추기 위해 필요할 뿐만 아니라 학습자와 부모를 포함한 사회 구성원들이 교사에 대해 가지고 있는 공신력을 높일 수 있으며 교사 임용에 직접적인 영향을 미칠 수 있다. 우리나라에서는 한번 교사자격을 취득하면 평생 사용할 수 있기 때문에 교사의 끊임없는 자기발전과 전문성 신장을 위해 지속적으로 자격갱신 절차를 거칠 필요가 있다.

영유아교원정책의 미래를 위한 세 번째 과제는 교원양성 교육과정의 개선이다. 영유아교원 양성기관이 매우 다양하고 각 양성기관별로 예비교사들을 위한 교육내용이 다르다. 유치원교사와 보육교사 양성교육과정이 매우 다를 뿐만 아니라 같은 유치원교사 양성기관이라 하더라도 4년제 대학에 비해 전문대학은 교양 비율이 낮고 전공 선택영역에 제한이 있어 교사가 습득해야 하는 지식의 양과 수준에도 차이가 있다. 따라서 교사가 창의적이고 종합적으로 사고할 수 있고 교사의 역할을 잘 수행할 수 있도록 교양과목과 이론과목 및 유아교육의 실제를 다루는 과목들이 균형 있게 포함되도록 교육과정이 개선될 필요가 있으며, 교사양성기관의 유형과 수업연한에 관계없이 동일한 수준의 이수과목 수와 학점으로 교육과정이 구성될 필요가 있다.

영유아교원정책의 네 번째 과제는 양성교육과정의 개선과 맞물려 있다. 다양한 양성체제를 통합하기 위한 하향평준화 통합은 영유아교원의 질적 고양을 담보할 수 없다. 따라서 **양성교육과정의 통합**은 현장에서 질 높은 교육을 잘 수행할 수 있는 교육과정으로 이루어져야 하며 그에 따른 합리적 기준은 교육과정의 통합이 영유아교원의 핵심역량을 잘 길러 낼 수 있는가에 있다. 어떠한 양성체제를 통해 배출되는가와 관계없이 배출된 유아교원이 받은 교육의 내용과 교원으로서의 핵심역량을 갖추고 있다면 교원의 동질성이 확보될 수 있을 것이다. 이런 관점에서 〈표 4-11〉에서 보는 바와 같이 교육부가 **유치원교사 핵심역량**으로 제시한 교직성향 및 자기학습, 교육과정 이해 및 수행, 대인관계 및 의사소통, 정보화 소양 그리고 학급운영의

표 4-11 유치원교사 핵심역량

핵심역량	요소	내용
교직인성 및 전문성 개발	교직에 대한 열정	• 좋은 교육을 위한 헌신 • 교육 선을 위한 지속적 탐구
	창의성	• 다양한 상황과 조건 수용 • 새로운 가치와 아이디어 창출
	반성적 자기개발	• 반성적 사고 개발 • 전문성 발달을 위한 노력 • 교육적 가치를 추구하는 태도
	교직 윤리	• 유치원교사 윤리 강령 실천 • 유치원교사로서 바른 근무 자세 유지
학습자에 대한 이해	유아의 보편적 발달 특성 이해	• 유아 발달 개념 및 발달이론 이해 • 유아의 신체, 언어, 인지, 사회, 정서 영역의 발달 특성 이해
	유아의 개인적, 사회문화적 발달 특성 이해	• 유아의 발달에 관련된 개인적 · 사회문화적 요인 이해 • 유아의 개별적 발달 특성 이해

교육과정 운영	유아교육과정에 대한 이해 및 실행	• 유아교육과정에 대한 이론 이해 • 유아핵심역량에 대한 이해 • 국가 수준 유치원 교육과정에 대한 이해
	교과내용 지식 이해	• 언어, 수학, 과학, 사회, 예술, 체육 교과내용 지식 이해 • 건강 및 안전 교과내용 지식 이해 • 놀이 교과내용 지식 이해 • 적합한 교수자료의 발굴, 개발 및 활용
	다학문적 지식의 이해 및 활용	• 인문학, 과학기술, 사회학, 예술 등의 폭넓은 교양지식 이해 및 탐구 • 다학문 지식의 교육과정 적용
	교수-학습과정에 대한 이해 및 실행	• 유아 교수-학습방법에 대한 지식 • 개별화 교수-학습방법의 적용 • 효율적 교수-학습을 위한 환경 구성 • 적합한 교수 자료의 발굴, 개발 및 활용
	평가의 이해 및 실행	• 유아의 개인적 특성에 대한 평가방법 이해 및 실행 • 교육과정 평가 이해 및 실행 • 평가결과의 활용
대인관계 및 의사소통	공동체 의식 및 태도 형성	• 교육공동체 필요성 이해 • 교육공동체 존중
	공동체 형성 및 지원	• 부모와의 협력 • 동료 교사와의 협력 • 지역사회와의 협력 • 유아와 가족의 교육복지 지원을 위한 정책 이해 및 전달
	의사소통기술 형성	• 대상에 따른 의사소통기술에 대한 관심 • 언어적/비언어적 의사소통 기술 형성
정보화 소양	정보화 기술 이해	• 새로운 정보화 기술에 대한 관심 • 교육, 행정, 재정 업무 처리를 위한 정보화 기술 이해
	정보화 기술 활용	• 폭넓은 정보 교류 • 유용한 정보의 조직 및 활용 • 교수매체로서 정보화 기술의 비판적 활용
학급 운영	교실문화 조성	• 유아와 긍정적인 관계 형성 • 교실 운영과 관리 • 유아 행동지도
	문서 작성 및 관리	• 학급 운영 관련 문서 작성 및 관리 • 대외 관련 공문서 작성 및 관리

출처: 교육과학기술부(2010).

역량을 기를 수 있는 교육과정이라면 교원의 동질성 확보를 위한 교육과정 일원화의 합리적인 기준이 될 것이다. 이와 같은 핵심역량을 갖춘 교사를 양성하기 위해서는 모든 유아교원 양성체제가 교육과정에서 핵심역량을 기를 수 있도록 교과목을 개편해야 할 것이며, 이를 통해 자연적으로 유아교원양성 교육과정이 일원화될 수 있을 것이다.

뿐만 아니라 교원양성 교육과정 개선의 필요성은 우리가 당면하고 있는 사회의 변화에서 찾을 수 있다. 세계는 이미 지능정보사회로 특징지어지는 4차 산업혁명시대의 도래에 적응하여 살아갈 수 있는 방안를 모색하고 있다. 미래의 사회 변화에 맞춰 영유아를 교육하기 위해서 교사의 역할이 바뀌게 될 것이며 이에 따라 양성교육과정이 변화되어야 하는 것은 지극히 당연한 일이다. 새로운 시대에 필요한 교사의 역량으로 교육과정을 재구성하는 것이 요구되는데, 이는 교원의 전문성 제고를 위한 것이기도 하다. 김지영(2017)은 4차 산업혁명시대의 교사에게 요구되는 것으로 학습자의 특징, 수준, 요구를 고려해서 교육과정을 재구성하고 필요한 학습자원들 효과적으로 큐레이팅할 수 있는 능력, 인간의 능력이 기계로 대체되는 4차 산업혁명시대에도 여전히 기계가 대신할 수 없는 관계를 통해 인성과 감성, 윤리와 도덕을 가르칠 수 있는 역량, 그리고 지식의 팽창 속도가 빨라지면서 교사 혼자서는 새로운 지식 습득을 감당할 수 없기 때문에 집단 지성, 즉 학습공동체를 통해 지속적인 학습을 할 수 있는 능력을 들고 있다. 그러므로 미래 사회에서 경쟁력을 갖추기 위해서는 지능정보사회에서 요구하는 핵심역량을 기를 수 있는 교육내용이 영유아를 가르치는 양성교육과정에서 다루어져야 할 것이다.

다섯째, 유치원교사와 보육교사의 임용에 있어 교원양성 교육과정을 통해 자격을 취득한 예비교사 중 자질과 능력을 갖춘 교사를 선발하는 임용방법이 상이하다. 임용고사에 의해 유치원교사로서의 기본 자질과 능력을 갖춘 교사를 선발하기 위해서는 임용교사의 내용과 방법을 개선할 필요성이 있음을 많은 연구에서 제시하고 있다(권영례, 김소라, 2015; 박은혜 외, 2017). 즉, 임용고사의 평가내용 영역과 영역별 비중이 합리적으로 조정되어야 하는데, 이를 위해서 우선적으로 교육현장에서 필요로 하는 교수 능력과 전문적 소양을 갖추었는지를 평가할 수 있는 내용이 포함되어야 한다. 또한 임용고사를 준비하는 학생들이 수강 교과목에 관한 학업을 소홀히 하거나 시험 준비를 위해 별도의 학원에 다니면서 갖게 되는 경제적 부담을 줄일 수 있도록 교사 양성대학의 교육과정과의 연계성을 높여 충실하게 교육과정을 이수하는 것이 임용고사 준비가 될 수 있도록 해야 한다(김경철, 박혜정, 2014). 사립유치원과 보육교사의 임용의 경우 임용기준이 기관마다 다를 수 있으나, 근본적으로 영유아교사로서의 기본 자질과 능력을 갖춘 교사를 선발하기 위해서는 명시적인 임용기준과 임용절차의 공정성을 확보할 수 있는 임용방법으로 개선되어야 할 것이다.

마지막으로, 교원정책 수립에서 가장 중요하게 고려해야 할 것 중 하나는 향후 수요 및 공급을 전망해 보는 것이다. 현재 유치원교사와 보육교사의 수요추계를 토대로 수급의 균형을 살펴본 연구들(박진아, 박창현, 엄지원, 2015; 이미화, 2016; 조부경, 박재윤, 임승렬, 정선아, 우명숙, 2012)에서는 이미 유치원교사와 보육교사의 공급이 수요를 초과할 것으로 예상한다.

교원의 수급정책을 수립하기 위해서는 교원자격 발급과 배출 규모의 조절과 제한을 고려해야 하는데, 현재 이원화되어 있는 교원양성체제에서 이러한 전제를 수용하기는 쉽지 않은 일이다. 더욱이 영유아교원 수급정책의 기본 방향이 질 높은 교사를 안정적으로 공급하는 것이라고 할 때, 자격을 갖춘 교사를 필요한 수만큼 적기에 공급하는 일은 교사수급정책의 기본과제이며 교사 충원과 임용에 필수 전제조건이다. 교사수급은 교원정책의 핵심적인 부분으로 미래의 교육목표를 효과적으로 달성할 수 있도록 전략적인 장기계획의 차원에서 이루어져야 한다. 자칫 수요와 공급의 양적인 균형에만 초점을 맞추다 보면 공급되는 교사의 질을 소홀이 할 우려가 있기 때문에 양적인 교사수급의 안정화와 더불어 교사의 질을 보장해야 한다. 유아교육과 보육의 통합이 완전하게 이루어지지 않은 상태에서 특히 교사자격이 일원화 될 시기가 명확하지 않다는 점에서 교사수급을 예측하기는 어려우나, 수요자의 요구 변화, 유아교육 및 보육 정책의 변화 등을 고려하여 수요 예측을 정교하게 하여 교원양성정책에 반영해야 할 것이다.

교원수급은 다양한 정책적 접근이 있을 수 있다. 첫째, 유치원교사와 보육교사의 수요를 예측한 자료를 토대로 점차적으로 유치원교사와 보육교사 양성학과의 정원을 축소하는 방안이 있다. 이때 정원 축소의 근거로 교원양성대학의 평가 결과를 활용할 수 있다. 둘째, 유아교사의 수급이 균형을 이룰 때까지 유치원교사와 보육교사 양성학과 신설을 금지하는 것도 방안이 될 수 있다. 셋째, 교사 1인당 적정 원아 수를 조절하고 종일반의 경우 2교대 근무를 통해 수급을 조절할 수 있다.

영유아교원 수급과 관련하여 고려해야 할 것은 교원수급의 질적 측면이라고 할 수 있다. 현재 이원화되어 있는 유아교육체제와 사립 또는 민간에 의존하고 있는 유아교육의 현실을 감안할 때, 영유아교원의 수급을 양적인 면에만 의존하기보다는 유아교육을 질적으로 제고하고 다른 어떤 시기보다도 교사의 영향력이 큰 시기가 유아기라는 점에서 질적인 측면에서 수급이 요구된다. 우수한 영유아교사를 수급하기 위해서는 앞에서 언급한 바와 같이 현재의 다양한 교사양성체제와 교사자격 기준을 강화할 필요가 있다. 즉, 배출될 교사의 질적 동등성을 보장하기 위해서는 교사양성기관의 수업연한을 늘리고 교사에게 요구되는 핵심역량에 기초한 표준화된 교육과정이 마련되어야 한다.

새로운 패러다임이 펼쳐지고 있는 지능정보사회에서 미래지향적인 교육을 실현하기 위해서는 유아교원정책이 유아교육과 보육의 통합을 통한 교원양성체제와 교사자격 일원화를 토대로 교원의 수급정책을 수립하여야 하며 교사의 전문성 신장을 위한 교육과정의 개선, 임용방법과 절차의 개선 방향 모색을 포함해야 한다.

우리는 거대하고 전면적인 사회 변화의 속도를 빠르게 느끼면서 살고 있으며 이러한 급속한 사회 변화는 우리 삶에 긍정적이거나 부정적인 영향을 미치고 있다. 그 중 사회 변화가 학교에 미치는 영향은 그 어느 것보다 훨씬 크다고 할 수 있다. 학생이 변화하고 부모와 지역사회가 학교교육에 거는 기대가 달라지고, 교육환경이 변화하면서 교사의 역할 또한 변화할 것이 요구되고 있으며 이 모든 변화는 교육정책의 변화라는 큰 틀에서 이루어진다. 변화는 예기치 못한 시간에 도둑처럼 오기도 해서, 우리가 이러한 급속한 변화에 민감하게 반응하지 않으면 미래의 삶에 대한 기대를 갖기보다는 불안에 떨 수밖에 없다. 미래를 예측하고 적극적으로 대응해야 하는 이유가 바로 여기에 있는 것이다. 앞으로 학교교육이 어떻게 변화되어 가는가를 전망하고 교직의 미래를 예측해 보는 것은 교원정책과 교사가 사회 변화에 따른 교육 변화의 중심에 서서 멀리 앞을 내다보고 주도적으로 대응할 수 있도록 해 주며 그 결과로 적어도 우리가 원하지 않는 미래가 나타나지는 않을 것이다.

참고문헌

교육개혁심의회(1987). 유아교육의 진흥. 정책연구, II-2.

교육개혁위원회(1997). 신교육체제 수립을 위한 교육개혁방안 IV, 제5차 대통령 보고자료 (1997. 6. 2.).

교육과학기술부(2010). 유아교육선진화 방안.

교육부(2010). 유아교육선진화 방안 정책 보고서.

교육부(2013). 2013년도 교원자격검정 사무편람.

교육부(2014). 2014년도 교원자격검정 실무편람.

국무조정실(2013a). 김동연 국무조정실장, 유보통합 현장 의견 수렴에 나서. 보도자료.

국무조정실(2013b). '유보통합' 2016년까지 단계적 추진.

국무조정실(2014). 국무총리 소속 '영·유아 교육·보육 통합 추진단' 14일 공식 출범! 2014. 2. 14., 보도자료.

권기욱(2005). 유아교사론. 서울: 문음사.

권영례, 김소라(2015). 영유아교사론. 경기: 양서원.

김경철, 박혜정(2014). 국·공립 유치원 교사 임용시험 준비생의 삶과 시험의 의미. 유아교육학논집, 18(5), 427-452.

김명순, 임승렬, 김희진, 박은혜(2003). 유치원교사의 전문성 제고를 위한 자격, 임용 및 사이버 연수를 포함한 재교육 제체 개전 방안에 관한 정책연구. 한국연구재단 연구성과물.

김신복(1982). 정책학. 서울: 법문사.

김아름(2015). 누리과정과 보육정책에 대한 법적 쟁점과 개선방안. 고려법학, 79, 129-164.

김영옥(2012). 교육의 글로벌 역량강화를 위한 정책 방향과 과제, '유아교육의 현황과 발전방향'. 한국교원교육학회 학술세미나, 일산 킨텍스 제2전시장, pp. 3-22.

김영옥 외 9인(1995). 한국 현대유아교육사. 서울: 양서원

김은설, 신나리(2006). 유아교육과 영유아보육 통합에 대한 전문가 의견. 육아정책포럼 창간호. 서울: 육아정책개발센터.

김은설, 안재진, 최은영, 김의향, 양성은, 김문정(2009). 보육교사의 전문성 제고 방안. 보건복지부, 육아정책연구소.

김은영(2014). 유치원과 어린이집 교사 자격 및 양성 관련 체제 분석. 육아정책연구소.

김은영, 김길숙, 이연주(2014). 유치원과 어린이집 교사 자격 및 양성 관련 체계 분석. 육아정책연구소.

김지영(2017). 4차 산업혁명 시대의 유아교육: 무엇을 고민해야 하는가? 한국영유아교원교육학회 춘계학술대회 자료집.

나병현(2002). 공교육의 의미와 교육의 공공성 문제. **한국교육, 29**(2), 549-571.

나은경(2016). 한국 유아교육의 공공성 형성에 관한 교육역사사회학적 탐색. 부산대학교 대학원 박사학위논문.

나정(2003). 한국의 유아교육과 보육정책에 대한 총괄적 진단과 분석: OECD의 관점.

류정순(2008). 국민의 정부, 참여정부 및 이명박 정부의 복지정책비교. **한국빈곤문제 연구소 정기토론 논문집.**

문무경, 최윤경, 김혜진(2012). OECD 국가 사례에 비추어 본 만 5세 공통과정 운영의 질 향상 방안 연구. 교육과학기술부.

박신영(2015). 유아교육 공교육화 정책네트워크 분석. 이화여자대학교 대학원 박사학위논문.

박은혜, 김명순, 신동주, 정미라(2000). **세계의 유아교육제도.** 서울: 양서원.

박은혜, 김희진, 엄정애, 이승연, 김순환, 정혜욱, 김지은(2017). 공립유치원교사 임용후보자 선정 경쟁시험 출제문항분석을 통한 유아교사양성기관 교육과정과의 연계성 검토. **교과교육학연구, 21**(4), 350-366.

박진아, 박창현, 엄지원(2015). 유아교육과 보육 중장기 수요 예측 및 재정 지출 전망. 육아정책연구소.

박찬옥, 조형숙, 엄은나(2008). 한국 유아교육의 질 제고를 위한 정책 방향 탐색. **유아교육학논집, 12**(1), 5-29.

백선희(2012). 보육 서비스 공급체계의 공공성 강화를 위한 방안. 한국사회복지정책학회 춘계 학술대회.

보건복지부(2004). 보육사업안내.

보건복지부(2009). 아이사랑플랜.

서문희, 안재진, 유희정, 이세일(2008). 보육정책 개편방안 연구. 육아정책연구소.

서영숙, 이미화, 임승렬, 김은설, 김은영, 송신영(2008). 유치원과 보육시설 일원화체제를 위한 통합 방안(연구보고 2008-09). 서울: 육아정책개발센터.

송지윤(2016). 영·유아교육 관련 정책연구 현황분석. 중앙대학교 교육대학원 석사학위논문.

심은희(2009). 한국 사립유치원의 변천과정: 1980년부터 2008년까지. 이화여자대학교 대학원 박사학위논문.

양옥승(2002). 유치원교사 양성체제와 유아교육의 전문성 신장. **한국교사교육, 19**(1), 25-43.

오화영(2006). 영유아 보육제도 도입과정에 대한 담론 분석: 젠더정치의 관점에서. 서강대학교 대학원 박사학위논문.

유훈(1999). **정책학원론.** 법문사.

윤종건(2002). 한국교원정책의 쟁점과 교육의 질 향상 과제. **한국교원교육연구, 1893**, 113-127.

이기숙, 이연섭, 이영자(1984). **유아교사 양성대학 모형 교육과정 연구.** 서울: 문교부.

이덕난(2009). 영유아교육 관련법령의 변천과정에 나타난 유아교육과 보육의 의미에 관한 연구. **교육법학연구**, 21(2), 195-216.

이미화(2016). 통합의 시대를 향한 유아교사 양성 방향. **한국 유아교육학회 춘계학술대회 자료집.**

이미화, 임승렬, 조형숙, 유은영, 송신영(2007). 육아지원인력 양성교육과정 모형 개발 연구. 육아정책개발센터.

이미화, 장명림, 문무경, 서문희, 김은영, 김은설, 최윤경, 유해미, 최은영, 양미선, 이혜민, 나지혜(2013). 한국형 유아교육·보육 발전 로드맵 연구. 육아정책연구소.

이상금(1965). 외면당한 교육의 불구아(취학전 교육). **새교육**, 117, 68-72.

이옥, 김은설, 신나리, 문무경, 최혜선(2006). 육아정책의 효율성 제고를 위한 유아교육·보육의 협력과 통합 방안(연구보고. 2006-01). 육아정책개발센터.

이원영(1981). **취학전 교육**(상권). 서울 교육사 서울시 교육위원회(편). 서울: 서울시 교육위원회.

이원영(2004). 유아교육법 제정과정과 그 의의. **유아교육학논집**, 8(4), 5-32.

이음재(2012). 한국 유아교육기관의 정책 수용에 대한 영향 요인 분석: 교육 질 향상을 위한 제도 분석을 중심으로. 가톨릭대학교 대학원 박사학위논문

이일주(1999). 한국 유아교육 일원화 체제 모형 탐색. 동국대학교 대학원 박사학위논문.

이해정(2016). 유보통합의 현황 및 방향에 관한 연구. **어린이문학교육연구**, 17(4), 821-834.

임승렬(2013). 누리과정의 효율적 시행과 유아교사 자격제도 개선 및 수급정책. 제5회 교원정책포럼. 한국교원교육학회·육아정책연구소.

임승렬, 박은혜, 김명순, 김희진(2003). 유치원교사의 자격제도와 임용고사에 관한 구. **열린유아교육연구**, 5(8), 271-297.

임재택(1991). 유아교사 양성 및 임용제도의 문제점과 개선방향. **교육연구**, 1(1), 173-190.

장길호(2001). 한국유아교육정책 변천과정 연구. 단국대학교 대학원 박사학위논문.

장명림(2012). 미래사회와 공생을 위한 육아 정책의 선진화 방안. 육아정책연구소, 2-41.

정경애(2014). 유아교육정책 변천에 따른 공립유치원 교사의 교직 생애에 관한 연구. 경상대학교 대학원 박사학위논문.

조부경, 박재윤, 임승렬, 정선아, 우명숙(2013). 유아교육·보육 통합 법제화 정책 연구. 서울: 교육과학기술부.

조용남(2015). 〈보육의 전문성과 보육교직원의 양성체계〉에 대해서. 한국보육학회 학술대회 자료집.

조홍순(2017). 한국 교원정책 70년의 역사적 맥락과 함의. **한국교육학연구**, 2391, 353-377.

최동식(2016). 누리과정예산 정책갈등의 사회적 비용 추정연구－전북을 중심으로－. 우석대학교 대학원 박사학위논문.

최윤경(2017). 유아교육·보육 격차 해소를 위한 현황 분석 및 과제. **육아정책연구소**, 53(10),

15-27
최은영(2016). 한국 유아교육의 최근 동향과 정책 과제. 육아정책연구소, 10(1), 221-240.
최은영(2015). 한국 유아교유과 보육 통합의 선결과제. 육아정책연구, 9(1), 257-277.
최은영(2013). 유아교육 정책의 성과와 과제. 육아정책연구소.
최현자(2005). 유아교사양성제도에 대한 연구. 한국유아교육 · 보육행정연구, 9(4), 219-244.
최혜윤(2009). 유아교육공교육화를 위한유아교육 정책분석: 1999-2007 정부 보도 자료를 중심으로. 이화여자대학교 대학원 석사학위논문.
한국교육개발원(1986). 교육발전의 전망과 과제(1979-1991).
한국보육진흥원(2013). 보육교사 자격기준 변경사항 안내.
한국유아교육학회(1995). 유아교육백서. 서울: 도서출판 하우.
한국유아교육학회(2003). 유아교육백서 2001-2005. 서울: 양서원.
홍인혜(2006). 영유아보육 및 유아교육정책 변천에 관한 연구. 성신여자대학교 대학원 박사학위논문.
황보영란(2014). 영유아보육법에 관한 연혁적 고찰. 육아지원연구, 9(2), 125-146.
황보영란(2008). 유아교육법 체계 정립을 위한 기초연구. 열린유아교육연구, 13(2).

Dye, T, R. (2007). *Understanding public policy*(12th ed.). Englewood Cliffs, NJ: Prentice Hall.
OECD(2014). *Education at a glance*. OECD Publishing.
OECD(2012). *Starting Strong III: A quality toolbox for early childhood education and care*. Paris,France: OECD.

제 5 장

초등교육분야 교사교육 성찰

김왕준(경인교육대학교 교육학과 교수)

1. 서론

초등교원은 전국에 위치한 10개 교육대학교, 제주대학교 교육대학(제주교대가 2008년 제주대로 통합), 한국교원대학교 초등교육과, 이화여자대학교 초등교육과 등 13개 기관에서 양성되고 있다. 초등교원 양성기관의 학년도별 **입학정원**은 그동안 학령인구 감소 예측에 따른 정부의 정원 감축 기조에 따라 지속적으로 감축되어, 2010년 4,795명에서 2011년 4,337명으로, 그리고 2012년 3,848명으로 감소한 후 현재까지 유사한 규모를 유지하고 있다(〈표 5-1〉 참조).

초등교사 **신규채용** 인원은 2014년 5,740명에서 2015년 7,028명으로 1,288명이나 증가했으며, 다시 5,275명(2016년), 3,954명(2017년)으로 감소하는 등 해마다 증감을 거듭하고 있다. 초등교원 임용 경쟁률은 당해연도 임용시험 지원자 대비 합격자 관점에서 볼 때, 2010년 3.28 대 1로 상당히 높았으나 2013년 2.30 대 1, 그리고 2016년 1.49 대 1(교육부 · 한국교육개발원 교육통계분석자료집, 2010~2016)로 낮아져 왔다. 이는 초등교원의 경우 양성인원을 수요 감소보다 크게 감축했기 때문이다.

초등교원 양성교육과정의 주요 교과는 「교원자격검정령」에 규정된 **무시험자격검정 요건**에 따라 결정된다. 무시험자격검정에 합격하기 위해서는 전공과목 50학점 이상, 교직과목 22학점 이상, 졸업 전체 평균성적 75/100 이상, 교직평균성적 80/100 이상, 교직적성 및 인성검사 적격판정 2회 이상, 응급처치 및 심폐소생술 실습 2회 이상 이수 등을 충족하여야 한다(「교원자격검정령」 별표 1).

표 5-1 초등교원 양성기관 학년도별 입학정원(2010~2018)

구분	'10	'11	'12	'13	'14	'15	'16	'17	'18
국립	4,755	4,297	3,809	3,809	3,809	3,809	3,808	3,808	3,808
사립	40	40	39	39	39	39	39	39	39
합계	4,795	4,337	3,848	3,848	3,848	3,848	3,847	3,847	3,847

출처: 교육부(2013, 2016, 2017).

교육대학 전공과정은 기본이수과목 21학점(7과목) 이상을 포함하여 교과교육 및 교과내용영역 50학점 이상을 이수하여야 한다. 교직과목은 교직이론, 교직소양, 교육실습으로 구성되어 있으며, 교직소양 6학점 이상과 교육실습 4학점 이상(교육봉사활동 2학점 이상 포함 가능)을 포함하여 22학점 이상을 이수하여야 한다(「교원자격

표 5-2 초등학교 2급 정교사 전공과목 및 교직과목

구분		과목
전공과목	초등교육과(전공)	• 50학점 이상 –교과교육 및 교과내용영역 50학점 이상 –기본이수과목 21학점(7과목) 이상 포함 초등윤리, 초등국어, 초등수학, 초등사회, 초등과학, 초등체육, 초등음악, 초등미술, 초등실과, 초등영어, 초등컴퓨터, 통합교과, 초등안전교육 ※ 초등실과 과목에는 소프트웨어 관련 내용을 포함하고, 초등컴퓨터 과목은 소프트웨어기초소양, 프로그래밍, 알고리즘 관련 단원을 포함하여 운영
교직과목	교직이론	• 12학점 이상(6과목 이상) –교육학개론 –교육철학 및 교육사 –교육과정 –교육평가 –교육방법 및 교육공학 –교육심리 –교육사회 –교육행정 및 교육경영 –생활지도 및 상담 –그 밖의 교직이론에 관한 과목
	교직소양	• 6학점 이상 –특수교육학 개론(2학점 이상, 영재교육 영역 포함) –교직실무(2학점 이상) –학교폭력예방 및 학생의 이해(2학점 이상)
	교육실습	• 4학점 이상 –학교현장실습(2학점 이상) –교육봉사활동(2학점 이상 포함 가능)
	합계	총 22학점

출처: 유치원 및 초등 · 중등 · 특수학교 등의 교사자격 취득을 위한 세부기준 별표 1, 2, 3.

표 5-3 G교육대학교 2018학년도 정시모집 최종등록자 성적 현황

전형명		수능(700점)			면접(300점)	총점(1000점)
		상위 20%	평균	하위 20%	평균	평균
일반학생	남	675.500	670.502	665.875	295.222	965.724
	여	679.000	675.474	672.000	295.981	971.455
만학도		658.875	635.838	623.000	295.633	931.471
저소득층학생		663.250	635.055	603.750	295.356	930.411
장애인학생		626.500	533.190	450.975	295.132	828.322

검정령 시행규칙」 별표 3). 구체적인 이수시간과 교과목은 교육부 고시 제2017-126호인 '유치원 및 초등 · 중등 · 특수학교 등의 교사자격 취득을 위한 세부기준'에 제시되어 있다(〈표 5-2〉 참조).

초등교원 양성과정에 최근 입학하는 학생들의 학업성취 수준은 상당히 높은 편이다. 최근 초등교원의 임용률은 상당히 높은 반면에 다른 분야의 취업률은 낮은 상황과 교직의 직업적 안정성이 반영된 것으로 보인다. 예를 들어, 수도권 소재 G교육대학교 정시모집 등록자의 일반학생 수능평균 성적은 남학생이 700점 만점에 670.502이고 여학생이 675.474인 것으로 나타났다(〈표 5-3〉 참조).

G교육대학교 학생부종합전형은 1단계 서류평가에서 학생부 교과영역, 비교과영역, 자기소개서 등에 대한 정성평가를 실시하고, 2단계 심층면접을 통해 최종합격자를 선발하는 전형으로 400명을 선발한다. 학생부종합전형에서는 학생부에 기재된 모든 영역(교과, 비교과)에서 교직인 · 적성이 우수하고, 학교생활에 충실한 학생을 선발하기 때문에 합격 가능한 내신(교과영역)기준이 없으나, 최종등록자의 교과평균 등급은 1.49 이하가 61.5%, 1.5 이상 1.99 이하가 36.2%, 2.0 이상 2.49 이하가 2.3%로 나타났다(〈표 5-4〉 참조). 다른 교육대학 입학생의 수준도 이와 유사한 편이다.

초등교원 양성은 국가의 철저한 수급계획에 따라 양성기관의 입학정원을 조정하고, 자격 요건은 「교원자격검정령」에 의해 규정된다. 교육과정은 큰 틀에서 교원자격검정령의 요건을 충족하도록 구성되어 운영된다. 양성과정 입학생의 자원 역시 우수한 것을 확인할 수 있다. 그러나 초등교원 양성교육과정의 내용과 교육기간의 적합성 측면에서 지속적인 문제제기와 이를 해결하려는 노력이 지속되고 있다.

표 5-4 G교육대학교 학생부종합전형 중 교직적성잠재능력우수자전형 결과

교과평균등급	지원자		최종등록자	
	인원(명)	비율(%)	인원(명)	비율(%)
1.0~1.49	738	37.3	243	61.5
1.5~1.99	802	40.6	143	36.2
2.0~2.49	226	11.4	9	2.3
2.5~2.99	96	4.9	0	0.0
3.0~3.49	52	2.6	0	0.0
3.5~3.99	30	1.5	0	0.0
4.0~4.49	14	0.7	0	0.0
4.5 이상	18	0.9	0	0.0
합계	1,976	100.0	395	100.0

이 장에서는 1950년대 이후 우리나라 초등교원 양성교육과정의 변화를 정리하고, 교원양성교육 체제를 검토할 수 있는 틀을 정리하고 이에 따라 최근 논의되고 있는 교사역량 중심 교원양성과정, 종합대학체제로의 개편, 대학원 수준의 교사양성 등을 비판적으로 검토한다. 그리고 최근 화두인 제4차 산업혁명에 대한 교육계와 다른 분야의 논의를 비판적으로 검토하여 근본적이고 거시적인 차원에서 초등교원 양성교육의 방향을 탐색한다.

2. 초등교사 양성교육제도 변화

1) 사범학교

초등교원 양성기관은 고등학교 수준의 사범학교에서 2년제 대학으로 발전하고, 다시 4년제 대학으로 발전하였다. 1954년「초등학교 · 중학교 · 고등학교 · 사범학교 교육과정 시간배당 기준령」(문교부령 제35호)이 제정되기 이전까지 사범학교의 교육과정은 학교 자체적으로 편성하여 운영되었다. 1954년의 문교부령 제정 이전에 사범학교의 교육과정은 '교육'이라는 과목이 추가된 것 이외에 일반 고등학교와

표 5-5 사범학교의 교과목 및 수업시수(1950년대 초)

과목/학년	1학년	2학년	3학년
국어	96	96	72
사회생활	96	96	72
수학	96	96	72
과학	128	128	96
체육	96	96	72
음악	96	96	48
미술	128	128	72
실과	96	96	72
외국어	64~128	64~128	48~96
교육	128	128	168

차이가 없으나, '교육' 교과목의 시간 비중이 가장 크다는 것을 확인할 수 있다(박소영, 2016; 〈표 5-5〉 참조).

1954년에 제정된 「초등학교 · 중학교 · 고등학교 · 사범학교 교육과정 시간배당 기준령」(문교부령 제35호)에서 사범학교의 '교육 및 철학' 과목 기준표는 세부 과목으로 교육사, 교육심리, 교육원리, 교육방법, 교육실습, 철학 등을 명시하고 과목별 배당시간을 일정 범위로 제시하고 주요 내용을 제시하였다(〈표 5-6〉 참조). 이 사범학교 교육과정 시간배당 기준은 국가차원에서 교원양성과정의 대강을 설정한 것으로 이후 교원양성과정의 원형이라고 볼 수 있다.

1955년 제정된 '고등학교 및 사범학교 교과과정(문교부령 제46호)'에서는 '교육 및 철학과'의 각 하위과목별로 지도의 목표, 취지, 지도내용을 명시하여 국가 차원의

표 5-6 사범학교 교육과정 시간배당 기준표

학년		1년	2년	3년	내용
국어		140~175 (4~5)	105~175 (3~5)	70~175 (2~5)	현대문을 중심으로 하고 고전한문 및 문법을 연구함
사회	사회	105~175 (3~5)	105~140 (3~4)	70~105 (2~3)	사회생활에 필요한 역사, 지리, 정치, 경제 및 시사에 관하여 연구함
	실천도덕	35(1)	35(1)	35(1)	윤리도덕을 중심으로 예의를 올바르게 지도함

교육 및 철학	교육사	350~420 (10~12)			현대교육사를 중심으로 하고 교육사조의 역사적 변천을 고찰하여 한국교육에 미친 영향을 연구함
	교육심리				일반심리 아동심리 정신위생 및 교육평가에 관하여 연구함
	교육원리				교육의 일반원리 및 철학적 배경을 연구함
	교육방법				학습지도 생활지도 교육과정 및 학교관리에 관하여 연구함
	교육실습	350~420 (10~12)			관찰참관 및 실습을 통하여 아동교육의 실제를 체험함
	철학	35~70 (1~2)			철학 및 논리 중 일분야에 관하여 그 개요를 연구함
수학		105~175 (3~5)	70~175 (2~5)	70~175 (2~5)	해석 및 기하에 관하여 연구함
과학		105~175 (3~5)	105~140 (3~4)	70~155 (2~3)	물리·화학·생물 및 지학에 관하여 연구함
체육		70~140 (2~4)	70~140 (2~4)	70~140 (2~4)	체육 및 보건에 관한 지식과 기능을 연마함
교련		70~140 (2~4)	70~140 (2~4)	70~140 (2~4)	군사에 대한 지식과 기술을 연마함
실업 및 가정		70~140 (2~4)	70~140 (2~4)	25~140 (1~4)	실업 및 가정에 관하여 실습실기를 중심으로 연구함
음악		70~140 (2~4)	70~140 (2~4)	70~140 (2~4)	성악 기악 및 감상에 관한 이론과 실제를 연구함
미술		70~140 (2~4)	70~140 (2~4)	70~140 (2~4)	도화공작 및 서예에 관한 이론과 실제를 연구함
외국어		140~175 (4~5)	140~175 (4~5)	140~175 (4~5)	영불독·중국어 일과목을 선택이수함
특별활동		35~105 (1~3)	35~105 (1~3)	35~105 (1~3)	
계		1190~1365 (34~39)	1190~1365 (34~39)	1190~1365 (34~39)	

주: 괄호 안의 숫자는 매주 평균(1년 35주) 수업시간량을 표시함.
출처: 초등학교·중학교·고등학교·사범학교 교육과정시간배당기준령(문교부령 제35호).

표준화를 추구하였다. [그림 5-1]에서 보는 바와 같이 교육사 과목에 대해 5개의 목표를 제시하고 20개의 단원과 학습내용을 제시하였다.

1. 교육사

목표

(1) 교육의 이론과 실제의 역사를 고찰함으로써, 현재의 교육을 이해시키고, 나아가 장래의 교육의 지향할 바를 예측할 시견을 기르고자 한다.

(2) 위대한 교육가의 업적과 사상을 학습함으로써, 건전한 교육 정신과 교육 신념을 기르고자 한다.

(3) 교육사 학습을 통하여 사회와 문화와 교육의 관계를 이해시키고, 아울러 교육 연구의 흥미를 배양하고자 한다.

취지

(1) 시대적 계통적 교육 사실의 나열(羅列)을 피하고, 현대 교육을 낳게 한 교육 사조의 역사적 변천에 치중하였다.

(2) 학생의 학습 의욕과 흥미를 환기시키기 위하여 문제 단원식으로 배열하여, 단원 학습을 전개함에 편리하도록 하였다.

(3) 현대 교육사에 치중하였으며, 특히 최근의 새 교육 운동을 이해시키기에 노력하였다.

(4) 사범학교의 목적에 비추어, 특히 초등 보통 교육 발달 상황의 고찰에 노력하였다.

(5) 한국 교육사를 요약 지도함으로써, 과거의 교육을 반성하고 앞날의 새 교육 건설에 이바지 할 의욕과 식견을 기르고자 노력하였다.

지도 내용

단원	학습내용	시간배당	비고
一. 교육사는 무엇을 학습하는 것인가?	1. 교육사란 무엇인가? 2. 교육사를 학습하는 목적은 무엇인가? 3. 교육사의 학습 내용은 무엇인가?	2%	
二. 고대의 교육은 어떻게 발달하였나?	1. 교육의 기원은 살펴보자 2. Greece교육의 모습은 어떠하였나? 3. Rome교육 모습은 어떠하였나?	3%	
三. 중세 교육은 어떻게 변천하였나?	1. 중세의 사회상은 어떠하였나? 2. 기독교의 교육 이상과 그 특징은 어떠하였나? 3. 기사 교육의 모습은 어떠하였나? 4. 중세의 대학교육, 시민교육은 어떠하였나?	4%	
四. 문예부흥은 교육에 어떠한 영향을 끼쳤나?	1. 문예부흥은 왜 일어났나? 2. 인문주의교육은 어떤 것인가?	3%	
五. 종교 개혁은 교육에 어떠한 영향을 끼쳤나?	1. 신교의 교육 사상은 어떠한가? 2. 교육은 어떻게 보급되었나?	3%	1. 특히 초등 교육의 발달에 치중함 2. 예수파의 교육업적에 유의함
六. 실학주의의 교육은 어떻게 발달하였나?	1. 十七세기 교육의 배경은 어떠하였나? 2. 실학주의 교육은 어떤 형태로 발전하였나? 3. Comenius의 교육 사상	4%	
七. 자연주의 교육 사조는 어떻게 발달하였나?	1. 十八세기의 교육의 배경은 어떠하였나? 2. Roussea의 교육 사상 3. Basedo의 범애 학교	6%	
八. 신 인문주의 교육 사조는 어떤 것인가?	1. 十九세기의 교육의 배경은 어떠하였나? 2. 신 인문주의 교육 사조는 어떠한가?	2%	
九. pestalozzi의 업적을 살피자	1. pestalozzi의 교육 업적을 살피자 2. pestalozzi의 교육 사상은 어떠한가? 3. 후세의 존경을 받는 이유는 무엇일까?	5%	
十. 신 체제의 교육 건설자	1. Her art의 교육학설과 그 학파 2. Frobel의 교육 사상	5%	
十一. 국가주의 교육 사조는 어떻게 발달하였나?	1. 국가주의 교육 사조가 일어난 원인은 무엇인가? 2. Fichte의 Sohliermacher	5%	
十二. 의무교육제도는 어떻게 발달하였나?	1. 보통 교육의 발달을 촉진시킨 원인은 무엇인가? 2. 의무 교육의 발달 상황을 살피자. 3. 특수 교육의 발달은 어떠한가?	4%	
十三. 현대 교육 사조의 동향은 어떠한가?	1. 자유주의 교육사 사조 2. 이상주의 교육 사조 3. 사회적 교육 사조 4. 경험주의 사조 5. 인격적 교육 사조 6. 문화적 교육 사조 7. 기타	10%	
十四. 구미 교육 제도의 발달을 살피자	1. 미국 교육 제도는 어떠한가? 2. 영국의 교육 제도는 어떠한가? 3. 프랑스의 교육 제도는 어떠한가? 4. 도이취의 교육 제도는 어떠한가? 5. 소련의 교육 제도는 어떠한가?	8%	
十五. 최근의 신교육 운동은 어떠한 것인가	1. 미국의 진보적 교육은 어떠한 것인가? 2. 도이취의 신교육 운동은 어떠한가? 3. 우리나라의 교육 개혁 운동은 어떠하였는가?	11%	
한국 교육사 1. 삼국시대의 교육은 어떠하였는가?	1. 삼국 시대의 사회상은 어떠하였나? 2. 화랑도의 교육은 어떠한 것인가?	2%	1. 한국의 교육 현황을 밝힘
2. 고려 시대의 교육은 어떠한가?	1. 고려 시대의 사회상은 어떠하였나? 2. 고려 시대의 교육 기관 및 내용은 어떠하였나?	2%	
3. 이조 시대의 교육은 어떠하였나?	1. 이조 시대의 사회상과 교육 기관 2. 교육 제도와 교육 사상의 특색	5%	
4. 수난기의 교육은 어떠하였나?	1. 일제 三十六년 간의 식민지 교육 정책은 어떠한 것이었나? 2. 항일 투쟁과 학원	5%	
5. 민족의 해방과 교육 건설	1. 민족 해방과 교육 2. 六·二五사변과 교육	8%	

[그림 5-1] 문교부령 제46호 별책 '고등학교 및 사범학교 교과과정'

2) 2년제 교육대학

1961년 9월 1일 「교육에 관한 임시특례법」이 공포되어, 사범학교는 2년제 교육대학으로 전환하게 되었다. 당시 「교육에 관한 임시특례법」 제6조는 초등학교 교원의 양성을 위하여 교육대학을 두고, 교육대학은 국립 또는 공립에 한하며 그 수업연한은 2년으로 한다고 규정하였다. 2년제 교육대학 시기에 각 대학의 교육과정은 당시 문교부의 주관으로 개정이 이루어져 거의 차이가 없었다. 당시 「교육법 시행령」 제150조는 "교육대학의 교과는 국어, 사회, 교육, 철학, 수학, 과학, 체육, 교련, 실업가정, 음악, 미술, 외국어로 한다."(개정 1963. 12. 16.)라고 규정하였다.

사범학교가 2년제 교육대학으로 전환되는 시기인 1961년 12월부터 2~3개월 동안 문교부가 주체가 되어 관계 전문가를 위촉하여 전국 교육대학이 공통으로 사용하는 교육과정을 마련하였다(경인교육대학교 편찬위원회, 2007). 1962년 당시 교육대학 교육과정은 일반과정, 교직과정, 선택과정의 3개 과정으로 편제되었다. 일반과정은 당시 초등학교에서 교육하는 교과목으로 구성되었고, 교직과목은 교육, 아동, 교육과정, 교수법 등에 대한 이해를 위한 교과목으로 구성되었다. 그리고 선택과정은 일반과정과 교직과정 중 심화과목 등으로 구성되었다.

1962년 교직과정 중 교육기초, 아동발달, 교육과정, 학교행정 등의 교과목은 1954년 사범학교 교육과정 기준령의 '교육 및 철학' 영역을 재구조한 것으로 사범학교 당시 최대 14학점에서 18학점으로 증가하였고, 각과지도법 및 자료 16학점이 신설되고, 교육실습은 최대 12학점에서 17학점으로 확대되었다(〈표 5-7〉 참조).

1962년 교육과정과 관련하여 다음과 같은 두 가지 문제가 지적되었다(박소영, 2016). 첫째, 교육과정이 지나치게 학문체계를 존중하고 이수과목 수와 이수시간이 과도하다(김영우, 안귀덕, 1994: 120). 둘째, 학생들의 강의부담이 커서 학생들의 자율적 학습과 성장기회를 제한하고, 건전한 인격 형성에 기여하지 못한다(대한교육연합회, 1973). 이러한 문제를 해결하기 위해 교육대학연합회는 1963년 1월부터 자율적으로 교육개정 개선 연구를 시행하고 문교부의 심의과정을 거쳐 새로운 교육과정을 완성하고 1964년부터 적용하였다.

1964년 개정 교육과정은 졸업이수 학점을 110학점에서 100학점으로 축소하고 하위과정의 명칭을 변경하였다. 교직과정의 이수 학점을 51학점에서 58학점으로

표 5-7 1962학년도 인천교대 교육과정

과정	교과목	학점 수
일반과정	국어	6
	사회	9
	일반사회	6
	수학	3
	체육	6
	예능	9
	실업가정	3
	계	42
교직과정	교육기초	6
	아동발달	6
	교육과정	3
	학교행정	3
	각과지도법 및 자료	16
	교육실습	17
	계	51
선택과정	외국어, 국어, 수학, 과학, 사회생활, 보건체육 미술공학, 음악, 직업교육, 교직교육	15~18
계		110

출처: 경인교육대학교 편찬위원회(2007), pp. 374-375.

확대하고, 교육실습의 이수학점을 17학점에서 6학점으로 대폭 축소하는 대신 각과 교육에 배당된 시간을 16학점에서 35학점으로 대폭 확대하였다(〈표 5-8〉 참조). 1964년 개정 교육과정부터 초등학교 교과목별로 '○○교육' 교과목이 형성되어 운영되었다. 교육실습 학점이 17학점에서 6학점으로 대폭 축소되었지만, 교육과정의 운영기준으로 "교육실습은 학점에 구애됨이 없이 12주간으로 한다."를 규정하여 실습시간을 확보하였다. 선택과정은 교과의 심화과정의 성격으로 정의되었다.

1969년 교육과정 개정에서 총 졸업이수 학점은 94학점으로 축소되었다. 교직과목 중에서 학교행정이 선택과목으로 전환되고, 아동발달과 교육과정은 각각 아동발달과 생활지도, 교육과정과 학습지도로 분리되었다(교육과정령, 문교부령 제207호; 〈표 5-9〉 참조).

표 5-8 1964년 교육과정 학점 배당표

과정	교과목	학점 수(최대)
교양과정	국어 문화사 민주주의 철학 한국사회의 제문제 자연과학 수학 체육 영어	6 2~3 2~3 5~6 6 2 4 2
	계	30
교직과정	교육기초 아동발달과 지도 교육과정 학교행정 교육실습	6 6 3 2 6(12주)
	초등국어교육 초등사회교육 초등산수교육 초등과학교육 초등체육교육 초등음악교육 초등미술교육 초등실과교육	4 4 4 4 4 5 5 5
	계	58(66)
선택과정	국어연구, 수학연구, 사회연구, 과학연구, 체육연구, 음악연구, 미술연구, 실과연구, 교육연구, 외국어연구, 시청각교육, 학교도서관운영	12
계		100

출처: 경인교육대학교 편찬위원회(2007), p. 376.

1969년 교육과정은 사범학교가 2년제 교육대학체제로 승격되고 나서 처음으로 공식적으로 규정된 것이다(「교육과정령」 제2조 제6항). 1969년 「**교육과정령**」에서 "고등학교 졸업을 입학자격으로 한 2년제 교육대학을 1962년 3월부터 신설함에 있어, 문교부에서는 임시로 교육전문가들로 교육대학교육과정심의회를 구성, 시안을 마련하여 교육대학 교육과정 운영의 기준으로 삼게 하였다."(교육대학 교육과정 총론, 「교

표 5-9 1969년 교육과정 학점 배당표

과정	교과목	학점 수(시간)
일반교양	국어	6
	문화사	3
	국토와 사회	5
	민주주의론	2
	수학	4
	자연과학	6
	체육	2
	교련	4
	영어	2
	계	34
교직 (필수 교과목)	교육기초	4
	아동발달과 생활지도	5
	교육과정과 학습지도	3
	교육실습	8(8주)
	국어과 교육	2
	사회과 교육	2
	산수과 교육	2
	자연과 교육	2(3)
	체육과 교육	3(4)
	음악과 교육	5(7)
	미술과 교육	4(6)
	실과교육	5(7)
	반공도덕 생활교육	3
	계	48
교직 (선택 교과목)	국어과 교육연구, 사회과 교육연구, 산수과 교육연구, 자연과 교육연구, 체육과 교육연구, 음악과 교육연구, 미술과 교육연구, 실과 교육연구, 반공 · 도덕 생활 교육연구	6 택 1
	학교행정 시청각 교육 학교 도서관 운영 교육연구법 기타 교과목	6 택 3
계		94

출처: 관보 제5181호(1969. 2. 24.), 교육과정령(문교부령 제207호), pp. 776-777.

육과정령」 별책 8)라고 밝히고 있다. 교육대학체제에서 1969년 이전에 적용된 교육과정의 법적 근거는 불명확하다. 그리고 「교육과정령」(1977년 폐지) 역시 고등학교 이하 학교의 교육과정을 규정하기 위한 것으로 교육대학 교육과정이 1969년「교육과정령」에 규정된 것은 입법적 흠결이 있었다고 볼 수 있다.

1969년 「**교육과정령**」(문교부령 제207호)에서 교육대학 교과별 목표와 내용을 규정하였다. 예를 들어, [그림 5-2]에서 보는 바와 같이 '교육 기초' 교과목의 목표를 세 가지로 제시하고 내용을 다섯 가지로 제시하였다. 이러한 교과목별 목표와 내용의 제시는 1955년에 제정된 '고등학교 및 사범학교 교과과정(문교부령 제46호)에서 제시한 것보다는 덜 구체적인 것이었다.

교육대학의 교과와 관련하여 1971년과 1973년에 「교육법 시행령」의 개정이 있었다. 1971년 「교육법 시행령」 개정에서 "교육대학의 교과는 일반교양교과와 교직교과로 하고, 일반교양교과는 국민윤리 · 국어 · 사회 · 수학 · 과학 · 체육 · 교련 및

교육 기초

Ⅰ. 목표

(1) 교육의 본질과 목적을 이해시키고, 교육의 변천과 그 역사적 배경과의 관계를 파악시킨다.
(2) 학교와 사회와의 관계를 이해시키고, 현대 사회에 있어서의 교육의 기능을 올바르게 파악시킨다.
(3) 교사와 사회 발전과의 관계를 이해시키고, 교사로서의 굳은 신념과 교육관을 확립시킨다.

Ⅱ. 내용

(1) 교육의 기본 개념
① 교육과 인간관, 사회관
② 교육과 가치관
③ 교육의 기능과 역할
④ 교육 영위
(2) 우리 나라 교육의 역사적 배경
① 고대의 교육
② 중세의 교육
③ 근세의 교육
④ 현대의 교육
(3) 구미 교육의 역사적 배경
① 고대의 교육
② 중세의 교육
③ 근세의 교육
④ 현대의 교육
(4) 교육의 사회, 문화적 배경
① 문화와 인격의 형성
② 사회 변동과 교육
③ 근대화와 교육의 영향
④ 사회 집단과 이동의 사회화
⑤ 사회 집단의 사회 구조
⑥ 지역 사회 발전과 교육
⑦ 현대 「매스컴」과 아동 교육의 문제
(5) 바람직한 교사상
① 교직의 전문성
② 교사의 직무
③ 교사의 자질
④ 교사의 직무 수행에 영향 주는 여러 힘
⑤ 교사 문제

[그림 5-2] '교육 기초' 교과목의 목표와 내용

출처: 관보 제5181호(1969. 2. 24.), 교육과정령(문교부령 제207호), pp. 783-784.

외국어로 하며, 교직교과는 교원으로서 국민교육의 이념과 그 실천방도의 터득에 필요한 교과로 한다."(제144조)라고 규정하였다. 이 개정에서 「교육법 시행령」에 교직교과에 대한 규정이 처음으로 제정되었다. 1973년 개정 「교육법 시행령」 제144조(교과)는 교육대학의 교과는 일반교양교과와 교직교과로 하고, 일반교양교과는 국민윤리 · 국어 · 국사 · 사회 · 수학 · 과학 · 체육 · 교련 및 외국어로 하며, 교직교과는 교원으로서 국민교육의 이념과 그 실천방도의 터득에 필요한 교과로 한다고 규정하였다.

1974년 교육과정 개정에서 총 졸업이수 학점은 87학점(최소 81학점)으로 축소되었고, 교직과목 중에서 학교와 지역사회 과목이 신설되고, 일반교양과목이 개편되었다(「교육과정령」, 문교부령 제334호; 〈표 5-10〉 참조).

표 5-10 1974년 교육과정 학점 배당표

과정	교과목	학점 수(시간)
일반교양	국민윤리	2
	국사	2
	국어	4~5
	수학	2~3
	사회과학	3~4
	자연과학	4~5
	체육	2
	교련	4(8)
	외국어	2
	계	25~29(29~33)
교직 (필수 교과목)	교육기초	4
	아동발달과 생활지도	4
	교육과정과 학습지도	3
	학교와 지역사회	2
	교육실습	2(6주)
	도덕과 교육	3
	국어과 교육	4
	사회과 교육	4
	산수과 교육	4
	자연과 교육	4
	체육과 교육	2~8(3~12)

	음악과 교육 미술과 교육 실과 교육	2~8(3~12) 2~8(3~12) 4(6)
	계	50(56)
교직 (선택 교과목)	도덕 교육 연구 국어 교육 연구 사회과 교육 연구 수학 교육 연구 과학 교육 연구 체육 교육 연구 음악 교육 연구 미술 교육 연구 중 택 1	4 또는 8 4 또는 8 4 또는 8 4 또는 8 4 또는 8 4 또는 8 4 또는 8 4 또는 8
	교육연구 시청각 교육 학교 도서관 운영 학교행정 교육특강 중 택 1	2 2 2 2 2
	계	6~8
계		81~87(91~97)

출처: 교육과정령(문교부령 제334호), 교육대학 교육과정 별책 8.

교육대학 교과목별로 목표, 내용, 지도상의 유의점이 「교육과정령」 별책 8에 상세하게 기술되어 있다. 예를 들어, [그림 5-3]에서 보는 바와 같이 '학교와 지역사회' 교과에 대해 2개의 목표를 제시하였고, 주요 내용으로 4개 영역을 제시하였으며, 지도상의 유의점으로는 2개를 제시하였다.

제4절 학교와 지역사회

가. 목표

(1) 국가 발전의 원천으로서의 교육의 기능을 인식시키고, 지역사회 발전을 선도할 수 있는 교육자로서의 신념을 기른다.

(2) 학교와 지역사회와의 관계 및 제 문제를 이해시키고, 교육을 통하여 이의 해결에 공헌할 수 있는 능력을 기른다.

나. 내용

(1) 사회 체제로서의 학교
  (가) 집단 사회로서의 학교
  (나) 학교의 성격과 임무
  (다) 학교 사회
  (라) 학교 문화

(2) 학교와 지역사회
  (가) 지역사회의 개념
  (나) 농촌 사회와 도시 사회
  (다) 학교와 지역사회
  (라) 교사와 지역사회
  (마) 지역사회 연구

(3) 지역사회 학교 운명
  (가) 지역사회 학교 성격
  (나) 지역사회 중심의 교육과정
  (다) 지역사회 자원의 활용
  (라) 지역사회 개발과 사회 학교

(4) 새마을 운동과 지역사회 학교
  (가) 새마을 운동과 새마을 교육
  (나) 새마을 운동을 위한 학교의 역할
  (다) 새마을 교육과 지역사회 학교의 방향

다. 지도상의 유의점

(1) 교육 기초, 사회 과학 등 교과 과목의 관련을 밀접히 하여 교육의 실효를 거두도록 한다.

(2) 이론과 실제의 관련성에 유의하며, 특히 구체적인 지역사회의 사태에 대응할 수 있는 능력을 기르는 데 주력한다.

[그림 5-3] '학교와 지역사회' 교과의 목표와 내용 및 지도상의 유의점

출처: 교육과정령(문교부령 제334호), 교육대학 교육과정 별책 8.

3) 현행 4년제 교육대학

1980년 7월 30일 '학교교육의 정상화 및 과열과외 해소 방안'(7 · 30 교육개혁 조치)의 8개 중 하나로 교육대학의 수업연한을 2년에서 4년으로 연장하는 것이 발표되었다. 이후 교육대학은 1981년부터 1984년까지 순차적으로 4년제 대학으로 개편되었다. 수업연한에 대한 법적 근거는「교육법」제120조(1981. 3. 1. 시행)에 규정되었다. 4년제 교육대학 최초 교육과정은 1979년 한국교육개발원의 시안 연구를 토대로 1980년 당시 문교부에서 서울교대와 인천교대 교수를 중심으로 교육대학 교육과정 연구위원 11명을 위촉하여 완성되었다(경인교육대학교 편찬위원회, 2007).

교육대학체제가 2년제에서 4년제로 승격되었으나,「교육법 시행령」의 교육대학의 교과에 대한 규정(제144조)은 1973년 이후 개정되지 않은 상황이었다. 당시「교육법 시행령」에서 교육대학의 교과는 일반교양교과와 교직교과로 하고, 일반교양교과는 국민윤리 · 국어 · 국사 · 사회 · 수학 · 과학 · 체육 · 교련 및 외국어로 하며, 교직교과는 교원으로서 국민교육의 이념과 그 실천방도의 터득에 필요한 교과로 정의되었다(제144조). 이러한 상황에서 4년제 교육대학의 교육과정은 일반대학의 교육과정 틀을 차용한 것으로 보인다. 당시「교육법 시행령」제125조에서 대학의 교과는 필수과목과 선택과목으로 하고 필수과목은 일반교양과목과 전공과목으로 구분하였다. 일반교양과목으로 국어, 외국어, 철학개론, 문화사, 자연과학개론과 철학을 필수로 지정하였고, 인문과학계, 사회과학계, 자연과학계에서 열거된 과목 중에 영역별로 1과목 이상을 이수하도록 하였다. 교육대학의 교양교육체계는 일반 대학의 체계와 유사하게 구성되었다.

1981년에 제정된 4년제 교육대학 교육과정은 수업연한이 2년에서 4년으로 늘어나고 졸업이수 학점이 87학점에서 140학점으로 53학점 증가하였다. 증가한 이수학점의 대부분은 심화과정(또는 부전공)으로 배정되어, 심화과정 또는 부전공은 4학점(또는 8학점)에서 최대 51학점으로 확대되었다. 교과별 심화과정은 당시 중등교원의 교과교사 전공교과 자격기준을 충족하는 수준이었다. 당시 교과별 심화과정(또는 부전공)은 중등교원의 수요에 따라 중등교사 자격을 수여할 수 있는 여건을 마련하였다(경인교육대학교 편찬위원회, 2007). 교양과정은 25학점(최대 29학점)에서 45학점으로 20학점이 증가하였다. 교직이론과목은 15학점에서 16학점으로 1학점이 증가

표 5-11 1981년 제정 4년제 교육대학 교육과정

<table>
<tr><th colspan="3">구분</th><th>교육과정</th><th>과목 수</th><th>학점 수</th><th>비율(%)</th></tr>
<tr><td rowspan="4">교양</td><td colspan="2">기본교양</td><td>국민윤리 4, 자연과학 4, 한국교육론 2, 국어 4, 수학 3, 국사 2, 체육 4, 교련 4</td><td>8</td><td>27</td><td rowspan="4">45학점
(32)</td></tr>
<tr><td colspan="2">외국어</td><td>영어 6, 제외국어(독, 불, 중, 일 중 택 1) 3</td><td>2</td><td>9</td></tr>
<tr><td colspan="2">인문과학</td><td>문화사 3, 철학개론 3, 한문 3, 국어연습 3 중 택 1</td><td>1</td><td>3</td></tr>
<tr><td colspan="2">사회과학</td><td>사회학개론 3, 경제학개론 3, 정치학개론 3, 법학개론 3, 지리학개론 3, 심리학개론 3 중 택 2</td><td>2</td><td>6</td></tr>
<tr><td rowspan="4">전공
과정</td><td rowspan="2">교육
기본</td><td>필수</td><td>교육학개론 3, 학교와 지역사회 3
교육심리학 3, 교육과정 3</td><td>4</td><td>12</td><td rowspan="4">44~47학점
(31~34)</td></tr>
<tr><td>선택</td><td>교육사상사 2, 학교도서관운영 2
시청각 교육 2, 학교와 학교경영 2 중 택 2</td><td>2</td><td>4</td></tr>
<tr><td>교과
교육</td><td>각과교육</td><td>도덕과 교육 3, 체육과 교육 3
국어과 교육 3, 음악과 교육 3
사회과 교육 3, 미술과 교육 3
산수과 교육 3, 실과 교육 3
자연과 교육 3</td><td>9</td><td>24~27</td></tr>
<tr><td colspan="2">교육연습</td><td>교육실습 I (공통 일반실습)
교육실습 II (전공선택별 교육연구실습)</td><td>2</td><td>4</td></tr>
<tr><td colspan="3">선택과목 또는
심화과정(부전공)</td><td>윤리교육전문/국어교육전문/
사회교육전문/수학교육전문
체육교육전문/음악교육전문
미술교육전문/실과교육전문
교육학전문
전문별 필수 39 선택 9~12</td><td>16~17</td><td>48~51</td><td>48~51학점
(34~36)</td></tr>
<tr><td colspan="3">자유선택</td><td></td><td></td><td></td><td></td></tr>
<tr><td colspan="3">졸업논문</td><td></td><td></td><td></td><td></td></tr>
<tr><td colspan="3">총계</td><td colspan="2"></td><td>140</td><td>100</td></tr>
</table>

출처: 경인교육대학교 편찬위원회(2007), p. 389에서 수정.

하였으며, 교과교육은 크게 변동이 없었다(〈표 5-11〉 참조).

1983년에 개정된 교육대학 교육과정은 교양과정에서 기본교양 1학점, 인문과학 1학점, 예능 2학점이 추가되어 총 4학점 확대되었고, 전공과정 중 교육기본 과목에

서 필수과목이 8학점 추가되었으며, 각과 교육에서 교과별로 1학점이 추가되고 교과통합 및 특별활동 3학점이 추가되고 예체능실기 3학점 등이 추가되었다. 반면에, 심화전공(또는 부전공)은 21학점으로 대폭 축소되었다.

1983년 개정에서 주목할 점은 교육기본 필수 또는 선택 과목에 교육학의 전 분과학문이 추가되었다는 것이다. 교육사, 교육사회학, 교육공학 등의 과목이 신설되었다. 교육기본 과목의 이수학점은 16학점에서 24학점으로 대폭 확대되었다〈표 5-12〉 참조).

표 5-12 1983년 개정 교육대학 교육과정

구분			교육과정	과목 수	학점 수	
교양과정	기본교양		국민윤리 4, 자연과학 3, 문화사(전통문화 포함) 3, 국어 4, 수학 3, 국사 3, 체육 4, 교련 4(남), 유아교육 4(여)	8	28	49학점
	외국어		영어 6, 제외국어(독, 불, 일 중 택 1) 3	2	9	
	인문과학		인생과 철학 2, 언어생활 2, 한문(동양고전 포함) 2, 문학(아동문학 포함) 2 중 택 2	2	4	
	사회과학		인간과 사회 2, 인간의 이해 2 국가발전과 경제 2, 인간과 환경 2 인간과 정치 2, 생활과 법률 2 중 택 2	2	4	
	자연과학		물리학 2, 생물학 2, 화학 2, 지구과학 2 중 택 1	1	2	
	예능		미술과 생활 2, 미학 2, 음악(국악포함) 2, 무용 2, 연극 2 택 1	1	2	
전공과정	교육기본	필수	교육원리 3, 교육사 3 교육심리 3, 학교·학급경영 3 교육사회학 3, 교육과정 및 평가 3 교사론(초등교육론 포함) 2	7	20	70학점
		선택	교육공학 2, 교육철학 특강 2 교육연구 및 통계 2, 교육자료실(학교도서관 포함) 운영 2 중 택 2	2	4	

	교과 교육	각과 교육	초등도덕과교수법 2 교재연구 2 초등국어과교수법 2 교재연구 2 초등사회과교수법 2 교재연구 2 산수과교수법 2 교재연구 2 자연과교수법 2 교재연구 2 실과교수법 2 교재연구 2 초등음악과교수법 2 교재연구 2 초등미술과교수법 2 교재연구 2 초등체육과교수법 2 교재연구 2 초등교과통합지도 및 특별활동 3 예체능실기: 음악, 미술, 체육 3(각 1학점 2시간)	11	42	
	교육실습		참관실습 1(3학년 1학기 참관 · 평가토론) 수업실습 2(4주) 실무실습 1(학교 · 학급경영)	3	4	
심화과정 (부전공)			국어교육 21, 수학교육 21, 윤리교육 21 과학교육 21, 실업교육 21, 음악교육 21 미술교육 21, 체육교육 21, 초등교육(특수교육 포함) 21, 유아교육 21 11개 교과 중 1 또는 2 교과		21	21학점
자유선택					0~4	0~4학점
졸업논문						
총계					140	

출처: 경인교육대학교 편찬위원회(2007), pp. 391-392에서 수정.

1985년 개정 교육과정은 기본교양에서 컴퓨터교육 2학점과 철학개론 2학점 등 4학점이 추가되었고, 선택과정 중 외국어 영역에서 1학점이 축소되었고, 자연과학 영역에서 2학점이 추가되어 총 5학점이 증가하였다. 전공과정 중 교육기본 필수교과목이 7과목에서 9과목으로 증가하고 교과별 3학점 체계에서 2학점 또는 3학점 체계로 조정되어 총 1학점이 축소되었다. 각과 교육은 42학점에서 46학점으로 4학점 확대되었고, 교육실습은 4학점에서 5학점으로 1학점 확대되었다. 1985년 개정으로 교육대학의 총 이수학점은 140학점에서 152학점으로 조정되었고, 150학점 체제가 현재까지 지속되고 있다(〈표 5-13〉 참조).

표 5-13 1985년 개정 교육대학 교육과정

구분			교육과정	과목 수	학점 수	
교양과정	기본교양		사회와 윤리 4, 자연과학(I) 3 문화사(전통문화 포함) 3, 국어 4, 수학 3 컴퓨터교육 2, 한국사 3, 체육 4 철학개론 2 RNTC: 국방학 4(남)/유아교육 4(여)	10	32	54학점
	외국어		영어 6, 제외국어(독, 불, 일 중 택 1) 2	2	8	
	인문과학		논리학 2, 언어생활 2, 한문(동양고전 포함) 2, 문학(아동문학 포함) 2 중 택 2	2	4	
	사회과학		인간과 사회 2, 인간의 이해 2 국가발전과 경제 2, 인간과 환경 2 인간과 정치 2, 생활과 법률 2 중 택 2	2	4	
	자연과학(II)		물리학 2, 생물학 2, 화학 2, 지구과학 2 중 택 2	2	4	
	예능		미술과 생활 2, 가정기예 2, 음악(국악 포함) 2, 무용 2, 연극 2 택 1	1	2	
전공과정	교육기본	필수	교육원리 2, 교육사 2, 교육심리 2, 학교 · 학급경영 2, 교육사회 2, 교육과정 및 수업이론 3, 교사론(초등교육론 포함) 2, 교육평가 2, 생활지도 2	9	19	74학점
		선택	교육공학 2, 교육철학 특강 2 교육연구 및 통계 2, 교육자료실(학교도서관 포함) 운영 2 중 택 2	2	4	
	교과교육	각과교육	초등도덕과교수법 2 교재연구 2 초등국어과교수법 2 교재연구 2 초등사회과교수법 2 교재연구 2 초등수학과교수법 2 교재연구 2 초등과학과교수법 2 교재연구 2 초등실과교수법 2 교재연구 2 초등음악과교수법 2 교재연구 2 초등미술과교수법 2 교재연구 2 초등체육과교수법 2 교재연구 2 초등교과통합지도 2 초등특별활동 1 예체능실기 7(음악3, 미술 3, 체육 1)	12	46	
	교육실습		실습지도 및 관찰 1 관찰실습(1주) + 참관실습(1주) 1 수업실습(4주) 2 실무실습(2주) 1	4	5	

심화과정 (부전공)	국어교육 21, 수학교육 21, 윤리교육 21 과학교육 21, 실업교육 21, 음악교육 21 미술교육 21, 체육교육 21, 교육학과(특수교육 포함) 21, 유아교육 21 11개 교과 중 1교과		21	21학점
자유선택			2	2학점
졸업논문			1	1학점
총계			152	

출처: 경인교육대학교 편찬위원회(2007), p. 399에서 수정.

1989년「교육법 시행령」제144조의 전면개정에서 일반교양교과목이 삭제되어 대학의 교양교육과정에 대한 자율권이 확대되었다. 1989년 개정「교육법 시행령」제144조에서 "교육대학의 교과는 일반교양과목과 교직과목으로 하고, 일반교양과목은 인문과학 · 사회과학 · 자연과학 및 예 · 체능의 각 계열에 속하는 과목을 균형 있게 편성하여야 하며, 교직과목은 교원으로서 국민교육의 이념과 그 실천방도의 터득에 필요한 과목으로 편성하여야 한다."라고 규정하였다.

1995년「교육법 시행령」개정에서 교육과정에 대한 대학의 자율권은 더욱 확대되었다. 1995년 개정에서 교양과목과 전공과목에 대한 정의만 남겨 두고, 교양과목 편성에 대한 일체의 규정이 삭제되었다. 1995년 개정에 의하여 교양과목의 영역 구분이나 영역별 이수학점이 대학의 자율에 맡겨지게 되었다. 현행「고등교육법」에는 "학교는 학칙으로 정하는 바에 따라 교육과정을 운영하여야 한다."(제21조)로 규정되어 교육과정의 구성이 전적으로 대학 자율에 맡겨져 있다. 다만, 교육대학은 교원자격 취득을 위해「교원자격검정령」에 따른 교과를 필수적으로 포함하고 있다.

사범학교, 2년대 교육대학, 4년제 교육대학으로 순차적으로 초등교원 양성기관의 교육기간이 연장되고 대학별로 거의 공통적인 교육과정을 운영하고 있었으나, 최근 대학 자율화의 추세와 변화하는 교육환경을 고려하여 각 교육대학에서는 교육과정을 자율적으로 개정하고 있다. 최근의 개정과정에서 교육대학들은 졸업이수학점을 줄이거나 지역의 수요를 반영한 교과목을 추가하고 다양한 비교과활동 등을 교육과정에 반영하고 있다.

2016년에 교육과정을 개편한 G교육대학교에서는 교양과정을 기초역량, 학문역량, 창의역량의 영역으로 나누어 다양한 교양교과를 제공하고 있다. 학문역량 영역은 인문·사회와 과학·수학으로 나누어 균형 잡힌 교육을 추구하고 있다. 창의역량 중 경인중점은 지역사회와의 연계를 중심으로 하고 있다(〈표 5-14〉 참조).

표 5-14 G교육대학교 교양과정

<table>
<tr><th>대영역</th><th colspan="2">중영역</th><th colspan="2">교과목</th><th colspan="3">학점</th></tr>
<tr><td rowspan="9">교양
과정</td><td colspan="2">기초역량</td><td colspan="2">영어커뮤니케이션
정보과학기술
신체표현활동
교사화법</td><td>2
2
2
2</td><td>8</td><td rowspan="9">31</td></tr>
<tr><td rowspan="7">학문
역량</td><td rowspan="4">인문·사회</td><td>언어생활과 우리말 탐구
문학과 인간탐구/디지털 매체와 의사소통</td><td>택 1</td><td>2</td><td rowspan="4">10</td></tr>
<tr><td>철학이야기/현대사회와 윤리문제
한국사상의 지평</td><td>택 1</td><td>3</td></tr>
<tr><td>한국사의 재조명/우리역사의 이해</td><td>택 1</td><td>2</td></tr>
<tr><td>글로벌시대의 정치/생활과 법률
생활 속의 경제원리/경제와 금융생활
세계의 자연과 문화 경관/우리국토 테마산책</td><td>택1</td><td>3</td></tr>
<tr><td rowspan="3">과학·수학</td><td>아동물리여행/생활 속의 화학/놀이과학</td><td>택 1</td><td>2</td><td rowspan="3">7</td></tr>
<tr><td>인간생활과 생물학/지구와 우주/발명과학</td><td>택 1</td><td>2</td></tr>
<tr><td>생활 속의 수학/수학문화사
현대수학의 이해/레크리에이션 수학</td><td>택 1</td><td>3</td></tr>
<tr><td>창의
역량</td><td>창의</td><td colspan="2">창의선택 I
창의선택 II
경인중점</td><td>2
2
2</td><td>6</td></tr>
</table>

「교원자격검정령」의 체계에 따라 전공과목의 체계도 변화되어 교직과정과 전공과정을 분리하여, 교직과정은 교직이론, 교직소양, 교육실습 등으로 구분하고 전공과정은 교과교육과 교과실기로 구분하여 편성하고 있다. 졸업자격인증으로 영어능력인증과 한자능력인증을 필수로 설정하였고, 졸업논문은 논문, 프로젝트, 포트폴리오 등으로 다양화하였다. 학생들이 재학 시절 다양한 경험을 할 수 있도록 졸업이수 학점을 143학점으로 축소하였다(〈표 5-15〉 참조).

표 5-15 G교육대학교 교직과정, 전공과정, 심화과정 등 편제

대영역	중영역		교과목		학점		
교직 과정	교직이론		교육의 이해와 교육심리		2	12	25
			교육과정과 수업		2		
			교육사회학		2		
			교육행정과 학교경영		2		
			교육철학/교육사	택 1	2		
			교육공학/교육평가	택 1	2		
	교직소양		유아교육의 이해		2	8	
			특수교육학개론		2		
			생활지도와 상담		2		
			교직실무		2		
	교육실습		교육봉사		1	5	
			참관실습		1		
			수업실습		1		
			수업 · 실무실습		2		
전공 과정	교과 교육	교과 교육론 I	도덕과교육론 I/국어과교육론 I 사회과교육론 I/수학과교육론 I 과학과교육론 I/체육과교육론 I 음악과교육론 I/미술과교육론 I 생활과학과교육론 I/영어과교육론 I		20	47	6
		교과 교육론 II	도덕과교육론 II/국어과교육론 II 사회과교육론 II/수학과교육론 II 과학과교육론 II/체육과교육론 II 음악과교육론 II/미술과교육론 II 생활과학과교육론 II/영어과교육론 II		26		
		통합교과 교육	통합교과교육론		1		
	교과 실기	체육 · 예술	체육 실기 I, II		4	14	
			음악 실기 I, II		4		
			미술 실기 I, II		4		
			음악 선택 실기/미술 선택 실기	택1	2		
		생활 · 컴퓨터	생활과학교육실습		2	5	
			소프트웨어교육		3		
		외국어	영어 지도 실습		2	2	
	비교과교육		창의적체험활동교육론		1	1	

심화과정	각 학과별 심화과정	18	18
졸업자격인증	영어능력인증, 한자능력인증	P/F	P/F
교사자격인증	교직 적성 및 인성 검사	P/F	
졸업논문	논문/프로젝트/포트폴리오	P/F	
합계		143 (교양과정 포함)	

4) 교원자격제도의 변화

초등교사의 자격 종류는 1급, 2급, 준교사로 구분된다(「초 · 중등교육법」 제21조). 2급 정교사 자격은 정부가 정한 교원양성기관을 졸업한 경우 무시험 취득이 가능하다. 1급 초등 정교사 자격을 취득하기 위해서는 일정한 교육경력(1년 또는 3년)이 있어야 하고 재교육 등 자격연수를 이수해야 한다. 초등교원 자격은 1급, 2급, 준교사로 구분되며, 구체적 자격기준은 〈표 5-16〉과 같다.

표 5-16 초등교사 자격기준

구분	자격기준
초등 정교사 1급	1. 초등학교 정교사(2급) 자격증을 가진 사람으로서 3년 이상의 교육경력을 가지고 일정한 재교육을 받은 사람 2. 초등학교 정교사(2급) 자격증을 가진 사람으로서 교육경력이 3년 이상이고, 방송통신대학 초등교육과를 졸업한 사람 3. 초등학교 정교사(2급) 자격증을 가지고 교육대학원 또는 교육부장관이 지정하는 대학원의 교육과에서 초등교육과정을 전공하여 석사학위를 받은 사람으로서 1년 이상의 교육경력이 있는 사람
초등 정교사 2급	1. 교육대학을 졸업한 사람 2. 사범대학을 졸업한 사람으로서 초등교육과정을 전공한 사람 3. 교육대학원 또는 교육부장관이 지정하는 대학원의 교육과에서 초등교육과정을 전공하고 석사학위를 받은 사람 4. 초등학교 준교사 자격증을 가진 사람으로서 2년 이상의 교육경력을 가지고 일정한 재교육을 받은 사람 5. 중등학교 교사자격증을 가진 사람으로서 필요한 보수교육을 받은 사람 6. 전문대학을 졸업한 사람 또는 이와 같은 수준 이상의 학력이 있다고 인정되는 사람을 입소 자격으로 하는 임시 교원양성기관을 수료한 사람

	7. 초등학교 준교사 자격증을 가진 사람으로서 교육경력이 2년 이상이고 방송통신대학 초등교육과를 졸업한 사람
준교사 (초등)	1. 초등학교 준교사 자격검정에 합격한 사람 2. 고등학교를 졸업한 사람 또는 이와 같은 수준 이상의 학력이 있다고 인정되는 사람을 입소자격으로 하는 임시 교원양성기관을 수료한 사람 3. 방송통신대학 초등교육과를 졸업한 사람

출처: 초중등교육법 [별표 2] 교사 자격 기준.

교원자격검정 종류는 **무시험검정**과 **시험검정**이 있다. 시험검정은 교원의 수급상 반드시 필요한 경우에 한하여 실시되지만 1980년 이후 실시되지 않고 있다. 사실상 현행 교원자격검정은 무시험검정으로 이루어지고 있다(고전 외, 2016). 대학의 교원자격검정은「교육자격검정령」제17조의 2에 의하여 교원양성기관별로 설치된 교원양성위원회에서 담당한다. 교원양성위원회는 교원자격검정 실시 및 교육과정 운영 등에 관한 사항을 심의한다.

최근 교원자격 무시험 합격 요건은 다음과 같은 변화가 있었다. 2014학년도 입학자부터 교원자격을 취득하기 위해서는 ① 전공과목 50학점 이상 취득, ② 교직과목 22학점 이상 취득, ③ 졸업 전체 평균성적 75/100 이상, 교직 평균성적 80/100 이상, ④ 교직적성 및 인성 검사 적격판정 2회 이상, ⑤ 기타 교원양성기관의 장이 별도로 정하는 기준 등을 충족하여야 한다(〈표 5-17〉 참조).

표 5-17 교원자격 무시험 합격 요건

2008년 이전 입학자까지	2009~2012학년도 입학자	2013학년 이후 입학자부터
• 전공과목 42학점 이상 • 교직과목 20학점 이상 • 교직적성 및 인성검사 적격판정 1회 이상(2013. 3. 1. 이후 졸업자)	• 전공과목 50학점 이상 • 교직과목 22학점 이상 • 졸업 전체 평균성적 75/100 이상 • 교직적성 및 인성검사 적격판정 1회 이상(2015. 3. 1. 이후 졸업) • 기타 교원양성기관의 장이 별도로 정하는 기준	• 전공과목 50학점 이상 • 교직과목 22학점 이상 • 졸업 전체 평균성적 75/100 이상, 교직평균성적 80/100 이상 • 교직적성 및 인성검사 적격판정 2회 이상 • 기타 교원양성기관의 장이 별도로 정하는 기준

교원양성과정에서 교직적성 및 인성 평가가 제도적으로 공식화된 것은 1989년도 정부의 교원양성 종합대책의 하나로 1991년 신입생 선발전형부터 실시한 교직적·인성 검사였다. 최근까지 교대 및 사범대학 신입생 입학전형의 하나로 유지되어 오다가, 2013년 교원자격무시험검정 기준의 하나로서 교직적성·인성 검사가 도입되었다. 교원자격을 취득하기 위해서는 교원양성기관이 실시하는 교직적성 및 인성 적격기준을 통과해야 한다.

무시험검정 요건 중 교직적성·인성 검사는 교원양성기관의 장이 실시하고 검사항목 및 실시방법, 판정기준 등은「교원자격검정령」에 의하여 교원양성기관의 장이 정한다. 교육대학을 비롯한 4년제 교원양성기관의 경우 교직적성·인성 적격판정은 입학 초기와 졸업시기에 각각 시행되며 불합격자에 대해서 심층면담 등을 통해 재판정의 기회를 제공한다(고전 외, 2016).

최근 학교폭력이 큰 사회적 문제로 대두되면서 초·중등학교 인성교육이 강화되고 있다. 이에 따라 학생들의 인성교육을 담당할 교사의 인성 계발 및 교육에 대한 관심도 증대되고 있다. 교직 인성에 대한 관점은 크게 두 가지로 볼 수 있다. 첫째, 학생들의 인성교육을 담당할 교사들을 대상으로 인성교육의 개념과 원리, 이론과 방법 등에 대한 교육을 강조하는 관점이다. 이 관점에서는 교사를 대상으로 하는 인성교육은 직전교육과 현직교육 모두 중요하나 대체로 현직교사를 대상으로 한 현직 인성교육이 중요함을 강조한다. 둘째, 교사로서의 인성계발에 중점을 두는 관점이다. 교사의 인성은 품성, 자질, 사명감, 봉사정신, 헌신 등을 말하며, 교사로서의 인성계발로 현직교사보다 예비교사에 초점을 맞추고 있다. 이는 제도적으로「교원자격검정령」무시험검정 합격기준으로 교직적성·인성 검사 결과를 의무적으로 반영하게 한다(박춘성, 2015).

3. 초등교원 양성체제(교사교육) 검토의 틀

1) 교원양성체제 설계의 합리적 구조

교원양성 모형을 설계하기 위해서는 교원에게 필요한 역량을 정의하고, 이러한 역량을 함양할 수 있는 교육내용을 선정하고, 교육내용에 적합한 교육방법을 구안할 필요가 있다. 합리적인 교원양성 모형에서 교원에게 필요한 역량을 함양하는 것은 양성기관의 가장 핵심적인 목표이며, 교육내용과 교육방법은 목표달성을 위한 가장 핵심적인 수단으로 목표와 수단이 정합적으로 연계되어야 한다. 교원양성기관에 적합한 교육 내용과 방법의 판단기준은 교원의 필요 역량 함양에 어느 정도 기여하느냐여야 한다.

2) 교육 내용과 방법의 설계 시 고려 요인

교원의 필요 역량을 함양시키는 교육과정과 교육방법을 설계할 때는 교육 대상자, 교육시간, 교육비용, 교수자, 지식과 경험의 교수와 학습, 임용방법, 현직교육 등을 종합적으로 고려하여야 한다. 이러한 사항을 고려하지 않은 교육과정과 교육방법은 실제에서 효과적이지 못할 수 있다.

현재 교원양성기관의 주요 교육 대상자는 고등학교 졸업자이며, 교원양성과정은 고등학교 졸업자의 수준에 맞추어 있다. 만약 교원을 대학원 수준이나 대학의 특별과정(현재의 교직과정 개선)에서 양성한다면, 교원양성 교육과정이 전적으로 수정되어야 한다.

현재 교원양성 기간은 4년으로 설정되어 있으며, 교원에게 필요한 교육 역량을 함양하기 위한 교육과정을 개선하거나 새롭게 설계할 때 4년이 적합한지 검토할 필요가 있다. 현재 4년의 교육기간은 교육과정 설계의 제약조건이 되며, 이 기간의 제약 내에서 최적의 교육과정을 설계할 필요가 있다. 만약 이 기간 내에 할 수 없는 교육과정을 설정한다면 교육과정이 편법으로 운영될 가능성이 높게 된다. 따라서 교원

양성과정에 새로운 내용이나 방법을 요구하거나 도입할 때 시간의 제약을 고려하여 전체적인 교육과정을 재구성하는 것이 필요할 수 있다.

교원양성과정을 설계할 때는 교육에 필요한 비용을 고려할 필요가 있다. 현재의 교원양성과정은 수익자부담 원칙에 의하여 예비교원이 부담한다. 훌륭한 교원을 양성하기 위해 이상적인 교육과정과 교육방법을 설계하였을 때, 그 비용이 과다하여 예상 수익보다 높을 경우 또는 상대적으로 다른 직업에 비해 교육비용이 높을 경우 우수한 인재를 모집하지 못하거나 교원양성기관이 비용을 절감하기 위해 교육과정이나 교육방법을 왜곡할 가능성이 있게 된다.

양성기관의 교원 측면에서 대학 교원은 기본적으로 교육 역량과 연구 역량을 갖추고 있어야 하며, 고도로 전문화된 영역을 담당하고 있다. 교원양성교육은 대학 교원별로 갖추어진 고도의 전문성을 바탕으로 분업을 통해 교육이 이루어지며, 예비교원의 입장에서는 고도로 전문화된 전문지식과 경험을 습득하고 융합하여 현장에서 활용하여야 한다. 이와 관련하여 제기되는 문제는 예비교원이 분절적으로 습득한 전문지식과 경험을 교육의 실제에서 활용할 수 있도록 융합하는 데 어려움이 있다는 것이다. 예비교원이 실제 교육현장에서 학생들을 교육할 때는 분절적인 지식과 경험이 아니라 자신이 갖고 있는 모든 지식과 경험을 총체적으로 활용하여야 한다. 현재의 교원양성과정에서 분절적인 지식과 경험을 융합하는 기회는 교육실습을 통해 제공된다.

예비교원이 가진 지식과 경험의 융합과 활용과 관련하여 교원양성과정을 설계할 때는 예비교원들이 충분할 정도로 '분절적으로 고도로 전문화된 지식과 경험'을 실제로 습득하였는지와 습득에 필요한 자질과 시간을 고려할 필요가 있다. 이 문제를 단순히 교원에게 필요한 지식과 경험의 '분절'로 접근하여 교원양성과정에서 '고도로 전문화된 지식과 경험'을 '상식 수준'에서 융합하여 새로운 교과로 제시하는 개편은 신중히 접근할 필요가 있다. 예비교원의 학습 측면에서 예비교원이 여러 영역의 고도로 전문화된 지식과 경험을 제한된 시간 내에 이루어지는 특정 교과에서 습득할 인지적 역량이 있는지 의문이다. 또한 교수자의 입장에서 특정 교수자가 여러 영역의 고도로 전문화된 지식과 경험을 습득하고 효율적으로 가르칠 수 있는지도 의문이다.

교원의 전문성은 직전교육인 양성과정보다는 현직에서의 교육과 경험을 통해 형성된다고 볼 수 있다. 따라서 교원양성과정의 목표는 예비교원들이 현직에 진출하여 전문성을 향상할 수 있는 기초를 형성하는 것으로 설정할 필요가 있다. 교원양성과정을 설계할 때, 양성과정을 이수한 예비교원이 수년의 경험이 있는 교사와 동일한 수준의 전문성을 갖추기를 기대하는 것은 불합리하며 가능하지도 않을 것이다.

4. 초등교사 양성교육 관련 주요 이슈 검토

1) 교사역량 중심 교원양성과정 설계 시 유의점

초등교원에게 필요한 역량의 정의는 교원양성 교육과정 설계의 가장 근원적인 기초이기 때문에 매우 중요하다. 최근 초 · 중등학교 교육과정의 구성에서 역량을 중시하는 것처럼 교원양성과정에서 교원에게 필요한 역량이 강조되고 있으며 이에 대한 활발한 연구와 논의가 이루어지고 있다. 초등교원에게 필요한 역량은 학자에 따라 다양한 영역(또는 하위역량)을 설정하고 다양한 용어로 제시되고 있다. 교사의 역량과 관련하여 여러 학자와 현장의 전문가들이 서로 다른 용어를 사용하여 다양한 역량을 제시하지만 각각의 정의 또는 하위역량의 정의를 보면 거의 동일한 역량을 제시한다고 볼 수 있다.

교원양성 교육과정의 설계에서 교원에게 필요한 역량을 고려하기 위해서는 다음과 같은 사항들을 유의할 필요가 있다(김왕준, 2018). 첫째, 역량에 대한 보다 정치한 정의와 구체적이고 객관적인 역량의 측정과 제고방법 등에 대한 연구가 뒷받침되어야 한다. 교사의 역량과 관련한 현재의 수준은 제시된 역량을 객관적으로 측정할 수 있는 조작적 정의를 제시하지 않고 있다. 대부분의 연구에서 현재의 역량 수준이나 필요한 역량 수준의 계량화된 측정은 매우 추상적으로 정의된 역량에 대한 자기인식 보고 형태로 실시된다. 선행연구에서 제시된 역량에 대한 정의와 측정에 기초해 교원양성기관 교육과정의 타당성 또는 현장 적합성을 판단하기는 어려우며, 효과적인 개선방안을 제시하기도 어렵다.

둘째, 역량의 정의상 특정 역량을 제고하기 위한 교과목을 개설할 수 있다는 주장을 재검토할 필요가 있다. 특정 역량을 개념적으로 정의하고 다른 역량과 구분하는 것은 가능할지 모르지만, 인간의 특정 행동이 특정 역량에 기초해 이루어지거나 특정 역량을 설명한다는 것을 가정할 수 없다. 예를 들어, 교사들이 수업을 하거나 학생 또는 학부모와 상담과 같은 무언가를 하는 행위는 모두 본질적으로 의사소통이다. 의사소통의 유형은 내용에 따라 수업, 상담, 훈육 등으로 나뉠 수 있다. 본질적으로 인간이 타인과 관련하여 무엇인가 하는 모든 행위는 의사소통이다. 교사의 수업 행위는 교육제도에 대한 이해의 결과, 학생에 대한 이해의 결과, 특정 지식에 대한 이해의 결과, 사람과 사람 사이의 관계에 대한 이해의 결과의 종합적인 표현이지 결코 특정한 의사소통 역량의 함양 결과라고 볼 수 없다. 수업 역량이든 의사소통 역량이든 학생지도 역량이든 특정 역량을 함양하기 위해서는 서로 관련이 있는 다양한 지식과 태도를 교육하고 습득하여야 한다.

셋째, 특정 개인이 가진 역량과 그 개인이 실제 상황에서 역량을 어느 정도 발휘하느냐는 반드시 정적 상관관계가 있는 것이 아니다. 예를 들어, 튼튼한 수업 역량을 가진 교사가 실제 수업에서 그 역량을 발휘하여 수업을 잘할 가능성이 있지만 반드시 그러한 것은 아니다. 실제 수업의 효과에는 교수자의 역량과 더불어 보상과 같은 동기부여와 여러 가지 외적 환경적 요인이 작용할 가능성이 있기 때문이다. 이 논의가 중요한 이유는 교사들이 전문성의 평가기준에 적합한 행동을 하지 않는다고 할 때 이것이 교원들의 역량이 부족해서이니 역량을 함양하기 위한 대책을 마련해야 한다는 논리가 타당하지 않을 수 있음을 보여 준다는 것이다.

넷째, 역량과 관련하여 고려해야 할 사항 중의 하나는 시간에 따른 역량 수준의 변화이다. 예를 들어, 교직경력 10년인 교사에게 수업 역량 또는 학생지도 역량이 부족하다고 가정하여 보자. 이 상황을 교직경력 10년인 교사가 교원양성기관에서 제대로 교육받지 못하였다거나 임용시험에서 제대로 선별하지 못하였다는 것으로 설명하는 것은 타당하지 않다. 교직경력 10년이라면 교원양성기관에서 형성된 역량의 효과는 거의 사라지고 현장에서의 경험과 자기개발이 현재의 역량에 더 큰 영향을 줄 것이다.

표 5-18 초등교사에게 요구되는 역량

선행연구	초등교사에게 요구되는 역량
조대연(2009), 임정준, 이영민, 임정연(2011)	• 6개 역량군(수업계획 및 준비, 수업실시, 학습평가, 생활지도, 학급학교경영 지원, 태도): 37개 세부 직무역량
최진영 외(2009)	• 5개 교사 역할(교수, 평가, 생활지도, 학급경영, 전문성 개발) 각각에 대해 지식역량, 수행역량, 태도역량 제시
주현준(2008)	• 3개 역량군: 19개 역량[교육인적자원부연수원(NETI)이 개발한 모델 적용] • 기반 역량군: 상호신뢰, 윤리의식, 원칙준수, 창의력, 변화주도, 프로세스 개선 • 리더십 역량군: 공정성, 책임감, 비전제시 및 공유, 자기계발, 배려, 협조성 • 직무 역량군: 학생 이해, 교과전문성, 학습동기부여, 교수 · 학습, 의사소통, 상담, 교육계획 수립
김경애(2015)	• 6개 핵심역량(학습자 기반 역량, 전문성 개발 역량, 직무처리 역량, 교육에 관한 태도 역량, 관계 역량, 기질적 역량)
최민석 외(2015)	• 수업역량, 배려역량, 정보역량, 협업역량, 민주역량
정제영 외 (2016)	• 직무역량: 교과지도, 비교과지도, 생활지도 및 상담, 학급경영, 학교행정지원, 학부모 및 지역사회와의 연계, 전문성 신장, 교육정책이해도, 교직소향 등 • 미래 환경 변화에 따라 필요한 역량: 갈등관리능력, 의사소통능력, 관계형성능력, 인내심, 교육환경에 대한 이해, 학생문화에 대한 이해, 실제 문제해결력, 공동작업능력, 미래사회에 대한 이해, 대인관계능력, 창의적 혁신력, 지역사회에 대한 이해, 시민의식 등
임유나, 홍후조 (2018)	• 교육과정 수업 역량군: 교육과정역량, 수업역량 • 학생지도 역량군: 생활지도역량, 진로지도역량 • 학교공동체 역량군: 학교 · 학교경영 역량, 교직실무역량 • 교직생애관리역량군: 변화대응역량, 교직관리역량, 자기관리역량

출처: 임유나, 홍후조(2018), pp. 5-6에서 수정 · 보완.

2) 종합대학체제로의 개편안에 대한 검토

교육대학 또는 교육대학과 관련된 문제로 '암묵적'으로 공유되고 있는 문제 중의 하나는 '교육대학에서 양성하는 교원들의 시야가 좁다.'는 것이다. 그 논거 중의 하나는 교육대학이 종합대학이 아닌 목적형 단과대학으로 운영되기 때문에 학생들이 '다양한' 분야의 학문이나 사람들을 접할 기회가 없다는 것이다. 이에 대한 대안으로 종합대학으로 재편할 필요가 있다는 결론을 유도하기도 하고, 이러한 문제 인식을 대학구조 조정의 근거로 사용하기도 한다.

교육대학에서 제공하는 교육과정이 설립목적과 규모의 경제에 의해 한정적이라는 것과 교육대학 학생들이 다양한 전공을 하는 학생들을 캠퍼스에서 만나지 못하는 것은 사실이다. 그러나 이 문제를 합리적으로 분석하기 위해서는 종합대학에 소속된 사범대학 학생들이 자신의 전공과 다른 학과 또는 단과대학의 학과목을 수강하는 비율이 어느 정도인지를 파악해야 한다. 이 과정에서 고려해야 할 사항은 다른 대학 또는 학과에서 개설되어 어쩔 수 없이 들어야 하는 전공과목과 교양과목 그리고 다른 분야로 진출하기 위한 목적으로 수강하는 과목을 제외하여야 한다는 것이다.

종합대학에 속해 있지만 사범대학은 분명히 목적형 기관이다. 목적형 기관에 입학한 학생이 다른 분야에 관심을 갖는다면 입학과정에 문제가 있거나 전공 교육과정에 문제가 있는 것이지, 학생들이 다른 것을 선택할 수 있는 자유가 있다는 것을 기관 운영의 장점으로 볼 수는 없다. 전공을 변경하려는 학생의 입장에서 보면 대학(또는 전공)의 선택과 관련한 의사결정 과정이 합리적이 못하였거나, 대학에 진학한 이후에 모종의 변화가 있어 새로운 선택이 필요한 상황이 있는 경우에 분명 종합대학에 있는 편이 유리할 것이다.

중요한 것은 목적형 기관인 교육대학의 주요 정책을 누구의 이해를 고려하여 결정할 것인가이다. 전공 변경이 필요한 소수의 학생을 위해서 목적형 양성체제를 개선해야 한다거나 이들을 위한 특별한 프로그램을 제공하여야 한다는 주장은 타당하지 않다. '다른 조건이 동일하다면' 어려움에 처한 학생에게 유리한 대학체제를 만드는 것은 바람직한 것이다. 그러나 '다른 조건이 동일한' 상황은 결코 없다. 주요한 목적 이외에 다른 목적을 추구하기 위해서는 추가적인 인력과 재정 소요 등으로 인해 무엇인가 희생해야 하는 부분이 반드시 생기게 된다.

사범대학의 경우 특정한 전공교과를 가지고 있기에 학과 간 교류가 더욱 '필요할 수도' 있다. 반면에, 교육대학은 모든 교과(학문영역)에 대해서 고르게 접할 기회를 갖게 되어 실제적으로 다른 영역 또는 전공과의 교류 필요성이 적다. 물론 각 분야의 '전문성(깊이)'에 대한 문제제기는 가능하나 이는 별도로 검토해야 할 문제이다. 만일 교사 개인별로 여러 분야의 '전문성'을 갖춘 교원을 양성해야 한다면 교육기간을 '무한정' 연장해야 할지도 모른다.

교육대학은 인문, 사회, 자연, 예체능 등 다양한 분야를 포괄하는 종합적인 교육과정을 제공하고 있다. 이러한 관점에서 교육대학의 교양교육과정이 부실하다는 지적 또한 타당성이 부족하다. 교육대학에서 가르치는 대부분의 교과는 정의상 '교양' 과목에 해당한다. 일반적으로 교양과목이라고 하는 문학, 역사, 철학이라는 강좌명이 교육대학에 없을 수 있으나, 교육대학의 주요 과목들은 문학, 역사, 철학과 매우 밀접하게 연결되어 있다. 또한 문학, 역사, 철학이라는 명칭을 붙인 교육과정이 필요하다고 할 때, 교육대학은 이미 이러한 분야의 전문성을 가진 교수를 확보하고 있다.

마지막으로, 설사 교육대학을 졸업한 초등교원들이 시야가 좁다고 하더라도, 이 문제를 제기하는 사람들이 교육적인 관점에서 진정성이 있다면 그래서 그것이 왜, 어떻게 초등교육에 문제인지를 설득력 있게 제시하여야 한다.

3) 양성기간 연장에 대한 검토

교직 전문성을 제고하기 위해서는 교육기간을 연장할 필요가 있으며, 이를 위해 교육전문대학원 또는 대학원 수준에서 교사를 양성하는 방안이 지속적으로 제기되어 왔다. 최근 국가 차원에서 이 문제를 검토하고 있다. 국가교육회의 교육개혁 추진 어젠다의 예시 중 하나가 '중장기 교원 수급계획 등 교원양성체제 개편방안'이다(제1차 회의안건). 국가교육회의의 유초중등교육전문위원회의 잠정의제 중 하나가 '교육양성과 인사제도 개선'이며, 주요 내용으로 교원양성, 교원수급, 교원재교육, 교원인사 등에 대한 종합적인 대책마련을 설정하였다(제2차 국가교육회의 안건).

교육전문대학원 체제는 교원양성 교육과정의 설계에 따라 교원의 전문성 신장에 기여할 수도 있고 저해할 수도 있기 때문에 신중한 논의가 필요하다. 간단히 말하면, 교육전문대학원 체제의 도입은 제도설계 모형에 따라 교원의 전문성 신장에 기여하는 정도가 다르기 때문에 구체적으로 제안된 모형을 두고 도입의 타당성을 논하여야 한다. 예를 들어, 초등교원 양성을 위한 교육전문대학원 체제를 논의할 때, 일반대학 졸업자를 대상으로 한 2년과정의 전형적인 대학원체제(학부 4년+대학원 2년)는 교원 양성교육 기간을 현저하게 줄일 수 있기 때문에 교원의 전문성 제고를 약화시킬 수 있다. 일반적으로 대학원 2년과정의 총 이수학점은 30학점 내외이다. 현재 초등교원 양성을 위한 전문과정은 교직과정 22학점과 전공 70학점 이상 등 최소 92학점에 이른다. 만일 학부과정에서 교직과정과 전공과정에 대한 교육을 이수하지 않았다면 초등교원 양성을 위한 교육전문대학원의 이수시간은 4년 이상으로 설정되어야 현재보다 늘어난 교육과정을 제공할 수 있다.

교원양성교육 기간 연장의 타당성을 논의하기 위해서는 먼저 교육기간 연장의 목적이 명확히 설정되고, 목적에 부합하는 교육과정이 설계되어야 한다. 또한 교육기간과 교육과정을 설계할 때 외적인 여건도 고려하여야 한다. 교육전문대학원 체제는 사실상 대학 졸업 이후 추가적인 교육을 요구하는 것이기 때문에 추가 교육에 대한 보상방안과 다른 직종과의 경쟁관계 등을 고려하여야 한다. 최근 경제 상황에서 교직은 매우 유인가가 높은 직업 중의 하나이기 때문에 교사의 자격 요건으로 교육전문대학원 석사학위를 설정하더라도 교직에 대한 수요가 있을지 모르지만, 경제 상황이 좋아지고 대학 졸업 이후 교직보다 더 안정된 직업이 많이 생기게 되면 교육전문대학원에 교직에 적합한 자질을 갖춘 인재를 모집하는 데 어려움이 있을 수 있다.

5. 초등교사 양성교육의 방향[1)]

최근 화두인 제4차 산업혁명과 인공지능에 대한 논의는 우리나라 교육의 전반에 대해 성찰할 수 있는 기회를 제공하였다. 제4차 산업혁명과 인공지능에 대한 교육계 주류의 논의는 주로 제4차 산업혁명시대에 필요한 인재의 가장 핵심적인 요인으로 창의성을 강조하고 창의적인 인재를 양성하기 위한 방안을 제시하거나, 제4차 산업혁명시대의 산업생산 구조에서 양성이 필요한 분야를 탐색하고 정의하는 인력 수요의 측면에서 접근하고 있다.

그러나 제4차 산업혁명에 대한 심층적인 분석은 제4차 산업혁명시대는 단순히 인간의 창의성이 강조되거나 새로운 직무 능력이 필요한 수준을 넘어서 인간의 근본적인 삶에 도전이 될 수 있다는 점을 보여 준다. 제4차 산업혁명시대에 인간의 삶은 강한 인공지능의 역습을 받아 인간의 정체성을 잃을 가능성이 있으며, 산업 기계의 생산성이 높아져 노동시장의 불균형과 노동의 절대 공급과잉이 올 수 있다. 그리고

1) 김왕준(2017)의 「제4차 산업혁명과 교원양성 교육과정의 미래 전망」 중 관련 부분을 수정 · 보완하였다.

최근 확산되고 있는 프리 에이전트가 보편화되어 고용의 불안이 심화될 수 있고, 이에 따라 부의 불평등이 심화될 가능성이 있으며, 인간에 대한 평가의 측면에서 성과사회가 보편화되고 이에 따른 자기착취의 가능성이 증대할 수 있다.

교육계는 제4차 산업혁명시대에 인간이 직면할 수 있는 이러한 도전에 대해 관심을 갖고 학교교육의 목표를 재정의할 필요가 있다. 이러한 삶의 도전에 대비하기 위해 학교교육을 통해 인공지능에 대한 비판적 이해를 제고하고, 노동의 참된 의미를 탐색하고 공유하며, 사회의 불평등과 정의에 대한 인식을 제고하고, 시장의 도덕적 한계를 이해하고 사회규범을 필요성을 제고하며 자아의 존중과 자기관리 능력을 제고할 필요가 있다(김왕준, 2017). 그러나 제4차 산업혁명과 학교교육의 관계에서 위에서 언급한 내용들이 간과되고, 교육의 고유한 목적이나 자율성에 기초한 교육개혁 논의는 찾아보기 어려우며, 교육을 철저하게 도구로서 보거나 사회 변화의 종속변인으로 설정하고 있다(김대식, 2017).

교원양성기관의 교육과정은 예비교사들이 인간과 인간의 삶에 대한 이해를 제고하고, 사회의 규범에 대한 이해 수준을 제고하며, 창의성 개발 프로그램에 대한 비판적 검토 능력을 함양하고, 지식과 학습에 대한 올바른 이해를 제고할 수 있도록 개선될 필요가 있다. 실제로 인간의 존재의의에 대한 교육, 사회의 불평등과 정의, 지식과 창의성의 관계, 바람직한 사회의 규범 등에 관한 주제는 여러 교양교육과정과 교육학의 분과학문에서 다루고 있는 것이다. 제4차 산업혁명시대의 도래에 따라 교원양성기관에 새로운 교육의 내용이나 방법 등을 제시하기보다는 기존의 교육내용과 방법들이 어떻게 교수되고 학습되는지를 살펴보는 것이 우선적으로 필요하다. 이러한 관점에서 교원양성교육의 개선 방향을 제시하면 다음과 같다.

첫째, 교원양성교육은 예비교사들의 인간과 인간의 삶에 대한 이해를 제고해야 한다. 교육의 주요한 목표 또는 기능 중의 하나는 사회의 구성원이 될 학생들을 사회화하는 것이다. 사회화의 주요 내용 중의 하나는 인간의 정체성과 인간의 가치에 대한 사회의 보편적인 인식을 전달하여 공유하도록 하는 것이다. 인공지능의 발달은 인간의 정체성과 인간의 가치에 대해 의문을 제기한다. 인공지능 기술이 인간의 생활에 필요한 물건의 정형화된 대량생산뿐만 아니라 인간의 정신과 창의성을 요구하는 작곡, 작사, 소설, 미술의 영역까지 확대되고 있는 점을 고려할 때, 인간의 상당수가 인공지능을 활용한 기계보다 못한 현실이 다가올 수 있다.

노동은 인간의 정체성을 정의하는 주요 요인의 하나이다. 그러나 약한 인공지능에 토대를 둔 지능정보사회에서도 노동시장 수급에 심각한 불균형을 가져오고 있으며, 강한 인공지능이 생산과정에 도입되면 노동의 잉여는 더욱 심각해질 것이다. 따라서 노동에 전혀 종사하지 않는 사람이 증가할 가능성이 있는데, 이들은 정체성의 혼란을 겪을 수 있다.

인공지능이 그동안 인간이 수행하던 일을 대신 수행한다고 할 때, 인간의 가치를 무엇에서 찾을 수 있으며 인간에게 주어지는 시간을 어떻게 활용해야 할지에 대한 사회적 차원 또는 인류 차원의 공유된 인식이 필요하다. 이는 교원양성 교육과정의 중요한 내용이 되어야 할 것이다.

둘째, 교원양성교육은 예비교사들이 **사회규범을 이해하고 실천**할 수 있도록 해야 한다. 교육의 주요 기능 중의 하나는 학생들로 하여금 사회의 유지와 존속에 필요한 사회의 주요 규범을 익히도록 하는 것이다. 사회의 규범은 정의상 사회의 구성원이 해야 할 일들을 알려 주고 자신 또는 타인의 행동에 대한 평가의 기준으로 작용한다. 사회의 규범을 내면화하는 것은 사회에서 인정되는 행위와 인정되지 않는 행위를 구별할 수 있고, 인정되지 않는 행위를 할 경우에 그에 따른 불이익을 받게 되어 그러한 행위를 하지 않도록 하는 것이다.

교원양성 교육과정을 통해서 예비교원들이 학생들에게 교육해야 할 사회의 규범을 익히고 이를 효과적으로 교육하는 방법을 배우는 것은 사회의 존속을 위해 매우 중요한 일이다. 학생에게 교육할 사회의 규범을 모두 명확히 정의하는 것은 어려운 일이 분명하나, 교원은 적어도 문제가 되는 사회의 규범을 명확히 인식하고 이를 개선할 수 있는 역량이 있어야 한다.

문제가 되는 또는 검토되어야 할 사회의 규범 중의 하나는 **시장규범**이다. 시장규범은 경제 행위에 대해 철저한 등가교환이 원칙이고, 노동과 임금, 상품과 가격, 대출과 이자 등과 관련된 행위에 대해 등가교환이 이루어질 때 정당한 행위가 되는 것이다. 시장규범 그 자체는 문제가 없으나, 문제는 시장규범이 적용되지 말아야 할 영역에 그것이 적용되고 있어 사회의 공동체가 약화된다는 것이다. 사회규범과 시장규범이 경합할 때 사회규범은 사라지는데, 사라진 사회규범을 되살리기는 상당히 어렵다.

사회 또는 조직에서 사람들은 시장규범과 사회규범을 모두 가지고 있으며, 필요에 따라 선택한다(Clark, 1984; Clark & Mills, 1979; Fiske, 1992; Ariely, 2008에서 재인용). 사회규범은 인간이 사회를 형성하고 공동체를 유지하는 데 필수적인 요소이다. 사회규범은 즉시적인 보상을 전제하지 않으며, 양 당사자 모두 기쁨을 얻을 수 있다.

셋째, 교원양성교육은 예비교사들이 학교교육의 목적을 분명히 인식할 수 있도록 해야 한다. 지능정보사회와 관련하여 교육에서 창의성이 더욱 강조되고 있다. 창의성을 강조하는 주된 이유는 산업의 경쟁력을 위해서는 새로운 제품을 개발할 수 있는 창의성이 있어야 한다는 것이다. 그러나 교육에서 창의성의 의미와 창의성을 향상하는 방법에 대한 심층적인 이해가 있는지는 의문이다. 우리나라의 학교교육에 대한 비판 중의 하나는 획일화된 교육을 하여 학생들의 창의성이 개발되지 못한다는 것이다.

여기서 논의가 필요한 부분은 우리의 학교교육이 실제로 '학생들의 창의성을 개발하는 데 실패하였는가?'이며 '이를 어떻게 증명할 것인가?'이다. 이 질문은 제4차 산업혁명을 주도하거나 제4차 산업혁명시대에 생존하기 위해 창의성의 개발을 중심으로 하는 새로운 교육과정의 필요성과 이와 관련한 교원양성 교육과정의 개편 필요성과 관련이 되기 때문에 중요하게 검토할 필요가 있다.

국제비교를 통해서 볼 때, 우리나라 학생들의 창의력은 문제가 되지 않는다. 또한 기업 생산의 측면에서 노동자의 창의력이 문제가 되기보다는 경영자의 자질과 역량의 부족이 큰 문제이다. 또한 논리적으로 볼 때, 이미 제4차 산업혁명은 시작되었고, 첨단 지능정보 기술과 관련하여 우리나라의 수준은 낮지 않다. 또한 우리나라 또는 다른 나라에서 제4차 산업혁명을 주도하고 있는 사람들이 특별히 창의적 교육을 받았는지 의문이다. 따라서 제4차 산업혁명을 위해 학생들에게 이전과 다른 새로운 창의성이 요구되거나 이전보다 심화된 수준의 창의성이 요구된다고 볼 수 없다.

교육과 창의성에 관련된 논의에서 유의할 사항은 창의성이 중요하지 않다는 것이 아니라 특정 개인의 창의성은 학습의 결과라는 것이다. 따라서 창의성 교육이 별도로 있는 것이 아니라 학습자가 학습을 제대로 할 수 있도록 도와주는 것이 결국 개인의 창의성을 함양하는 것이다. 이 논의가 중요한 이유는 우리나라 교육이 창의성을 제대로 함양했는지 그렇지 않았는지를 실증적으로 증명할 수 없고, 어느 누구도 창의성을 함양하는 특정한 방법을 제시할 수 없으며, 어느 누구도 설득력 있게 학생들의 창의성을 함양하고 있다고 주장할 수 없기 때문이다.

교육의 효과는 불명확한 창의성의 개념으로 측정할 수는 없으며, 따라서 창의성 함양에 실패하였기 때문에 우리 교육이 문제라고 하는 것도 타당성이 없다. 교육의 효과는 학습의 효과로 측정되어야 한다. 초등교육에 대한 합리적 비판의 논거는 초등학생들의 성취 수준이어야 한다. 이때 초등학생들의 성취 수준은 단순한 교과지식을 넘어서서 학생들의 전인적 성장의 측면에서 학교교육의 목적으로 제시되는 도덕성 발달(시민의식 포함)과 신체 발달을 포함한다.

교원양성 교육과정의 목표는 창의적인 교원을 양성하는 것이 아니라 교원이 학교에서 무엇을 해야 하고 그 결과가 어떻게 측정될 수 있는지를 명확히 인식하고 그것을 행할 수 있는 교사를 양성하는 것이다. 목표로서의 창의적인 교원은 교원양성 과정을 설계하거나 성과를 측정하는 데 유용한 개념이 되기 어렵다.

넷째, 지식과 학습에 대한 올바른 이해를 도모할 수 있는 교사교육과정이 구성되어야 한다. 우리나라 학교교육에 대한 비판은 교육에 대한 두 가지 '근본적이면서 검증되지 않은' 이상에 근거하고 있다. 하나는 형식주의이고, 다른 하나는 자연주의이다(Hirsch, 1996). 이 두 가지 이상은 모두 매우 그럴듯하기 때문에 타당성에 대한 심층적인 논의가 거의 없다.

형식주의(formalism)는 학교에서 학생들이 미래에 스스로 학습할 수 있도록 학습하는 방법(how to learn)을 가르치는 것이 현재와 같이 교과의 내용(교과지식)을 가르치는 것보다 훨씬 중요하다는 것이다. 형식주의에 근거하여 학교를 운영할 때, 학교에서는 지식의 전수보다는 사전 이용, 인터넷 검색, 비판적 사고훈련 등이 강조된다. 이 과정에서 검색의 대상 또는 비판의 대상이 되는 내용(교과지식)은 덜 강조된다(또는 무시되는 경향이 있다).

형식주의는 실제적인 측면에서 오류가 있다. 첫째, 비판적 사고의 대상이 되는 주제(교과내용)에 대한 지식 없이('지식'이라는 용어가 부정적이라면 '이해' 없이) 비판적 사고를 훈련할 수 있는가이다. 예를 들어, 초등학생이 과학자가 가진 지식 없이 과학자처럼 생각할 수 있을까? 둘째, 특정 영역에서 최고로 발달된 비판적 사고가 다른 영역으로 전이되지 않을 수 있다. 예를 들어, 정치분야에서의 발달된 비판적 사고가 수학분야의 비판적 사고를 발달시키는 데 도움이 되지 않을 수 있다. 셋째, 다양한 지식의 습득이 일반적인 학습 능력을 향상시킬 수 있다. 학교가 모든 분야에 적용될 수 있는 읽기, 사고, 학습 기술을 가르칠 수 있다고 하는 것은 오류이다. 오히려 다양한 지식에 대한 적절한 강조가 학습자로 하여금 일반적인 학습 능력을 갖게 할 수 있다. 형식적인 또는 정형화된 학습기술을 배운 학생들이 오히려 그러한 학습기술을 활용하지 못하는 반면에 지식을 제대로 배운 학생들이 학습 능력을 제대로 배우는 역설이 나타난다.

일반적으로 학습방법 또는 비판적 사고방법을 가르친다는 것은 새로운 문제에 대한 유형이나 **정형화된 해결전략**(formal skill)을 가르치는 것이다. 심리학자들의 연구 결과, 이러한 방식이 실제에서 유용하지 않은 것으로 나타났다(Larkin & Chabay, 1989). 정형화된 해결전략은 풍부한 지식을 가진 전문가의 접근이라기보다는 아마추어들의 느리고 신뢰할 수 없는 접근을 의미한다. 반면에, **일반적인 학습기술**(general learning skill)은 폭넓은 지식을 바탕으로 생기며, 단순한 학습절차에 따른 영향은 적다. 폭넓은 지식이 학습자로 하여금 특정 영역의 지식을 다양한 새로운 문제 상황이나 경험에 적용할 수 있게 한다. 이것이 진정한 의미의 학습기술이다. 일반적인 학습기술을 습득하기 위해서는 추상적인 학습기술을 가르칠 것이 아니라 지식을 가르쳐야 한다.

진보주의 교육이론가들은 인간에게 학습이 자연스럽게 나타난다는 **자연주의**(naturalism) 관점을 취한다(Hirsch, 1996). 자연스럽게 일어나는 학습은 사람마다 다르며, 그렇기 때문에 각자의 목표와 환경과 연결되는 실제 생활과 연계될 때 가장 효과적이라고 여겨진다. 자연주의를 기반으로 한 교육에서 가장 효과적인 것은 자연스러운 학습의 발달과정을 따라가면서 지원하는 것이다. 교육적 자연주의에 대한 종교적이고 철학적인 기반이 매우 두터워 거의 논쟁의 여지가 없는 것으로 여겨진다.

교육적 자연주의에 대한 실증적 기반은 아이들의 모국어 학습이다. 자연스러운 상황에서 모국어를 학습한다는 것이다. 그러나 자연스러운 모국어 학습보다는, 부모의 개입에 의해 모국어 습득에 필요한 시간이 단축되거나 질적으로 우수한 교육이 이루어진다는 경험적 사실은 학습에 인위적인 개입이 필요하다는 것을 시사한다. 또 하나 모국어 학습과 관련하여 유의해야 할 것은 아이들이 모국어를 배우는 과정에서 심리적 고통을 어느 정도 느끼는지에 대한 경험적 연구가 부족하며, 또한 모국어를 배우는 데 소요되는 시간에 대해서도 경험적 연구가 필요하다는 것이다. 단편적인 경험을 통해서 볼 때, 아이들이 오롯이 모국어를 배우는 데 사용하는 시간

만큼 우리가 다른 것을 배우는 데 많은 시간을 활용하는 경우는 거의 없다.

모국어의 습득이 유전적으로 인간에게 부여된 자연스러운 목표이고 또한 유전적으로 자연스러운 학습이 가능하다고 가정하더라도, 이것이 학교교육(또는 인간이 학습해야 할 것)이 인간의 자연스러운 목표인지 그리고 자연스럽게 학습이 가능한 것인지에 대한 대답을 주지 못한다. 학교의 교육내용은 인간이 만든 인위적인 산물 또는 정신에 관한 것이 대부분이다. 오히려 학교교육의 경우에 부자연스러운 것이 당연할 수 있다. 학교교육은 실생활에서 배울 수 있는 것을 인위적인 환경에서 학습하여 시간을 단축하는 측면도 있으며, 실생활에서 경험할 수 없는 것을 간접적으로 경험하게 하는 의도적 활동일 수 있다. 경우에 따라 약간 불편할지는 모르지만 학교교육을 이수하지 않았다고 해서 생존에 문제가 되지 않을 수 있다. 또한 일부 사람에게는 특정 학교교육이 생활하는 데 전혀 도움이 되지 않을 수 있다. 간단히 요약하면 학교교육의 내용이 실생활과 직접적으로 연결되지 않을 수 있으며, 반드시 그 둘을 연결해야 할 당위성도 없을 수 있다.

자연적인 학습과 학교교육을 구분하는 가장 큰 이유는 학교의 과업과 수업에 대한 이해를 명확히 하기 위함이다. 자연적인 학습과 학교교육을 구분하지 못하는 경우 현재 학교교육에서 제공하는 교육과정이 부적합하며, 부자연스럽고, 학생들의 흥미를 유발하지 못한다고 비판할 수 있다. 이러한 관점에서 교원양성 교육과정을 설계하거나 학교(교사)를 평가하는 것은 타당하지 않을 수 있다.

참고문헌

경인교육대학교 편찬위원회(2007). **경인교육대학교 60년사**. 경인교육대학교.

고전 외(2016). **초등교육행정의 이론과 실제**. 경기: 양성원.

교육부(2013). 교원양성기관 현황.

교육부(2016). 교원양성기관 현황.

교육부(2017). 교원양성기관 현황.

국가교육회의(2018). 제1차 국가교육회의 안건.

국가교육회의(2018). 제2차 국가교육회의 안건.

김경애(2015). EP모델을 활용한 초등 교사들의 핵심역량 분석에 관한 연구. **한국교원교육연구**, 32(2).

김대식(2017). 4차 산업혁명 시대 초등교육의 정체성과 역할. 교육사상연구, 31(4).

김영우, 안귀덕(1994). 한국현대 초등교원 양성 교육사. 한국정신문화연구원.

김왕준(2017). 제4차 산업혁명과 교원양성 교육과정의 미래 전망. 제2회 교원정책 포럼. 한국교원교육학회.

김왕준(2018). 교원임용시험시행의 특수성과제도 설계의 한계. 초등교육 임용제도 개선: 반성과 대안. 한국초등교육학회 연차학술대회.

김이경, 김병주, 김왕준, 이길재. 중장기 교원 수급계획 수립 연구. 한국교육개발원.

김재복(1998). 교육개혁과 초등교사 양성기관의 발전 과제. 한국교원교육연구, 15(1).

김천홍, 홍수빈(2018). 영국 교원양성체제의 특징 분석과 시사점. 한국교원교육연구, 34(3).

대통령 직속 국가교육회의(2018). 제1차 국가교육회의 2018년 운영계획(안).

대통령 직속 국가교육회의(2018). 제2차 국가교육회의 2018년 운영계획(안).

박상만(1959). 한국교육사(하권). 대한교육연합회.

박상완(2007). 교원양성 교육과정의 발전 방향과 과제. 한국교원교육연구, 24(2).

박상완(2017). 초등교육의 목적과 성격에 기초한 초등교원정책의 쟁점과 과제 탐색. 한국교원교육연구, 34(4).

박소영(2016). 초등교원 양성 교육과정 중 교직과목 변천과정 분석. 초등교육연구, 29(2).

박영숙, 허은정, 황은희(2018). 교직 환경 변화에 따른 교원양성 교육과정의 혁신 이슈와 과제. 한국교원교육연구, 35(1).

박일수, 신수범, 한명숙(2017). 교사양성대학 융복합형 교육과정의 발전 방향. 한국초등교육. 서울대학교 초등교육연구소.

박춘성(2015). 예비유아교원의 교직정성 · 인성에 대한 탐색. 한국홀리스틱교육학회, 19(3), 107-124.

서경혜, 최진영, 노선숙, 김수진, 이지영, 현성혜(2013). 예비교사 교직 인성 평가도구 개발 및 타당화. 교육과학연구, 14(1), 147-176.

임유나, 홍후조(2018). 교사 핵심역량에 대한 초, 중등교사의 인식과 요구 비교 분석. 교육학연구, 56(2).

임정준, 이영민, 임정연(201). 초등교사의 직무역량 인식과 직무성과에 관한 연구. 한국HRD연구, 6(3).

정제영, 김갑성, 강태훈, 류성창, 윤홍주, 선미숙(2014). 중등 신임교사의 직무 역량 요구도 분석. 한국교원교육연구, 31(4).

조대연(2009). 교사 발달단계별 직무역량 요구분석: 서울초등교사를 대상으로. 한국교원교육연구, 26(2).

조주연, 백순근, 임진영, 여태철, 최지은(2007). 초등교직정성검사(TAPST) 타당화 연구. 초등

교육연구, 20(2), 161-182.

주현준(208). 초등학교 교사들의 역량에 대한 교육요구 분석: 경기·인천 지역을 중심으로. **교육학연구**, 46(1).

최민석 외(2015), 신규교사 임용시험 제도개선 정책연구. 전국시도교육감협의회.

최진영, 이경진, 장신호, 김경자(209). 초등학교 교사의 핵심역량 탐색. **한국교육학연구**, 15(3).

황규호(2017). 새 정부의 교원교육 정책 현안 과제 분석. **한국교원교육연구**, 34(3).

Ariely, D. (2008). *Predictably irrational: The hidden forces that shape our decisions*. Happer Perennial.

Clark, M. (1984). Record keeping in two types of relationships. *Journal of Personality and Social Psychology, 47*.

Clark, M., & Mills, J. (1979). Interpersonal attraction in exchange and communal relationships. *Journal of Personality and Social Psychology, 37*.

Fiske, A. (1992). The four elementary forms of sociality: Framework for a unified theory of social relations. *Psychological Review*.

Hirsch, E. D. (1996). *The schools we need and why we don't have them*. Anchor Books.

Larkin, J. H., & Chabay, R. W. (1989). Research on teaching scientific thinking: Implications for computer-based instruction. In L. B. Resnick & L. E. Klopfer (Eds.), *Toward the thinking curriculum: Current cognitive research* (pp. 150-172). Alexandria, VA: Yearbook of the Association for Supervision and Curriculum Development.

제 6 장

중등교육분야 교사교육 성찰

정제영(이화여자대학교 교육학과 교수)

1. 서론

학교교육에 영향을 주는 다양한 요인 중에서 교원의 역할은 다른 어떤 요인보다 중요하다. 교원정책은 교육정책에서 가장 핵심적인 영역으로 다루어져 왔으며, 우수교원의 확보를 위한 전문성 향상과 사기 진작을 위한 방안이 중점적으로 추진되어 왔다. 하지만 중등교육 분야는 그동안 대학입학 준비의 선행과정으로 대학입학 전형제도의 변화에 따른 종속변수로 다루어져 온 경향이 있다. 중등교육 그 자체로의 의미보다는 상급학교 진학이나 취업을 위한 단계로 여겨져 온 것이다. 중등교사의 양성과정도 국가교육과정의 지식을 학생들에게 어떻게 잘 전달할 것인지에 초점을 맞추어 운영되어 왔다.

4차 산업혁명과 디지털혁명으로 일컬어지는 기술적 변화는 우리 사회에 새로운 교육혁신을 요구하고 있다. 4차 산업혁명은 국가에 따라 달리 표현하고 있는데, 독일의 인더스트리 4.0(Industry 4.0), 미국의 산업 인터넷(Industrial Internet), 일본의 로봇 신전략(Robot Strategy)과 Society 5.0, 중국의 제조 2015 계획 등이 대표적인 예라고 할 수 있다(하원규, 최남희, 2015). Schwab(2016a, 2016b)은 3차 산업혁명과 비교하여 4차 산업혁명이 가진 질적인 차이를 세 가지로 제시하고 있는데, 속도(velocity), 범위와 깊이(breadth and depth), 총체적 영향(systems impact)이 그것이다.

첫째, 속도의 측면에서 보면, 4차 산업혁명은 이전의 변화와는 다르게 기술이 기하급수적인 속도로 변화하고 있다는 것이다. 둘째, 범위와 깊이의 측면에서 보면, 부분적 기술의 진보를 넘어서 다양한 기술이 융합되면서 기술과 산업 분야에 국한된 변화가 아니라 경제, 경영, 사회 그리고 개인 수준에서도 패러다임 전환을 초래하고 있다는 것이다. 셋째, 총체적 영향의 관점에서 보면, 디지털혁명과 4차 산업혁명에 따른 변화는 생산이나 관리, 거버넌스 등 모든 체제에서 일어나고 있으며, 변화의 측면에서도 세계 모든 나라, 모든 산업분야에 걸쳐 이루어지고 있다. 이러한 사회적 혁신은 기존의 선형적 변화(linear change)를 넘어서 파괴적 혁신(disruptive innovation)의 양상을 보일 것이라고 예측된다. 사회의 변화는 교육의 전반적인 혁신을 요구하고 있고 그중에서 교원의 변화는 매우 중요한 부분을 차지한다. 따라서 교원을 양성하는 과정도 혁신의 한가운데 놓여 있다.

그동안 우리나라는 교원교육 분야에서 괄목할 만한 성과를 거두었다고 평가할 수 있다. 특히 중등교육이 급격한 속도로 양적인 팽창을 해 왔는데 그 과정에서 교사의 역할이 가장 중요했다고 해도 과언이 아니다. 하지만 빠른 양적 성장의 과정에서 그동안 간과해 왔던 질적 관리의 측면은 여전히 문제로 지적되고 있다.

이 장에서는 중등교사 교육에 대해 과거의 상황을 살펴보고, 현재 제기되고 있는 중요한 쟁점을 검토할 것이다. 이를 바탕으로 미래지향적인 중등교사 교육의 방향을 제시하고자 한다. 우리나라의 근대적 중등교원 양성은 일제강점기에서 벗어난 이후 새로 시작되었다고 할 수 있다. 현재의 관점에서 본다면 지난 역사를 되돌아봄으로써 현재의 상황과 문제에 대한 원인을 진단해 볼 수 있다. 과거를 통해 현재의 상태가 형성되었고, 문제의 진단과 변화의 방향에 맞게 미래를 설계할 수 있을 것이다.

2. 중등교사 양성교육기관의 변천

우리나라에서 근대적인 초등교원 양성교육은 1895년에 설립된 한성사범학교부터 시작되었고, 중등교원을 양성하는 정규 고등교육기관은 1945년 8월 15일 해방 이후 비로소 설치되었다. 일제강점기인 1927년대부터 단기과정의 각종 임시 중등교원양성소가 관립의 고등교육기관에 부설되어 농업과 이과계(지리, 박물, 수학 등)의 중등교원이 소수 양성되긴 하였으나 중등교원의 양성을 주목적으로 하는 교육기관으로서의 사범대학은 해방을 계기로 설립되기 시작하였다. 1945년 이후에는 사범대학을 비롯하여 중등교원양성소, 교직과정, 교육연수원, 실업교육과, 교과교육과, 교육대학원 등 다양한 **중등교원 양성기관**을 통해 교육이 실시되었다(김영우, 1989).

1945년 8월부터 1948년 8월까지의 시기는 미군정기에 해당하는데, 미군정기에 마련된 교육제도는 1950년대까지 큰 변화 없이 운영되었다. 1940년대 후반의 중등교원 양성기관은 사범대학을 비롯하여 중등교원양성소, 중등교원양성과, 중등교원양성강습회, 임시중등교원양성소 등이 있다. 사범대학은 중등교원을 양성하는 정규 대학이라고 할 수 있고, 그 밖의 중등교원 양성기관은 중등교원 수급을 위해 임시로 운영한 단기 양성기관이라고 할 수 있다. 사범대학은 현재까지도 중등교원 양성을 위한 대표적인 기관으로 운영되고 있으나, 단기 양성기관들은 자연스럽게 폐지되었다(김영우, 1989). 1946년 「국립 서울대학교 설치령」에 의하여 경성사범학교와 경성여자사범학교를 병합하고 사범대학으로 개편 · 발족하게 되었는데 이것이 중등교원 양성을 위한 최초의 정규 교육기관이라고 할 수 있다. 1946년에 대구사범학교를 대구사범대학으로 개편하였는데, 1951년 경북대학교가 창설되면서 단과대학으로 편입되었다. 1948년에는 2년제 도립 공주사범대학이 발족하여 1950년에 국립으로 이관되었다가 1954년에 4년제 사범대학으로 승격되었다(이윤식, 최상근, 허병기, 1994).

1950년대에는 「교육법」에 의해 우리나라의 학제(school system)를 새로 정비하면서 중등교원 양성제도에 있어서 사범대학을 완비하고, 사립의 사범대학 설치를 허용하였다. 1951년에 이화여자대학교에 사범대학이 설립되어 최초의 사립 사범대학이 되었다. 1954년에는 수도여자사범대학이 2년제로 설립되었다가 1961년에 4년제로 승격되었다. 1956년에는 서울문리사범대학이 2년제로 발족하였다가 1962년에 4년제 명지대학으로 개편되었다(이윤식 외, 1994). 문교부에서는 부족한 중등교원을 양성하기 위해 임시중등교원양성소를 대학에 부설하여 중학교 교원을 양성하도록 했다가, 1950년대 말에 이르러 중등교원의 공급이 원활해지면서 임시중등교원양성소를 모두 폐지하였다. 당시 문교부에서는 중등교원 양성체제의 개방화를 추진하여 일반대학에 교직과를 두고 일반대학 재학생들이 소정의 교직과정을 이수하면 중등교원으로 진출할 수 있도록 하였다. 따라서 1950년대에는 사범대학, 임시중등교원양성소, 일반대학의 교직과정을 통해 중등교원을 양성한 것으로 정리할 수 있다(김영우, 1989).

1960년대는 중등교원 양성제도에 있어 약간의 변화가 이루어졌던 시기이다. 1961년에 5 · 16 쿠데타 이후 혁명정부는 1961년 「학교정비 기준령」을 제정하였고, 1962년 「교육에 관한 임시 특례법」을 제정하여 중등학교 교사를 4년제 대학에서만 양성하도록 하였다. 이에 중등교원 양성기관으로 교육연수원을 신설하면서 사범대학의 학과 중에서 문리과대학의 학과와 유사한 학과는 모두 폐지하고, 문리과대학에 없는 특수학과만 사범대학에 두어 중등교원을 제한적으로 양성하도록 하였다. 문리과대학의 졸업자는 교육연수원에 입학시키고 1년간의 집중적인 교직교육을 실시하여 중등교원으로 양성하도록 하였다. 1962년부터는 서울대학교 사범대학에 교육연수원을 설치하여 사범대학은 대폭적으로 축소되고 일반대학의 교직과정은 폐지되었다(이윤식 외, 1994). 그리고 2년제로 있던 사범대학은 4년제로 승격되거나 일반대학으로 개편되었다. 그러나 교육연수원에서 운영한 1년 동안의 운영 결과가 기대에 미치지 못한 것으로 나타나자, 문교부는 교육연수원을 설치한 지 1년 만에 이를 폐지하고 축소하였던 사범대학을 다시 확충하였다. 그리고 사범대학을 계속 증설하는 한편 일반대학의 교직과정도 다시 부활시켰다. 1960년부터는 정부의 경제개발계획 추진으로 산업계 교육이 활성화되면서 산업계의 중등교원 확보가 중요한 과제로 대두되었다. 문교부에서는 공과, 농과, 수산계 등 실업계 대학에 실업교육과를 설치하여 실업계 교과를 담당할 중등교원을 전문적으로 양성하도록 하였다. 또한 문교부는 일부 교과와 지역에 따라 부족한 중등교원을 양성하기 위해 일반대학에 사범계 학과로 교과교육과를 설치하여 필요한 중등교원을 양성하도록 하였다. 문교부는 교원수급을 위해 교육대학원을 통해서도 중등교원을 양성할 수 있도록 하였다. 특히 1960년대 후반기에 중등교원의 이직률이 크게 높아져서 중등교원의 수요가 급격하게 늘어나게 되었다. 이에 문교부는 중등교원의 긴급한 수요에 대처하게 하는 목적으로 다시 대학에 임시중등교원양성소를 설치하고, 대학 졸업자를 수용하여 18주간의 단기교육을 실시한 후에 중등교원으로 진출할 수 있도록 하였다. 따라서 1960년대는 사범대학을 비롯하여 교원연수원, 일반대학의 교직과정, 실업계 대학의 실업교육과, 임시중등교원양성소, 교육대학원, 일반대학의 교과교육과 등 다양한 형태의 기관에서 중등교원을 양성했다고 볼 수 있다(김영우, 1989).

1970년대의 중등교원 양성기관은 사범대학을 비롯하여 임시중등교원양성소, 일반대학의 교직과정, 실업교육과와 교과교육과, 교육대학원 등이다. 사범대학과 교직과는 중등교원 양성기관의 핵심으로 절대다수의 중등교원을 양성하였고, 실업계 대학의 실업교육과는 농업, 공업, 수산 등 실업계 중등교원을 양성하였다. 특히 문교부는 충남대학교 공과대학을 공업교육대학으로 개편하여 공업계 중등교원 양성을 전담하도록 하고, 국립 공과대학에 설치하여 운영하던 공업교육과는 모두 폐지하였다. 일반대학의 사범계 학과인 교과교육과는 1970년대에 이르러 더욱 증설되었고, 교육대학원도 증설되었다. 문교부는 1960년대에 설치했던 임시중등교원양성소를 1970년대 초까지 존속시켜서 중등교원을 양성하게 하는 한편, 자신의 과목과 다른 과목을 담당하는 과목 상치교사들에게 현재 가르치고 있는 과목의 교사자격증을 취득하는 교육도 실시하게 하였다. 한편, 1970년대 초반에 중등교원의 공급이 원활해짐에 따라 임시중등교원양성소는 모두 폐지하였다(김영우, 1989).

1980년대에는 사범대학을 비롯하여 일반대학의 교직과정과 교과교육과, 실업교육과, 교육대학원 및 한국교원대학교 등의 기관을 통해 중등교원을 양성하였다. 1985년에 신설된 한국교원대학교는 유치원교사, 초등교사, 중등교사를 하나의 기관에서 양성하도록 한 종합교육대학이라고 할 수 있다. 현재까지도 우리나라에서 이러한 종합적인 교원양성기관은 사립인 이화여자대학교와 국립인 한국교원대학교만이 존재하는 상황이다. 1980년대에는 대학정원이 증가하여 사범대학을 비롯한 각종 중등교원 양성기관에서 배출되는 중등교원 자격증 소지자가 실제 임용되는 교사의 인원보다 많아지면서 사범대학 졸업자 중에서 미발령자가 늘어나게 되었다. 특히 중등교원의 발령적체로 인해 국립 사범대학생들이 시위를 벌이기도 했다. 문교부는 중등교원 양성자 수를 감축하기 위해 1980년대 중반부터 국립 사범대학의 입학정원을 대폭 감축하는 동시에 일부 학과를 통합하도록 하는 조치를 추진하였다(김영우, 1989). 이후 현재까지도 중등교원의 수요에 비해 중등교원 자격증 소지자가 과도하게 공급되는 초과교육의 문제는 여전히 지속되고 있는 상황이다.

1980년대 후반에는 현재의 양성제도가 유지되고 동시에 양성 자원을 감축하려는 시도가 새롭게 시작되었다. 중등교원 양성자가 증가하여 미발령자 적체현상이 발생했고, 교원양성 자원의 과다문제를 해결하기 위해 교직과정 이수자의 비율을 학과정원의 30%에서 10%로 제한하는 이른바 교육과정 이수자 비율 제한 조치가 취해졌으며, 신규 설치 교육대학원에 대해서는 교원양성 기능이 부여되지 않고 있다. 이 외에도 1993년에 국립사범대 우선임용제도가 위헌결정으로 폐지되면서 사범대의 설치가 증가하기도 하였다(김갑성, 박영숙 외, 2009).

이러한 중등교원 양성기관의 변화는 지속적으로 이루어져 왔다는 것을 알 수 있다. 현행 교사자격 기준을 규정하고 있는 「초 · 중등교육법」의 별표 2를 살펴보면 현행 교원양성기관의 현황을 알 수 있다. 현재 중등교원은 사범대학, 교육대학원 또는 대학원 교육과, 임시 교원양성기관, 일반대학의 교육과, 일반대학 교직과정, 소정의 재교육과정 등을 통해 양성되고 있음을 알 수 있다.

표 6-1 연대별 중등교사 양성교육기관

연대별 중등교사 양성교육기관	
1940년대 후반 (미군정기)	사범대학, 중등교원양성소, 중등교원양성과, 중등교원양성강습회, 임시중등교원양성소 등
1950년대	사범대학, 임시중등교원양성소, 일반대학의 교직과정
1960년대	사범대학, 교원연수원, 일반대학의 교직과정, 실업계 대학의 실업교육과, 임시중등교원양성소, 교육대학원, 일반대학의 교과교육과 등
1970년대	사범대학, 임시중등교원양성소, 일반대학의 교직과정, 실업교육과와 교과교육과, 교육대학원 등
1980년대	사범대학, 일반대학의 교직과정, 교과교육과, 실업교육과, 교육대학원 및 한국교원대학교 등
1990년대~현재	사범대학, 교육대학원, 대학원 교육과, 임시 교원양성기관, 일반대학의 교육과, 일반대학의 교직과정, 소정의 재교육과정 등

3. 중등교사 양성교육의 쟁점

1) 중등교사 양성의 수급 불일치

어떤 분야든 미래 인력수요를 예측하여 공급을 설정하는 것이 필요하지만 그 양을 맞추는 것은 거의 불가능에 가깝다. 그럼에도 불구하고 전체 산업분야에서 미래 인력수요를 예측하여 공급인원을 조정하기 위한 노력을 기울이고 있다. 교원수급의 경우에는 해방 이후 양성기관을 전혀 갖추지 못했던 상황에서 다양한 기관을 운영하여 교사를 배출하기 위한 노력을 기울여 왔다. 현재 제도적으로 운영되고 있는 중등교원 양성기관은 이러한 역사적 노력의 산물이라고 할 수 있다. 하지만 현재 가장 큰 교육환경의 변화라고 일컬어지는 학령인구의 감소는 중등교사 양성기관의 규모를 줄여야 한다는 논의로 집중하게 한다.

교육부(2018b)는 전체 초·중등학생 수가 2030년까지 2018년에 비해 110만 명(19.7%) 정도 감소할 것으로 예측하고 있다. 초등학생 수는 2018년 271만 명에서 2022년 255만 명, 2030년 230만 명으로 41만 명(15%) 감소하고, 중등학생 수는 2018년 288만 명에서 2022년 249만 명, 2030년 219만 명으로 69만 명(24%) 감소할

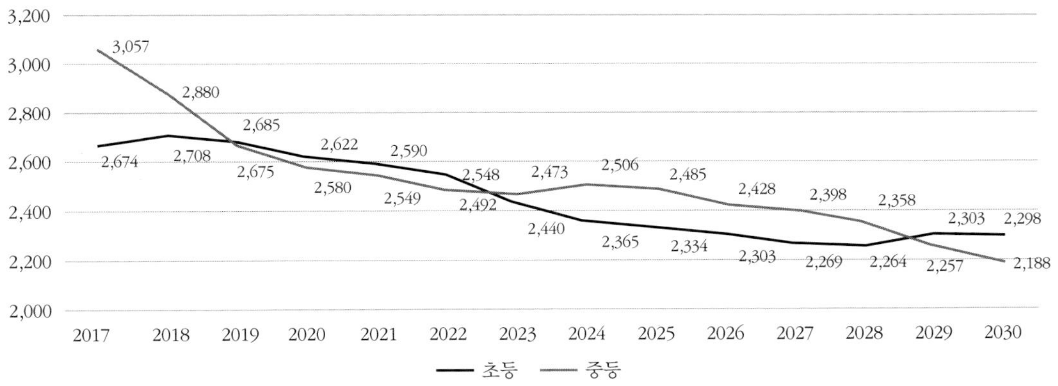

[그림 6-1] 학생 수 예측 내역(2018~2030년)

출처: 교육부(2018b).

것으로 예측하였다([그림 6-1] 참조).

현재도 중등의 경우 예비교사의 양성이 과잉이라는 지적이 지속되고 있다. 박소영(2017)의 분석에 의하면 1975년부터 2015년까지 약 41년 동안에 중등교원 자격증 발급인원은 총 997,553명인 데 비해 채용인원은 303,455명인 것으로 나타나서 누적된 미채용인원은 694,098명에 이르고 있다. 교육부에서는 교원양성기관 평가와 대학의 자율적 감축 등 다양한 노력을 통해 양성인원을 지속적으로 감축하였다고 밝히고 있다(교육부, 2018b). 하지만 여전히 중등 임용고사 경쟁률은 높게 유지되고 있으며 누적되고 있는 미채용인원이 지속적으로 증가하고 있는 문제가 있다.

교원양성기관 평가는 교원양성기관의 교육 여건, 교육과정 등을 종합적으로 평가함으로써 예비교원 양성교육의 질을 체계적으로 관리하고, 기관의 자기발전 노력을 유도하여 우수교원을 양성하는 데 기여하기 위해 1998년부터 실시되고 있다. 하지만 교육부에서는 교원양성기관 평가를 통한 성과로 중등 예비교원의 공급을 적절하게 줄였다는 점을 강조하고 있다. 교육부에서는 지난 10년간 교원양성기관 평가, 교직과정 정원조정, 대학 자율조정을 통해 초등의 경우 양성기관의 정원을 2008년 5,408명에서 2018년 3,847명으로 29% 감축하였고, 중등의 경우 양성기관의 정원을 2008년 44,384명에서 2018년 24,395명으로 45%나 감축하였다(교육부, 2018b).

또한 교육부는 **교원수급**의 안정화를 제고하기 위하여 중장기 교원수급계획을 법정계획화해 나갈 것을 밝힌 바 있다. 매년 예측치를 현행화하는 연동계획으로 운영하

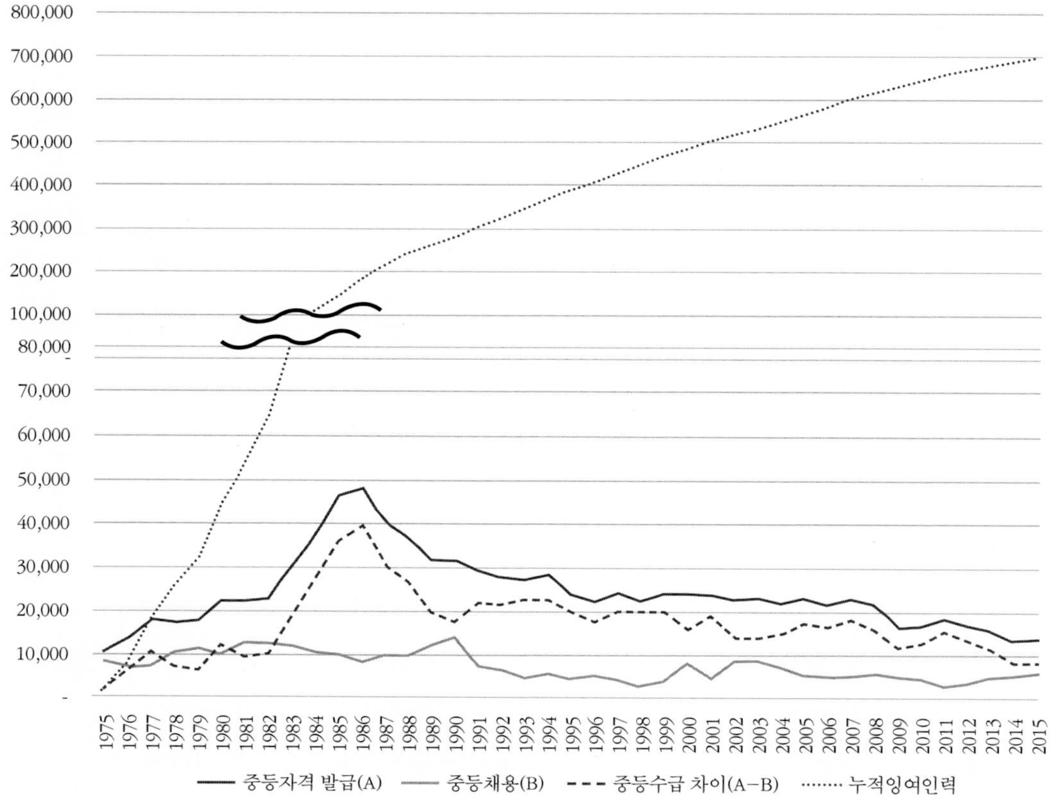

[그림 6-2] 중등교원 수급 현황(1975~2015년)

출처: 박소영(2017), p. 35.

고 5년 주기로 중장기 교원수급계획을 새롭게 수립해 나간다는 계획이다. 중장기 신규채용 규모, 지역별 수급 상황 등을 고려하여 교육의 질이 낮은 교원양성기관의 정원을 감축하고, 미래사회 변화에 대응하는 교원양성체제 개편에 대해 현장의 참여와 사회적 합의를 이끌어 중장기적으로 검토하는 방안을 담고 있다(교육부, 2018b).

교원수급과 관련된 핵심적인 쟁점은 교원수요에 대한 예측이라고 할 수 있다. 학생 수가 줄어드는 상황에서 기존의 학교교육 방식과 교원의 수요예측 방식이라면 교원의 수요는 줄어들 수밖에 없는 상황이다. 교원수요가 줄어든다면 교원공급도 줄여야 한다는 결론으로 귀결될 수 있다. 하지만 이에 대해 좀 더 미래지향적인 관점으로의 전환이 필요하다는 견해(정제영, 선미숙, 2018)에 대한 논의가 필요하다.

표 6-2 교육부의 중등교원 수급계획

중등	'18 (완료)	'19	'20	'21	'22	'23	'24	'25	'26	'27	'28	'29	'30
학생 수 (천명)	1,943	1,820	1,773	1,764	1,732	1,716	1,740	1,726	1,687	1,660	1,630	1,554	1,508
교사 1인당 학생 수	12.1	11.3~ 11.1	11.1~ 11.0	11.1~ 11.0	11.1~ 11.0	11.1~ 11.0	11.4~ 11.2	11.7~ 11.5	11.7~ 11.5	11.8~ 11.6	11.9~ 11.6	11.6~ 11.3	11.5~ 11.2
신규 채용	4,468	4,310~ 4,460	4,300~ 4,450	4,290~ 4,440	4,270~ 4,410	4,050~ 4,250	3,800~ 4,200	3,600~ 3,900	3,400~ 3,800	3,100~ 3,400	2,900~ 3,300	2,800~ 3,100	2,600~ 3,000

출처: 교육부(2018b).

2) 중등교사 양성교육과정의 쟁점

교사가 되기 위한 전문적 역량과 자격을 갖추기 위한 교육으로 교원양성 교육과정이 구성되어 있다. 교사 전문성의 의미는 '교사에게 주어진 업무 상황에서 필요한 능력, 자질, 성향, 가치, 기술, 행동양식 등과 그것들을 가능하게 하는 여러 가지 요인의 총합'(한명희, 1997), '사회발전에 따라 계속적으로 변화하는 훌륭한 교사가 가지고 있는 중요한 특성, 능력'(OECD, 1998), 혹은 '학생의 교육적 성장의 의미를 자기의 활동에서 구현할 수 있고, 학생들의 변화를 파악하고 교육적 필요를 충족해 교육적 성장을 도와줄 수 있는 역량'(이종재, 2004)으로 규정되어 오고 있다. 이종재(1995)는 교사가 되기 위한 교육과정으로 교양교육을 제외하면 교육학, 교과교육학, 교과내용학을 교원양성 교육과정의 핵심 내용으로 구성하는 '3원체제'로 규정하였다.

국가수준에서 초·중등학교 교원자격 취득을 위한 기준을 정하고 있는 현행 「교원자격검정령」에 의하면 별표 1에서 교원양성 교과과정에 대해 무시험검정 합격기준으로 제시하고 있다. 사범대학을 기준으로 할 때 공식적인 전공과목 50학점, 교직과목 22학점 이상을 이수하도록 하고 있다. 「교원자격검정령 시행령」 별표 3에서 교직과목 22학점에 대해 세부적으로 규정하고 있는데, 교직이론 및 교직소양은 교직소양 6학점 이상 포함하여 18학점 이상을 이수하여야 하고, 교육실습은 4학점 이상을 이수하도록 하고 있다. 교육실습의 경우에는 교육봉사활동을 2학점 이상 포함시키는 것이 가능하다.

중등교원 양성교육과정의 문제는 실제 학교현장에서 활동해야 하는 교사를 양성하는 교육과정이 얼마나 준비도가 높은 예비교사를 양성하고 있는지의 문제라고 할 수 있다. 전체적으로 볼 때 전공과목, 교직과목, 교육실습의 비중과 관련하여 어느 정도로 하는 것이 타당한지에 대한 논란이 지속되고 있다(정미경, 김갑성, 류성창, 김병찬, 박상완, 2010). 김이경, 고대혁, 김재춘, 박상완, 정수현(2004)은 교원양성 교육과정의 문제를 두 가지로 구분하였다. 첫째, 이상적인 교사상과 우리나라 초·중등학교에서 필요로 하는 교사의 전문적 역량과 자질은 무엇인가? 둘째, 이러한 이상적인 교사를 길러 내기 위한 가장 효과적인 교육과정은 무엇인가? 중등교원이 어떠한 지식, 기술, 태도를 갖추어야 할 것인지 합의할 수 있는 기준을 제시하는 일은 쉽지 않은 일임에도 불구하고 학교현장에서는 교원양성교육에 대한 문제제기와 개선방안에 대해 지속적으로 요구하고 있다. 구체적으로 살펴보면, 교원양성기관의 재학생이나 졸업생들은 교원양성교육이 학교현장에서의 교과지도, 학생지도에 실질적인 도움이 되지 못한다는 것을 문제로 제기하고 있는 것이다(김갑성, 김주아, 김도기, 김용, 남수경, 2009). 교육실습을 확대하는 것이 주요 개선방안으로 자주 등장하고 있는데, 이러한 논란의 핵심은 양성기관의 교육과정이 학교현장에서의 직무 관련 연계성을 높여야 한다는 것이다.

중등교원 양성교육과정에서 전공과목과 관련된 가장 중요한 쟁점은 교과학과 교과교육학 간의 갈등이라고 할 수 있다. 교과내용학의 경우에 일반대학의 전공교육과 크게 다르지 않다는 문제이다(김갑성, 김주아 외, 2009). 예를 들어, 수학교사를 양성하기 위해서 수학을 가르쳐야 할 것인지 혹은 수학교육을 가르쳐야 할 것인지의 문제라고 할 수 있다. 교사가 교과의 내용을 아는 것과 교과내용을 가르치는 역량이 별개의 것인지, 아니면 하나로 볼 수 있을지의 논란이라고 할 수 있다. 이러한 논쟁은 교과교육학이 학문으로 성립되는 과정에서 많은 갈등을 유발했지만 현재는 절충적 상황으로 운영되고 있다고 할 수 있다. 이 논란은 더 나아가 사범대학의 교과교육과와 일반대학 교직과정의 차별성 논란으로 확장되는 경향도 갖고 있다. 또한 대학 내에서는 수학과에서 개설하는 교과와 수학교육과에서 개설하는 교과의 강좌명이 같은 경우에 통합적으로 운영할 수 있는지에 대한 논란으로 나타나는 경우도 있다.

교직과정과 관련된 가장 중요한 쟁점은 실제 교사가 되었을 때 필요한 현장의 기술 중심으로 가르쳐야 할 것인지에 대한 것이라고 할 수 있다(정미경 외, 2010). 교직과목은 교직이론, 교직소양, 교육실습으로 구성되어 있는데, 교직이론과 교직소양의 구분이 모호하고 대부분 이론적 접근이 다수를 차지하고 있다. 교직이론 과목에 해당하는 교육철학 및 교육사, 교육과정, 교육평가, 교육방법 및 교육공학, 교육심리, 교육사회, 교육행정 및 교육경영은 모두 학문적 분류에 근거하고 있으며, 이들 '이론' 과목은 특히 예비교사나 현직교사들로부터 현장과의 연계성이 떨어지고 실질적인 도움이 되지 못한다는 비판을 받아 왔다(정미경 외, 2010). 한편, 교직이론 과목 중 일부 분야의 경우, 교과교육영역의 교수들은 전공교육과 통합하여 가르쳐야 한다는 주장을 제기하고 있다. 교과교육 과목은 교직이론영역의 교육과정, 교육평가, 교육방법 및 교육공학과 내용적으로 중복되고(김희백, 2017), 예비교사들이 내용적 차별화가 제대로 이루어지지 않은 과목을 무수히 반복해야 한다는 부작용을 초래한다는 것이다(박영숙 외, 2017).

교육실습의 경우에는 적정 시수에 대한 논란이 지속되고 있다(박영숙 외, 2017). 현재의 교사교육과정은 이론 수업의 비중이 단연 높고 상대적으로 교육실습 기회가 적다는 지적이 제기되고 있다(박상완, 2017). 초등교사 양성과정은 교육실습 기회가 중등교사 양성과정에 비해 상대적으로 많지만 외국의 교원양성과정 사례를 참고하면 우리나라 예비교사들의 현장실습 경험은 여전히 부족하다는 것이다(강태중, 강태훈, 류성창, 정제영, 2016; 김갑성, 박영숙 외, 2009; 박상완, 2017; 정미경 외, 2010).

3) 교사의 질 관리를 위한 개인과 기관 통제의 쟁점

교원자격은 교원이 갖추어야 할 조건(qualification, requirement)과 능력(capacity, competence)을 의미하고, 교원자격증은 법령에 의거하여 교원의 자격을 인정하여 주는 증서(a teacher's certificate)를 의미한다. 자격은 일신 전속적인 것인 반면에, 자격증은 개인이 보유하고 있는 자격을 공적으로 인정해 주는 것으로 사회적으로는 신호(signal)이자 일정 분야에서의 활동을 허용 또는 제한하는 진입장벽의 역할을 한다. 우리나라는 「헌법」에 의해 교육제도에 대한 법정(法定)주의를 채택하고 있으며, 「초 · 중등교육법」 제21조에서 교원자격을 규정하고 있다(정제영, 오범호, 2007).

교사는 전문직인가에 대한 논란은 오래 지속되어 왔는데, 특히 초등과 중등 모두 교원자격의 질적 관리에 대한 우려를 나타내고 있다. 선행연구에서 지적하고 있는 **교원자격** 관련 문제점은 입직 이전의 질적 관리와 입직 이후의 질적 관리 체제로 나눌 수 있을 것이다(황규호, 박소영, 윤건영, 이성균, 최의창, 2014). 첫째, 입직 이전의 교원자격의 문제점은 무시험검정의 질적 논란에 대한 것으로, 무시험검정으로 인해 자격증이 남발되고 있다는 것이다. 이에 따라 교원의 자격을 무엇으로 할 것인지에 대한 합의가 필요하며, 교사양성기관에서의 더 엄격한 질적 관리, 나아가서 교사양성기관의 책무성을 강화해야 한다는 것이다. 둘째, 교원자격 취득과 관련하여 입직 이후의 질 관리 문제를 지적하고 있는데, 입직 이후의 질 관리를 위한 기제가 없다는 점을 들고 있다. 입직 후 질 관리체계 구축방안으로 자격의 갱신 및 취소와 교원자격과 성과관리 연계 운영, 신규자격과 자격 유지 연계의 필요성이 제기되고 있다.

교사교육의 질 관리를 위한 방식은 개별 예비교사의 질 관리를 위한 자격관리제도와 함께 양성기관교육의 질 관리를 위한 기관통제 방식으로서의 교원양성기관 평

표 6-3 중등교원 자격 관련 쟁점

연구자 (연도)	문제점 및 논의점
고전 (2006)	1. 교원자격 검정과정에서 국가적 수준의 검정절차가 미비 2. 교원자격 검정 상의 쟁점 3. 교원자격증 제도의 유지방식(사회인의 교직입직 허용 등) 4. 교원자격증 획득을 위한 최소 필수요건 5. 국가수준의 교원 자격시험 제도의 도입(임용적체 가중 우려)
정제영, 오범호 (2007)	1. 교원의 자격기준 획일화 2. 자격증의 유효기간이 없고, 질 관리 부족 3. 교원자격의 분류가 현장 요구에 부합하지 못함 4. 행정관리우위의 교장자격제도
홍성훈 (2007)	1. 지나친 자격증 양산 2. 무시험 검정에 의한 신규교사 자격증 남발 3. 교원자격증의 무기한성
조석훈 (2008)	1. 자격기준: 「자격기본법」 제2조 제9호의 정의에 의해 '자격검정'은 자격을 부여하기 위하여 직무수행능력을 평가하는 과정, 무시험 검정은 자격기준과 검정기준이 서로 분리되지 않은 채 하나로 통합됨 2. 「교원자격검정령」에는 검정기준이란 용어를 사용하지 않고 대신에 제19조에서 '합격기준'이라는 용어를 사용하고 있는데 사실상의 검정기준이라고 할 수 있음 3. 따라서 자격기준에 해당하는 사람은 검정기준에 통과한 집합을 포함하게 됨

출처: 황규호 외(2014), pp. 167-169에서 재구성.

가가 있다. 양성교육의 질 관리를 위한 대표적인 기관평가로 공학교육분야에는 미국의 공학기술인증원(Accreditation Board for Engineering and Technology: ABET)에서 1932년부터 시행하고 있는 인증이 있다. 우리나라에서는 한국공학교육인증원(Accreditation Board for Engineering Education of Korea: ABEEK) 공학인증제도를 2000년부터 시작하여 지속적으로 운영하고 있다. 이러한 학문분야별 인증은 특히 직업교육이 필요한 분야에서 활용되고 있는데, 경영교육, 약학교육 등의 분야에서도 인증이 이루어지고 있다. 이러한 인증은 교육기관에 대한 질 관리를 통해 그 분야의 전반적인 직업교육의 활성화를 추구하고 있다는 특징이 있다. 다만 교원양성기관 평가와의 차이점을 보면, 교사교육의 분야는 공적 영역으로 설정하여 국가가 주도적으로 평가하고 그 결과를 활용하고 있다는 것이다.

교원양성기관 평가가 필요하다는 주장은 교원양성기관과 인원이 급증한 1980년대 후반부터 제기되었다(박도순, 이성호, 박형기, 정세구, 박승재, 1987). 1985년에 한국교원대학교가 설립되었고, 일반 대학에 설치되는 교직과정과 교육대학원의 수도 점점 늘어났으며, 이에 따라 교원양성 인원도 급격히 증가했다. 다양한 교원양성기관이 필요 이상으로 증가하면서 교원의 전문성이 약화되는 문제를 방지하고 교원양성기관의 질을 관리하는 것이 필요해졌다(김기수, 2012). 1991년에 대통령자문기구인 '교육정책자문회의'에서 교원양성기관에 대한 '평가인정체제'를 확립할 것을 제안하였지만 국가정책으로 채택되지는 못했다(교육정책자문회의, 1991). 국가 차원에서 본격적으로 교원양성기관 평가의 도입을 검토하게 된 계기가 된 것은 1996년 대통령자문기구인 '교육개혁위원회'에서 발표한 제3차 교육개혁방안(1996. 8. 20.)이다. 당시 교육개혁위원회에서 교원양성기관의 문제를 지적한 내용을 보면, 교원양성기관에 대한 평가가 교원양성기관의 난립으로 인한 교원양성교육의 질 저하와 교원공급의 과잉 문제에 대처하기 위한 조치였음을 알 수 있다(김기수, 2012).

교원양성기관 평가가 처음 시행된 1998년의 사범대학 평가에서는 교원양성기관 평가의 목적이 네 가지로 제시되었다(교원양성기관 평가위원회, 1997). 첫째, 전국의 교원양성기관을 대상으로 교육 여건, 운영 실태 및 실적을 조사·분석하여 공정하고 신뢰할 수 있는 대학별 평가 정보를 제공한다. 둘째, 교원양성기관 간 선의의 경쟁을 유도함으로써 교원교육의 질적 수준이 향상될 수 있는 여건을 조성한다. 셋째, 교원양성기관 자체 및 양성기관에서 이루어지고 있는 교육에 대한 사회적 공신력을 제고하고, 이를 통해 교원의 자질에 대한 사회적 신뢰성을 제고한다. 넷째, 교원양성을 위한 정책 방향을 설정하고 합리적인 행·재정 지원정책을 추진함에 있어 타당한 근거자료를 제공한다(김기수, 2012).

평가 결과의 활용방안은 세 가지 관점에서 제시되었다(교원양성기관 평가위원회, 1997). 첫째, 교원양성기관들은 스스로의 강점과 취약점을 객관적인 시각에서 파악하는 준거자료로 활용한다. 둘째, 정부에서는 교원양성체제 전반의 개혁을 위한 기초자료, 교원수급 조정을 위한 정책판단의 기초자료, 교원양성기관에 대한 행·재정적 지원의 순위 및 범위를 결정하는 준거자료로 활용한다. 셋째, 교원임용기관들은 교원의 합리적인 임용을 위한 정보자료로 활용한다.

1주기(1998~2002년) 교원양성기관 평가는 1998년부터 2002년까지 5년간 실시되었다. 1998년에는 전국의 모든 사범대학 40개, 1999년에는 교육대학원 69개, 2000년에는 교육대학교 11개와 교육대학원 10개, 2001년에는 일반대학 교육과 55개, 2002년에는 일반대학 교직과정 122개에 대한 평가를 실시하였다. 2주기(2003~2009년) 평가는 2003년부터 2009년까지 7년간 실시되었다. 1주기와 같이 사범대학, 교육대학원, 교육대학교, 일반대학 교육과, 교직과정 설치학과 순으로 연차적으로 실시하였다. 기관 수가 많은 교육대학원과 교직과정은 각각 2년에 걸쳐 평가를 실시하였으므로, 1주기와는 달리 2주기 평가에는 총 7년이 소요되었다. 3주기(2010~2014년) 평가는 2010년에 시작되어 2014년까지 5년간 실시되었다. 1주기와 2주기 평가는 한국교육개발원에서 프로젝트 형식으로 교원양성기관 평가사업을 추진하였으나, 3주기에는 교원양성기관평가센터를 설치하여 보다 체계적으로 교원양성기관 평가사업을 추진할 수 있게 되었다. 1주기와 2주기 평가와 달리 3주기 평가에서는 각 대학에 설치된 모든 유형의 교원양성기관들을 동시에 평가하였다(김기수, 2012). 4주기(2015~2017년) 평가는 3주기 평가기간(5년)과는 달리 2015년부터 2017년까지 3년으로 짧아졌다. 2015년에는 사범대학 설치 대학교 및 교육대학교(62개교, 206개 기관), 2016년에는 사범대학 미설치 대학교(107개교, 242개 기관), 2017년에는 전문대학 등(126개교, 206개 기관)이 평가 대상이 되었다. 5주기(2018~2021년) 평가는 2018년부터 교육대학교와 한국교원대학교를 대상으로 시행되며 다른 대학에 대한 평가는 2019년 이후 진행될 예정이다(교육부, 2018a).

교원양성기관 평가와 관련된 쟁점은 평가의 시행목적이 무엇인가에 대한 것이라고 할 수 있다. 교원양성기관 평가의 목적과 관련해서는 크게 세 가지 관점에서 살펴볼 필요가 있다. 첫째, 기관에 대한 평가는 기본적으로 총괄평가(summative evaluation)와 형성평가(formative evaluation)로 구분해 볼 수 있는데 이 중 어디에 해당하는가? 총괄평가로서 양성기관의 성과에 주로 관심을 두고 있다면 우수한 교사를 양성한 성과에 대해 각 양성기관에서 증명을 해야 할 것이다. 형성평가에 목적이 있다면 양성기관의 교육적 자원 투입과 교육 운영과정에 초점을 맞추어 성과가 높아질 수 있도록 지원하는 것에 초점을 두어야 할 것이다. 둘째, 평가의 결과 활용에 있어서 교원양성 수급조정을 위한 행정적 목적인가, 아니면 기관이 자율적 발전을 기할 수 있도록 도와주기 위한 컨설팅의 목적인가? 이는 첫 번째 질문과도 연결되는 부분이라고 할 수 있다. 결과의 활용에 있어서 총괄평가에 초점을 둔다면 그 결과를 행정적으로 교원양성기관의 정원을 조정하는 데 활용하게 되는 것이다. 반면에, 형성평가에 초점을 둔다면 컨설팅의 목적으로 과정의 문제점에 대해 의견을 제시함으로써 기관 스스로 발전을 할 수 있도록 지원하는 것이 필요하다. 셋째, 양성기관 간의 상대적 서열을 매기는 상대평가인가, 아니면 절대적 기준에 충족하는지의 여부를 평가하는 절대평가인가? 이 질문에 관한 쟁점은 기관평가의 기준을 설정할 때 활용될 수 있다. 이 관점도 첫 번째와 두 번째의 질문과 연계되어 있다. 교원양성교육의 질적 제고를 위한 목적이라면 형성평가를 통해 컨설팅을 실시함으로써 전반적인 교육의 질을 높이기 위해 절대평가의 관점이 활용될 수 있다. 하지만 총괄평가를 통해 교원양성의 수급을 조정하기 위한 목적이라면 보다 명확하게 서열을 정하고 수준이 낮은 양성기관부터 정원을 감축하는 쪽으로 평가기준이 설정될 수 있을 것이다.

4. 미래를 대비한 중등교사 양성교육 발전 방향

1) 중등교사 양성의 수급에 대한 관점의 전환

저출산에 따라 학생 수가 감소하기 때문에 교원정원을 축소해야 한다는 주장이 제기되고 있으며 이는 교원수급계획에도 담겨 있다. 하지만 교육활동은 학교와 학급 단위로 이루어지므로 학생 수가 감소해도 곧바로 교원정원이 줄어드는 것은 아니라고 할 수 있다. OECD 국가들을 살펴보아도 경제위기와 학생 수 감소에도 불구하고 학생 1인당 공교육비는 증가하는 추세를 보이고 있다(정제영, 선미숙, 2018). 미래교육에 대한 시스템적 변화가 요구되는 상황에서 기존의 학급당 학생 수, 교원 1인당 학생 수를 기준으로 하는 교원수급계획은 타당한 방향이라고 할 수 없다(정제영, 2016a). 교원정책은 미래지향적 학교를 설계하는 가장 중요한 부분이며 교사의 역할을 재규정하고 그에 따른 교원수급의 새로운 관점을 논의할 필요가 있다(정제영, 2016b, 2017).

미래사회에 대비한 교원의 수급 논의를 위해서는 학교의 근본적인 혁신에 대한 논의가 필요하다. 근대식 학교제도는 상당히 효율적인 시스템을 통해 산업사회의 인력을 양성해 내는 데 성과를 이루어 왔다. 특히 해방 이후 우리나라는 근대화 과정에서 세계가 주목할 정도로 빠른 속도로 교육의 양적 성장을 이룩하였다. 많은 학생을 효율적으로 가르치기 위한 교육제도인 학교 시스템은 2차 산업혁명의 대량생산 시스템(mass production system)과 닮은 대량교육 시스템(mass education system)이라고 할 수 있다. 하지만 2차 산업혁명의 산물인 표준화 · 전문화와 관료제적 관리, 컨베이어 벨트를 통한 분업 등의 방식이 그대로 담겨 있는 학교제도는 여러 가지 문제를 노정해 왔다(정제영, 2016a).

학생들은 제각기 고유한 소질과 적성을 갖고 있으며 다양한 경험에 따라 학습의 결과가 체화되어 있음에도 불구하고 학교제도는 이러한 다양성을 존중하지 못하고 있다. 학년제(school ladder system)의 기본적인 운영방식은 공장의 컨베이어 벨트와 같은 원리라고 할 수 있는데, 실제 운영과정에서 개별 학생의 학습 성과에 대한 관리는 이루어지지 못하고 있다. 국가교육과정은 학년제에 기반을 두고 있는데, 학년별로 학습해야 할 내용의 분량은 표준화되어 있으며 학생들의 학습과 무관하게 진도라는 형태로 수업이 진행되고 있다. 평가는 교육적 성장의 목적보다는 사회적 선별(screening)의 목적이 더 앞서고 있으며 그 대표적인 형태가 집단 내 서열을 매기는 상대평가라고 할 수 있다. 학교의 시설과 구조는 학습자의 자유로운 학습을 위한 기능보다는 효율적인 관리 위주로 설계되어 있으며 전국적으로 거의 동일한 구조를 갖추고 있다.

4차 산업혁명이라는 화두는 학교 시스템의 총체적인 변화를 시도할 수 있는 계기를 마련하였다. 학교 시스템 혁신에서 가장 중요한 부분은 핵심적인 문제를 파악하여 최종 목표(goal)를 설정하는 것이라고 할 수 있다. 학교 시스템 혁신의 목표는 교육의 본연(本然)의 관점에서 볼 때, '모든 학습자가 원하는 학습에 성공하는 것'이라고 할 수 있다. 맞춤형 학습은 '학습자가 자신의 흥미와 소질 · 적성, 학습 경험, 학습 속도, 심리적 특성과 가정환경 등을 종합적으로 고려한 최적화된 환경에서 학습을 하는 것'이라고 정의할 수 있다. 완전학습은 개별 학습자가 모두 맞춤형 학습을 성공적으로 수행할 때 이루어질 수 있다.

학생의 맞춤형 학습이 가능하도록 하려면 교원의 역할 변화가 요구된다. 19세기의 학교에서 20세기의 교사가 21세기의 학생들을 가르치고 있다는 말은 현재의 학교교육의 한계를 여실히 드러내는 표현이다. 교사가 미래형 교육의 핵심적인 역할을 해야 한다. 개인별 학습 시스템은 교수-학습 활동의 중요한 주체인 교사의 역할에 대한 근본적인 재규정에서 시작될 수 있다. 표준화된 교육과정을 정해진 대로 가르치는 지식의 전달자에서 학생의 성공적인 학습을 지원하는 '학습 멘토, 코치, 컨설턴트'의 역할로 전환하는 것이 필요하다. 이를 위해서는 학생이 학습하는 방법을 배울 수 있고 새로운 지식을 창출해 내는 능동적 학습자로 성장할 수 있도록 지원하는 창의적인 교원이 필요하다(정제영, 2018).

그동안 학급당 학생 수, 교원 1인당 학생 수를 기준으로 산정하던 교원 수요예측에서 벗어나서 실제 맞춤형 교육에 필요한 교원정원 산정방식을 새롭게 구안할 필요가 있다. OECD 평균이라는 벤치마크도 이제 벗어나야 할 부분이다. 그동안 우리나라의 학교교육이 양적 팽창에 매몰되어 교육 여건이 매우 열악했던 상황에서는 OECD 선진국의 교육 여건이 우리의 목표로 제시되어 왔지만, 이제는 미래지향적인 교육 시스템을 설계하고 세계를 선도해 나가야 하는 상황이라고 할 수 있다.

2) 중등교사의 전문적 역량에 대한 재규정과 양성교육과정의 혁신

(1) 중등교사가 갖추어야 할 전문적 역량

중등교사의 양성교육과정에 관한 논의를 위해서는 중등교사가 갖추어야 할 전문적 역량을 규정하는 것이 선행될 필요가 있다. 중등교사에게 필요한 전문적 역량에 대한 연구는 지속적으로 이루어져 왔다. 교사에게 필요로 하는 역량은 기본적인 역량과 교육환경의 변화에 대응하기 위해 새롭게 조명되고 있는 역량으로 구분해 볼 수 있다. OECD는 2002~2004년에 우리나라를 포함하여 25개 회원국이 참여하는 생애 핵심 역량에 기초한 교사교육정책 국제 비교연구를 진행하였으며, 'Teachers Matter: Attracting, Developing And Retaining Effective Teachers'라는 보고서를 통해 보다 나은 학교교육을 위해서는 우수한 교원이 중요하고, 지속적인 교사 발달이 필요하며, 생애주기 전반에 걸친 현직교육이 필요함을 강조하였다(OECD, 2005).

백지연, 조현정, 송민영, 강설화(2014)는 교사가 갖추어야 할 역량의 영역을 교수역량 영역, 생활지도역량 영역, 학급경영역량 영역, 조직역량 영역, 행정업무관리 역량 영역, 정의적 역량으로 제시하였다. 김희규와 주영효(2014)의 연구에서는 학급경영, 수업지도, 전문성 개발, 학교경영을 신규교사 직무역량 영역으로 제시한 바 있다. 정제영, 강태훈, 김갑성, 류성창, 윤홍주(2013)의 연구에서는 선행연구 분석 및 델파이 조사 결과를 토대로 미래 교사의 역량이 크게 이해, 수행, 협동이라는 세 가지 차원의 역량으로 구성되어 있다고 논의하였다(〈표 6-4〉 참조).

표 6-4 미래의 교사에게 필요한 역량

역량영역	역량의 내용
이해 역량 (understandings)	• 교과 및 교육과정에 대한 이해 • 학습자의 학습과 발달에 대한 이해 • 학급운영에 대한 이해 • 교육시스템에 대한 이해 • 학생문화에 대한 이해 • 교육환경에 대한 이해 • 지역사회에 대한 이해 • 미래 사회에 대한 이해 • 교육평가에 대한 이해
수행 역량 (performances)	• 수업설계, 수업관찰, 수업분석 능력 • 학생지도 능력 • 교과 및 교육과정 운영을 위한 콘텐츠 개발 능력 • ICT 매체 활용 능력 • 비전 및 계획 추진 능력 • 다양한 정보 수집 및 활용 능력

협동 역량 (collaborations)	• 관계형성 능력 • 의사소통 능력 • 공동작업 능력 • 갈등관리 능력

출처: 정제영 외(2013), p. 401.

정제영 등(2013)은 2014년 7월 16일부터 7월 31일까지 교직경력 5년 이하의 신임교사 3,950명을 대상으로 역량에 대한 설문조사 연구를 진행한 바 있다. 분석 결과를 살펴보면, 중학교와 고등학교 신임교사의 직무역량에 대한 대응표본 t검정 결과 모두 역량의 중요도에 비해 현재 보유도가 낮다고 인식하였으며, 이러한 인식에 유의미한 평균 차이가 있는 것으로 나타났다. Borich 요구도 공식에 따라 중학교 신임교사의 직무 역량 요구 우선순위를 산출한 결과, '생활지도 및 상담' '학부모 및 지역사회와의 연계' '전문성 신장' 순으로 우선순위가 높은 것으로 나타났다. 고등학교 신임교사의 직무 역량 요구 우선순위 또한 '생활지도 및 상담' '학부모 및 지역사회와의 연계' '전문성 신장' 순으로 높은 것으로 나타났다(〈표 6-5〉 참조). 이러한 연구 결과는 현재 이루어지고 있는 교원양성교육에서 어떤 부분이 보완되어야 할 것인지에 대한 시사점을 제공하고 있다.

표 6-5 중등학교 신임교사의 역량에 대한 Borich 요구도 분석 결과

역량	중학교 신임교사				고등학교 신임교사			
	보유도	중요도	요구도	우선순위	보유도	중요도	요구도	우선순위
C. 생활지도 및 상담	3.47	4.37	3.916	1	3.55	4.43	3.928	1
F. 학부모 및 지역사회와의 연계	3.42	4.25	3.542	2	3.51	4.32	3.511	2
G. 전문성 신장	3.40	4.22	3.463	3	3.45	4.22	3.240	3
A. 교과지도	3.59	4.26	2.835	4	3.65	4.33	2.922	4
I. 교직소양	3.97	4.53	2.558	5	4.00	4.54	2.454	5
H. 교육정책이해도	3.32	3.95	2.455	6	3.39	3.97	2.294	6
D. 학급경영	3.50	4.03	2.135	7	3.56	4.06	2.019	7
B. 비교과활동지도	3.35	3.81	1.737	8	3.36	3.75	1.454	9
E. 학교행정지원	3.42	3.86	1.688	9	3.47	3.88	1.600	8

출처: 정제영 외(2013), pp. 405-407에서 재구성.

(2) 교원양성기관의 교육과정 혁신

박영숙 등(2017)은 교원양성기관의 교육과정 혁신에 관한 이슈로 ① 역량 중심의 교육과정 재구성, ② 정보기술 활용 역량 개발, ③ 양성 교육과정 재구성 관련 국가수준 선도사업 지원 확대, ④ 초등과 중등 교육과정의 연계 · 통합, ⑤ 교과 간 융합 및 통합교과 대응, ⑥ 교직, 교과내용 및 교과교육 연계 강화, ⑦ 교수진 역량 개발, ⑧ 온 · 오프라인 기반 개별 학습 및 활동 촉진, ⑨ 교직적성 · 인성 지도 프로그램 강화 등을 제시하였다.

교원양성기관의 교육과정 혁신이 순수한 의미에서 교과목 개편으로 한정되는 것에 대해 경계할 필요가 있다. 실제 교육과정을 통해 갖추어야 할 역량의 중요한 부분은 교수-학습 방식의 혁신을 통해 이루어져야 할 부분이 크기 때문이다. 박영숙 등(2017)은 미래지향적인 **교원양성 교육과정**의 혁신 사례로 창의교육 선도 교원양성대학 운영사업 중 이화여자대학교, 강원대학교 등의 사례를 제시하였다. '창의성'이라는 역량 함양을 목적으로 플립 러닝(flipped learning), 블랜디드 러닝(blended learning), 프로젝트 기반 협력수업 등 다양한 수업전략을 통해 학습자 주도의 역량 중심 교육과정이 유기적 연계를 가지고 진행되고 있다는 것이다.

정제영과 박주형(2017)은 선행연구 분석을 통해 교원 및 예비교원의 역량을 창의교육에 있어서 중요한 요소로 지적하였다. 창의적 인재를 육성하기 위해 각급 학교에서 학습자의 창의성을 점진적으로 강화하고 길러 줄 수 있는 교원의 역할은 매우 중요하며, 창의적 교육의 성과를 제고할 수 있는 기제라 할 수 있다. 정제영 등(2017)은 '창의성 전이 모형'으로 이를 설명하였다([그림 6-3] 참조). 즉, 교원 스스로 창의적인 사람이 되어야 하며 동시에 창의적 교수 역량을 갖추어야 한다는 것을 의미한다. 예비교원의 창의성을 계발하기 위해서는 양성기관의 교육방식이 우선 혁신적으로 변화해야 한다는 점이 강조된 모형이라고 할 수 있다.

이화여자대학교 사범대학에서 시행한 2016년의 '창의교육 선도 교원양성대학 사업'은 사범대학 차원에서 예비교사의 '창의성' 역량을 위해 교육과정을 혁신하는 노력을 기울인 사례이다. 교육과정을 재구성하기 위한 주요 전략으로 '디자인 사고(design thinking)'와 '플립드 러닝(flipped learning) 기반 창의교육'([그림 6-4] 참조)을 설정하였고, 사범대학의 모든 전공에서 교직이론, 교과 · 교재 연구 및 지도법 과목을 현장 역량이 강화되는 방향으로 개선하였다(박영숙 외, 2017). 이러한 시도는 새로운 관점으로 볼 수 있는데, 기존에 교원양성교육을 내용 중심으로 혁신하고자 노력했던 것과는 달리 교원양성기관의 교수-학습 방식이 전환되어야 함을 강조했다는 점이다.

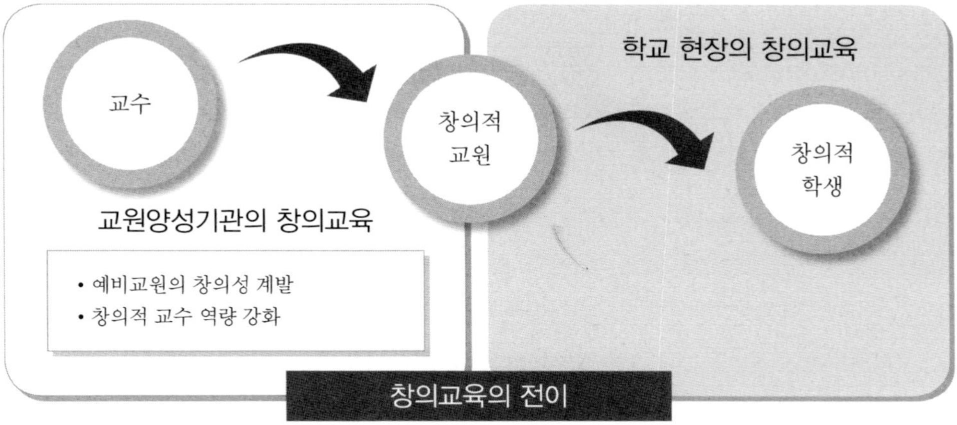

[그림 6-3] 교원양성기관의 창의성 전이 모형

출처: 정제영 외(2017), p. 9.

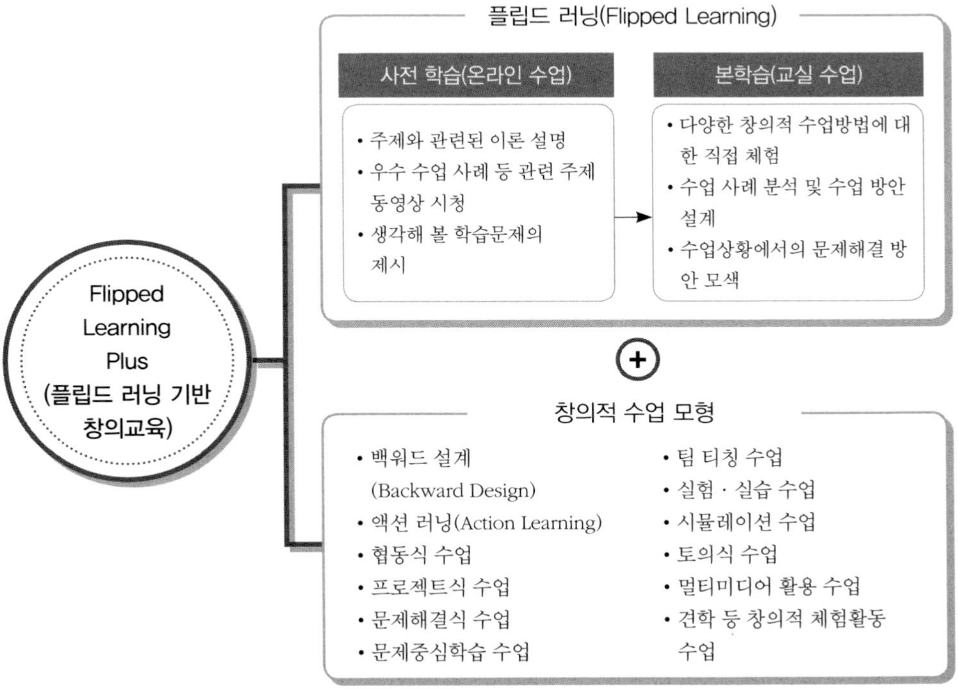

[그림 6-4] 이화여자대학교의 플립드 러닝 플러스(Flipped Learning Plus) 수업 모형

출처: 정제영 외(2017), p 35.

(3) 실무적 역량 강화를 위한 수습교사제 도입

박영숙 등(2017)은 교원양성대학의 교육실습에 관한 혁신 이슈로는 ① 실습기간 확대, ② 실습학교 확보, ③ 실습 전담 교수 및 교사의 질, ④ 현장기반 실습 프로그램, ⑤ 실습학교의 실습환경, ⑥ 양성대학-실습학교-시 · 도교육청 연계체제 구축 등을 진단하였다. 교사양성대학의 수학 연한 및 체제 혁신에 관하여는 ① 양성기관 간 통합 · 조정, ② 유능한 인력의 학교교육 활동 참여기회 확대, ③ 양성기간을 석사 수준으로 확대, ④ 교사양성 전문대학원 설치, ⑤ 양성대학 간 협력 네트워크 구축, ⑥ 양성대학-학교현장-시 · 도교육청 연계체제 강화 등을 제시하였다.

하지만 교육실습의 내실화를 위해서는 교원양성기관에서 이루어져야 할 교육 목표와 내용 그리고 현장에서 이루어져야 할 교육 목표와 내용이 구분될 필요가 있다는 점이 중요하다. 어느 조직이나 새로 입직하는 사람을 대상으로 입직교육의 중요성이 강조되고 있다. 그 이유는 조직별로 필요로 하는 지식, 기술, 태도 등 전문적 역량이 요구되지만 입직 전의 준비교육을 통해 완벽하게 이를 습득하고 입직하는 것은 불가능하기 때문이다. 학교현장에 필요한 실무적 역량을 갖추지 못하고 있다는 비판에 대해서 교원양성기관에만 책임을 전가하는 것은 불합리하다고 할 수 있다. 교원양성기관에서 운영하는 교육실습의 시간을 늘리는 것으로 실무 역량을 갖출 수 있을 것이라는 가정이 잘못된 것일 수 있기 때문이다.

현재의 교육실습이 제대로 이루어지고 있는지에 대한 비판을 살펴보면 교육실습 시간을 늘리는 것의 한계를 확인할 수 있다. 교육실습 과정은 교원양성과정의 한 부분으로 일찍부터 자리 잡아 왔지만 체계적이지 못하고 관리가 허술한 경향이 있다(정미경 외, 2011). 교육실습이 체계적으로 이루어지고 있지 않아 그 과정이 학생들에게 매우 중요한 과정임에도 불구하고 학생들의 수업 진행, 학생 이해, 학급 운영 역량을 함양하는 데 많은 도움을 주지 못하고 있으며(김갑성, 김주아 외, 2009), 사전 · 사후 지도 없이 형식적으로 이루어지고 있어 전문성 향상에 큰 도움을 주지 못하고 있다(길양숙, 2010). 지도교사에 따라 그 효과가 달라질 수 있으며(정미재, 정제영, 2012), 지도교사의 사명감이 부족하여 실습교사로서의 역할을 제대로 수행하지 않는(고재천, 2017) 등의 문제가 발생하고 있다. 결과적으로 현재 양성교육과정에 포함되어 있는 교육실습을 양적으로 확대하는 것이 질적인 교육 성과를 높이는 데는 한계가 있음을 알 수 있다.

오히려 신임교사가 실무 역량을 취득할 수 있도록 하기 위해서는 입직 초기에 이루어지는 교육과 연수를 강화하는 것이 더 효과적일 수 있다. Lortie(1975)는 신임교사들이 교직에 처음으로 입직하게 되면 다양한 문제 상황에 직면하게 되는데 이때 동료 교사들이 방관하는 현상을 '물에 빠트리고 가라앉거나 헤엄치는지(sink or swim) 지켜보는 상황'이라고 지적한 바 있다. 이와 같은 문제 상황에서 벗어나기 위해 완벽하게 수영하는 신임교사를 기르는 것보다는 새로운 상황에 적응할 수 있도록 교육을 강화하는 것이 필요하다. 이를 위해 대안적으로 제안될 수 있는 것이 바로 수습교사제라고 할 수 있다. 교원양성기관에서 학습하기 어려운 맥락적 · 상황적 지식과 기술을 학습할 수 있는 공식적 기회를 제공해 줄 필요가 있다.

3) 교사 자격 및 양성기관 관리 혁신

교육의 질을 높이기 위해 교사의 질을 관리하는 것은 매우 중요하다. 현재의 교원양성 및 자격관리와 관련하여 교원양성기관의 난립과 교원자격증 소지자의 과잉양산, 질에 대한 통제의 부족은 자격수요와 관련 없이 교원자격을 비탄력적으로 공급함으로써 자격 취득 및 유지 과정에서 사회적 낭비와 사회적 불신을 초래하게 만들었다는 문제에 직면해 있다(김성열, 2007; 이윤식 외, 2007; 이종재, 2004; 정제영, 오범호, 2007; 황규호, 2003). 특히 교원자격의 수평적 · 수직적 미분화와 효력의 항구성 역시 자격의 경직성을 초래하여 새로운 환경 변화에 대한 적응력을 떨어뜨리는 결과를 낳아 교원의 전문성을 보장하지 못하고 사회적 공신력을 추락시키는 원인이 되고 있다고 진단하고 있다(정제영, 오범호, 2007).

정제영과 오범호(2007)는 국가수준의 자격에 대한 질 관리를 네 가지 접근방식으로 나누어서 제시하였다. 첫 번째 관점은 자격과 자격증 소지자의 질을 판단하는 주체에 대한 방식으로 국가에 의한 통제와 민간에 의한 통제 방식이다. 두 번째 관점은 자격의 질을 판단하는 근거에 대한 것으로 규정에 따른 기준을 충족하였는지를 보는 방식과 자격을 갖춘 자의 실제 직무수행 과정과 결과의 수준에 의해 평가하는 방식이다.

[그림 6-5]에 제시되어 있듯이, 국가에 의해 정해진 조건을 갖추었는지를 평가하는 제1사분면은 '관료적 통제모형'으로 규정할 수 있다. 관료적 통제모형에서는 자격

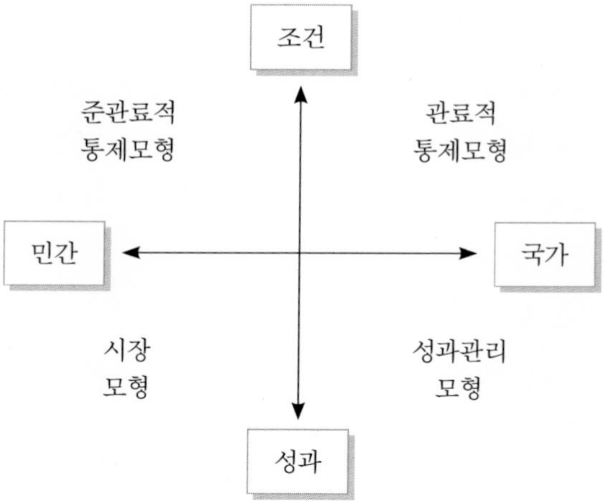

[그림 6-5] 자격의 질 관리 모형

출처: 정제영, 오범호(2007), p. 69.

의 관리는 일정한 조건을 충족시켰는지를 정확하게 확인하는 것이 가장 중요하다고 할 수 있다. 제4사분면은 국가가 관리한다는 점에서는 관료적 통제와 유사하지만 자격 조건보다는 직무수행상의 성과에 따라 질을 관리한다는 점에서 차이가 있다. 제4사분면에 해당하는 관리방식을 '**성과관리 모형**'으로 명명할 수 있다. 민간에 의해 질이 관리되는 방식으로 전형적인 방식인 제3사분면은 '**시장 모형**'으로 규정할 수 있다. 시장적 통제는 자격을 갖춘 사람의 성과가 가장 중요한 평가의 요소로 작용하며, 이에 대한 보상도 시장에 의해 이루어지는 것을 볼 수 있다. 제2사분면은 민간에 의해 관리되지만 요건으로만 평가하는 방식으로 '**준관료적 통제모형**'으로 명명할 수 있다. 실제 이러한 분야는 민간이기는 하지만 공공적 성격을 많이 갖고 있는 영역에서 제한적으로 나타난다고 할 수 있다. 대표적으로 사립학교의 교원자격 관리제도는 준관료적 통제모형에 해당한다.

일반적으로 전문직이라 일컬어지는 의사와 변호사 등 많은 직업분야에서는 민간에 의한 평가방식인 '**시장 모형**'이 활용되고 있다. 자격에 대한 질 관리는 시장에서 수요자의 선택에 따라 결정되고, 성과를 높일수록 시장의 평판이 높아져서 결과적으로 높은 평가와 보상을 받게 되는 방식이다. 자격 요건에 의해 부적격자가 퇴출되기도 하지만 시장에서 성과를 내지 못하거나 수요자들로부터 좋지 않은 평가를 받게 될 경우에는 시장에서 저절로 도태되는 방식으로 질 관리가 이루어지게 된다.

교원자격의 경우에는 국가가 자격조건으로 관리하는 전형적인 '**관료적 통제모형**'에 해당한다. 최초 2급 정교사 자격 취득에서부터, 1급 정교사 자격, 교감 및 교장 승진에 이르기까지 일정한 교육 · 연수를 이수하고 자격 요건을 갖춘 경우 무시험검정 방식으로 자격을 취득하게 된다. 이러한 **관료적 통제모형**은 직무에 합당한 자격을 갖추었는지를 조건의 충족 여부만으로 판단하고 평가함으로써 능력에 대한 검증과정을 거치지 않게 된다. 자격의 핵심적인 기준인 능력이 배제된 상태에서 평가를 하게 되는 것이다. 이러한 **관료적 통제모형**은 교원 자격과 능력이 불일치하기에 발생하는 교원자격제도에 대한 국민적 불신을 유발하는데, 이는 교원에 대한 불신, 학교에 대한 불신으로 확대되는 문제를 야기하고 있다.

교원의 자격관리를 철저히 하기 위해서는 현재의 **관료적 통제모형**에서 벗어나 성과의 평가에 따라 자격의 부여가 이루어지는 **성과관리 모형**을 도입하는 것이 필요하다고 할 수 있다. 공교육체제가 완전시장적 체제에 맡길 수 없는 공적 속성을 지니고 있기 때문에 단기적으로는 국가가 관리하는 체제 자체를 근본적으로 바꾸는 데 한계가 있을 수 있다. 따라서 우선 **성과관리 모형**을 도입하는 것이 바람직하며, 부분적으로는 **시장 모형**을 가미하여 교육 수요자의 참여가 더욱 활발하게 이루어질 필요가 있다.

황규호 등(2014)은 **교원양성 교육과정** 및 무시험검정제도 운영에 있어서 기존의 최소 학점 유지 수준의 질 관리체제가 아닌, 보다 종합적이고 다차원 수준의 교원 전문성 기제의 틀 안에서 교원양성기관 인증체제를 보다 강화하는 등의 방안을 구안하여 운영하는 것이 필요하다고 지적하였다. 교원의 생애 단계별로 지속적인 관리와 전문성 함양을 위한 지원이 필요하다는 것이다. 특히 미래 교육의 변화가 빠른 속도로 이루어질 것을 대비하여 자연스럽게 교원의 전문성이 함양될 수 있도록 지원하는 관리체계를 구축하는 것이 요구되는 상황이다.

교원양성기관 평가와 관련하여 평가의 목표와 방법, 결과 활용에 대한 논의를 통해 개선이 필요하다고 할 수 있다. 교원양성기관 평가가 도입될 초기의 목적과 활용방안을 검토해 보고 교원양성기관 평가의 발전 방향을 논의할 필요가 있다고 할 수 있다. 김혜숙, 강상진, 최금진(2006), 구자억 등(2009)은 교원양성기관 평가인증제의 도입에 대한 제안을 한 바 있다. 평가인증제는 자율적 협의체를 통해 민간에서 평가와 인증을 하고, 그 결과는 행정적으로 활용되기보다는 기관의 자율적 질 관리

	단계 1: 직전교육 (Pre-service preparation)	단계 2: 수습연수 (Induction)	단계 3: 지속적 전문성 개발 (Continuing professional development)
단계별 기준	• 선별기준 (Selection standards) 초점: 교원양성기관 신입생 기준 • 면허기준 (Qualification standards) 초점: 교원양성기관 졸업생 기준 • 인가기준 (Accreditation standard) 초점: 교원양성기관 인증 기준	• 등록기준 (Registration standards) 초점: 수습검정기간 이후의 전문직에 완전히 입문하기 위한 수행능력 평가 기준 • 종신기준 (Permanency standards) 초점: 종신제를 위한 구체적 기준	• 책무성 기준 (Accountability standards) 초점: 수행능력 확인을 위한 정기적 평가기준 • 등록기준 (Registration standards) 초점: 정기적 등록갱신 기준 • 전문성개발 평가기준 (Appraisal standards for professional development) 초점: 자기전문성 개발을 위한 반성적 성찰 기준 • 상위교사 자격기준 (Advanced certification standards) 초점: 고차원 교수행위 자격기준 • 승진기준 (Promotion standards) 초점: 생애적 전문성 개발기준
질 보장 기제	• 직전교육기관 자격 인증 • 법률/등록 요구조건	• 신임교원의 등록	• 상위교사 자격증 등록갱신

[그림 6-6] 교원의 생애단계별 자격관리 모형

출처: 황규호 외(2014), pp. 181-182.

에 활용된다는 점에서 상당한 혁신적인 변화라고 할 수 있다. 획일적인 평가기준에 따라 고부담 평가가 지속될 경우에는 원치 않는 방향으로 교원양성기관이 동형화(isomorphism)되는 문제가 발생할 수 있다. 이러한 결과는 미래사회의 변화에 대응하는 교원양성기관의 자율성과 변화에 대한 민감성(agility)이 저하되는 문제를 피하기 어려울 것이다.

5. 결론

이 장에서는 중등교사 교육에 대해 과거의 상황을 살펴보고, 현재 제기되고 있는 중요한 쟁점을 검토하였으며, 미래지향적인 중등교사 교육의 방향을 제시하였다. 우리나라에서는 근대적 중등교원 양성이 시작된 일제강점기 이후 새로운 중등교원 양성기관이 생기고 없어지는 과정을 거쳐 왔다. 지난 역사를 되돌아봄으로써 현재의 중등교사 양성 관련 상황을 파악하고, 문제에 대한 원인을 진단함과 동시에 사회 변화의 방향을 종합적으로 고려하여 중등교사 교육의 미래를 설계할 수 있는 방향을 제시하고자 하였다.

김영우(1989)가 제시한 연대적 구분을 중심으로 중등교원 양성기관을 살펴보았다. 1940년대에는 미군정기의 교육제도에 따라 중등교원 양성기관으로 사범대학을 비롯하여 중등교원양성소, 중등교원양성과, 중등교원양성강습회, 임시중등교원양성소 등이 운영되었다. 1950년대에는 사범대학, 임시중등교원양성소, 일반대학의 교직과정을 통해 교원을 양성하였다. 1960년대에는 사범대학을 비롯하여 교원연수원, 일반대학의 교직과정, 실업계 대학의 실업교육과, 임시중등교원양성소, 교육대학원, 일반대학의 교과교육과 등 다양한 형태의 기관에서 중등교원을 양성하였다. 1970년대의 중등교원 양성기관은 사범대학을 비롯하여 임시중등교원양성소, 일반대학의 교직과정, 실업교육과와 교과교육과, 교육대학원 등이다. 1980년대에는 사범대학을 비롯하여 일반대학의 교직과정과 교과교육과, 실업교육과, 교육대학원 및 한국교원대학교 등의 기관을 통해 중등교원을 양성하였다. 1990년대 이후 현재까지는 중등교원이 사범대학, 교육대학원 또는 대학원 교육과, 임시 교원양성기관, 일반대학의 교육과, 일반대학 교직과정, 소정의 재교육과정 등을 통해 양성되고 있다.

중등교사 양성교육과 관련하여 제기되고 있는 현재 쟁점은 크게 세 가지로 나누어 살펴보았다. 첫째, 중등교사 양성과 관련하여 수급이 불일치하고 있다는 점이다. 1975년부터 현재까지 중등교사 수급을 분석해 보면 중등교원 자격증 발급인원은 총 997,553명인 데 비해 채용인원은 303,455명인 것으로 나타나서 누적된 미채용인원이 694,098명에 이르고 있는 것으로 나타났다. 교육부는 교원수급의 안정화를 제고하기 위하여 먼저 중장기 교원수급계획을 법정계획화해 나갈 계획을 밝힌 바 있다. 결과적으로 중등교사 자격증 소지자 양성을 줄이는 계획은 중요한 쟁점이라고 할 수 있다. 둘째, 중등교사 양성교육과정과 관련하여 실제 학교현장에서 활동해야 하는 교사를 양성하는 교육과정이 얼마나 준비도가 높은 예비교사를 양성하고 있는지에 대한 문제를 검토하였다. 이는 전공과목, 교직과목, 교육실습의 비중과 내용에 관련하여 어떻게 개선하는 것이 타당한지에 대한 논란이라고 할 수 있다. 셋째, 중등교사의 질 관리를 위한 개인과 기관 통제에 대한 것이다. 개인에 대한 자격관리는 현행 무시험검정이 교원의 질 관리체제로 합당한가에 대한 것이다. 또한 교원양성기관 평가를 통해 이루어지는 양성기관에 대한 질 관리방식이 목표와 방법에 있어서 타당한가에 대한 것이다.

이 장에서는 중등교사 양성교육의 쟁점과 관련하여 미래지향적 관점에서 방향을 제시하고자 하였다. 하지만 쟁점별로 검토하여 의견을 제시하는 것을 지양하고 해당 영역에서 미래지향적인 방향을 탐색하고자 하였다. 첫째, 중등교사 양성의 수급과 관련하여 관점의 전환이 필요하다는 점을 강조하였다. 그동안 학급당 학생 수, 교원 1인당 학생 수를 기준으로 산정하던 교원수요 예측에서 벗어나서 미래형 학교교육에 적합한 맞춤형 교육에 필요한 교원정원 산정방식을 새롭게 구안할 필요가 있다는 것이다. 둘째, 중등교사의 전문적 역량을 재규정하여 양성교육과정을 혁신할 필요가 있음을 제시하였다. 미래의 중등교사가 수행해야 할 역할을 규정하고 이를 통해 새롭게 부각해야 할 역량 요소를 확인할 필요가 있다. 이를 바탕으로 교원양성 교육과정의 혁신에 있어서 교과 구성과 내용의 변화만을 추구할 것이 아니라 양성기관의 교육방식이 우선 혁신적으로 변화해야 한다는 점을 강조하였다. 중등교사의 실무적 역량을 강화하는 방안도 교육실습의 강화라는 기존의 관점에서 벗어나 입직 초기에 이루어지는 교육과 연수를 강화하는 방안으로 수습교사제를 제안하였다. 셋째, 교사 자격 및 양성기관 관리 혁신을 위하여 현행 '관료적 통제모형'에 '시장 모형'이 좀 더 강조될 필요가 있음을 제시하였다. 또한 보다 종합적이고 다차원적인 수준의 교원 전문성 기제의 틀 안에서 교원양성기관 인증체제를 보다 강화하는 등의 방안을 구안하는 것이 필요하다는 점을 강조하였다. 교원양성기관 평가도 획일적인 평가기준을 적용하는 고부담 평가에서 벗어나 교원양성기관의 자율성과 변화에 대한 민감성(agility)을 높이는 방향으로 전환하는 것이 필요함을 제시하였다. 추가적으로 살펴본다면 최근 언론에서 교사들의 품행과 관련된 소식이 심심치 않게 들려오고 있으니 교사의 품성과 가치, 태도 등과 관련된 윤리의식을 강화하는 것도 중요한 과제로 다루어질 필요가 있다.

중등교사 양성교육의 변화를 위해서는 시스템적 변화를 수반하는 교육 패러다임의 전환이 필요하다. 학교교육을 가능하게 하는 여러 요인이 유기적이고 종합적으로 고려되어야 한다. 교원양성교육을 포함하는 교원정책의 변화를 위해서는 교육과정의 개선, 교육평가의 개선, 교육시설의 개선, 대입제도의 개선 등 학교교육 시스템의 총체적인 혁신이 이루어질 필요가 있다. 미래 교육에 대한 전반적인 혁신을 설계하고 그 과정에서 도출되는 새로운 교사의 역할을 설정하여 중등교사 양성교육을 혁신할 로드맵을 만들어 가야 할 것이다.

참고문헌

강태중, 강태훈, 류성창, 정제영(2016). **지능정보사회를 위한 교육 발전 전략 구상**. 서울: 한국교육개발원.

고전(2006). 2005년 교원 양성 정책 분석. **대구교대 초등교육연구논총**, 22(1), 169-193.

고재천(2017). 초등학교 실습지도교사가 인식한 수업실습 지도의 제약요인 탐색. **학습자중심교과교육연구**, 17(2), 343-366.

교원양성기관 평가위원회(1997). **1998년도 사범대학 평가편람**.

교육부(2018a). 2017년 교원양성기관 평가 결과 발표 보도자료.

교육부(2018b). 중장기 교원 수급계획(안).

교육정책자문회의(1991). 제1차 종합보고서 교육발전의 기본구상.

구자억, 김광호, 김운종, 김기수, 김정민, 남궁지영, 정규열, 설현수, 이명희, 정수현, 홍창남(2009). 3주기 교원양성기관 평가 강화 방안 연구. 서울: 한국교육개발원.

길양숙(2010). 아이오와대 초등교사양성과정의 특징과 질 관리 방법. **교육방법연구**, 22(1), 77-101.

김갑성, 김주아, 김도기, 김용, 남수경(2009). 교원양성 교육과정 실태 분석: 경험한 교육과정을 중심으로. 서울: 한국교육개발원.

김갑성, 박영숙, 정광희, 김기수, 김재춘, 김병찬(2009). 교원양성체제 개편 방안 연구. 서울: 한국교육개발원.

김기수(2012). 교원양성기관 평가결과 분석 및 정책 제안. 서울: 한국교육개발원.

김성열(2007). 교사자격 기준의 설정: 명료화와 제도화. 교원양성체제의 전문화 · 내실화 방안 탐색. 2007년도 한국교원단체총연합회 · 한국교육평가학회 공동개최 학술세미나, 21-61.

김영우(1989). **한국 중등교원 양성교육사**. 서울: 교육과학사.

김이경, 고대혁, 김재춘, 박상완, 정수현(2004). 교원자격 · 양성제도 개편 방안 연구. 서울: 한국교육개발원.

김혜숙, 강상진, 최금진(2006). 교원양성 및 연수기관 평가제 시행을 위한 세부방안 연구. 교육인적자원부.

김희규, 주영효(2014). 신규교사 직무 역량 실태 분석. **교육문제연구**, 27(3), 1-25.

김희백(2017). '미래 한국을 위한 교원양성 방향'에 대한 토론. EduNext 2. 미래 한국을 위한 교원 양성 방향. 국회 교육희망포럼, 83-88.

박도순, 이성호, 박형기, 정세구, 박승재(1987). 사범계 대학 평가를 위한 기초 연구. 서울: 한국대학교육협의회.

박상완(2017). 교육력 제고를 위한 교원교육의 발전 방향과 과제. 한국교원교육학회 제49차 학술대회, 21-56.

박소영(2017). 역사적 신제도주의 과점에서의 중등교원수급정책 분석: 1980년~2000년을 중심으로. 이화여자대학교 대학원 석사학위논문.

박영숙, 양승실, 황은희, 허은정, 김갑성, 김이경, 전제상, 정바울(2017). 교직환경 변화에 따른 교원정책 혁신 과제(I). 진천: 한국교육개발원.

백지연, 조현정, 송민영, 강설화(2014). 효과적인 교사양성을 위한 교사의 직무역량 요구분석. 서울: 이화여자대학교 입학처.

이윤식, 김병찬, 김정휘, 박남기, 박영숙, 송광용, 이성은, 전제상, 정영수, 정일환, 조동섭, 진동섭, 최상근, 허병기(2007). **교직과 교사**. 서울: 학지사.

이윤식, 최상근, 허병기(1994). 교사 양성 체제 개선 방안 연구. 서울: 한국교육개발원.

이종재(1995). 종합대학에서의 사범대학의 위상과 교육과정의 구조. **중등교육연구**, 7, 2-36.

이종재(2004). 한국교원정책의 방향과 과제. 서울: 한국교육개발원.

정미경, 김갑성, 류성창, 김병찬, 박상완(2010). 교원양성 교육과정 개선 방안 연구. 서울: 한국교육개발원.

정미경, 김갑성, 류성창, 김병찬, 박상완(2011). 교원양성 교육과정에 대한 초 · 중등 교원의 요구분석. **한국교원교육연구**, 28(3), 287-306.

정미재, 정제영(2012). 교육실습이 예비교사의 역량 변화에 미치는 영향 분석. **한국교원교육연구**, 29(4), 63-83.

정제영(2016a). 지능정보사회에 대비한 미래 교육정책 방향과 과제. **한국교육학회 교육정책포럼 자료집**.

정제영(2016b). 지능정보사회에 대비한 학교교육 시스템 재설계 연구. **교육행정학연구, 34(4)**, 49-71.

정제영(2017). 4차 산업혁명 시대의 학교제도 개선 방안: 개인별 학습 시스템 구축을 중심으로. **교육정치학연구, 24(3)**, 53-72.

정제영(2018). **디지털 시대와 4차 산업혁명에 대비한 교육의 시대**. 서울: 박영스토리.

정제영, 강태훈, 김갑성, 류성창, 윤홍주(2013). 미래 교육환경 변화에 따른 교원정책의 시사점 탐색 연구. 서울: 한국교육개발원.

정제영, 박주형(2017). 창의적 인재육성 사업 발전 방향 연구. 서울: 한국과학창의재단.

정제영, 선미숙(2018). 교육재정 효율화 및 안정화 방안: 미래사회에 대비한 교육재정 변화의 방향. 진천: 한국교육개발원.

정제영, 윤홍주, 김갑성, 강태훈, 류성창, 선미숙(2016). 초등 신임교사의 직무역량 요구도 분석. **교사교육연구, 55(2)**, 201-213.

정제영, 신태섭, 임규연, 서경혜, 김경리, 정혜영, 옥현진, 권순희, 신상근, 김래영, 이종원, 이현주, 선미숙(2017). 2016 창의교육 선도 교원양성대학(이화여대) 운영 사업 최종 보고서. 서울: 한국과학창의재단.

정제영, 오범호(2007). 교원자격 관리체계 개선방안 연구. **한국교원교육연구, 24(2)**, 61-80.

조석훈(2008). 교육력 제고를 위한 교원정책의 발전현황과 과제. **제49차 교원교육 학술대회자료집**, 31-51.

하원규, 최남희(2015). **제4차 산업혁명**. 서울: 콘텐츠하다.

한명희(1997). 중등교원양성 교육과정의 전문성 확보: 교육과정 구조의 논거를 중심으로. **교육학연구, 35(5)**, 171-194.

홍성훈(2007). 중등교원 자격제도의 개선방안에 관한 연구. **교육종합연구, 5(2)**, 191-215.

황규호(2003). **교사자격기준에 대한 수행능력 기준의 탐색**. 이화교육총서. 이화여자대학교 사범대학.

황규호, 박소영, 윤건영, 이성균, 최의창(2014). 교원양성 교육과정 및 무시험검정기준 개정 연구. 교육부, 인천광역시교육청.

Lortie, D. C. (1975). *Schoolteacher: A sociological study*. Chicago: The University of Chicago Press.

OECD. (1998). *Staying ahead: In-service train and teacher professional development*. Paris: OECD.

OECD. (2005). *Teachers matter: Attracting, developing and retaining effective teachers*. Paris: OECD.

Schwab, K. (2016a). *The fourth industrial revolution*. Geneva: World Economic Forum.
Schwab, K. (2016b). What it means and how to respond. In G. Rose (eds.), *The fourth industrial revolution*. New York: Council on Foreign Relations.

제 7 장

특수교육분야 교사교육 성찰

정대영(창원대학교 특수교육과 교수)

1. 서론

특수교육은 교육의 한 갈래로서 모든 학생을 위한 보편적 성격의 교육이 아니라 「장애인 등에 대한 특수교육법」(2007)에 의해 선정된 특수교육 대상 학생에게만 제공되는 제한적 교육 서비스이다. 따라서 특수교육은 고도의 유자격 전문가에 의해 제공되는 개별화 교육, 집중교수, 개별 및 소집단 교수, 기술과 전략 중심 교수, 연구기반 교수 등을 통한 무상의 그리고 의무 교육을 의미한다.

특수교육이 제도권 내에서 체계적으로 이루어진 것은 1949년 「교육기본법」에 근거하였고, 1976년까지 일반교육의 한 영역으로 부속되어 토대가 형성되었다. 이후 특수교육은 「특수교육진흥법」(1977)의 제정으로 마침내 일반교육에서 분리되어 독립된 교육체제로 자리매김하게 되었다. 이 법은 1993년까지 2회에 걸쳐 개정되면서 유치원부터 고등학교까지 무상교육의 범위를 확대하였고, 1994년 전면 개정되면서 특수학교 교원의 자질 향상에 관한 사항을 규정하게 되었다. 장애학생들의 교육권 보장 범위의 확대와 질적 향상을 위해 「특수교육진흥법」을 폐지하고 「장애인 등에 대한 특수교육법」(2007)을 제정하여 현재에 이르고 있다. 이 법은 장애학생의 교육기회 확대, 특수교육 전달체제의 수정 확립, 교육의 질 제고, 관련 서비스 및 교육복지의 지원 확대, 학생과 보호자의 권리보장을 주요 내용으로 하고(정대영, 2017), 특수교사의 전문성 범위를 확대시켰다.

유네스코를 중심으로 한 국제사회의 장애인 교육권 보장 촉구와 선진국들의 특수교육 서비스 발전은 국내 특수교육에 지대한 영향을 미쳤다. 1981년 세계 장애인의 해를 시작으로 '유엔 장애인 10년(1983~1992)'을 선포하고 회원국들에게 장애인의 세계행동계획을 이행할 것을 촉구하였다(유네스코 한국위원회, 2018). 유네스코는 2000년 '새천년개발목표(MDGs)'를 제시하며 '모두를 위한 교육'을 강조하였고, 이러한 접근이 발전되어 2015년 인천 포럼을 통해 '모두를 위한 양질의 포용적 교육'이란 대명제 아래 '지속 가능한 개발목표(SDGs)'를 제시하였다. 국내의 경제 · 사회적 발전과 더불어 국민들의 권리의식이 향상되고 장애인 당사자들의 권리와 삶의 질에 대한 개선 요구가 증대되고 있는데, 특히 통합교육과 진로직업교육, 평생교육 등의 분야에서 요구 수준이 높아지고 있다.

특수교육은 지난 수십 년간 여러 가지 고도의 효과적인 처치를 통해 교육 성과를 거두어 왔다. 이러한 성과는 효과적인 처치를 수행할 수 있는 고도로 훈련된 유능한 교사 없이는 실제적 유용성을 거의 담보할 수 없다. 결국 교사는 학생의 성취 면에서 학교의 어떤 요인보다 더 중요하다. 그러나 교육 수요자들의 요구는 보다 정교화 및 고도화됨으로써 특수교육 서비스의 경계를 넘나드는 또 다른 서비스를 요구하고 추구하는 현상이 나타났다. 즉, 일반교육과 특수교육이 적극적으로 반응하지 못함으로써 사각지대에 놓여 있던 학습부진, 느린 학습, 난독증, 경계성 지적기능, 다문화 학습부진, 사회 부적응 등의 문제를 지닌 학습자들의 다양한 요구는 이전보다 전문적인 교수-학습 서비스를 요구하고 있다. 결국 학교체제가 낳은 또 다른 교육 대상, 즉 학교 밖 청소년은 387,000명(보건복지부, 2015)에 달하고 있어, 교사의 전문성과 책무성, 효과성에 의문이 제기되고 있을 뿐만 아니라 교사양성제도의 타당성과 신뢰성에 대한 의문을 제기하고 있다.

특수교사 양성은 1950년 고등학교 과정인 사범과를 시작으로 약 70년 동안 많은 변화를 가져왔다. 이는 특수교사 양성조건이 복잡할 뿐만 아니라 장애영역별 자격의 시작과 폐지, 유 · 초 · 중등교사의 복수전공제도 도입, 중등 특수교사의 복수전공과 부전공 제도 도입, 자격증 표시과목제도 도입 등 시대적 변화와 더불어 새로운 모색이 꾸준히 이루어져 온 결과이다. 특수교사 양성에 관한 이슈로는 특수교사 양성체제 개선(김병하, 2005; 김병하 외, 1997; 김병하 외 2007; 김삼섭, 2000; 윤점룡, 김영욱, 원종례, 김주영, 2003; 정정진, 2003)과 교육과정 개선(김승국, 1995; 김영욱, 김동연, 김삼섭, 2001), 특수교사 양성 제도와 과정 개선(김정권, 김병하, 1988; 김호연, 2010), 특수교사 자격기준과 양성 체제(김종운, 2009), 특수교사의 자질 및 전문성(박유정, 김병건, 김민경, 2015), 양성교육과정(조인수, 여광응, 박화문, 이해균, 2004) 등이 다양하게 연구되었다.

21세기는 모두를 위한 공평하고 양질의 포용적 교육, 당사자들의 높은 교육 서비스에 대한 요구, 교육 대상자들의 다양성 확대, 학령기 이후의 평생교육 준비 등의 요구에 따라 고도의 전문성과 효과성을 갖춘 교사를 필요로 하고 있다. 그러나 특수교육은 특수교육 대상자의 불평등한 교육기회를 해소하고 특별한 기회를 제공하며 일반교육과 다른 더 적절한 맞춤식 개별화 교육 기회를 약속하였지만 그 약속을 지키지 못하고 있다는 비판을 받고 있다(Billingslry & Brittini, 2017). 최근 특수교육과 일반교육의 융합적 접근, 완전통합 지향의 포용교육, 보편적 학습설계, 중재반응법, 긍정적 행동지원 등의 범국가적 교육정책과 교수전략에 관한 연구 결과는 국내 특수교사 교육에도 중요한 변수가 되고 있다. 이러한 상황에서 특수교사 양성이 과거에 어떻게 이루어졌는지를 성찰하고, 이를 근거로 이 시대의 요구를 넘어 미래를 대비하기 위해 어떤 교사를 양성할 것인지를 깊이 고민하는 것은 매우 의미 있는 일이다.

이 장에서는 특수교사 양성의 역사적 고찰을 통해 시대별 변화 과정과 내용, 특징을 살펴보고 새로운 양성 방향과 과제의 탐색을 위한 시사점을 얻는 데 목적이 있으며, 주요 내용으로 특수교사 양성 현황, 특수교사 양성정책(수업연한과 양성기관, 자격제도, 교육과정)의 진화, 특수교사 양성의 명암, 특수교사 양성의 대안에 대하여 논의하고자 한다.

2. 특수교사 양성 현황

1) 학부과정의 특수교사 양성

특수교육은 그동안 양적으로나 질적으로 많은 발전을 거듭하여 오늘에 이르고 있다. 이러한 특수교육 현장의 변화는 특수교사의 수요 창출이란 큰 의미를 갖는다. 특수교사의 공급은 1950년 서울 맹학교 사범과로 시작되었으며, 1961년 한국사회사업대학에 특수교육과가 설립됨으로써 4년제 대학에서 특수교사가 양성되기 시작했다. 그 후 1970~1980년대에 후발 대학들이 합류하였고, 2000년 이후 특수교육과가 대폭 늘어나기 시작하여 2018년 기준 특수교사를 양성하는 대학은 국립대학교 6개교, 사립대학교 32개교의 총 38개교이며, 2018년 학부과정의 승인정원은 62개 학과에 1,563명이다. 특수교사 양성기관 수와 최근 5년간 승인 입학정원은 〈표 7-1〉과 같다.

4년제 대학에서 특수교사를 양성하고 있는 특수교육과는 크게 유아특수교육, 초등특수교육, 중등특수교육으로 구분할 수 있다. 해당 대학에 유치원/초등/중등 과정 중 2개 이상의 특수교육 전공이 있을 경우, 복수전공을 통해서 특수교사 자격을

표 7-1 특수교육 교원(특수학교) 정교사 양성기관 수와 승인 입학정원

설립 주체	대학교수	학과 (전공)명	학년도별 승인인원				
			'18	'17	'16	'15	'14
국립	6	8	172	172	179	180	180
사립	32	54	1,391	1,422	1,420	1,673	1,448
합계	38	62	1,563	1,594	1,599	1,853	1,628

※ 특수교사 정원은 사범계 인원과 교직과정 승인정원임.
출처: 교육부(2018b).

2개 이상 취득할 수 있다. 또한 특수교육과가 아닌 곳에서도 교직 이수가 가능한데, 대표적으로 직업재활과 특수체육학과 같은 학과가 해당된다. 이런 학과의 경우는 가톨릭대학교와 마찬가지로 중등(직업)자격이나,한국체육대학의 특수체육교육과처럼 중등특수(체육)자격을 취득한다.

특수교육과의 승인 내역을 보면, 주로 2003년 이전까지는 '특수교육과'로 승인되다가, 2004년 이후부터는 '유아특수교육과' '초등특수교육과' '중등특수교육과'와 같이 학교급별로 구분하여 승인되고 있다. 또한 특수체육교육과와 같이 표시과목별로 승인된 경우도 있다. 학교급이 구분되지 않고 '특수교육과'로 승인될 때 교사자격증은 학생 각자가 중등의 표시과목에 해당하는 학점을 관련학과에서 이수하는 경우 특수학교(중등) 교사자격증을 부여하고, 그렇지 않은 경우에는 특수학교 교사자격증 또는 특수학교(유치원) 교사자격증을 부여하고 있다(김종운, 2009). 특수교사 양성대학의 양성자격별 분포를 보면 〈표 7-2〉와 같다.

표 7-2 자격별 특수교사 양성과정 설치 대학 현황

특수 교육	유아 특수교육	초등 특수교육	중등 특수교육	특수 체육교육	인간 재활학	직업 재활학	계
15	9	12	14	10	1	1	62개 학과(38개교)

출처: 교육부(2018b)에서 재구성(복수전공 설치교 제외).

2) 대학원과정의 특수교사 양성

1992년 12월 「교육법」(별표1)이 개정되어 인해 교육대학원(특수교육 전공)도 특수교사 양성기관으로 지정됨으로써 특수교사 양성과정이 다양화되었다. 일반대학교 교육대학원(17개) 및 특수교육대학원(3개)에서 27개 특수교사 양성과정을 운영(교육대학원)하고 있다. 교육대학원의 입학정원은 해당 교육대학원 총 정원으로 인가되어 있기에 학교과정별 또는 자격종별 양성정원이나 졸업인원을 파악하기가 어렵다.

대학원 수준에서 특수교사를 양성하게 된 것은 1990년대부터 통합교육이라는 시대적 상황에 부응하고 일반교사를 대상으로 특수교육에 대한 이해와 전문성을 높이고자 재교육 차원에서 시작되었다. 특수교사 양성기능을 지닌 교육대학원의 수, 수업 형태 및 운영 전공 유형는 〈표 7-3〉과 같다.

교육대학원의 경우 현장에서 요구하는 교사를 양성하는 데 제한이 있고, 다양한 치료교육 교사를 양성하기가 어려우며, 직업교육을 담당할 직업지도교사를 양성하기도 곤란하다(김영욱 외, 2002)는 점이 지적되었다. 기존 교육대학원의 이러한 한계를 보완하고자 차별화된 교육과정을 운영할 수 있는 특수교육대학원이란 별도의 대학원체제가 1997년 단국대학교(6개 전공, 100명)와 대구대학교(7개 전공, 100명)에, 1999년 공주대학교(5개 전공, 69명)에 각각 설치되었다(윤점룡 외, 2003).

특수교육 전공이 설치된 교육대학원에서 양성되는 교원은 특수교사 표시과목으로 교원자격증이 발급되며, 유아특수, 초등특수, 중등특수, 특수, 특수체육, 감각운동발달장애, 지적학습발달장애 전공으로 구분된다. 교육대학원이 특수교사를 양성하게 됨으로써 양적 확대는 물론 학부에서 양성하지 못하는 일부 장애영역의 전공교사를 양성함으로써 특수교사의 다양화에 기여할 수 있게 되었다.

표 7-3 특수교사 양성대학별 전공 운영

전공 운영							계
유특	초특	중특	특수	감각운동	지적 발달	특수체육	27
4	3	2	15	1	1	1	

출처: 교육부(2017).

초등학교 교사를 양성하는 전국 10개의 교육대학교도 교육대학원 과정을 개설하여 초등특수교사를 양성하고 있는데, 그 실태는 〈표 7-4〉와 같다.

학부과정의 특수교사 양성기관 급증과 더불어 대학원까지 교사양성에 합류함으로써 공급이 원활해진 장점도 있으나, 인력의 과잉배출에 따른 부작용이 초래되고 있다(김종운, 2009)는 평가를 동시에 받게 되었다. 뿐만 아니라 시대적으로 특수교육대상 학생의 중증·중복화와 통합교육 환경에 적응할 수 있는 특수교사의 질적 수준을 강화해야 한다는 요구에 부응할 수 있는 교수인력이나 지원설비가 갖추어지지 않은 양성기관이 등장하면서 문제가 되었다(윤점룡 외, 2003).

표 7-4 전국 교육대학교 대학원 특수교육 전공 설치 및 운영 현황

학교 수	운영 전공 유형		
10	특수교육	초등특수교육	글로벌특수/학습장애
	3	11	1

출처: 교육부(2018b).

3. 특수교사 양성정책의 진화

1) 수업연한과 양성기관

특수교사 양성과정의 발달은 초기의 사범과와 보통 사범과 양성기, 중기의 4년제 대학 양성기를 거쳐 대학원 수준으로 확대되어 현재에 이르고 있다.

(1) 3년제 사범과 및 1년제 보통 사범과의 특수교사 양성체제

초기의 특수교사 교육은 1950년 6월 1일 서울맹아학교에 사범과(고등학교 과정)를 설치하여 중학교 3년과정의 졸업자를 3년간 교육시켜 교사자격증을 부여한 것이 효시였다. 이 과정은 1954년 맹사범과 제1회 졸업생을 배출하였으며, 1954년 4월 고등학교를 졸업한 비장애인에게도 입학자격을 주는 1년제의 보통사범과가 신설됨으로써 특수교사 양성 대상이 시각장애인에서 일반인으로 확대되었다. 당시

이 과정의 졸업생들은 일반학교 교사자격증도 선택적으로 부여받을 수 있어 전적으로 특수교사 교육기관으로 보기에는 무리가 있지만 장애인(맹 · 농)을 포함하여 당시의 학교 규모로 보아 다수의 특수교육 담당교사가 배출되었다는 데 의의가 있다(김병하 외, 1997). 이 시기는 시각장애인과 청각장애인을 중심으로 특수교사를 양성할 정도로 감각장애에 초점이 맞추어졌고, 그 이후 보통사범과의 시작과 함께 비장애인들에게 문호가 확대되었다.

(2) 4년제 대학의 특수교사 양성체제

고등학교 과정인 사범과와 보통사범과가 폐지되고, 특수교사는 4년제 대학에서 양성하는 것으로 바뀌게 되었다. 1961년 국내 최초로 한국사회사업대학(현 대구대학교)에 특수교육과가 설치됨으로써 4년제 대학 양성기가 시작되었다. 그러나 곧이어 일어난 5 · 16 군사정변(1962)으로 인해 초급대학으로 격하됨에 따라 4년제 대학과 2년제 대학에서 동시에 특수교사를 양성하게 되었다. 2년제 초급대학교 특수교육과 졸업자에게 1964년 최초로 특수학교(맹 · 농학교) 교사자격증을 부여하게 되었다. 동 대학이 1964년 다시 4년제 대학으로 환원되었고, 1965년에 동 초급대학의 2회 졸업생과 1961년에 입학한 4년제 대학 졸업생에게 특수학교(맹 혹은 농) 교사자격증을 부여하였다. 1968년부터 1976년까지의 졸업생에게는 특수교사의 수요가 극히 적어 희망에 따라 일반 중등학교 교사자격증을 부여하기도 하였다.

4년제 대학에서의 특수교육과 설치는 1971년부터 확대되어 2000년 이후 대폭 늘어나기 시작했다. 2018년 기준 특수교사를 양성하는 대학은 총 38개교에 이르며, 주로 유아특수교육, 초등특수교육, 중등특수교육으로 구분하여 양성하고 있다. 38개 대학교에서 특수교사가 양성되고 있지만 복수전공, 교육대학원, 교직 이수 등을 포함하면 실제로 양성인원은 그 이상으로 공급과잉 현상을 초래하고 있다. 그러나 이는 교과전공분야가 다양화됨으로써 초기의 주요 교과 중심의 편협성을 벗어날 수 있다는 긍정적인 측면도 있다.

(3) 대학원의 특수교사 양성체제

① 교육대학원/특수교육대학원

1992년 12월 「교육법」 (별표 1) 개정으로 교육대학원(특수교육 전공)도 특수교사 양성기관으로 지정됨으로써 특수교사 양성체제가 다양화되었다. 동시에 이 법에서 특수학교 교사자격 기준을 정교사 1급, 2급, 준교사로 구분하여 현직연수와 승급기회를 제공하였다(김병하, 2007). 특수교육사적 관점에서 보면, 발전기에 대학원 특수교육과가 4개교 설립된 것을 기점으로 도약기에 21개교로 대폭 증설되고, 확대기에는 2개교 증설되는 데 그쳤다(교육부, 2017). 도약기(1994~2007년)에는 특수교사의 수요가 폭발적으로 늘어남에 따라 양성기관의 확대가 자연스러운 반응이었다.

특수교육대학원의 도입은 양성인원의 증원 효과가 있었으나 장애영역이나 교과교육 등에 대한 특수교육의 전문가 양성 측면에서는 큰 의미가 없는 것으로 판단된다.

② 교육대학교 대학원

초등학교 교사를 양성하는 전국 10개의 교육대학교에서도 교육대학원 과정을 통하여 초등특수교사 양성에 합류하였다. 교육대학교 대학원은 교육대학원, 특수대학원, 전문대학원의 세 가지 유형으로 개설되었다. 운영 형태는 주간 1개교, 야간 6개교, 계절/야간 6개교, 주간/야간/계절 1개교이다(교육부, 2018b). 특히 초등교사의 경우 초등학교 교육과정에 포함된 전 교과목에 대한 교수적 전문성을 갖춤과 동시에 특수교육을 이해하게 됨으로써 바람직한 통합교육 교사가 될 수 있다. 특히 최근 중재반응법과 학교 단위의 긍정적 행동지원이 도입되어 예방적 특수교육이 강조되는 상황에서 일반교육과 특수교육의 협력적 접근 노력은 긍정적이다. 다만, 과제는 일반교육이 특수교육에 대한 책무성을 어느 정도 수용하고 동참해 주는가이다.

2) 특수교사 자격제도 변천 및 현황

(1) 정초기(1979년 이전)

특수교사의 양성이 제대로 이루어지지 않아 일반교사들이 주로 특수교육 업무를 담당하였다. 1950년대에 특수교사 자격이 처음 법규로 명문화되었으며(「교육공무원법」, 법률 제285호, 1954. 4. 18.; 김병하 외, 1997), 「교육공무원법」상에는 교사의 자격을 정교사(1급, 2급), 준교사, 특수교사, 양호교사로 나누고, 특수교사는 국민학교 특수교사, 중학교 특수교사로 구분하였다. 당시 모든 자격증의 효력을 10년으로 하는 등 자격제도체제를 성립시켰다(김병하 외, 1997). 이 시기는 중앙교원검정위원회의 검정을 거치거나 특수학교 사범과를 졸업한 자만이 자격증을 취득할 수 있었으며, '초등학교 특수교사' '중학교 특수교사' '고등학교 특수교사'로 구분되어 양성되었다.

특수학교의 초등특수교사 자격증은 맹 · 농아를 표시하고, 중등특수교사 자격증은 맹 · 농아의 표시 다음에 괄호를 만들어 일반 중등학교란에 전공과목을 표시하도록 하였다(대통령령 제1649호, 1964. 2. 26.). 곧이어 정교사와 준교사로 나누어져 있던 특수교사가 '특수학교 교사'로 통합됨으로써(「교원자격검정령」, 대통령령 제1878호, 1964. 7. 20.) 자격제도상 특수교육 발전에 상당한 퇴보를 가져왔다. 1969년 특수학교 초 · 중등특수교사 자격증 표시과목으로 '맹 · 농'의 장애영역에서 '정신박약'과 '지체부자유'를 추가하여 영역이 확대되었다.

1970년대에는 무시험 교직 이수자(1급)와 시험검정자(2급)의 자격을 '특수학교 교사'로 일치시키고, 취업시장이 취약하여 부전공제를 도입하였으며, 초등특수교사의 장애영역별 통합자격을 부여하는 등의 변화가 있었다.

(2) 발전기(1979~1994년)

초등특수교사 자격증이 다시 장애영역을 표시하는 것으로 환원되었다(「자격검정령」 세칙, 1982. 6. 23.). 1980년대 하반기부터 1999년까지 특수교사 자격 표시는 초등과 중등으로 단순화하여[1] 통일됨으로써 점차 자리를 잡아 가기 시작하였다.

자격증의 표기 유형이 아주 다양한 것은 제도가 변경된 것 이외에도 양성대학들이 자체 형편에 따라 학점을 이수하게 함으로써 자격제도에 부응한 교사자격증을 발급치 못한 현실적 요인에 기인한 것일 수 있다(김병하 외, 1997). 자격제도가 진화되어 온 과정에서 특수교사의 자격증 표기가 장애영역별로 되었다가 중도에 삭제되고 다시 환원되는 등 일관성을 유지하지 못하였고, 교사양성이 책무나 증거 기

1) 초등: 특수학교 교사(맹 · 농 · 정신박약 · 지체부자유), 중등: 특수학교 교사(일반 중등교과목)+(맹 · 농 · 정신박약 · 지체부자유)

반에 따른 것이 아니라 정책 입안자들의 임의성에 따라 결정된 것으로 추정된다. 1992년 12월 특수교육 담당교원의 자격 및 양성체제를 개선하여 특수교육 현장의 내실화에 기여할 수 있도록 「교육법」 중 교사자격기준(별표 1)이 전면 개정되었다. 기존 교사자격 기준은 정교사(1급) · 정교사(2급) · 준교사로 구분되어 현직연수 강화와 승급 기회를 제공함은 물론 양성 수준 · 방법 등을 다양화하였으며(개정 「교육법」 제79조, 1992. 12. 8.), 대학원(교육대학원 포함) 석사과정 졸업의 경우도 기초자격증, 즉 일반교사 자격증의 소지를 필수 요건으로 하였다.

(3) 도약기(1994~2006년)

개정된 「특수교육진흥법」(1994)의 규정에 의거해 '직업담당교사'와 유아특수교사도 양성하게 되었다. 특수학교교사 자격기준의 개정[2)]으로 특수교사 1급에서 2급으로 하향 조정되면서 1급의 경우, '유치원 · 초등학교 또는 중등학교 정교사(2급) 자격증을 가지고 필요한 보수교육을 받은 자'로 변경되었다. 그 이후 특수교사 자격기준은 대학의 교직과정을 이수하거나 대학원에서 석사학위를 전공한 경우로 확대되었다(「초 · 중등교육법」, 법률 제6714호, 2002. 2. 26., 일부개정). 특수교육을 담당하는 교사의 자격기준은 '특수학교 전문상담교사, 특수학교 사서교사, 특수학교 실기교사 및 특수학교 양호교사의 자격기준은 모두 일반교사와 동일'(「초 · 중등교육법」 제21조, 별첨1, 2)하도록 하였다.

개정된 교원자격검정령규칙(2000.1.)에 의하면 학교급별(유 · 초 · 중등)은 구분하되 장애영역은 표시하지 않도록 하였다. 당시 특수교사 자격증제도는 '특수학교 교사'라는 표기 형식 아래 학교급별을 표기하고 장애영역은 구분하지 않는 방식으로 변경되었다. 이러한 상황에 대해 김병하(2007)는 정책적 변화의 원인을 두 가지 측면에서 해석하였다.

첫째, '시장의 원리'에 따라 비범주화를 선호하는 발달지체 쪽이 특수학교와 특수학급 인구의 주류를 형성함에 따라 장애별 인구 구성에서 소인수 그룹에 해당되는 감각장애(시각장애, 청각장애)영역은 상대적으로 그 전문성이 밀려날 수밖에 없었다. 둘째, 통합교육을 향한 정책의 지향성이 장애영역의 분화를 허무는 것을 강조하

2) 1999년 8월 31일(법률 제6007호), 2000년 1월.

는 것과 맞물려 있었기 때문이다. 현장의 시장원리와 통합교육정책이란 측면에서 자격제도가 변경되었지만 그로 인하여 농학교 교사와 맹학교 교사의 전문성은 상대적으로 희석될 수밖에 없고, 또 발달지체영역의 특수학교는 학교급별(특히 초·중등)에 따른 자격기준에 의거하여 교사 배치를 하지 않을 수 없어 운영상에 애로를 겪을 수 있다는 지적이 있었다(김병하, 2007).

특수교육 관련영역으로 '요육활동'이 등장함에 따라 「특수교육진흥법 시행령」(1977. 12. 31.)에서 '요육요원'이라는 표기를 사용하다가 「교원자격검정령」 개정(1980. 1.)에 의해 '요육실기교사'로 변경되었다(김병하, 2007). 이후 '특수학교 요육교사'로 표기되면서(1988. 12.) 특수학교 교사의 개념 범주에 '요육교사'가 들어오게 되었고, 물리치료사·작업치료사 등 치료교육에 관련된 자격을 가지고 있는 사람들도 특수교육 교원으로 합류하였다(「교원자격검정령 시행규칙」 개정, 2000. 1. 28.).

(4) 확대기(2007년 이후)

중학교 이상의 과정을 설치한 특수교육기관에 직업담당교사를 배치하도록 규정하였으나[3] 특수교육 관련학과에서는 '직업재활'분야를 제외하고는 특수학교 직업담당교사를 실제로 양성하지 않았다. 특히 특수교사로서 '치료교사'와 '직업교사'는 활동영역에 따른 전공이 명시되지 않아 그 전문성이 불투명하다는 문제점이 거듭 지적되어 왔다(김병하, 2007).

직업교사의 일종인 맹학교 이료과 담당교사는 시각장애인들의 직업교육이라고 할 수 있는 안마, 마사지 및 지압을 담당하며 교과목과 그 전문성 면에서 특수교육에서도 특별한 위상을 가지며, 맹학교 고등부에서 이료과 교육을 담당하였다. 이료직은 맹인의 전업으로 발전되어 왔으며 맹인의 주된 직으로 정착되어 왔다(김승국, 1988: 50). 특수교사 자격증에 이료과 교사는 '특수학교 2급 정교사(이료)'로 표기하도록 규정되었다.

2007년 「장애인 등에 대한 특수교육법」에서 치료교육이란 용어가 제외되고 특수교사의 표시과목 중 치료교육이 삭제되었다. 따라서 치료교육 담당교사는 자격전환 연수 등을 통하여 특수학교 교사 '재활복지'라는 표시과목의 자격증을 받게 되었

---

3) 「특수교육진흥법 시행령」 개정, 1998. 12. 31., 2005. 2. 28.

다(김원경, 2008). 대학에서의 특수학교 교원양성과정 중 '치료교육' 교사자격증을 부여하는 일반학과의 교직과정은 2008학년도 입학자부터 교직과정을 폐지하였고, 사범계 학과인 치료특수교육과의 경우에도 유아특수교육과나 초등특수교육과 또는 중등특수교육과로 전환되었다(김종운, 2009). 변경된 표시과목에 관한 경과 조치로 '치료교육' 자격증의 소지자는 '재활복지' 자격증을 소지한 것으로 보는(「교원자격검정령 시행규칙」 제916호, 2007. 10. 26.) 등 과도기적 조치를 통해 자격증 표시를 통일해 왔다. 이후 특수교육 교원으로의 진입문은 계속 확대되어 2016년에는 산업대학에도 문호가 추가로 개방되었다(교원자격검정령실무편람, 2016).

3) 특수교사 양성교육과정 변천 및 현황

(1) 정초기(1979년 이전)

특수교사 양성을 위해 국립맹아학교에 설치되었던(1950. 6.) 3년제 사범과(고등학교 과정)와 1년제 보통 사범과는 각각 다른 교육과정을 공히 주당 37시간씩 이수하도록 하였다. 3년제 사범과의 맹(아)부는 국어교과를 비롯한 13개 교과, 농(아)부의 경우 국어교과를 비롯한 12개 교과를 각각 이수하였고, 1년제 보통사범과는 12개 교과를 이수하였다. 교육과정 내용을 보면 맹부는 의학, 진단, 경구 교과를, 농부는 구화를, 보통사범과는 점자, 구화, 수화를 각각 포함하는 특징을 볼 수 있다(김병하 외, 1997; 김원경, 2008). 이 시기에는 특수교사 자격증 취득의 기준이 적어도 국가 차원에서는 제시되지 않았다.

(2) 발전기(1979~1994년)

이 시기에는 특수교사 양성교육과정에서 교직과 교과분야의 국가기준이 제시되었다. 그럼에도 불구하고 1987년 당시 국내 특수교육과를 설치한 대학의 교육과정을 비교 · 분석한 연구(김원경, 1989)에 의하면 초등특수교사 양성교육과정의 경우 대학별 총 이수학점은 112학점에서 145학점까지 33학점, 중등특수교사 양성교육과정의 경우 총 이수학점은 131~161학점으로 30학점의 차이를 보였다.

당시 6개 대학의 교육과정(1987년 기준)을 보면, 장애영역별 교과교육은 시각장애아 교육과정 및 지도, 청각장애아 교육과정 및 지도, 정신박약아 교육과정 및 지도가 1과목씩 개설되었다. 이 시기에는 특수교육 내용학이라고 할 수 있는 특수교육학 심리, 특수교육학 개론, 특수교육 기초 등의 과목이 비중을 많이 차지하였다. 대학의 특수교육과에서 특수학교 교사자격증을 부여할 경우 기본이수과목으로서 시각장애, 청각장애, 정신지체, 지체부자유, 정서장애, 학습장애의 6개 장애의 교육을 필수적으로 이수토록 하였다(교육부 1992년 3월 10일 고시 제1992-7호).

이 시기의 전국 특수교육학과 교육과정 운영의 특징을 보면, 첫째, 장애 내용학 교과의 비중이 높았다. 둘째, 교과교육의 비중이 매우 낮았다. 셋째, 장애의 결함 및 약점에 초점을 맞추고 능력 강화 및 적응과 관련된 교과가 많이 개설되었다. 넷째, 특수교사를 양성하는 대학 간에 조율된 표준교육과정을 운영하기보다는 강좌 개설 역량에 따라 임의적으로 개설한 것으로 추정할 수 있다. 이는 이 시기에 특수교육분야의 학문적 자립도가 낮았을 뿐만 아니라 역량을 갖춘 전공교수가 부족했기 때문에 불가피한 상황이었을 것으로 판단된다.

(3) 도약기(1994~2007년)

1997년 전국의 특수교육과에서 공통으로 개설하고 있는 과목들을 조사한 결과를 기초(김병하 외, 1997)로 초등교과와 기초과목을 제외한 특수교육 과목을 보면, 특수교육 일반 10과목, 장애영역별로 시각장애, 청각장애, 정신지체, 지체장애는 각 3과목, 정서장애는 2과목이었다. 이 과목들은 필수와 선택으로 분류되는데, 각 대학들이 개설하고 있는 과목의 수, 명칭, 학점이 일치하지 않고 다양했다. 정부는 두 차례의 고시내용(제2000-1호: '2000. 1. 28.; 제2007-161호: 2008. 1. 8.)을 통해 교육과정을 좀 더 정교화하였다. 이 조치로 특수교육 일반영역이 3개(특수교육학, 특수학급경영론, 특수교육공학)에서 5개(특수교육학, 특수학교 교육과정론, 장애학생통합교육론, 장애아진단 및 평가 특수교육공학)로 확대되었으며, 장애종별 과목이 법규정에 맞추어 7개 영역에서 10개 영역으로 변경되었다.

한편, 고시내용에 대해 김원경(2008)은 특수교육 담당교사 중 유치원 · 초등 · 중등 등 과정별 교직과목 이외에 공통되는 특수교육영역의 표시과목 제시, 교과지도에 해당하는 기본이수과목의 명시를 근거로 교사들의 기본 업무수행 능력 기준과 교과지도 능력이 강화된 것으로 긍정 평가하였다. 이를 계기로 특수교육에서 교과교육에 대한 수요에 적극 대처할 수 있게 되었고, 교과교육과 관련하여 교육과정,

교과서 및 교수-학습 자료를 개발할 수 있는 기반이 조성되었다.

(4) 확대기(2007년 이후)

① 학부 교육과정

• 교과목 이수기준

특수학교 교사자격 종별 및 표시과목별 기본이수과목이 재조정되었다(교육인적자원부 고시 제2007-161호, 2008. 1. 8.). 공통인 특수교육영역은 15과목을 중심으로 하고, 기본이수과목을 보면 학교급별의 경우 특수학교(유치원)는 17과목, 초등은 12과목, 중등은 특수교육영역(공통) 이외에 추가로 이수하여야 할 중등 표시과목별(직업교육/이료/재활복지 제외) 기본이수과목(또는 분야)은 일반 중등학교 표시과목별 기본이수과목(또는 분야)을 적용하였다. 직업교육은 직업재활개론을 포함한 10과목, 이료는 병리와 보건 외에 실습과목 6과목, 재활복지는 특수교육학 외 6과목을 이수하도록 기준을 제시하였다.

복수전공 시 전공학점 중복 인정기준을 설정하고 ① 특수학교(중등) ⇔ 특수학교(초등) ⇔ 특수학교(유치원) 간의 복수전공은 특수교육 관련 전공과목 전체(42학점)를 상호 인정 할 수 있도록 하였고, ② 중등학교 ⇔ 특수학교(중등), 유치원 ⇔ 특수학교(유치원), 초등학교 ⇔ 특수학교(초등) 간의 복수전공은 표시과목(또는 자격종별) 관련 전공과목 전체를 상호 인정할 수 있도록 하였다. 사범계 학과인 초등특수교육과, 유아특수교육과, 특수체육교육과 등에서 특수교육과 표시과목의 전공과목을 결합한 교육과정을 운영할 경우 특수교육 관련 전공과목과 표시과목 관련 전공과목으로 최대 15학점까지 중복 인정하도록 하였다.[4)]

『교원자격검정실무편람』(2016)에 명시된 교육과정 이수기준은 다음과 같다. 첫째, 특수교사(2급)의 자격 취득을 위한 교직과목은 교직이론, 교직소양 그리고 교육실습으로 구성되며, 2013학년도 이후 입학자부터 일부 내용이 변경되어 실시되고 있다. 2013학년도 이후부터 14학점 이상이었던 교직이론은 12학점 이상, 4학점 이

---

4) 「교원자격검정령 시행규칙」(별표3),제922호, 2007. 12. 31.; 교육인적자원부 고시 제2007-161호, 2008. 1. 8.

상이었던 교직소양은 6학점 이상, 교육실습은 동일하게 4학점 이상을 이수하도록 규정하고 있다.[5] 둘째, 특수교사(2급)의 자격 취득을 위한 기본이수과목과 초중등 특수교사는 교직과목과 기본이수과목을 이수하도록 하였다.

• 무시험검정 기준

2009년 무시험검정 합격기준은 과정별(유치원, 초등, 중등, 체육, 직업 등) 이수학점이 30학점에서 42학점으로 상향 조정되었고, 교직과목도 일반 사범대학과 동일하게 20학점에서 22학점으로 확대되었으며, 그 기준을 졸업 전체 평균성적 100점 만점에 75점 이상으로 명시하여 강화하였다.[6] 교원자격검정 중 시험검정은 교원의 수급상 반드시 필요한 경우에 한하여 실시하도록 하였다.

특수학교의 경우 1970년대에는 주로 현직 일반학교 교사들을 대상으로 특수교사 자격 검정시험을 실시하였으나, 대학에서 본격적으로 특수교사를 양성하면서부터 시험검정은 중단되었고, 국가 수준에서 정한 합격기준을 충족하는 경우 무시험검정을 실시하고 있다(김종운, 2009).

특수교육 교원은 각급 교원자격 무시험검정 합격기준을 충족해야 하며, 교육부가 위탁한 각 대학의 사범대학 및 사범계 학과의 교육과정, 일반대학 교직과정 그리고 일반교사 자격증을 소지한 자를 위한 교육대학원을 통해 양성된다(교원자격검정령실무편람, 2016). 사범대학 및 사범계 학과 졸업자에 대한 특수교육 교원 무시험검정 합격기준을 요약하면 다음과 같다.

첫째, 각 전공별 전공과목의 이수기준은 38학점[7]으로 한다. 실업계의 경우, 실업계 전공과목 38학점 + 해당 국가기술자격증으로 가름할 수 있도록 하였다. 둘째, 모든 전공은 특수교육 관련 전공과목 42학점,[8] 교직과목 22학점을 이수한다. 셋째, 모든 전공은 교직과목 성적 평균 80점 이상, 전공과목 성적 평균 75점 이상을 받아야 한다. 넷째, 모든 전공은 교직적성 및 인성 검사 적격판정을 2회 이상, 응급처치

---

5)「교원자격검정령 시행규칙」(별표3), 제736호, 1999. 1. 29. 신설, 제838호, 2004. 9. 3. 개정.

6)「교원자격검정령 시행규칙」(별표3), 제922호, 2007. 12. 31.; 교육인적자원부 고시 제2007-161호, 2008. 1. 8.

7) 기본이수과목 21학점/7과목, 교과교육영역 8학점/3과목 이상 포함.

8) 기본이수과목 21학점/7과목 포함.

및 심폐소생술을 2회 이상 받아야 한다.

특수교사 양성기관은 기존의 사범대학으로 한정되지 않고 폭넓게 허용되었기 때문에 교사양성 인프라를 제대로 갖추지 못한 대학이 많았다.

② 대학원과정

교육대학원 수준에서 특수교사 양성이 이루어지는 경우, 특수학교 정교사(2급) 자격기준 제2의2호에 의거한 교사자격 취득 예정자는 반드시 대학·산업대학에서 특수교육 관련학과를 졸업한 자로 제한하였다. 1996년 이전에 설립된 교육대학원으로서 2000년 이전까지 인가된 특수교육 전공은 현직·비현직 교원에 상관없이 일반교사(정교사 2급)가 대학원에 입학하여 각각 해당 특수학교 정교사(2급) 자격증을 취득할 수 있도록 하였다.

대학원 특수교사 자격 취득조건은 대학 또는 전문대학의 졸업이나 석사학위 취득을 요건으로 교사자격증을 취득하는 경우 표시과목(또는 자격종별)으로 반드시 이수하여야 할 전공과목은 정교사(2급)는 21학점(7과목 이상), 교육대학원은 14학점(5과목 이상), 실기교사는 6학점 이상(2과목 이상)으로 하였다. 2009학년도 대학 입학자(2011학년도 이후 편입학자 및 재입학자 포함) 및 교육대학원 입학자부터 교원자격 무시험검정에 관한 세부기준의 규정을 「교원자격검정령 시행규칙」(부령)에서 '고시' 수준으로 하향 조정하였다.[9]

교육대학원 졸업자에 대한 무시험검정 합격기준을 살펴보면 특수교육 전공과목 30학점(기본이수과목 14학점), 교직과목 22학점, 교직적성 및 인성검사, 응급처치 및 심폐소생술 등이 포함된다. 특수교육 관련학과의 범주가 넓어 다양한 분야의 전공자들이 특수교육 교원으로 진입할 기회가 마련되어 있다. 대학·산업대학에서 특수학교(중등)의 표시과목[10]에 해당하는 학과나 유아교육·초등교육 관련학과를 주전공 또는 복수전공으로 학위를 취득하고, 부여받고자 하는 표시과목(또는 자격종별) 관련 전공과목을 최소 30학점 이상 인정할 수 있는 경우에 한하여 '특수교육 관련학과'의 범주에 포함시켰다.

---

9) 제2007-161호(2008. 1. 8); 제2008-119호(2008. 8. 1).

10) 총 61개: 일반중등 58개 표시과목 + 직업교육, 재활복지, 이료.

1997년 이후에 설립된 교육대학원의 특수교육 전공과 2000년 이후에 설치인가를 받은 모든 특수교육 관련전공은 반드시 현직 교직원에 한하여 입학하도록 승인되었다.

4. 특수교사 양성의 반성과 새로운 환경 도래

1) 특수교사 양성의 역사적 명암

(1) 특수교사 양성기간과 양성체제

특수교사 양성기간의 연장, 기관의 확대 및 정원의 증원에 대한 평가는 긍정적인 측면과 부정적인 측면의 양면성을 지니고 있다. 먼저 긍정적인 평가는 다음과 같다.

첫째, 양성기간의 연장은 교사의 질적 향상에 기여하였고, 양성기관의 확대는 양적 공급 확대를 통해 현장의 부족한 특수교사의 충원을 원활히 하게 하였다. 둘째, 대학, 대학원, 특수대학원으로의 양성체제 다변화는 다양한 교과 전공자를 특수교육 현장에 유입시켜 특수교육의 질 향상에 기여하였다.

특수교사 양성정원의 확대, 특히 대학원과정으로의 양성체제 확대는 다음과 같은 부정적인 측면도 피할 수 없다.

첫째, 여타 학과에 비해 취업률이 높았기 때문에 많은 대학에서 신설을 신청하게 되었고, 교육부의 무분별 승인(김호연, 2010)은 특수교사의 과잉양성과 양성교육과정의 부실 운영이란 부작용으로 이어질 요인을 발생시켰다. 둘째, 교육대학원 및 특수교육대학원의 설립 취지와 달리 특수교사 자격증 취득에만 관심을 둘 수 있다는 점과 학부 교육과정과의 질적 차별성이 부족한 점(김종운, 2009; 박원희, 2001; 탁상수, 2001)이 지적되었다. 셋째, 교육대학원은 일반교사들의 승진 수단으로 이용됨으로써 교사양성 목표의 본질이 훼손된 점도 간과할 수 없다.

따라서 특수교사 양성기관의 증대로 인한 특수교사의 과잉양산 문제, 학부와 대학원으로 나뉜 특수교사 양성기관의 역할 분담, 질 높은 교사의 양성방안, 양성기관의 운영방식, 시대적으로 변화된 특수교사에 대한 기대와 자질, 사회환경적 변화 및 부모의 요구 등을 고려하여 새로운 관점의 특수교사 양성체제를 모색할 필요가 있다.

(2) 특수교사 자격제도

특수교사 양성 자격제도는 특수교육의 개념, 제공될 서비스의 영역과 범위, 교사의 자질 등에 대한 규정이 선행되고 그에 따라 다양한 단계와 과정을 거쳐 운영하게 된다. 국내 특수교사 자격제도는 오랫동안 다양한 형태로 진화되어 왔으며, 그 과정에서 혼란을 겪기도 하였다. 따라서 제자리를 잡아 가는 과정에 명암을 함께 가질 수밖에 없었다. 먼저 긍정적인 측면은 다음과 같다.

첫째, 특수교육은 교육계의 소수자의 입장에서 주류인 일반교육에 상응하는 제도를 마련하기 위해 꾸준히 노력해 왔고 비교적 빠른 기간에 복잡한 조건을 정비하였다. 둘째, 현장의 수요에 따라 부전공제의 도입, 자격검정시험의 한시적 이용 등으로 유연하게 대처함으로써 특수교사 양성의 볼모지에서 일정 수준의 질을 갖춘 교사를 공급하고자 했다. 셋째, 특수교육의 시대적 흐름, 출현율, 현장의 요구 등을 고려하여 장애영역 범주별 양성제도에서 비범주적 통합자격제도로 전환한 것은 적절한 조치였다. 넷째, 학부의 복수전공과 교육대학원에서의 자격 취득을 통해 다양한 교과 전문가가 특수교육 현장에 들어옴으로써 교과 전문성의 편협성을 완화하는 데 기여했다.

한편, 교사자격제도의 개선과 발전 과정에서 적절히 다루어지지 못했던 점과 장애 범주에 따른 양성체제 등과 관련하여 아쉬운 점들은 다음과 같다.

첫째, 교사자격제도의 개선과정에서 특수교육의 개념, 특수교육 서비스의 범위와 영역, 특수교사의 역량과 질적 수준 등에 대한 과학적 고민, 즉 연구 기반적 접근이 부족했다. 둘째, 특수교육 정책과 자격제도가 일반교육의 보조적 지위와 같은 관점에서 접근된 점이 있다. 셋째, 특수교육은 교육의 장에서 제자리를 찾기 위해 일반교육체제에 접근하기 급급했고, 그 과정에서 특수교육의 특수성에 대한 고민이 부족하였다. 넷째, 통합특수교사 자격으로 전환하면서 감각장애 교육 서비스에 대한 교사의 전문성을 소홀히 한 점이 문제였다. 다섯째, 통합자격을 부여함으로써 다양한 장애영역에 대한 전문성과 교수 능력을 갖추기 위한 깊이 있는 전공교육이 불가능했다. 여섯째, 최근 대학교육이 다전공, 융합전공을 장려하면서 전체 이수학점을 줄여 온 것도 특수교사의 전문성 확보를 위협하는 요인으로 작용하고 있다.

지금까지 살펴본 특수교사 자격제도를 볼 때, 일관성 없는 정책을 추진함으로써 다양한 표기 유형의 교사자격증이 발급되었으며, 교사 임용에 혼선을 일으키기도 하였다. 그러나 결국 시대의 흐름에 따라 장애 범주별 자격증 시대는 가고 통합자격 시대로 옮겨 왔다.

(3) 특수교사 양성교육과정

특수교사의 양성 역사에서 교육과정에 어느 정도 통일성을 가져오게 된 것은 2007년 이후부터였으며, 교육과정 개선의 긍정적인 면은 다음과 같다.

첫째, 특수교사 양성교육과정은 2008년 고시 이후부터 정비되어 전국적으로 통일성을 유지하게 되었고, 2016년 이후 어느 정도 통일되고 안정된 교육과정을 확보함으로써 국가의 관리체제가 확립되었다. 이를 통해 특수교육 관련학문 영역이 확대되고, 장애종별 과목이 법규정과 같이 10개 영역으로 확대되었으며 명칭도 정비되었다. 둘째, 초등특수교사와 유아특수교사 양성교육과정은 비교적 안정된 체제를 구축하였다. 셋째, 단일 전공으로 특수교육 현장의 다양한 요구를 충족하기 어려운 점을 감안할 때 학부의 복수전공과 대학원과정의 교육과정을 통해 전문성 향상에 도움을 줄 수 있는 체제를 갖추었다.

한편, 특수교육 교원양성과정에서 현장의 다양한 요구를 감안하더라도 일반교육 체제를 단순히 모방하여 접근하는 교육과정의 개선 노력으로는 한계가 있다. 다음은 부정적인 측면과 아쉬운 점들이다.

첫째, 초기의 대학들 간에 졸업학점, 교양과목, 일반교직과목, 교과교육 과목, 전공필수 등 분야별 이수학점은 학교 상황에 따라 큰 편차를 나타냈다. 특히 교육대학원 이수학점, 이수과목의 명칭과 종류, 이수방법이 비교가 불가능할 정도로 다양하게 운영되었다는 점은 국가 차원에서 특수교사의 질 관리가 적절히 이루어지지 않았다는 점을 극적으로 보여 준다(정정진, 2003). 둘째, 2000년 이후 우후죽순처럼 특수교육과가 설치되는 과정에서 비인기 학과, 취업률이 낮은 학과, 인기가 낮은 후발대학 등에서 생존을 위해 학과를 설치하거나 전과를 함으로써 시설·설비는 물론 교수들의 자질이 문제가 되었다. 이 과정에서 유사학과의 교수들이 특수교육과에 편입되어 교사를 양성하게 된 것은 교사의 질 관리에 위험 요인이 되었다. 셋째, 사범대학이 없는 대학의 특수교육과는 교육과정 운영에 상당한 제약이 있고, 많은 과목을 강사에 의존하고 있는 한계를 안고 있다. 넷째, 특수교사를 양성하는 일부 부실 대학의 경우 교수들에 대한 처우가 열악하거나 교육과 연구, 봉사보다는 입학생의 확보를 위한 홍보업무를 지나치게 부여함으로써 교수들의 자존감에 상처를 주거나 전문성 개발 노력을 저해할 수 있다. 다섯째, 중등특수교사의 경우 과목별 전공(복수전공, 부전공, 표시과목)은 양성과정에서 공부한 교과와 현장에서 가르치는 내용이 전혀 일치하지 않는 경우가 많다. 특수교육은 중등과정이라고 하더라도 대상 학생의 인지 능력이 평균 이상이 되면 통합교육을 받게 되고, 수어통역이나 노트 대필 서비스가 제공되므로 특수학급에 오는 학생들은 대부분 기초교과(3R)와 생활 및 행동 영역의 특별지도를 받게 된다. 따라서 중등 특수교육 전공과 현장수요 간의 부적합 현상이 지속되고 있다. 여섯째, 초·중등특수교사는 모두 학습 선수기능에 대한 전문성 확보가 어려운 상황이다. 일곱째, 정서행동장애 학생의 교육의 경우 외현화장애 및 행동문제를 지닌 경우를 대비하고 긍정적 행동지원, 행동수정 등의 교육을 받지만 내재화장애(우울, 불안, 위축, 정신과적 장애 등)에 대한 교육 관련 전문성은 갖추기 힘든 상황이다.

양성대학별 교육과정 운영은 어느 정도 통일성을 기하게 되었지만 교육내용의 질적 수준을 담보할 수 있는가에 대해 의문이 제기되고 있다. 특히 이러한 변수들은 양성되는 교원의 자질에 직접적인 영향을 미쳤고, 그 결과는 학생들의 교육 성과로 이어질 것이다.

2) 새로운 시대적 환경과 요구

장애에 대한 관점의 변화는 특수교육의 개념화, 조직화, 효과적 실제, 장애학생에 대한 서비스 제공방법과 특수교사 양성 프로그램을 어떻게 구조화할 것인지에도 변화를 가져오게 된다(Kauffman, Hallahan, & Pullen, 2017).

특수교사 교육은 농맹의 감각장애, 지적장애 및 지체장애 등 중증장애 학생을 주요 교육 대상으로 하여 장애 영역별로 양성하던 단계에서 경계가 명확하지 못한 경도장애 학생을 대상으로 하는 통합자격의 교사양성 시대로 진입하였다. 특수교사 양성체제의 변화에 대한 논의과정에서 특수교사 준비의 방향성, 통합자격 특수교사 양성 시대, 특수교육 현장의 환경적 변화 및 외국의 특수교사 양성 모델을 살펴보고자 한다.

(1) 특수교사 준비의 방향성

초기의 장애 범주별 교사양성체제는 오늘날 비범주적 접근으로 변화되었다. 먼저, 1970년대 후반에 장애학생들에게 질 높은 교육 서비스를 제공하기 위해 「특수교육진흥법」(1977)이 제정되었고, 이 법이 통합교육을 규정(1994)하기 전까지 특수교육 현장과 교사양성의 중요한 흐름은 분리교육을 지향해 왔다. 이러한 환경은 교사양성 초기부터 장애 범주에 초점을 맞추게 하는 계기가 되었다.

미국을 중심으로 1980년대 초에 이르러 비범주적 접근이 시작되었다. 이 접근의 지지자들은 장애학생의 학습과 행동 요구 수준을 장애 정도의 연속선상에서 보고자 했고, 장애 범주나 효과적인 계획, 교수, 행동관리와의 관련성에 의문을 제기했다(Brownell, Sindelar, & Kiely, 2010). 이러한 맥락에서 다수의 특수교육 대상 학생이 일반학급에 입급함으로써 특수교사의 역할로서 통합교육을 위한 일반 교사와의 협력이 교사양성의 주요 관심사가 되었다.

오늘날 특수교사 양성은 과도기를 맞고 있다. IDEA 2004는 장애학생의 일반교육 접근을 규정하고 있다. 「낙오아동방지법(No Child Left Behind of Act: NCLB)」(2001)은 학교가 일반교육과정에 맞추어 사정할 때 이 학생의 수행성에 대한 책임이 있다고 규정했다. 따라서 특수교사는 장애 관련 문제가 학습을 어떻게 방해하는지를 이해하고, 연구개발 전략을 중재에 어떻게 이용할 것인지와 더불어 가르칠 핵심 내용영역에 고도의 자격을 갖추어야 한다.

「장애인 등에 대한 특수교육법」(2007)이 제정되면서 국내 특수교육은 글로벌화에 한 걸음 더 접근하게 되었고, 특수교육 현장의 모습도 많은 변화가 일어났다. 새로운 환경에 따른 새로운 유형의 특수교사가 요구되었지만 세계 각국의 특수교사 준비에 관한 담론은 장애학생을 위한 교과 영역의 교수 지식과 기술에 초점을 맞추지 못하고 전통적으로 강조해 온 효과적인 특수교육의 실제(효과적인 중재 지식, 사정, 협력 등)에 초점을 맞추고 있다. 현재 일반교육과정으로의 접근을 강조하고 있는 가운데(Blanton & Pugach, 2017; Kausstatter & Takala, 2008; Laukkanen, 2014), 국내 상황에 적합한 질 높은 특수교사의 양성 방법과 절차는 중요한 담론 주제가 되고 있다.

(2) 통합자격 특수교사 양성 시대

특수교사 양성교육과정의 방향 전환은 교사의 전문성과 질의 특성을 바라보는 시각의 변화에서 시작되었으며, 이러한 시각은 교사, 교수, 학습 및 장애에 관한 신념과 가정, 교육정책으로부터 나오는 정치적 압력, 교육 서비스의 제공, 장애학생의 요구에 대한 일반교육의 반응 능력 및 장애 특성, 특수교육 서비스 전달과 교수의 효과성에 관한 연구 등에 영향을 받아 형성되어 왔다(Kauffman et al., 2017). 초기 장애의 개념은 의료와 심리학에 기반을 두었으며 이는 연구를 위한 토대로 작용했다. 미국은 1960년대부터 1970년대까지 관련법의 입법 등 장애학생의 학습권을 보장하려는 노력과 더불어 장애 범주가 세분화되었다. 「전장애아동교육법(Education for All Handicapped Children Act: EAHCA)」으로 인하여 다수의 장애학생이 공립학교에 취학하였으나 그들의 다양한 요구를 충족시킬 준비가 잘 되어 있지 않았다(Goe, Bell & Little, 2008).

한편, 이 시기에 국내에서는 특수학교 중심의 특수교육이 주를 이루었고, 특수학교가 56개교(1980)였으며 장애영역별로 학생을 입학시켰다. 특수학급이 1971년에 처음으로 설치된 후 장애학생들이 서서히 일반학교로 진입하게 되었고, 「특수교육진흥법」(1977)의 제정으로 장애학생의 교육권 보장이 강화되고, 장애 범주가 증가되었으며, 특수학급의 설치도 탄력을 받게 되어 1980년에는 355개 학급으로 늘어났다(교육부, 2018a).

이 시기의 세계 특수교육은 장애를 기질적 장애로 개념화하고 범주적 관점을 강화시켰다(Kauffman et al., 2017). 이런 견해는 장애에 내재된 과정 결함을 어떻게 치료할 수 있을지를 연구했다. 학생의 결함에 작용하는 과정을 확인하면 결함에 초점을 맞추고 특별히 설계된 중재로 치료할 수 있을 것이라고 가정했다(Brownell et al., 2010). 범주적 접근 시기의 효과적인 특수교사는 사정과 중재를 포함한 장애학생의 특성에 대한 지식을 지니고 있는 것으로 가정되었다(Kauffman, Nelson, Simpson, & Ward, 2017). 교사는 처리과정 결함을 진단하고, 처방했으며, 이를 실행하고 처치 과정을 사정했다. 교사자격은 주로 장애영역별로 발급되었다. 진단적 관점에서 내재된 결함을 치료하면 문제가 해결될 것이란 가정의 타당성을 확보하기 위한 연구들은 그 입증에 실패했다(Arter & Jenkins, 1979). 이로써 효과적 교수와 학급관리에 대한 연구는 현장에 초점을 맞추게 되었고, 행동주의자와 교육심리학자가 연합하여 과정-산출 구조 내에서 연구하기 시작했다.

범주적 접근 시대를 넘어 비범주적 접근 시대 동안에 행동주의와 과정-산출을 중심으로 한 전통의 학자들은 점차 교사를 위한 효과적인 교수 레퍼토리를 정교하게 산출했다(Kauffman et al., 2017). 이런 실제는 장애 분류를 확고히 하는 것 같았으나, Hobbs(1975)와 그 밖의 전문가들은 장애 명칭만을 기준으로 아동을 분리시키는 것은 부적절하다는 주장을 하였다. 효과적인 교수의 신개념이 일반교육 연구에서 나타났고, 교사교육은 능력기반 중심의 양성체제로 성장했다. 아울러 비범주적 경향을 촉진시키고 특수교사 양성 프로그램에서도 그것을 강조하였다(정대영, 한경임, 2008; Reynolds, 1989). 특히 명백한 단일장애를 강조하는 것은 어리석다는 비판을 받는다(Connor, 1976). 중재와 교수에 대한 연구는 아동 행동의 측정에 대한 교수와 관리 접근법에 대한 효과의 사정을 강조했다. 장애의 분류와 읽기 손상 정도에 관계없이 모든 학생을 위해 설계된 자료를 개발했으며, 직접교수(DI), DISTAR, 교정적 읽기 등이 대표적이었다(정대영, 2016).

이 시기는 교사가 학습할 수 있는 능력을 찾고 능력을 기반으로 하는 교사교육이 표준적 실제가 되었다(Mastropieri & Scruggs, 2018). 그 결과, 교사양성 교육과정도 능력 확인, 실습과 숙련 기회 제공, 피드백과 차별적 강화 제공을 포함하고 있었다. 종종 교수와 관리 기술이 별도로 학습되고 현장에서 더욱 복잡한 형태로 조합되었다.

현재는 통합시대 또는 포용적 시대에 들어섰다. 미국의 학교들은 Will(1986)이 주장한 **일반교육 주도**(Regular Education Initiative: REI) 정책에 따라 일반학급에 장애학생을 점점 더 많이 배치하게 되었다. 그 후 수년간 장애학생들이 일반교육 환경에 성공적으로 수용되는 정도, 일반교사와 특수교사의 역할과 책무성에 관한 관심은 교사교육의 혁신으로 이어졌다(정대영, 2003, 2005). 한 가지 혁신안은 일반교사와 특수교사를 함께 양성하자는 의견이었다(Pugach, 1987). 통합양성 지지자들은, 첫째, 통합의 주요 근거로 일반교육과 특수교육 분야에서 모두 '**효과적인 교사란 협력할 의지가 있어야 하고 기꺼이 협력해야 한다.**'는 가정을 지적하였다. 둘째, 혁신 동력은 실증주의에 대한 불만이 커져 갔고, 그것을 훌륭한 교수(instruction)에 대한 지나치게 단순화하고 기계론적인 표상으로 여기게 되었다.

통합교육에 대한 주장은 점점 더 탄력을 받게 되었다. Dunn은 분리학급 배치는 지적장애 학생의 학습 성과를 개선하지 못했다고 가정하고, 장애 명칭과 특수학급을 폐지할 것을 지지했다. 한편, 학습장애의 경우 특수학급 배치가 일반학급 배치보다 더 효과적이었다고(Carberg & Kavale, 1980)했으나 특수교육 분리 배치의 효과성에 대한 결정적 증거가 부족하여 논쟁의 이슈는 실험적 문제에서 윤리적 · 도덕적 문제로 전환되었다.

완전통합 지지자들은 요구 기반의 서비스 연속성에 따라 모든 학생의 학교생활 대부분을 일반교육에 배치할 것을 주장했다(Lipsky & Gartner, 1997). 그러나 한편으로는 신중론이 제기되었다. Fuchs와 Fuchs(1994), Kavale과 Forness(2000)는 많은 장애학생이 일반학급에서 성공적으로 교육받을 수 없다는 이유로 일반교사들이 동기화되어 있지 않고 준비가 안 되어 있음을 지적하며 통합교육 시대에 일반교사의 자질이 중요함을 지적하였다. 국내 역시 통합교육이 「특수교육진흥법」에 규정됨으로써 통합교육정책이 활성화되었고 일반교사와 특수교사가 자신들의 역할 변화에 대한 기대에 적응할 때가 되었다. 장애학생의 71%(교육부, 2018a)가 특수학급과 일반학급에 배치된 현실은 일반교사들에게 특수교육에 대한 상당한 책무성이 부과되고 있음을 의미한다.

교사의 질에 대한 가정 측면에서 통합교육 운동은 일반교사와 특수교사가 학교에서의 새로운 역할에 적응할 수 있도록 양성체제를 개편할 것을 요구했다. 일반교사와 특수교사가 다르게 양성되어야 한다는 신념이 팽배했고, 지지 증거들이 제시되었다. 일반교사는 학습의 개인차에 거의 관심을 기울이지 않고 교수적 조정을 꺼리며, 장애학생의 성취를 개선시킬 수 없었으며(Baker & Zigmond, 1990), 특수교사는 소외감을 느끼고 효과적인 상담이나 협력을 위한 선수기술을 갖지 못했다. 통합적 맥락에서 효과적인 일반교사는 교육과정과 교수방법에 관한 지식이 있고, 학급에 포함된 모든 학생을 지도하기 위한 동기화, 차별화 교수, 협력을 위해서 적극 노력해야 한다.

특수교사의 질에 대한 가정은 통합 자체가 지닌 이념에 근거를 두고 있으나 효과적 교수란 구성주의 이념에 영향을 받았다. 따라서 효과적인 특수교사란 장애의 사정, 학업 및 행동중재 지식을 가지고 협력과정에 참여하는 이를 의미한다. 일반교사처럼 사고자, 의사결정자 역할을 하고 문제를 해결하려고 관련 정보를 수집하여 아이디어를 점검할 것을 요구하였다. 아울러 일반교사와 특수교사의 상호 보완적 역할은 두 유형의 교사를 함께 양성하려는 운동에 추동력을 제공했다. 통합교사 양성 제안에 대해 일반교사와 특수교사를 같은 프로그램에서 함께 양성하는 방안, 특수교육에서 일반교사와 특수교사 자격을 동시에 받는 방안, 모든 교사가 이중 자격을 갖는 방안까지 다양하게 제시되었다(Mastropieri & Scruggs, 2018).

(3) 특수교육 현장의 환경적 변화

학교현장의 요구가 다양해지고 있다. 최근 장애학생의 일반교육 환경 배치는 점점 늘어나 2018년 기준 특수학급에 53.8%(48,848명), 일반학급에 17.2%(15,595명)가 배치되어 있다. 통합된 시각장애 학생을 위한 대필 서비스는 도우미의 수업 참여와 핵심 정리를 통해 단순한 대필 차원을 넘어 학습지원을 하게 되었고, 통합된 청각장애 학생을 위한 수어통역 서비스는 이제 특수교육과 일반교육의 이중체제의 벽을 허물고 있다. 이러한 상황에서 일반교육과 특수교육의 사각지대에 빠진 학교 밖 청소년의 수는 심각한 상황에 이르렀고, OECD 국가 중 청소년 자살률 1위(보건복지부, 2018)를 차지할 정도로 학교현장의 요구는 특수교육의 역할과 책무의 확대를 요구하고 있다.

글로벌 특수교육은 통합교육 환경에 적합한 **중재반응법**(RTI/RTI^2; 정대영, 2010)이나 **긍정적 행동지원**(PBS, SBPBS; 정대영, 2009)을 적용하기 위한 노력이 적극적으로 이루어지고 있다. 특히 대표적인 나라는 핀란드와 호주를 들 수 있다. 호주는 1990년대에 통합교육을 지향하고 특수학교 취학을 최소화하고, 일반학교 병설 통합유치원에서 시작하여 초등학교 저학년 특수학급을 거쳐 초등학교 고학년이 되면 일반학급으로 이동하는 단계적 완전통합정책을 실시하였다.

중재반응법 운동은 일반교사와 특수교사의 교수적 역할을 명확히 할 수 있는 잠재력을 지니고 있다([그림 7-1] 참조). 통합교육의 시대에 일반교사와 특수교사가 교수-학습 상황의 상호 협력하는 과정에서 각자의 역할과 기능에 부분적인 경계가 모호하고 차별화되지 않고 있다. 이와 반대로 중재반응법은 일반교사와 특수교사의 역할을 명확히 하고 각자의 역할을 위해 보다 철저한 준비가 요구된다.

중재반응법은 일반적으로 3차원(tiers)으로 구성되는 데 1차원적 접근에서는 일반교사가 일반교육과정의 지도와 더불어 학생의 진전도를 점검하고, 필요에 따라 교수적 수정과 조정을 하며, 학생의 수행에 대한 교수적 수정의 영향을 사정할 책무성을 지게 된다. 차원 1에서는 읽기의 주요 요소(음소인식, 어휘지식, 유창성, 이해)에 초점을 맞춘 연구기반 교수를 활용한 차별화 교수 등이 이루어진다. 2차원적 교수 접근에서는 읽기에 결함을 지니거나 어려움이 있어 1차원 지도에서 실패한 학생들을

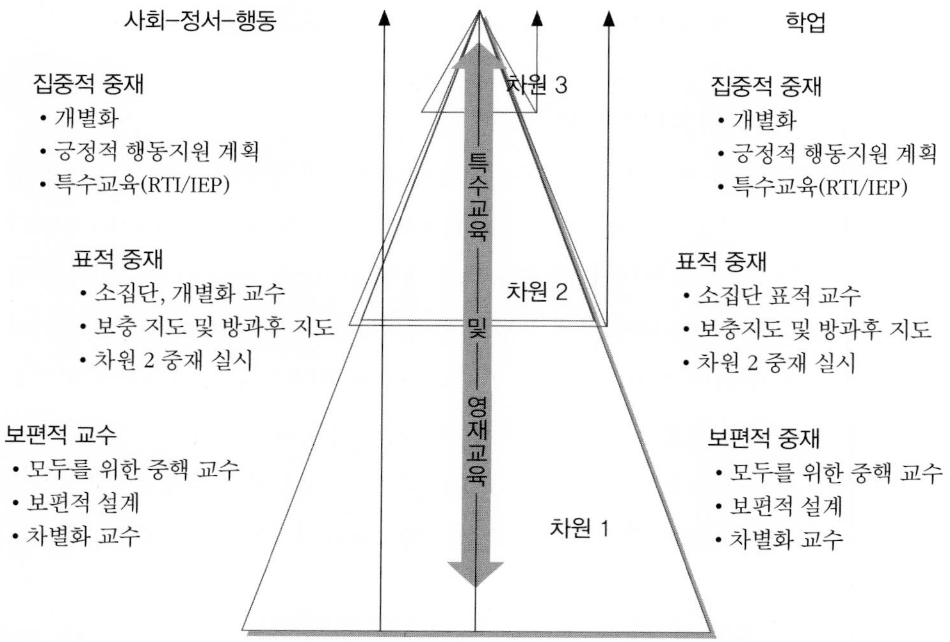

[그림 7-1] 중재반응 모델

대상으로 다학문적 팀이 함께 지도하기 시작한다. 1차원 교수는 내용영역의 주요 아이디어와 개념의 학습, 그들의 관계를 학습하도록 도와줄 잘 구조화된 일반교육이 중심이 된다. 아울러 읽기와 내용 영역 교재의 이해를 위해 인지적 전략이 동원된다. 학생이 1차원 학습에 실패하면 특정 영역의 기능 개선을 목표로 소집단 교수나 방과 후 교수 등을 실시한다. 중재반응법의 적용은 학생들의 학업 실패가 교사의 부적절한 지도 때문이 아니라는 것을 입증하는 과정이다. 2차원적 접근에서 적절히 수행하지 못하는 학생들은 특수교육 대상자 선정절차에 의뢰되고 특수교육 대상자로 선정된 학생들은 3차원적 접근에서 더욱 집중적이고 명시적이며 지속적인 사정을 포함한 강도 높은 교수를 받게 된다.

(4) 외국의 특수교사 양성 모델

외국의 특수교사 양성체제를 간략히 살펴보면 각 나라마다 교육사적 전통과 특수교육의 개념, 특수교사의 자질과 역할, 국력에 따라 다소 차이가 있다. 그러나 각국은 가장 효과적인 양질의 교사를 어떻게 양성할 것인가를 고민하고 있고, 현장의 요구와 수요에 가장 효율적으로 대처할 방법을 모색한다는 공통점을 지니고 있다.

일본의 경우는 모든 특수교사는 일반교사 자격증을 기본으로 한다. 이 모델은 일반교육과 특수교육을 위해 가장 바람직하다. 이러한 양성체제는 분리특수교육과 통합특수교육, 특수교육 서비스의 연속성 체제에 유연하게 대처할 수 있다.

호주는 사범대학 과정의 3년간 일반교사 후보자와 특수교사 후보자가 공통으로 교육과정을 이수하고, 4학년 때부터 전공분야가 서로 갈라지게 된다. 예비 특수교사는 4학년 때 특수교육 전공교과를 이수하게 된다. 최근 호주는 일반교육과 특수교육의 복수자격을 갖춘 교사와 특수교사 자격만 갖춘 특수교사를 양성하고 있다(Australian Government, Department of Employment, 2017).

핀란드는 특수교사 양성에 있어 학부 5년제(300 ECTS)로 하거나 일반교육 전공자가 부전공(60ECTS)과정을 이수하도록 한다(Laukkanen, 2018; Strom & Gullmets, 2018). 핀란드의 학교현장은 분리특수교육(특수학급 중심)과 비분리특수교육(통합학급)의 형태를 취하고, 교사는 특수학급을 지도하는 특수교사와 통합교육 환경에서 특수아동을 지도하는 파트타임 특수교사를 두고 있다.

미국은 주마다 다소 차이가 있지만 캘리포니아주의 경우 사범대학 4년 전공 과정에서 또는 사범대학이나 일반대학 관련학과 졸업 후 교육대학원 2년과정에서 교사로 양성한다. 교육대학원생들의 경우 대부분 학교현장에서 파트타임 교사로 근무하면서 교사양성과정을 밟는 경우가 많다. 교수들은 파트타임 교사를 하는 대학원생들을 대상으로 해당 학교의 교장과 함께 현장지도를 한다. 이는 학교에서 이론을 배우며 현장에서 양성교육과 인턴 과정을 동시에 하는 장점이 있다.

특수교사의 핵심역량은 각 나라마다 조금씩 다르지만 공통점은 학습문제, 행동문제, 협력을 들 수 있다. 특수교사의 역량을 보면 미국은 학급구조와 행동관리, 학습에 어려움이 있는 학생을 위한 대안적 교육, 언어와 의사소통, 아동과 가족을 위한 활동(Spana et al., 2006)이 강조되고 있고, 핀란드는 읽기, 쓰기 및 수학 학습 어려움, 사회, 정서 및 행동 문제, 의사소통 관련 문제, 전문적 협력과 개별화교육계획, 지도실습, 노르웨이는 연구방법, 교육과정, 학습문제, 사회 · 정서 · 행동문제, 부모와의 협력(Hausstatter & Takala, 2008)이 강조되고 있다.

5. 특수교사 양성을 위한 발전과제

1) 바람직한 특수교사의 질과 효과성의 개념

교육 구성원들은 교사가 학생의 성취 면에서 학교의 어떤 요인보다 더 중요하다는 데 모두 동의하고 있다. 특수교사는 특정의 학습 및 정서적 요구를 지닌 개인 및 소집단 학생에게 교육기술과 교수전략을 적용하기 위해 특별히 잘 준비해야 한다(Zigmond & Kloo, 2017). 분리특수교육 중심의 시대를 넘어 일반교육과의 협력이 강조되는 통합교육의 시대에 와 있으며, 사회는 특수교사에게 고도의 유자격 특별 전문가이기를 기대한다(Cook & Schirmer, 2003).

특수교육은 전통적으로 일반교육에 반응하지 않는 학생들의 특별한 요구를 강조하며 뭔가 특별하고 보충적인 의미 있는 서비스를 제공하고자 노력한다. 그러나 특수교육은 그러한 약속을 만족스럽게 충족시켜 주고 있는가를 자문하지 않을 수 없다. 학교 지도자나 부모는 정상화의 개념과 포용의 개념을 받아들이면서 모든 학생의 공평한 교육기회 보장에 중점을 두게 되었으나 특수교육은 불공평한 기회, 특별한 기회, 보다 적절한 기회, 맞춤식 기회, 개별화 기회에 초점을 맞추었다. 특수교육은 특별한 것이고 달라야 한다는 점을 항상 고민해야 한다. 일부 장애학생이 다르게 취급받고 있는 점을 기억하고, 기회를 더 많이 주어야 하고, 집중교수가 필요하며, 개별화된 맞춤식 교육과정과 교수가 제공되고, 세심하게 설계된 교수가 제공되어야 한다.

우리는 양질의 효과성 높은 특수교사를 어떻게 양성할 것인가를 고민해 왔다. 그렇다면 양질의 효과적인 특수교사란 무엇인가? 특수교사의 질과 효과성을 어떻게 개념화할 것인가? 첫째, 전통적으로 특수교사의 질은 효과적인 실제를 실시하고 학생의 긍정적인 성과를 촉진시킬 수 있는 교사의 역량에 기여할 것으로 믿어지는 양적인 입력 요인, 즉 교사자격의 측면에서 정의되었다. 입력 요인에는 준비 경험, 전문성 개발시간, 지도 경험, 자격 상태가 포함된다. 둘째, 개념화 방법은 행동적인 것으로서 교사가 실제로 무엇을 행하고, 교사의 활동이 학생의 긍정적인 성과를 촉진시키는 데 효과적인 것으로 알려진 실제인가에 초점을 맞춘다(Brownwell, Steinbrecher et al., 2014). 효과적인 특수교사란 연구기반 실제를 이용하는 교사들이다. 셋째, 접근은 질 높은 교사가 달성할 것으로 기대되는 효과가 무엇인지를 고려하는 것이다. 종종 교사의 효과성이란 개념화는 바람직한 성과 달성에 효과적인 교사를 의미한다. 최근 이 개념은 '정상으로의 질주(Race to Top: RtP)' '모든 학생이 성공하는 법(Every Students Succeeds Act)' 등과 같은 미국 정책에서, 그리고 교사를 평가하기 위한 가치 부가 모델링(value added modelling)을 이용할 때 지배를 이루고 있다(McLaughlin, 2010). 그러나 교사의 질에 대한 이러한 개념은 어떤 특정 성과에 가치를 부여해야 할 것인가 하는 의문이 생긴다. 표준화검사에서 학생이 얻은 점수, 학생의 사회·정서 기술, 출석과 참여, 고용과 같은 장기 성과에 대한 교사의 기여인가? 특히 특수교육에서의 이러한 질문, 즉 학생의 개별화 학습 목표, 학생의 공정한 접근 보장, 일반교육과정 표준에 대한 공평한 접근과 성취 보장 등은 오랫동안 논쟁이 지속되고 있다. 특수교사의 효과성에 대한 질문 역시 논쟁이 되고 있는데, 학생의 출석, 담당업무, 교수시간과 같은 학습에 영향을 미치는 기타 요인에 대해 제한적인 영향을 미치기 때문이다.

2) 특수교육 정체성과 특수교사의 역할 대안

(1) 특수교육, 특수교육 대상자의 개념 확대

「특수교육법」(2007)에 의하면 유치원부터 고등학교까지 의무교육을 하게 되고, 0~2세, 고등학교 이후의 전공과 과정은 무상교육을 하도록 되어 있다. 최근 평생교육의 추가로 사실상 요람에서 무덤까지 교육기간이 늘어났다. 교실의 학생은 더욱 다양화되고 있다. 학습자의 차이는 능력, 성, 언어, 인종, 계층, 문화 등 복잡한 정체성과 다양한 범주를 출발점으로 하고 있다. 나아가 교육 수요자들의 요구 또한 다양화되어 장애를 넘어 학습곤란, 학습부진(학습부진 특별지원), 경계선 지적기능(경계선 지능 아동지원법), 난독증(학습장애; 난독증 지원 조례), 사회 부적응 등의 다양한 범주의 학습자들이 있고, 중도에 탈락하여 학교 밖 청소년으로 불리는 다수의 학생이 있다. 이들의 어려움을 다양한 요구로 받아들이고 특별요구 학생, 지원이 필요한 학생, 도전거리가 있는 학생(또는 학습 도전자/학교 도전자, challenger) 등으로 개념화할 필요가 있다. 지금까지 특수교육은 장애학생 교육으로 편협하게 개념화해 왔다. 특수(特

殊)란 '특별히 다름'의 의미를 가지고 특수교육이란 학생의 요구에 따라 제공되는 특별히 다른 교육을 의미하며 장애나 장애학생에 국한되는 말이 아니다. 따라서 특수교육은 장애학생을 비롯해 다양한 학습 요구를 지니고 일반교육 환경에서 어려움을 극복하지 못하는 학생들의 지원교육, 즉 특별지원교육으로 개념적 폭을 넓혀야 할 때이다.

(2) 특수교사의 지도 역량 규정

특수교사가 기본적으로 갖추어야 할 자질로는 장애의 특성 이해, 진단평가와 사정, 교과교육, 정서 · 행동지도, 전문적 협력, 특수교육 상담을 들 수 있으며(Australian Government, Department of Employment, 2017; Brownell, Sindelar, Kiely, & Danielson, 2010; CEC, 2017; Laukkanen, 2018; Strom & Hannus-Gullmets, 2015), 구체적인 내용은 다음과 같다.

첫째, 장애의 특성을 이해하고 다양한 형식적 및 비형식적 심리검사와 성취검사를 통해 특수교육 대상자를 선정할 수 있고, 요구를 정확히 파악할 수 있는 능력이 요구된다.

둘째, 특수교사의 교과교육 지도 능력은 **학습 선수기능**(기억, 인지, 주의집중, 실행기능, 학습기술), **기초학습 기능**(읽기, 쓰기, 말하기와 듣기, 언어), 주요 **교과학습 기능**(국어, 수학, 사회, 과학)에 초점을 맞출 필요가 있다. 특수교육도 이제는 교육 성과를 내고 그에 대한 평가를 받을 필요가 있다. 지금껏 특수교육이 소수의 특수교육으로 남을 수밖에 없는 요인은 중증장애 중심의 접근과 경증장애 학생에 대한 교육적 성과의 미흡이 큰 변수가 될 수 있다. 특수교육과 특수아동이란 이름이 낙인이 되어 부정적인 효과를 가져온 과정에는 학습이나 행동 문제를 해결해서 빠른 기간 내에 일반학급으로 복귀시키지 못한 특수교육의 책임을 언급하지 않을 수 없다.

셋째, 사회 · 정서 · 행동 문제에 대한 지도 역량을 갖추어야 한다. 학습문제뿐만 아니라 사회 · 정서 · 행동 문제로 어려움을 겪는 다양한 학습자를 지도할 수 있는 행동수정과 긍정적 행동지원에 대한 능력을 갖출 필요가 있다.

넷째, 예체능 교과의 특수화 또는 응용기능 강화와 이에 따른 활용 능력에 대한 전문성이 필요하다. 특수교육에서 체육, 음악, 미술은 일반교육의 그것과 달라야 한다. 예체능 교과를 통해 언어지도, 사회성 지도, 정서 · 행동지도 등을 할 수 있도록 교과의 내용과 지도방법을 전격 탈바꿈시키는 것이 바람직하다. 즐거운 음악시간에 음계와 장단, 정확한 음정 못지않게 발성, 발화, 언어 유창성, 정서적 불안이나 우울감 등의 개선도 중요하다.

다섯째, 일반교사와의 협력 및 협력교수 능력의 배양이 필요하다. 교육현장은 UNESCO가 제시한 포용적 교육환경으로 전환되고 있고 그 비율은 지속적으로 높아질 것이다. 중재반응법과 학교단위 긍정적 행동지원은 일반교사와 특수교사의 역할을 명확히 하기 시작했는데, 새로운 교육환경에서 전문성을 공유하며 협력적 접근을 강화할 필요가 있다. 일반교사는 학생들의 학습과 정서・행동문제가 교사의 지도가 잘못된 것 때문이 아니라는 것을 입증할 책무가 있다. 특수교사는 더욱 집중적이고 강력한 전략과 교수방법, 교수시간을 늘려 교육 성과를 도출해야 한다. 시작 단계보다 진전시켜야 하고 학습 도전자들이 여러 가지 장벽을 넘도록 도와주어야 한다. 나아가 그들이 자신의 강점에 근거한 지역사회 생활을 극대화할 수 있고 성공적인 삶을 살 수 있도록 도와주어야 한다.

여섯째, 일반교사를 대상으로 특수교육 상담지원을 할 수 있어야 한다. 학습 및 행동 도전자들이 가진 특성과 발달, 중재방법에 대한 깊은 지식과 정보를 갖추고 일반교사들의 궁금증을 해결하고 문제를 해결하는 과정에서 상담자와 지원자의 역할을 할 수 있어야 한다.

일곱째, 과학적 연구 기반의 교수와 연구 역량을 갖출 필요가 있다. 최근 학교 밖 교육 전문가들이 학교 안 교육 전문가들의 전문성을 위협하는 시대에 살고 있다. 오늘날 대학은 최고의 상아탑으로서의 역할을 하는 데 한계가 있다. 교사들이 학교에서 이론적 근거를 가지고 학생들을 대상으로 다양한 연구와 실험을 통해 산출한 지식과 정보야말로 살아 있는 지식이고 교육력이다.

(3) 국내 특수교사 양성대안

우리가 양성해야 할 특수교사의 역량은 어떻게 규정해야 할 것인가? 지금까지 살펴본 국내 특수교사 양성의 역사적 측면, 시대의 변화 요인 및 외국의 선진 양성체제를 고려하여 다음과 같은 특수교사 양성대안을 제안한다.

첫째, 장애영역 통합자격제도의 기조를 유지한다. 이제 특수교육 현장은 통합의 시대를 넘어 포용의 시대로 나아가야 한다. 이에 걸맞는 교사제도는 장애영역 비분리의 통합자격이 적합하다. 하지만 장애 정도에 따라 교육적 요구가 크게 다르므로 경도장애와 중증장애로 나누어 교사를 양성하는 방안(김자경, 2018)도 고려해 볼 필요가 있다.

둘째, 특수교사 양성 수업연한은 현재처럼 4년으로 하되, 임용 후 대학과 현장의 협력체제 속에서 1년간의 현장 심화교육과정을 추가하는 것이 바람직하다. 즉, '4+(임용)+1(현장교육)'의 양성체제가 바람직하다고 본다. 대학원체제의 교사 준비과정 면에서는 핀란드의 모형을, 현장교육 강화는 미국의 대학원 교사양성체제에서 벤치마킹을 하는 것이 도움이 될 것으로 본다. 현행 130학점으로는 효과적인 질 높은 특수교사를 양성하길 기대하기 어렵다. 그렇다고 무작정 수업연한을 연장하는 것은 예비교사에게 준비에 대한 책임을 지나치게 위임하는 것으로 판단된다. 현재의 교육대학원은 수업연한을 2년 6개월에서 3년으로 연장하고 교육과정을 개선할 필요가 있다.

셋째, 특수교육과 학부 교육과정은 교양과목을 최소화하고 교과교육, 상담교육, 내재화장애 학생을 지도할 수 있는 교과의 이수가 요구된다.

넷째, 교육과정은 국가 표준화보다 교사교육에 대한 연구 기반에 근거하여 대학이 국가의 교사양성정책에 발맞추어 운영하는 것이 중요하다. 핀란드는 전국적으로 어느 정도 통일성을 지니고 있고, 노르웨이는 국가적 복수형을 지향하고 있다(Hausstatter & Takala, 2008). 한편, 국가가 요구하는 자격의 교사를 학보하기 위해 현재 무시험검정에서 자격고시로 전환하자는 의견(한경근, 2018)도 고려해 볼 필요가 있다.

다섯째, 특수교육 교원양성 교육과정은 다음과 같이 제안할 수 있다.

- 교양교과를 최소화(현재 29학점은 너무 많음)하는 것이 바람직하다. 교양은 정상적인 고등학교 과정을 이수하면 교사로서 갖추어야 할 기본적인 상식은 갖출 수 있다고 본다. 교사로서 갖추어야 할 전반적인 교양은 평생학습을 통해 쌓아가야 할 주요 과목이 되어야 한다.
- 교과교육 전문성을 기르기 위해 체제를 재편하여 현장수요 중심으로 전환할 필요가 있다. 현장 특수교사는 초·중등에 관계없이 기초학습 중심의 교과교육, 기능적 생활기능 교육과정 중심의 지도를 하고 있다. 따라서 학습 선수기

특수교육 교원 교육		
과정 Ⅰ	과정 Ⅱ	과정 Ⅲ
양성대학교육	교원 선발	양성기관+ 현장 교육
핵심역량	선별	연착륙 진입
• 특별요구학생의 요구 이해 • 학습지도 –선수학습(인지, 상위 인지, 주의, 사고) –기초학습(3R) –교과학습(교과 기초) • 정서행동지원(PBS) • 관계: 협력과 상담능력	• 가치, 태도, 품성의 검증	• 창의적 적용력과 응용력
가치, 태도, 품성 훈련		

→

유능하고 효과적인 특수교사

- 성과를 도출하는 책임 있는 태도
- 진단평가, 학업, 정서 · 행동지원 역량
- 적극적이고 능동적인 지원자(사고자, 의사결정자, 문제해결자)
- 학문 간 협력 및 상담 역량

[그림 7-2] 특수교사 양성 모델

능과 기초학습 기능, 주요 교과교육의 프로그램 개발과 지도전략 적용 능력을 배양하는 데 초점을 맞추는 것이 바람직하다.

- 그 외 과목으로 사회 · 정서 · 행동 문제 관리 능력(긍정적 행동지원 등), 일반교육과 특수교육의 협력 역량(협력교수, 협동학습, 지원학습, 상담지원)을 강화할 필요가 있다.

특수교사로서 갖추어야 할 품성과 기본적인 자질로는 조직력, 창의성, 높은 직관력, 침착한 성품, 세심함, 적응력, 유머감각, 아동에 대한 진정한 사랑을 들 수 있다(https://online.sju.edu). 지금까지 고찰한 특수교사의 역사적 측면, 외국의 사례, 이론과 실제를 감안할 때, 특수교사 양성 모델은 [그림 7-2]와 같이 정리할 수 있다.

6. 결론

특수교사 양성의 역사는 70여 년이 지속되는 동안 급속한 사회 환경과 요구의 변화에 따라 반응하기에 급급했다. 특수교사 양성정책은 때로는 정권에 의해 잠시 퇴행되기도 하였지만 전반적으로 진화와 발전의 과정을 거듭하였다. 특수교사 양성정책과 관련한 연구들은 꾸준히 이루어져 왔고, 시대별 특성과 요구에 따라 우수한 교사를 양성하기 위한 다양한 제안이 이루어졌다. 그러나 특수교사의 질과 효과성에 미치는 영향 요인은 공급과 수요의 균형(공급, 수요, 유지), 전문적 지식과 기술(초기 준비, 유연한 진입, 지속적인 전문성 유지 개발), 서비스의 조건(활동 맥락과 과제)이라고 할 수 있다.

이 장에서는 특수교사 양성 현황, 특수교육정책의 진화와 발전(양성 기간과 기관 변화, 특수교사 자격제도, 특수교사 양성교육과정), 특수교사 양성과정의 명암, 특수교사 양성과제 등에 대해 고찰하였다.

특수교사 양성기간에 대한 선행연구의 제안들은 대부분 4+2나 전문대학원 체제를 희망하며, 정부에서도 장기적으로 이러한 맥락에서 검토가 되고 있는 것으로 판단된다. 각 제안별로 장단점이 있겠지만 이슈는 질 높은 효과적인 교사 양성과 그 비용 측면으로 압축될 수 있다. 예비 특수교사 양성과정의 비용부담을 누가 얼마나 분담하느냐도 중요한 문제이다. 현재 교사 양성이 국가 차원의 계획 양성이 아니기 때문에 교사가 되기 전까지는 당사자가 비용부담을 어느 정도 질 수밖에 없는 구조이다. 연구자는 이에 대해 '4+(임용)+1(현장교육)'의 양성체제를 제안하였다. 아울러 양성대학과 대학원 과정의 역할 분담이 이루지는 것이 바람직하다.

특수교사는 핵심역량 중심의 교육과정을 통해 전문가로 길러지는 것이 바람직하다. 특수교사가 특수교육의 양면성, 즉 보편성과 특수성에 대한 역량을 모두 갖추기를 바라는 것은 어려운 일이다. 따라서 특수교사는 특수성에 대한 전문성을 강화 및 심화시키고 일반교육과 함께 효율적으로 협력할 수 있는 길을 모색하는 것이 바람직하다. 그렇다면 특수성을 규정할 필요가 있고, 그 특수성은 현장의 요구와 일치되어야 할 것이다.

앞으로 양성하고자 하는 유능하고 효과적인 특수교사는 시대가 요구하는 가치와 태도를 갖춘 품성을 바탕으로 책임감 있게 성과를 도출할 수 있어야 하고, 이를 위해 진단평가, 학업, 정서 · 행동중재 등 핵심역량을 갖추고 일반교육과 협력하고 상담지원을 할 수 있어야 한다. 아울러 적극적이고 능동적인 지원자로서 사고자, 의사결정자, 문제해결자로서의 역할과 기능을 다해 주기를 희망한다. 그러나 좋은 교사를 양성하고 확보하는 것은 다면적이고 다차원적인 과정이고 그에 상응하는 노력이 종합적으로 뒷받침되어야 할 것이다. 정부의 정책, 양성기관의 노력, 현장에서의 지속적인 전문성 강화, 당사자의 꾸준한 노력이 조합되어야 이 시대가 원하는 유능하고 효과적인 교사를 확보할 수 있을 것이다.

참고문헌

교육부(2017). 2017 교원 양성기관 현황.

교육부(2018a). 특수교육통계.

교육부(2018b). 특수교육 연차보고서.

교육부(2008~2018). 교원자격 검정 실무편람.

김병찬(2000). 교사교육의 패러다임 변화. 한국교원교육학회 2000년도 학술대회 자료집.

김병하 (2007). 특수교육 교사 직전교육의 문제와 개선방향. 2007년 춘계학술대회.

김병하, 김승국, 김영환, 김원경, 이유훈, 정동영(1997). 특수학교 교사 양성체제 개선방안. 아산: 국립특수교육원.

김승국(1995). 특수교육 양성체제 및 교육과정 개선 방안. 특수교육교사 양성 교육과정 표준화를 위한 세미나 자료집, 13-40. 아산: 국립특수교육원.

김영욱, 김동연, 김삼섭(2001). 특수교육 교원 양성의 표준적 모형 연구. 특수교육학연구, 37, 101-130.

김원경(1989). 특수교육교원 인사행정의 개선. 특수교육논총, 3, 115-157. 한국특수교육학회.

김원경(2008). 특수교육 인사제도 경향분석과 전망. 특수교육학연구, 43(3), 21-47.

김원경, 박희찬, 이석무, 이유훈, 이해균, 정대영, 정봉도(1995). 연구 95 R-4 21세기를 향한 특수교육 장 · 단기 발전 방안 연구. 아산: 국립특수교육원.

김원경, 한현민(2009). 2007년 특수교육법상 배치기준에 따른 특수학교 교사배치의 적정성 연구. 특수교육학연구, 44(2), 23-45.

김자경(2018). 「한국 특수교육 교원교육의 역사적 성찰과 양성 모형 탐색」에 대한 토론. 한국교원교육학회 50주년 기념 제74차 연차 학술대회 자료집: 한국 교사교육 성찰과 미래 방향, 344-

348
김정권, 김병하(1988). 특수교육 교사양성 제도와 과정의 개선 연구. 특수교육연구, 15, 1-47.
김종운(2009). 특수학교 교원의 자격기준 및 양성체제 개선방안. 교육종합연구, 7(3), 29-50.
김호식, 금미숙, 김원경, 한현민(2007). 특수교육 교원양성 구조와 교육과정 요구 분석 연구. 국립특수교육원.
김호연(2010). 특수교육 교사 양성에 대한 제고. 특수교육 연구, 17(1), 51-77.
박유정, 김병건, 김민경(2015). 특수교사의 자질 및 전문성에 관한 국내외 연구 고찰. 특수교육재활과학연구, 54(1), 407~433.
유네스코 한국위원회(2018) www.unesco.or.kr/.
이석진, 김삼섭(2004). 한국 특수교육정책 변천과정의 분석을 위한 기초연구. 특수교육저널: 이론과 실천, 5(1), 27-49.
이주호(2005). 특수교육 담당 교원의 양성 · 인사제도 개선방안. 서울: 장애아이, We Can.
윤점룡, 김영욱, 원종례, 김주영(2003). 특수학교교사 자격 및 양성체제 개선 방안연구(정책연구과제 2003-9). 경기: 한국재활복지대학교.
장애인 등에 대한 특수교육법(2007).
정대영(2003). 통합교육을 지원하는 교육 구조와 실천 방향. 정서행동장애연구, 19(2), 139-165.
정대영(2005). 통합교육에서의 주요 쟁점과 실천 과제 고찰. 특수아동교육연구, 7(1), 21-45.
정대영(2006). 특수교육진흥법 개정 방향과 원칙 탐색. 특수아동교육연구, 8(1), 1-26.
정대영(2016). 특수아동교육: 0세부터 8세까지. 서울: 창지사.
정대영(2017). 특수교육학(제2판). 서울: 창지사.
정대영(2018). 한국 특수교육 교원교육의 역사적 성찰과 양성 모형 탐색. 한국 교원교육학회 제74차 연차학술대회 자료집. 한국 교사교육 성찰과 미래 방향, 307-343.
정대영, 한경임(2008). 예비교사를 위한 워크북: 교육 실습의 이론과 실제. 경기: 양서원.
정정진(2003). 특수교육 교사의 양성체제. 2003년도 춘계학술대회: 특수교육 교사 양성의 현재와 미래(pp. 53-79). 대구: 한국특수교육학회.
조인수, 여광응, 박화문, 이해균(2004). 한국의 특수교육교사 양성체제와 현황. 교육연구, 1(1), 19-27.
특수교육진흥법(1977, 1994, 1997).
한경근(2018). '장애'보다는 '전문성'이 돋보이는 특수교육 교원의 양성을 위한 현실적 관점— '한국 특수교육 교원교육의 역사적 성찰과 모형 탐색'에 대해 토론하며. 한국교원교육학회 50주년 기념 제74차 연차학술대회 자료집. 한국 교사교육 성찰과 미래방향, 344-348.
한국장애인재활협회(2018). www.freeget.net. 2018. 10. 15.

Arter, J. A., & Jenkins, J. R. (1979). Differential diagnosis-prescriptive teaching: A critical appraisal. *Review of Educational Research, 49*, 517-555.

Austrlian Government, Department of Employment, (2017). Working as a Teacher in Australia - Pathways to Aus. https://pathwaytoaus.com/blog/working-teacher-australia/

Basker, J. M., & Zigmond, N. (1990). Are regular education classes equipped to accommodate students withy learning disabilities? *Exceptional Children, 56*, 515-526.

Blanton L. P., & Pugach, M. C. (2017). A dynamic model for the next generation of research on teacher education for inclusion. In L. Florian & N. Pantić (eds), Teacher education for the changing demographics of schooling. *Inclusive Learning and Educational Equity, vol 2.* Springer, Cham.

Brownell, M. T., Sindelar, P. T., Kiely, M. T., & Danielson, L. C. (2010). Special education teacher quality and prepararion: Exposing foundatins, constructing a new model. *Exceptional Children, 76*, 357-377.

Brownwell, M. T., Steinbrecher, T., Kimerling, S., Park, Y. Bae, J., & Benedict, A. (2014). Dimeneions of teacher quality in general and special educatin. In P. T. Sindelar, E. D. McCray, M. T. Brownwell & B. Lignugris-Kraft (Eds.), *Handbook of research on special education teacher preparation* (pp. 423-444). NY: Rotledge.

Carlberg, C., & Kavale, K. (1980). The efficacy of special versus regular class placement for exceptional children: A meta-analysis. *Journal of Special Education,* 14, 295-309.

Conner, F. (1976). The past is prologue. *Exceptional Children, 42*(7), 366-378.

Cook, B. G., & Schirmer, B. R. (2003). What is special about special education? Overview and analysis. *The Journal of Special Education, 37*, 200-205.

Council for Exceptional Children: CEC. (2017). *Research and practice: Tips and tools for beginning special educators. 49*(4).

Fuchs, D., & Fuchs, L. (1994). Inclusive schools movement and the radicalization of special education reform. *Exceptional Children, 60*, 294-309.

Goe, L., Bell, C., & Little, O. (2008). Approaches to evaluating teacher effectiveness: A research synthesis. National Comprehensive Center for Teacher Quality, Washington, DC. 2019. 6. www.tqsource.org/publications/EvaluatingTeachEffectiveness.pdf

Haussratter, R. S., & Takala, M. (2008). The core special teacher education: A comparison of Finland and Norway. *European Journal of Special Needs Educatin, 23*(2), 121-134.

Ingvarson, L., Reid, K., Buckley, S., Kleinhenz, E., & Masters, G. N. (2014). *Best practice teacher education programs and Australia's own programs.* Australian Council for Education Research.

Kauffman, J. M., Hallahan, D. P., & Pullen, P. C. (2017). *Handbook of special education* (2nd ed.). New York: Routledge.

Kauffman, J. M., Nelson, C. M., Simpson, R. L., & Ward, D. M. (2017). In J. M. Kauffman, D. P. Hallahan, & P. C. Pullen. *Handbook of special education* (2nd ed.). New York: Routledge.

Kavale, K. A., & Forness, S. R. (2000). History, rhetoric and reality: Analysis of the inclusion debates. *Remedial and Special Education, 21*(5), 279-296.

Lipsky, D, K., & Gartner, A. (1997). *Inclusion and school reform transforming America's classrooms.* Baltimore, MD: Brook.

Mastropieri, M. A., & Scruggs, T. E. (2018). *The inclusove classroom: Strategie for effective instruction* (6th ed.). Boston, M. A.: Pearson.

McLaughlin, S. (2010). Defining a process for developing response knowledge pathways. *Knowledge and Process Management, 17*(4), 155-167.

National Council for Accreditation of Teacher Education. (2010, January 5). NCATE blue ribbon panel initiates a mainstream move to more clinically based preparation of teachers (Press Release). Washington, DC: Author. Retrieved from http://www.ncate.org/public/010410_BRP.asp Google Scholar.

Pugach, M. C. (1987). The national reports and special education: Implications for the preparation on teachers. *Exceptional Children, 53*, 308-314.

Reynold, M. C. (1989). *Knowledge base for the beginning teacher.* NY: Pergamon.

Snell, M. E. (1991). Schools are for all kids: The importance of integration for students with severe disabilities and their peers. In J. W. Lloyd, A. C. Repp, & N. N. Singh (Eds.), *The regular education initiative: Alternatinves perspectives on concepts, issues, and models* (pp. 226-239). Sycamore, IL: Sycamore.

Strom, K., & Hannus-Gullmets, B. (2015). From special (class) teacher to special educator -The Finnish case. In Ingar I D. L. Cameron & R. Thygesen (Eds.), *Transitions in the field of special education: Theoretical perspectives and implication for practice.* Waxmann.

Watkins, A., & Donnelly, V. (2011). Core values as the basis for teacher education for inclusion. *Global Education Review, 1*(1).

Whitworth, J. W. (1999). A model for inclusive teacher preparation. *Electronic Journal for*

Inclusive Education, 1(2), 1-10.

Will, M. C. (1986). Educating children with learning problems: A shared responsibilities. *Exceptional Children, 52,* 411-415.

Zigmond, N. P., & Kloo, A. (2017). General and special education are(and should be) different. In J. M. Kauffman, D. P. Hallahan, & P. C. Pullen. (2017). *Handbook of special education* (2nd ed). New York, Routledge: Taylor & Francis Group.

(https://online.sju.edu/graduate/masters-special-education/resources/articles). Top 10 traits of a special education teachers. 2018. 11. 11.

제8장

유 · 초 · 중등 교사양성 '전공' 교육과정의 성찰과 과제

홍후조(고려대학교 교육학과 교수)

1. 서론

교사에게 기대하는 역할은 시대에 따라 다르게 변화해 왔다. 19세기까지 상당수 나라에서는 소수의 지배층에게 필요한, 지배를 위한 기술을 규범적 도덕을 통해 가르칠 수 있는 교사를 요구했다면, 20세기 교사는 거의 모든 대중이 산업사회에서 직업적 · 시민적 역할을 수행할 수 있는 학생들을 길러 냈다. 21세기 교사도 모든 학생의 의미 형성과 가치 성장을 돕는 교육을 해야 한다는 점에서는 20세기와 같으나, 학생 개개인에 대한 개별적 배려를 통해 학생이 졸업한 이후 인공지능에 대체되지 않는 **평생학습자**로서 살아가는 데 필요한 역량을 길러 줄 수 있기를 기대한다.

인간교육은 인간이 이루는 문명의 변화를 읽고, 문명의 변화에 적응하며, 나아가 문명의 변화를 주도하는 사람을 길러 내는 일이다. 현생 인류가 지구상에 등장한 이후 수렵채집에서 농업혁명으로, 이후 더 발달된 지적 능력으로 산업혁명을 수차례 일궈 낸 결과 지구를 실질적으로 지배하게 되었고, 아울러 지구 생태계가 인류에 의해 교란 · 파괴되지 않도록 해야 할 책임도 지게 되었다. 문명은 인구, 기술, 과학, 환경(생태), 정치, 경제, 문화 등에 따라 변화한다. 21세기 문명 변화의 가장 큰 특징은 물리적 공간에서의 **세계화**와 가상적 공간에서의 **지능정보화**라고 할 수 있다. 세계화는 정치경제적 상황에 따라 간혹 위축되기도 하지만 확대 · 심화되는 방향임에는 거의 틀림없다. 지능정보화 역시 방화벽이 있다고 하더라도 세계화보다 훨씬 더 빠르고 폭넓게 확장되고 있다. 우리 모두 이 문명 변화에서 예외일 수 없다. 교원은 문명 변화에 대해 학생보다 먼저 알고 먼저 적응하고 먼저 솔선수범할 것을 요구받지만, 디지털 세계에서는 후대가 전대를 가르쳐 주는 역교(易敎)가 불가피한 면이 많기 때문에, 가르쳐 줄 수 없을 경우에는 대학의 학생설계 전공처럼 학생들이 스스로 그 길을 개척할 수 있도록 기회를 열어 주어야 할 것이다. 그렇다면 현재의 교사양성 교육과정은 예비교사들이(나아가 현직교사들이) 세계화와 지능정보화에 익숙할 수 있도록 돕고 있는가?

교사와 학생들은 문명 변화를 좇아가는 변화 적응력과 함께 변화 주도력을 키워야 한다. 즉, 교육은 현행 문명을 바판적으로 이해하고 보다 나은 방향으로의 문명을 창의적으로 인도하는 인재를 키워야 하는 과제를 안고 있다. 이에 필요한 가치관, 세계관, 문명관, 인간관, 생명관, 지식관, 기술관 등을 키우는 것은 인문학적 소양이 바탕이 될 수 있다. 이처럼 세계화와 지능정보화라는 큰 문명사적 흐름은 장차 교사양성 교육과정을 재구성하는 배경이 될 수 있다.

1) 교사양성 교육과정의 분석을 위한 교육환경 이해

다음과 같은 시대적 추세나 우리 교육의 형편을 이해하는 것은 교사양성 교육과정을 분석하는 데 도움을 준다.

첫째, 지식 전달의 다양성으로 인해 학교에서 교과 지식을 체계적으로 전수하는 데 어려움이 가중되고 있다. 교육은 오랫동안 '전대의 가르침이 후대의 삶의 개척에 도움이 된다.'는 가정하에 이루어져 왔다. 그러나 지능정보의 급증과 급변은 교육의 이런 가정을 점차 흐릿하게 하고 있다. 전대의 뒤처진 가르침은 후대의 삶의 개척에 오히려 방해가 될 수 있다. 또한 교육에서는 '지식의 체계적 전수와 습득을 통한 지력의 개발'을 매우 중요시해 왔다. 그러나 학교 외의 다른 정보원들을 통해 지식과 기술의 습득이 가능해졌기에 학교의 독점적 지식 전수기능은 취약해지고 있다. 전통적으로 IQ에 해당하는 영역은 인공지능이 더 잘 처리하게 되었고, 인간의 교육적 자산 중 인지영역만 아니라 정의 · 심동 · 사회성 영역 중 논리 · 수학적 처리(알고리즘)가 가능한 영역은 IQ화, 지능정보화되어 가고 있기 때문에 인간의 지식기반 교육이 해낼 영역은 급격히 줄어들고 있다.

둘째, 교과나 학문 전수보다 학생과 사회 요구를 우선할 것을 꾸준히 요구받고 있다. 학생들에게는 어떤 교사가 좋은 교사일까? 전통적 관점에서 잘 가르친다는 교사는 반 전체 학생들을 대상으로 교과지식을 알아듣기 쉽게 친절히 잘 설명해 주는 교사였다. 마치 능숙한 연설가나 웅변가와 유사하였다. 그러나 이제는 보다 세밀한 개별적 보살핌을 요구하고 있다. 학생들의 개인적 형편을 살펴서 그 요구에 응대하는 교사를 말한다. 교사들은 '교사로 인한 학생의 성장'에서 기쁨을, '학생들과의 친밀한 일상'에서 즐거움을, '수업지도에 불응하는 학생들'과 '학생과 학부모로부터의 무시'에서 노여움을 경험한다(김병찬, 임종헌, 2017). 그만큼 교사의 삶에서 학생이 차지하는 비중은 크다. 더구나 학생 수는 급감하고 있어 개별화된 보살핌의 필요성은 더욱 높아지고 있다. 교사와 학생이 만나서 주고받는 그 무엇을 교육과정이라고 할 때, 우리는 '교육과정은 교과'라고 등치시켜 왔다. 흔히 교과서 중심 수업에서조차 '교과서를 수단으로 학생을 가르친다.'는 것을 의미했고, 교육과정에서도 '교과를 수단으로 학생을 가르친다.'는 명제를 강조해 왔다.

셋째, 교원, 교육과정, 학제 등 교육의 기본제도 간의 상치가 야기하는 학교급 간 교육의 단절을 극복하고 학교 간을 넘나들며 가르칠 수 있는 교사를 요구한다. 우리나라의 독특한 제도이자 문화이지만, 교육의 핵심 요소에 해당하는 교원, 교육과정, 학생이 만나는 교육의 기본제도는 교사양성과 운용이 6 · 6제, 교육과정이 9 · 3제, 학생 수용의 학제가 6 · 3 · 3제로 운영되고 있다(홍후조, 민부자, 2012). 교육의 근간이 되는 기본제도 간 부정합은 부지불식간에 많은 문제를 낳는다. 이들은 거의 경직되게 운용되어 학생인구가 급격히 줄어드는 농 · 산 · 어촌이나 도 · 농 지역, 도심 지역 등에서 학교급 간의 협동 운용을 어렵게 하고 있다. 유치원과 초등 저학년, 초등 저학년과 초등 고학년, 초등 고학년과 중학교, 중학교와 고교, 고교와 대학 혹은 사회 직업분야 간의 교육과정 연계 혹은 부드러운 변이(變移)는 학생들에게 지속 가능한 성장과 발달을 가져다준다. 특정 학년군에 대한 교사 전문성을 키우는 것도 중요하지만, 교사가 아래위 학년을 넘나들 수 있도록 운용의 제도를 개혁할 것이 요구된다. 담임연임제나 학년전담제, 그리고 이음학교, 협동운영학교 등은 교사 직무수행의 전문성을 높여 주는 동시에 학생 수가 급감하는 상황에서 교원들이 유연하게 대처할 수 있도록 하는 방안이 될 수 있다.

이 장에서는 교사를 길러 내는 교사양성 교육과정의 현황과 문제점, 그리고 대안적 방향의 일부를 그려 본다. 현행 교사양성 교육과정이 좁은 교과서보다 교육과정을, 교과의 요구 못지않게 학습자와 사회의 요구를 존중할 준비가 되어 있는가를 확인하려는 것이다.

2) 교사양성 교육과정 분석의 대상과 준거

이 장의 주요 분석 대상은 교사양성 교육과정 중 교양, 교직, 전공, 일반선택 중에서 전공이다. 전공은 교원이 되는 데 필요한 교과목이나 해당 학교급의 학생을 이해하는 교과목이다. 이 장에서는 교사양성 교육과정의 핵심적 비중이 '전공' 교육과정에 있다고 보아 전공의 과목 편제와 비중을 살펴보고자 한다. 또한 분석한 대학은 교사양성을 종합적으로 하고 있는 국립 한국교원대학교와 사립 이화여자대학교 등의 유아, 초등, 중등 예비교사 양성 전공 교육과정이다. 다른 대학들이 특정 교과나 학교급의 교사들을 부분적으로 양성하는 데 비해, 이 대학들은 이 장의 주요 관점인 학생 발달의 연속성과 교과목의 체계적인 통합과 분화의 연계성, 나아가 학생 수 급감에 대비한 교원의 유연한 학교급 넘나들이 운용이라는 사회적 요구에 가장 잘 부응할 수 있는 교사양성의 제도적 여건을 가지고 있기 때문이다. 이 장의 주요 관점은 예비교사가 장차 각 학년군의 독특성과 함께 전후 학년군의 연계를 다룰 수 있는 능력을 길러 주는 교사양성 교육과정인가가 될 것이다. 이 장에서는 교사양성대학의 공식적인 교육과정 '문서(편제표, 과목 편성표)'를 기본으로 총론적으로 분석 · 비교하고 개선안을 제안하고자 하였기 때문에, 해당 과목명의 강의요목과 '실제'로 어떤 교육이 이루어지는가를 살펴본 것은 아니다.

2. 학교급별 교사양성 '전공'교육과정의 현황 분석과 과제

이하에서는 각 단계별 교사양성 교육과정의 전공과정을 중심으로 살펴보기로 한다.

1) 유아 교사양성 전공교육과정

유아 단계는 유치원과 어린이집으로 이원화되어 있고, 누리과정 이후 통합이 진행되고 있으나, 여전히 사립과 공립의 교육 격차가 크다. 유치원은 대학만큼 공교육의 손길이 미치지 못하여 사립에 장악되어 있어 그 질이 천차만별이다. 58개 이상의 4년제 대학과 25개 이상의 3년제 대학에서 유아 교사양성 교육과정을 개설하고 있다. 그 질을 누리과정과 평가인증제가 잡아 주려고 노력한다. 다음에서는 한국교원대와, 유아교육과가 여대에 특히 많은 실정을 감안하여 참고로 이화여대의 교육과정을 통해 살펴본다.

(1) 한국교원대학교 유아교육과 전공과정

종합교원양성대학인 한국교원대학교의 유아교육과는 '유아교육의 이론과 현상에 대한 연구를 통하여 전문인으로서의 학문적 소양을 심화하고, 질 높은 한국 유아교육을 실천하는 창의적이고 유능한 연구자와 교육 실천자를 육성하는 것'을 목적으로 하고 있다. 이 학과에서는 "유아교육 및 관련 분야에 관한 제반 이론과 현상을 탐구하게 하고, 이론과 실제에 관한 연구를 수행할 수 있게 하며, 유아교육의 질을 고양할 수 있는 교육 실천 능력을 기르는 교육"을 한다(한국교원대학교, 2018: 64).

교원대의 유아교육과는 교양 23학점, 교직(전공기초) 24학점, 전공 66학점(기본 24학점, 심화 15학점, 교과교육 선택 27학점), 기타 자유선택 27학점의 총 140학점으로 편성된다. 전공 66학점은 〈표 8-1〉과 같다.

우선 이 표에서 별표(*)가 표시된 교과목은 「무시험자격검정령」에 따른 전공의 '교과교육영역'으로서 '유아교과 교재연구 및 지도법(유아교육연구 3학점), 유아교과 논리 및 논술(유아교직및교과논술 3학점)'을 포함하여 '유아교과교육론(유아교육론, 유아안전교육, 아동발달, 유아교육연구, 아동건강교육, 유아사회교육, 유아과학교육, 유아수학교육 각 3학점)'에서 최소 3과목(8학점) 이상을 이수하여야 한다는 데 근거한다. 그러나 유아교과 논리 및 논술은 중등교원 양성에 상대적으로 더 적합해 보이지만 분명 유아교육과 교원 임용시험에 제시된 과목이다.

또한 위 전공 가운데 교직이론에 해당하는 기본이수과목 표시과목별로 21학점(7개 과목) 이상을 반드시 이수하도록 한 규정에 따라, 한국교원대 유아교육과에서는 '유아교육론, 유아교육과정, 아동발달, 유아안전교육, 유아교사론, 놀이지도, 아동복지, 유아관찰 및 실습' 각 3학점에서 8과목 24학점을 이수하도록 규정하고 있다. 유아교육에서 교과교육을 과목별로 강조하는 근거는 전공과목의 교과교육영역이고, 보다 유아교육적인 교과목을 개설할 수 있는 근거는 전공과목의 기본이수과목에 대한 교육부의 규정이 되고 있다. '유아교육론'과 '유아안전교육'은 두 군데서 공히 강조되고 있다. 규정상 유아교사 양성에 필요한 요건은 전공필수로 제공되는 과목들로 충족된 셈이다.

그러나 전공 '심화'는 아동건강교육, 유아사회교육, 유아과학교육, 유아수학교육, 유아언어교육은 각 3학점으로 15학점을 이수한다. 유아교직및교과논술, 정신건강, 유아와컴퓨터, 유아음악교육및실제, 현대사회와유아교육, 유아동작교육및실제, 아

표 8-1 한국교원대 유아교육과 전공과정 교과목 편성

구분			학년/학기 \ 과목명	1학년		2학년		3학년		4학년		이수학점	
과정	영역		번호		1학기	2학기	1학기	2학기	1학기	2학기	1학기	2학기	소개	계
전공과정	교과교육 및 교과내용	기본	121-111	유아교육론*	3-3-0								24	24
			121-126	유아안전교육*	3-3-9									
			121-121	아동발달*		3-3-0								
			121-212	유아교육과정			3-3-0							
			121-221	놀이지도				3-3-0						
			121-412	유아교육연구*					3-3-0					
			121-321	아동복지						3-3-0				
			121-411	유아교사론							3-3-0			
		심화	121-122	아동건강교육*		3-3-0							15	15
			121-211	유아사회교육*			3-3-0							
			121-222	유아과학교육*				3-3-0						
			121-311	유아수학교육*					3-3-0					
			121-322	유아언어교육						3-3-0				
		선택	121-323	유아교직및교과논술*						3-3-0			3	27
			121-112	정신건강	3-3-0								24	
			121-113	유아와컴퓨터	3-3-0									
			121-114	유아음악교육및실제	3-3-0									
			121-123	현대사회와유아교육		3-3-0								
			121-125	유아동작교육및실제		3-3-0								
			121-215	아동미술			3-3-0							
			121-217	아동문학			3-3-0							
			121-218	기악			2-1-2							
			121-324	유아교수매체			3-3-0							
			121-223	부모교육론				3-3-0						
			121-225	전통음악				2-1-2						
			121-226	한국유아교육론				3-3-0						
			121-214	특수유아교육					3-3-0					
			121-313	유아교육사조					3-3-0					
			121-314	교과교재연구					3-3-0					
			121-325	유아행동분석법						3-3-0				
			121-413	영아발달연구						3-3-0				
			121-421	유아교육교수법						3-3-0				
			121-312	유아관찰및실습							3-3-0			
			121-414	아동상담							3-3-0			
			121-422	유아교육기관운영관리								3-3-0		
			121-423	초등교육개론								3-3-0		
			121-424	영유아교육프로그램 개발및평가								3-3-0		
계													66	66

표 8-2 한국교원대 유아교육 전공과목 중 교과교육영역(3과목 8학점) 필수에서 개설한 교과목

학과	교육부 고시 교과목 명칭	본교 개설과목		
		교과목 번호	교과목명	학점
유아	유아교과교육론	121-121	아동발달	3
		121-122	아동건강교육	3
		121-126	유아안전교육	3
		121-211	유아사회교육	3
		121-222	유아과학교육	3
		121-311	유아수학교육	3
	유아교과 교재 연구 및 지도법	121-412	유아교과논술	3
	유아교과 논리 및 논술	121-323	유아교직및교과논술	3

동미술, 아동문학, 유아교수매체, 부모교육론, 기악, 전통음악, 한국유아교육론, 특수유아교육, 유아교육사조, 교과교재연구, 유아행동분석법, 영아발달연구, 유아교육교수법, 유아관찰및실습, 아동상담, 유아교육기관운영관리, 초등교육개론, 영유아교육프로그램개발및평가가 각 3학점(기악, 전통음악은 각 2학점임)이고 27학점을 이수하게 되어 있다. 즉, 유아교육을 심화전공하는 전공 선택과목을 더 많이 제공하고, 이를 졸업 요건으로 규정하고 있어 학생들은 유아교육에만 기속(羈屬)될 수밖에 없다.

유아교육과 전공과정을 다시 구조화해 보면, 유아(아동, 영아)에게 가르칠 바(교과교육과정)를 어떻게 가르칠 것인가(교육론)로 나뉠 수 있다. ① 유아이해 과목(발달, 복지, 정신건강, 행동분석법, 발달연구, 상담, 아동복지, 특수유아) 8개, ② 교과교육 과목(안전, 놀이, 건강, 사회, 과학, 수학, 언어, 컴퓨터, 음악, 동작, 미술, 문학, 기악, 전통음악) 14개, ③ 교직 과목(교육론, 교육과정, 교육연구, 교사론, 교수매체, 한국유아교육론, 교육사조, 교재연구, 교수법, 교직및교과논술, 관찰및실습, 프로그램개발및평가) 12개, ④ 기타 과목(부모교육, 교육기관운영관리, 초등교육개론) 3개가 개설되어 있다.

초등 저학년에도 없는 과학, 사회 등의 교과명을 단 과목도 있다. 이에 비해 유아를 이해하는 과목은 제한되어 있으며, 나아가 현장에서 아동의 흥미와 관심을 소재(계기)로 현장의 교육과정을 어떻게 만들어갈 것인가에 대한 배움은 상대적으로 취약해 보인다. 또한 초등과의 연계, 협동 운영을 위해 필요한 초등 저학년생에 대한

이해나 초등의 통합교육과정에 대한 이해를 더 넓힐 필요가 있을 것이다. 학생은 유아교육과 외에 총장의 허가를 받아 다른 복수전공을 이수할 수 있으나, 가령 초등교사가 되기 위해서는 추가로 전공 67학점과 교육실습(2학점+참관실습 P/F)을 추가 이수해야 하므로 쉽지 않다.

(2) 이화여자대학교 유아교육과 전공과정

유아교육과가 많이 개설된 곳은 주로 여대이고, 어느 대학이나 여성들이 양성과정에 절대다수를 차지한다. 대학 설립 초기부터 개설된 이화여대 유아교육과 교육과정을 살펴보면, 교양 35학점, 전공기초(교직 관련과목) 22학점, 최소전공 51학점으로 이루어져 있고, 졸업이수학점은 135학점이다.

전공에서는 아동의 특성(발달, 행동 연구, 아동복지 등), 교직소양(보육실습, 교사론, 부모교육)과 교육학 일부(교육사상, 교육과정, 교육방법, 교육평가 등), 교과 각론에 해당하는 과목(문학과 언어, 영어, 사회, 도덕, 수학, 과학, 기악과 음악, 조형과 미술, 안전 놀이 동작 운동) 등이 있다.

먼저, 교직 관련 전공기초는 필수와 선택으로 나뉜다. 필수는 7과목(교육실습, 교육봉사의 이론과 실제, 특수교육의 이해, 학교폭력예방 및 학생이해, 교직적인성검사 I, II) 10학점으로 각 2학점이다. 전공기초 선택은 교직이론에 해당하는 6과목(교육과정, 교육방법및교육공학, 교육사회학, 교육심리학, 교육철학및교육사, 교육평가, 교육학개론, 교육행정및교육경영, 상담과생활지도 각 2학점) 12학점이다.

유아교육의 전공필수는 3과목 각 3학점으로 총 9학점(유아교과교재연구및지도법, 유아교과교육론, 유아교과논리및논술)이다. 유아교과 논리 및 논술은 중등교원 양성에 상대적으로 더 적합해 보이나 교원임용시험 준비에 필요해 보이고, 이는 학교급에 상관없이 교과교육 필수과목으로 규정되어 있어서 개별 대학이 어쩔 수 없는 부분이기에 교육부 규정을 통해 수정될 필요가 있다.

전공필수를 기초로, 수학, 언어, 아동문학, 과학, 사회, 도덕, 음악, 기악I, 조형, 초등영어교육방법 등을 배운다. 유아교과교육은 사실상 초등 고학년 이상에 개설되는 과목과 관련된다. 가장 큰 비중을 차지하는 전공선택[영아발달과교육, 기악I, 아동문학, 인지이론과교육, 영유아프로그램의개발과평가, 유아도덕교육, 유아교육과멀티미디어, 가족관계, 보육실습, 유아교육사상, 해외유아교육현장의이해및교육실습 I, II, 전공설계

심화(유아교육), 초등영어교육방법 각 3학점]은 42학점을 이수한다. 전공선택 중 기본이수는 7과목(유아교육개론, 놀이이론과교육, 유아발달과교육, 유아교육과정, 유아수학교육, 유아언어교육, 유아음악교육, 유아과학교육, 유아조형교육, 영유아관찰및행동연구, 유아사회교육, 영유아안전교육, 유아동작교육, 유아교사론, 부모교육, 아동복지 각 3학점) 21학점이다. 수학, 언어, 과학, 사회, 음악, 조형, 안전, 동작 등도 초등 고학년 교과목에 해당한다. 유아교사 자격증 취득과 보육교사 자격증 취득과 관련된 교과목이 혼재되어 있는 편이다.

(3) 유아교육과 전공과정의 특징

두 대학의 유아교사 양성교육과정을 예시적으로 살펴본 결과 다음과 같은 문제와 과제를 찾을 수 있다. 첫째, 유아교사 양성교육과정은 누리과정에서 제시하는 5대 아동발달영역(신체운동 및 건강, 의사소통, 사회관계, 예술경험, 자연탐구)과 일치하지 않는다. 어린이집과 유치원의 유아학교가 통합되지 않아 11개 생활주제를 체계적으로 다루거나 그 사이를 잇는 교육과정도 찾아보기 어렵다(이재창, 2017). 유아교육 3년간의 교육과정 내부의 총론과 각론의 일치와 함께, 그 연장선상에서 유아교사 양성을 위한 전공과정으로 개편될 필요가 있다.

둘째, 교과 특성의 과목을 더 줄이고 대신 좀 더 통합적인 아동활동 중심의 교육과정을 운영할 수 있는 교원양성 교육과정이 요구된다. 한국교원대의 경우 상대적으로 전공의 교과교육영역이 유아교육에서 교과별로 과목을 개설하는 근거가 되고 있으며, 대신 전공의 기본이수과목에서 개설하는 교과목은 유아교육 그 자체에 상대적으로 충실한 편이다. 유아교사 양성교육과정에서는 초등 고학년 교사 양성과 같은 교과별 전공이 강조될 필요성이나 이유는 없다. 유아교육에서는 교과서(실제로 생활주제를 해설한 교재가 연령별로 있음)가 별도로 없기에, 유아의 흥미와 관심을 좇아 이를 계기로 만들어 가는 발현적(emergent) 교육과정이 중심이 된다. 아예 놀이, '건강한 생활과 즐거운 생활'을 중심으로 진행되는(홍후조, 2017) 유아교육과 초등 저학년 교육을 감당하는 발달적 특성이 반영된 아동 중심의 교육과정을 새로이 안출할 필요도 있다.

셋째, 유아와 초등 저학년을 넘나들 수 있는 교사양성 교육과정이 필요하다. 현재 교과 관련과목을 보면 초등 고학년에 개설하는 과목을 가르치는 능력을 기르기에 더 적합할 수도 있다. 교과교육을 가르치더라도 초등 저학년의 통합지향적인 교육과정에 초점을 맞출 필요가 있다. 현재 유치원교사들은 초등 저학년을 가르칠 준비가 어느 정도 되어 있다고도 볼 수 있다. 이를 위하여 유아교육 3년을 위한 전공과정 학점(기본 24, 심화 15, 선택 24) 중 기본 부분을 중심으로 대폭 통폐합하고, 대신 초등 저학년 3년을 가르칠 준비를 겸하도록 하는 것이 적절할 것이다. 즉, 이 교육과정은 상대적으로 유-초 연계를 할 수 있는 것으로도 볼 수 있다. 유-초 저학년 교육과정으로 양성해 둔 교원들은 학생 수의 급감에 따라 소규모 도심의 유치원 부설 초등학교에 적합하다. 농 · 산 · 어촌, 벽 · 오지에는 학생 수가 적지만 멀리 통학하기가 어려우므로 작은 규모의 마을학교가 필요하다. 마을학교에서는 유아와 초등 저학년의 교육과정을 연계하여 협동 운영하는 것도 필요하다. 그렇게 되면 농 · 산 · 어촌이나 도심 지역의 작은 학교에서 유-초 연계가 원활히 이루어질 수 있을 것이다. 이에 소용되는 교원들은 6개년을 포괄하는 교사로서 유아교육과와 초등교육과에서 절반씩 길러 내면 좋을 것이다.

2) 초등 교사양성 전공교육과정

초등교사는 11개의 교육대, 이화여대와 한국교원대 초등교육과를 통해 양성되고 있다. 교사양성대학의 교육과정은 대체로 일반교양교육(약 25%), 전공교육(약 60%), 심화과정(약 15%)으로 구성된다(서강식, 김은정, 정광순, 주현준, 2016:11; 이원희, 2006). 초등교사 양성교육과정은 크게 교양과정과 교직(전공)과정으로 나뉘어 있고, 교직(전공)과정은 다시 교육학교육, 교과교육, 심화과정, 실습의 세 가지로 구분되어 있다(박남기, 1997). 교과 전공교육은 교과내용학과 교과교육(방법)으로 구분되기도 한다.

(1) 한국교원대학교 초등교육과 전공과정

한국교원대 초등교육과는 1985년 개교 당시 유아교육과와 함께 기초교육을 담당할 교원을 양성하고 초등교원으로서의 전문적 자질을 함양하기 위하여 설립되었다. 학과를 설치할 당시 입학생 정원은 80명, 1989학년도 이후 120명, 1993학년도 이후 160명까지 증원되었으나, 초등학생의 급감으로 2018학년도 125명, 2019학년

표 8-3 한국교원대 초등교육과 전공과정 교과목 편성

구분			학년/학기	1학년		2학년		3학년		4학년		이수학점	
과정	영역	번호	과목명	1학기	2학기	1학기	2학기	1학기	2학기	1학기	2학기	소계	계
전공과정	교과교육 및 교과내용 / 기본	422-201	초등과학교육론*			2-1-2							
		522-202	초등미술교육론*			2-2-0							
		322-203	초등사회교육론*				2-2-0						
		612-204	초등체육교육론*				2-2-0						
		222-205	초등영어교육론*				2-2-0						
		452-206	초등실과교육론*				2-2-0						
		212-307	초등국어교육론*					2-2-0				22	22
		312-308	초등도덕교육론*					2-2-0					
		412-309	초등수학교육론*					2-2-0					
		512-310	초등음악교육론*					2-2-0					
		131-409	초등통합교과교육론*				1-1-0						
		131-410	초등컴퓨터활용의실제*							1-0-2			
		131-204	초등안전교육*			1-1-0							
	초등교육학	131-101	초등교육론*		3-3-0								
		131-202	아동발달의교육적이해*			2-2-0							
		131-403	초등교직및교과논술특강*								2-1-2	9	
		131-211	교육과정기반초등수업실제							2-2-0			
	교과교육 및 실기	512-101	음악실기 I	1-0-2									
		522-102	미술실기 I	1-0-2									
		612-103	체육실기 I	1-0-2									
		512-104	음악실기 II		1-0-2								
		522-105	미술실기 II		1-0-2								
		612-106	체육실기 II		1-0-2								
		512-207	음악실기 III			1-0-2							
		522-208	미술실기 III			1-0-2							
		612-209	체육실기 III			1-0-2							
		512-210	음악실기심화				1-0-2						
		522-211	미술실기심화				1-0-2						
		612-212	체육실기심화				1-0-2						
		422-213	초등과학교육방법론*				2-1-2					38	68
		222-314	초등영어교육방법론*					3-2-2					
		322-315	초등사회교육방법론*					3-3-0					
		212-316	초등국어교육방법론*						3-3-0				
		522-317	초등미술교육방법론*						2-1-2				
		312-318	초등도덕교육방법론*						2-1-2				
		412-319	초등수학교육방법론*						3-3-0				
		512-320	초등음악교육방법론*						2-1-2				
		222-321	교실영어교육					2-2-0	2-2-0				
		612-422	초등체육교육방법론*							2-1-2			
		452-423	초등실과교과방법론*							2-1-2			
		131-411	초등통합교과방법론*				1-0-2						
		131-423	창의적체험활동								1-1-0		
	심화		별지 참조									21	
			계									90	90

도는 111명으로 감소되었다. 초등교육과는 "초등학교의 특수성 · 전문성을 감안한 통합적 자질을 갖춘 초등교원의 양성을 위하여 다양한 교육과정을 제공하고 있으며, 전문가로서의 교사 양성뿐만 아니라 인격자로서의 교사 양성 또한 중시하여 교양적 자질을 갖추도록 노력하고 있다."(한국교원대학교, 2018: 66). 학생들의 성장 잠재력과 교육의 효율성을 극대화하기 위해 심화과정과 학번에 따른 분반으로 운영되고 있다. 교원대에서는 교양(23학점 이상), 교직, 전공, 자유선택(3학점), 사도교육(P/F) 영역을 4년간 140학점 이상 이수한다. 또한 초등교사로서의 전문성 및 다양한 경험을 할 수 있도록 연례행사로 색동잔치, 학술제, 교외교육 등을 실시하고 있다. 〈표 8-3〉은 초등교육과 전공과정의 교과목 편성표이다.

위 전공 속에는 전공과목의 교과교육영역에서의 '교과교육론, 교과교재 연구 및 지도법, 논리 및 논술' 분야에서 각 1과목을 반드시 포함하여 3개 과목 8학점 이상을 이수하여야 하는데, 한국교원대에서는 이를 더욱 확대해서 초등교과교육론에는 13개를, 교재연구 및 지도법에는 11개를 각 교과별로 '필수'(〈표 8-3〉에서 별표를 한 과목)로 이수하게 하고 있다(한국교원대학교, 2018: 46).

위 전공 속에는 교직이론에 해당하는 기본이수과목 표시과목별로 21학점(7개 과목) 이상을 반드시 이수하여야 하는데, 한국교원대 초등교육과에서는 이를 별표로 표시하고 〈표 8-5〉와 같이 개설하여 해당 교과과목을 '필수'화하고 있다. 이는 교육학과에게는 교직이론에 해당하는 과목인데, 이런 과목들은 2학점 6개 과목을 12학점 이수하므로, 이와는 달리 초등교육과의 기본이수과목으로 정하고 있다. 오기일 수도 있으나 이를 교과교육영역의 초등교육론의 하위과목으로 이미 개설한 것이 '중복'하여 강조 · 제시되고 있다. 결국 초등교육과는 교과교육과 교과교재연구 및 지도법을 각각 2과목씩 필수로 이수하게 하는 것을 기본으로 삼고 있다. 다만, 컴퓨터 교육과 안전교육은 필수로 1과목씩 부과한다. 초등교육에서 교과교육을 과목별로 강조하는 근거는 전공과목의 교과교육영역과 기본이수과목이 되고 있다. 이 근거를 잘 활용하면 초등 저학년의 통합교과교육과 고학년의 보다 분화된 교과교육으로 만들 수도 있을 것이다.

전공과정은 90학점 이상(기본 22학점, 초등교육학 9학점, 교과교육 및 실기 38학점, 심화과정 21학점)으로 편성된다. 기본으로는 초등교과교육론으로는 과학, 미술, 사회, 체육, 영어, 실과, 국어, 도덕, 수학, 음악이 각 2학점이고, 초등통합교과교육론, 초

표 8-4 한국교원대 초등교육 전공과목 중 교과교육영역(3과목 8학점) 필수에서 개설한 교과목

학과	교육부 고시 교과목 명칭	본교 개설과목			비고
		교과목 번호	교과목명	학점	
초등	초등교과교육론	312-308	초등도덕교육론	2	초등윤리
		212-307	초등국어교육론	2	초등국어
		412-309	초등수학교육론	2	초등수학
		322-203	초등사회교육론	2	초등사회
		422-201	초등과학교육론	2	초등과학
		612-204	초등체육교육론	2	초등체육
		512-310	초등음악교육론	2	초등음악
		522-202	초등미술교육론	2	초등미술
		452-206	초등실과교육론	2	초등실과
		222-205	초등영어교육론	2	초등영어
		131-410	초등컴퓨터활용의실제	1	초등컴퓨터
		131-409	초등통합교과교육론	1	통합교과
		131-203	초등안전교육실습및실기	1	초등안전교육
	초등교과 교재 연구 및 지도법	312-318	초등도덕교육방법론	2	초등윤리
		212-316	초등국어교육방법론	3	초등국어
		412-319	초등수학교육방법론	3	초등수학
		322-315	초등사회교육방법론	3	초등사회
		422-213	초등과학교육방법론	2	초등과학
		612-422	초등체육교육방법론	2	초등체육
		512-320	초등음악교육방법론	2	초등음악
		522-317	초등미술교육방법론	2	초등미술
		452-423	초등실과교육방법론	2	초등실과
		222-314	초등영어교육방법론	3	초등영어
		131-411	초등통합교과방법론	1	통합교과
	초등교과 논리 및 논술	131-403	초등교직및교과논술특강	2	

표 8-5 한국교원대 초등교육 전공과목 중 기본이수과목(표시과목 7개 21학점) 필수에서 중복 개설한 교과목

학과	교육부 고시 교과목 명칭	본교 개설과목		
		교과목 번호	교과목명	학점
초등	초등윤리	312-308	초등도덕교육론	2
	초등국어	212-307	초등국어교육론	2
	초등수학	412-309	초등수학교육론	2
	초등사회	322-203	초등과학교육론	2
	초등과학	422-201	초등체육교육론	2
	초등체육	612-204	초등음악교육론	2
	초등음악	512-310	초등미술교육론	2
	초등미술	522-202	초등미술교육론	2
	초등실과	452-206	초등실과교육론	2
	초등영어	222-205	초등영어교육론	2
	초등컴퓨터	131-410	초등컴퓨터활용의실제	1
	통합교과	131-409	초등통합교과교육론	1
	초등안전교육	131-203	초등안전교육실습및실기	1

등컴퓨터활용의 실제, 초등안전교육은 각 1학점으로 22학점, 음악, 미술, 체육 실기의 I, II, III과 심화에 각 1학점, 초등교육방법론에는 과학, 영어, 사회, 국어, 미술, 도덕, 수학, 음악, 체육, 실과, 통합교과, 교실영어교육, 창의적체험활동 등을 총 38학점 이수한다. 즉, 초등에서는 11개의 각 과목에서 교과교육론과 교육방법론을 합하여 약 4~5학점씩 고르게 이수한다. 초등교육학으로는 초등교육론(3), 아동발달의 교육적이해, 초등교직및교과논술특강, 교육과정기반초등수업설계 각 2학점으로 총 9학점이다. 심화전공은 11개 영역(교육학, 국어, 영어, 도덕, 사회, 수학, 과학, 실과, 음악, 미술, 체육)에서 각 21학점이고, 각 분반에서는 12~15개의 과목(주로 각 3학점)을 개설하고 있다. 초등 저학년용의 교과라고 볼 수 있는 '초등통합교과교육론, 초등통합교과방법론'의 두 과목은 각 1학점이다.

교과의 비중이 크지 않은 유아교육과는 66학점, 중등에서는 단일 과목에 57학점이나, 초등은 초등교육학 9학점을 제외하면 교과교육에서 총 89학점을 이수한다. 가장 큰 특징은 초등학교에 다양한 교과목이 설치되어 있음에 따라 전공과목들의

이수 단위 수로는 1, 2학점이 많다는 점이다. 3학점은 오히려 드문 편이다. 또한 한국교원대 초등교육과의 전공별 교수 구성 현황을 보면 총 26명 중 23명이 교과교육 전공자이다. 즉, 초등교육, 음악, 미술, 체육 전공자는 각 3명이고, 국어, 영어, 도덕, 수학, 과학, 실과, 사회(역사, 지리 각1명)는 각 2명이다.

이에 더하여 초등교육과 심화과정은 11개로 교육학(15개 과목, 각 3학점, '창의 · 인성교육론')을 포함하여 국어(14개 과목, 각 3학점, '초등국어부진 · 영재지도'), 영어(11개 과목), 도덕(11개 과목), 사회(11개 과목), 수학(12개 과목), 과학(15개 과목, 일부 2학점), 실과(15개 과목, 일부 실기과목 2학점), 음악(16개 과목, 일부 실기과목 1~2학점), 미술(11개 과목, 대부분 2학점), 체육(23개 과목, 실기 1학점, '스포츠와 현대사회, 스포츠와 윤리' 각 3학점)을 과목당 총 21학점씩 이수한다. 교과는 중학교에서 과목을 담당해도 좋을 만큼 분화된 상태이다. 다만, 저학년을 위한 통합교육 전공은 심화에도 설치되어 있지 않다.

(2) 서울교육대학교 초등교육과 전공과정

서울교대의 교육목표는 '국가와 사회의 발전에 기여할 수 있는 유능한 초등교원을 양성'하는 것이다. 졸업을 위한 교육과정은 '교양(34학점: 필수 24, 선택 10), 교직(22학점: 이론 12, 소양 6; 실습 4), 전공 64점(교과교육 및 창의적 체험활동), 심화과정 20학점(필수 16, 선택 4; 졸업과제 P/F)'의 140학점으로 편성된다. 교육과정 운영원칙에 따르면 1학점 한 학기 15시간을 원칙으로 하고, 1단위 시간은 50분이며, 모든 교과목은 1학점 단위로 개설하고, 모든 과목은 학기 단위의 운영을 원칙으로 한다.

서울교대는 교육과정은 동일하나 수강 대상 학생을 편의상 A군(윤리, 국어, 사회과, 수학, 과학, 체육 교육과)과 B군(음악, 미술, 생활과학, 초등, 영어, 컴퓨터, 유아 · 특수교육과)으로 나누고 있다. 서울교대의 교양과정은 인문학, 어문학, 사회과학, 자연과학, 체육, 영어, 컴퓨터 등에서 필수와 선택 과목을, 생활과학과 예술, 창의융합교육에서 선택과목을 두고 있는데, 교양과정에 개설된 과목들이 각 교과와 매우 유사한 면을 보이고 있다.

전공과정 64학점은 과학, 미술, 사회, 체육, 영어, 실과, 국어, 도덕, 수학, 음악, 컴퓨터 등 거의 모두 교과이고, 교과를 벗어난 것은 통합교과 및 창의적체험활동 2학점, 학교생활과 안전교육(P/F)에 불과하다. 개설과목 수로 보면 도덕 2, 국어 2, 사회 2, 수학 2, 과학 3, 체육 3, 음악 7, 미술 4, 생활과학 2, 영어 2, ICT 2, 통합교과 및 창의적 체험활동 1(2학점), 안전교육(비학점) 1로 총 32개인데 모두 '필수'이다. 3학점 과목이 8개, 2학점 과목이 16개, 1학점 과목이 8개이다. 교과실기는 음악, 미술, 체육의 I, II 등으로 각 1학점이지만 수업시간 수는 2시간씩이다. 이런 소규모 학점제로 인해 과목당 주당 수업 시수는 적고, 학기당 이수과목 수는 많아서 예비교사들은 수업, 과제, 학습, 시험 부담을 갖게 되고, 다양하게 배우지만 깊이 있게 배우기는 어렵다.

초등교육과는 복수심화과정으로 설치한 13개 학과 중 하나이다. 다만, 여기에는 유아 · 특수교육과는 있으나 초등 저학년 통합과정 전공은 없다. 즉, 서울교대에서는 초등교육의 학문적 심화를 위하여 교과교육 11개(윤리, 국어, 사회과, 수학, 과학, 체육, 음악, 미술, 생활과학, 영어, 컴퓨터)와 초등, 유아 · 특수교육으로 구분한 심화과정을 두며, 복수심화과정을 개설하기도 한다(서울교육대 학칙 제22조). 심화과정의 20학점 중 16학점은 필수로, 4학점은 선택으로 하고 졸업과제를 P/F로 부과한다. 복수심화과정 이수자를 위하여 계절학기를 두고 있다. 참고로 유사한 단설대학인 경인교대에는 교과교육과 11개는 같고 추가로 교육학과, 유아교육과, 특수(통합)교육학과가 있으며, 심화과정은 각 18학점이다.

2017학년도 교육과정을 보면 초등교육의 특색은 교과 앞에 초등을 붙였을 뿐이고, 교과 이외의 과목으로 초등 저학년에 중요한 '통합교과 및 창의적 체험활동'은 묶어서 2학점 1과목, '유아및초등교육의이해(2학점)'는 교육공학, 교육평가및측정'과 교직이론에서 하나를 선택하도록 되어 있을 뿐이다. 그 밖의 과목들은 일부 교양과목을 제외하고 모두 교과교육과 관련된다. 즉, 서울교대에서는 상대적으로 초등 저학년의 교육을 어떻게 진행할 것인가에 대한 예비교사의 공부보다 고학년의 특정 교과를 심화시켜 현장에서는 일부 교과에서만 필요한 교과전담 교사를 길러 내는 셈이다. 이런 교과중심 교육은 교수의 연구적 관심이나 예비교사들의 지적 호기심과 열정을 키워 주는 데 기여하고 있음은 분명하다.

(3) 이화여자대학교 초등교육과 전공과정

이화여대 초등교육과는 사범대학 내 하나의 학과로 설치되어 있다. 초등교육과 교육과정은 교양 35학점, 전공기초(교직 관련과목) 23학점, 최소전공 57학점으로

115학점이 규정되어 있고 졸업이수학점은 135학점이다. 자유로운 일반선택이 가능한 것은 20학점 정도이다. 〈표 8-6〉은 이화여대 초등교육과 전공과정의 교양을 제외한 교과목 편성표이다.

초등교육의 전공기초는 유·초·중등 예비교사들의 공동필수인 교직소양과 교육실습 11학점으로(교육실습I만 3학점), 공동선택은 교직이론 6과목 12학점이다.

전공필수는 3과목(초등교육과정, 초등교육론, 초등교과교재연구및지도법 각 3학점) 9학점으로 이루어져 있다. 교과를 보면 '국어, 수학, 과학, 사회, 영어, 종교 및 도덕'은 2과목씩 6학점을, 나머지 '음악, 미술, 실과, 체육, 컴퓨터, 통합' 등은 1과목씩 부과하는 편이다. 전공의 57학점 중 필수로 묶인 것은 약 25학점이다. 나머지는 선택하여 이수할 수 있으며, 상대적으로 초등교육 전반 혹은 교육학적 교육 관련과목이 많은 편이다. 한국교원대나 서울교대에 비해 교과교육을 1~2학점의 작은 과목으로 나누어서 필수로 부과하지는 않는 편이고 선택과목도 아주 많은 편이다. 즉, 사립대학의 특성상 학과 전속 교수는 적은 편(7명)이므로 학과 전체 개설과목 수가 상대적으로 적고 이에 따라 과목당 학점 수는 3학점 과목이 상대적으로 많은 편이다. 그렇지만 사범대학 안에 유아교육과, 교육학과, 교육공학과, 특수교육과가 있다. 가령 특수교육의 이해는 특수교육과에서, 교육방법 및 교육공학은 교육공학과에서, 교직이론은 교육학과에서, 대학원 연계과목은 일반대학원에서 수강할 수 있다. 교과교육과로는 영어, 사회, 국어, 과학, 수학 교육과 등이 있어 시너지 효과를 얻을 수 있는 장점이 있다. 즉, 국립대학과 같은 심화전공이 개설되어 있지 않지만, 대학원 연계과목이 있고 종합대학이므로 사범대학을 넘어 타 대학에서 이수할 수 있는 여지는 있다.

(4) 초등교육과 전공과정의 특징

한국교원대, 서울교대, 이화여대 초등교육과의 교사양성 교육과정을 종합 검토해 보면 다음과 같은 문제와 과제를 안고 있다고 볼 수 있다.

첫째, 초등 교사양성 전공 교육과정을 보면 무엇보다 졸업이수학점 135~140학점 중 교과 중심의 전공과목의 학점 비중이 크다. 한국교원대 69학점, 서울교대 64학점, 이화여대 57학점으로, 다른 대학의 인문사회계 제1전공이 대체로 30~40학점인데 비해 매우 높은 편이다. 전공에서 개별 교과교육 과목을 강화하는 수단은 전공의

표 8-6 이화여대 초등교육과 전공과정 교과목 편성(2017/2018학번)

전공기초 /23학점	공동선택 (교직이론)	12	교육학개론/교육과정/교육평가/교육방법 및 교육공학/교육사회학/교육심리학 교육철학 및 교육사/교육행정 및 교육경영/상담과 생활지도(9과목 중에서 6과목 선택하여 이수)
	공동필수 (교직소양)	11	특수교육의 이해(2)/교육현장의 이해(2)/학교폭력예방의 이론과 실제(2) 교육실습 I (3: 3학년 2학기)/교육실습 II (2: 4학년 1학기) 교직적성 · 인성검사 I, II/응급 처치 및 심폐소생술 I, II (필수)

이하 초등교육과 최소전공 57학점

구분	권장학년	1학기				2학기			
		학수번호	교과목명	시간	학점	학수번호	교과목명	시간	학점
일반	1	21566	**초등교육론**	3	3	21555	아동문학	3	3
	1	30623	초등체육교육 및 실기*	3	2	21557	**아동발달과 교육**	3	3
	2	21565	**초등교육과정(전공필수)**	3	3	21562	초등과학교육방법*	3	3
	2	21563	초등과학기초이론*	3	3	21573	초등사회교육방법*	3	3
	2	21574	초등사회기초이론*	3	3	21569	초등국어교육방법*	3	3
	2	35975	초등컴퓨터교육	3	3	21581	초등음악교육 및 실기*	3	2
	2	21570	초등국어기초이론*	3	3	30622	초등미술교육 및 실기*	3	2
	3	21576	초등수학기초이론*	3	3	21575	초등수학교육방법*	3	3
	3	35182	초등영어기초이론*	3	3	35183	초등영어교육방법*	3	3
	3	21577	초등실과교육*	3	2	35181	초등종교 및 도덕교육방법*	3	3
	3	35180	초등종교 및 도덕기초이론*	3	3	32949	**통합교육과정***	3	3
	3	35544	**초등교과교육론(전공필수)**	3	3	35535	**초등교과교재연구및지도법(전공필수)**	3	3
	3	38198	**초등교육현장연구(캡스톤디자인)**	3	3				
						35185	**창의성교육방법**	3	3
	4	37054	**다문화교육의이론및실제**	3	3	30625	**초등교육행정및경영**	3	3
	4	36859	**초등학교학급문화및경영**	3	3	34450	**열린교육의 이해**	3	3
	4	35179	**아동과 가족관계 이해**	3	3	35976	**초등교육현장실습**	3	3
						36942	**초등교과논리및논술**	3	3
						38624	**초등안전교육**	1.5	1
초등학교교사 자격증 표시 과목 이수방법		21562	초등과학교육방법	4과목 중 2과목 필수		35180	초등종교및도덕기초이론	1과목(3학점) 이상 필수	
		21569	초등국어교육방법			35181	초등종교및도덕교육방법		
		21573	초등사회교육방법			35182	초등영어기초이론	1과목(3학점) 이상 필수	
		21575	초등수학교육방법			35183	초등영어교육방법		
계절학기		37074	개발도상국교육개발협력실습						2
		37110	해외초등교육현장탐방						1
		37441	해외교육현장의이해및교육실습I					3	3
		37442	해외교육현장의이해및교육실습II					3	3
석사학위과정 연계교과목 (12학점까지: 6학점 학부, 6학점 석사)						G12593	**초등교육과정구성및개발**	3	3
		G12495	**학교변화와 학교중심책임경영**	3	3	G12637	**교사교육연구동향**	3	3
		G12535	초등사회 교육과정개발	3	3	G17122	**초등교실수업담화분석**	3	3
						G12687	초등수학교육과문제해결연구	3	3
						G12672	**인성교육세미나**	3	3

교과교육영역(3과목 8학점)과 전공의 기본이수과목(7과목 21학점)이다. 초등교육에서는 이 부분을 11~13개의 교과목별 교육 내용과 방법을 개설하여 필수로 이수하는 수단으로 삼고 있다. 이에 더하여 20학점 전후의 개별 과목 심화전공이 있다. 즉, 초등학교 6개년을 가르칠 교사들은 저학년도 고학년처럼 혹은 중학교처럼 교과를 다루는 데 익숙하도록 길러지고 있다고 볼 수 있다. 초등교과의 통합과 분화로 보면 중학년을 기준으로 국어, 사회/도덕, 영어, 수학, 과학/실과, 예술, 체육, 창체 등으로 분화해도 충분할 수 있는데, 과목당 24단위 정도를 배우므로 중학생을 가르칠 준비를 하는 셈이다. 보다 통합된 과목별 전공필수를 10단위 정도로 줄이고 전공선택이나 심화전공을 통해 초등 저학년이나 중학생을 가르칠 과목과 학점을 배정하는 것도 방법일 수 있다. 그래서 교사들이 학년군을 넘나들 수 있도록 해야 할 것이다.

둘째, 초등교사 양성교육과정을 보면 초등학교 저학년의 특성을 살린 통합교육과정은 대체로 1~2과목 정도만 개설하고 있어 매우 빈약하다. 그리하여 예비교사가 유치원에서 갓 올라온 초등 저학년 아동에 대한 배려를 배울 기회가 부족해 보인다. 교육과정으로 보면 유치원은 미분화된 활동, 초등 저학년은 통합된 활동, 고학년은 분화되기 시작한 기본교과가 등장한다. 실제로 교육과정 문서상으로는 국어, 수학, 즐생, 바생, 슬생, 창체(안생)의 6개 영역이었다가, 국어, 사회/도덕, 수학, 과학/실과, 체육, 예술(음악/미술), 영어, 창체의 8개 영역으로 나누어진다. 그렇지만 교대나 초등교육과에서는 더 분화된 11개 이상으로 나누어 가르친다. 현장의 초등교사들은 저학년에서는 유치원과 유사하게 활동과 놀이가 상대적으로 비중이 높은 교육활동을 펼치고, 고학년에서는 상대적으로 기본교과를 중심으로 학생들을 가르친다. 교대의 교육과정은 저 · 중 · 고학년 학생의 발달을 고려한 교과의 통합과 분화가 체계화되어 있기보다 고학년 교과 위주로 구성된 편이다. 초등 예비교사들은 초등 고학년과 중학교 학생들의 특정 교과를 가르칠 준비가 되어 있으나, 정작 초등교원 자격증과 중등교원 자격증은 분리되어 있어 실제로는 학교급을 넘어 교과를 담당하는 경우가 거의 없다. 초등교사들이 이렇게 길러지면 초등 고학년에만 집중한 결과로 교과가 교육에 너무 일찍 들어온 셈이 된다는 비판이 있다(고영희, 2012).

셋째, 초등학생들은 전반적으로 신체적 · 정서적 발달과 안녕이 중요한 시기이다. 교사양성 교육과정은 학생들의 발달적 특성을 더 많이 배려하도록 재구성될 필요가 있다. 초등교사 양성교육과정에는 5~6학년 중심의 교과가 강하게 자리 잡고 있고,

이렇게 길러진 예비교사들은 스스로 재구성 능력을 익혀 초등 저학년과 중학년 및 고학년 학생들을 잘 가르칠 것으로 기대된다. 한국은 초등교사 양성과정이 단일체제이고 단일 자격증이 주어지지만, 미국 위스콘신 대학교는 4개의 과정을 통해 다른 교사를 양성하고 있고, 싱가포르 난양기술대학교도 공통과목으로 예술, 수학, 영어, 음악, 과학, 사회를 제시한 뒤 BA(인문사회)와 BSc(과학기술)로 과정을 나누어 문과/이과를 담당할 교사를 나누어서 양성한다. 이는 초등학교에서 교과전담제의 발전 방향에 일정한 시사점을 제공해 준다(안서헌 외, 2018: 144-145). 초임교사의 교직입문 단계에서 처음 맡는 학년으로는 중학년에 해당하는 3, 4학년이 적절하며, 초임교사 학년은 중학년, 고학년, 저학년의 순서로 하는 것이 교사 전문성 발달에 도움이 되므로 현장에서도 좀 더 과학적인 담임 배정 순서가 필요하다(김오선, 2005; 허인옥, 2003).

3) 중등 교사양성 전공교육과정

중등교사 양성기관은 사범대학, 비사대 교직과정, 교육대학원, 특성화고 교사를 길러 내는 특수전문대학 등 전국적으로 319개로 거의 모든 4년제 대학에서 자격증을 부여하여 기관 남설이나 질 관리 방임이라는 비판을 듣고 있다(전제상, 2018). 중등 전기인 중학교는 주로 공통필수 교육과정을 운영하고, 후기인 고교는 진학계와 직업계를 중심으로 진로별 교육과정을 운영한다. 전자는 공통필수 교육과정을 통해 생활교양인을 양성하지만, 고교는 진로별 교육을 통해 대학진학이나 사회진출을 돕는 보다 심화된 내용을 다루거나 나아가 특수, 전문, 직업인 양성을 지향한다. 자유학기제에서 드러나듯이 중학교와 고교는 이론이나 실제로 아주 판이한 교육과정을 운영하는 편이다. 그럼에도 사범대학 등에서는 동일한 교사양성과정을 거치도록 되어 있다. 여기서는 지능정보화와 과학기술 시대에 중요한 과학과 중 화학교육과 교육과정을 통해 교사양성 교육과정을 살펴보기로 한다.

(1) 한국교원대학교 화학교육과 전공과정

〈표 8-7〉은 한국교원대의 전공별 교육과정 편제표를 종합해 본 것으로 중등 교사양성 전공과정이 처한 위치를 확인하는 데 도움이 된다.

한국교원대의 졸업에 필요한 이수학점은 140학점 이상으로, 교양 23학점, 교직

24학점, 전공은 유아 66학점, 초등 90학점, 중등 57학점이다. 개설된 과목들이 모두 교사양성을 위한 것이지만 특별히 교직과정과 전공 교과교육에서 교원자격 무시험 검정 기준의 표시(전공)과목별로 기본이수과목 7과목(21학점) 이상, '교과교육영역'에서 3과목(8학점) 이상을 이수한다. 이 두 개 영역이 유·초등교원 양성에서 교과교육이 확고한 위상을 차지하는 근거가 되고 있다는 것은 앞에서도 지적한 바 있다. 중등학과의 전체 교과교육과가 그러하듯이 화학교육과도 교과교육과 교과내용의 기본과 선택에 걸쳐 57학점 속에 교과 전공과정의 과목이 개설되어 있고, 학점 이수가 규정되어 있다.

표 8-7 한국교원대의 전공별 교육과정 편제(전체)

<table>
<tr><th colspan="3" rowspan="3">영역</th><th colspan="8">전공별 이수단위</th></tr>
<tr><th colspan="2">유아교육과</th><th colspan="2">초등교육과</th><th colspan="4">중등학과</th></tr>
<tr><th>주전공</th><th>복수전공</th><th>주전공</th><th>복수전공</th><th colspan="3">주전공</th><th>복수전공</th></tr>
<tr><td rowspan="10">교양</td><td rowspan="2">청람 인성</td><td>교원인성I</td><td>1</td><td rowspan="9"></td><td>1</td><td rowspan="9"></td><td colspan="3">1</td><td rowspan="9"></td></tr>
<tr><td>교원인성II</td><td>1</td><td>1</td><td colspan="3">1</td></tr>
<tr><td rowspan="2">청람 역량</td><td>안전</td><td rowspan="2">3</td><td rowspan="2">3</td><td colspan="3" rowspan="2">3</td></tr>
<tr><td>소통 · 상담</td></tr>
<tr><td rowspan="5">청람 융합</td><td>창의 · 융합</td><td rowspan="5">18
※ 5개 영역 중 4영역(1과목) 이상</td><td rowspan="5">18
※ 5개 영역 중 4영역(1과목) 이상</td><td colspan="3" rowspan="5">18
※ 5개 영역 중 4영역(1과목) 이상</td></tr>
<tr><td>인간과 삶</td></tr>
<tr><td>사회와 문화</td></tr>
<tr><td>자연과 과학</td></tr>
<tr><td>예술과 스포츠</td></tr>
<tr><td colspan="2">교양 소계</td><td>23</td><td></td><td>23</td><td></td><td colspan="3">23</td><td></td></tr>
<tr><td rowspan="7">교직</td><td colspan="2">교직이론</td><td>12</td><td rowspan="2"></td><td>12</td><td rowspan="2"></td><td colspan="3">12</td><td rowspan="2"></td></tr>
<tr><td colspan="2">교직소양</td><td>6</td><td>6</td><td colspan="3">6</td></tr>
<tr><td rowspan="4">교육 실습</td><td rowspan="2">현장교육실습</td><td rowspan="2">4</td><td rowspan="2">2</td><td>교육실습 4</td><td>2</td><td colspan="3" rowspan="2">4</td><td rowspan="2">(2)
유아나 초등</td></tr>
<tr><td>참관실습 P/F</td><td>P/F</td></tr>
<tr><td>교육봉사</td><td>2</td><td rowspan="2"></td><td>2</td><td rowspan="2"></td><td colspan="3">2</td><td rowspan="2"></td></tr>
<tr><td>응급처치및심폐소생술 실습</td><td>P/F</td><td>P/F</td><td colspan="3">P/F</td></tr>
<tr><td colspan="2">교직 소계</td><td>24</td><td>2</td><td>24</td><td>2</td><td colspan="3">24</td><td></td></tr>
<tr><td rowspan="5">전공</td><td colspan="2" rowspan="2">기본</td><td rowspan="2">24</td><td rowspan="2">24</td><td>22</td><td>22</td><td rowspan="2">교과교육</td><td>기본 3</td><td rowspan="2">9</td><td rowspan="4">57</td></tr>
<tr><td>초등교육학 9</td><td>7</td><td>선택 6</td></tr>
<tr><td colspan="2">심화</td><td>15</td><td>15</td><td>교과교육 및 실기 38</td><td>38</td><td rowspan="2">교과내용</td><td>기본 18</td><td rowspan="2">48</td></tr>
<tr><td colspan="2">선택</td><td>27</td><td>18</td><td>심화과정 21</td><td></td><td>선택 30</td></tr>
<tr><td colspan="2">전공 소계</td><td>66</td><td>57</td><td>90</td><td>67</td><td colspan="3">57</td><td>57</td></tr>
<tr><td colspan="3">자유선택</td><td>27</td><td></td><td>3</td><td></td><td colspan="3">36</td><td></td></tr>
<tr><td colspan="3">사도교육</td><td>P/F</td><td></td><td>P/F</td><td></td><td colspan="3">P/F</td><td></td></tr>
<tr><td colspan="3">합계</td><td>140</td><td>59</td><td>140</td><td>69</td><td colspan="3">140</td><td>57</td></tr>
</table>

위와 같은 중등교원 양성의 큰 틀에서 한국교원대 화학교육과는 '화학에 대한 깊이 있는 이해와 교육에 대한 전문성을 갖춘 우수 화학교사를 양성'하는 것을 목적으로 한다. 화학교육과에서는 학생들에게 교육학, 화학, 화학교육학, 교육실습의 영역을 제공한다. 화학영역에서는 대표적인 세부분야인 유기화학, 물리화학, 무기화학, 분석화학, 생화학 등을 실험과 함께 심도 있게 가르침으로써 화학현상에 대한 이해를 넓혀 주려고 한다. 화학교육과의 교수는 7인으로 화학교육 전공자가 2인이고 5인은 무기화학, 분석화학, 물리화학, 생화학, 유기화학을 전공한 교수들이다.

〈표 8-8〉을 보면 화학교육과의 전공과정에는 총 52개의 과목이 개설되어 있다. 폭넓은 의미에서 과학교육 관련과목은 과학교육론만 필수이고, 과학철학 및 과학사, 과학교재론 6학점은 교과교육영역의 필수과목으로 지정되어 있어 다른 과목들을 선택할 가능성은 매우 희박해 보인다. 전공과목의 경우, 교과교육에서는 기본 3학점과 선택 6학점의 9학점을 이수한다. 교과교육학은 화학교사 양성을 위한 중요한 부분인데 학습이 부족하면 화학과와 교육학 간에 관련성이 약해질 수 있다. 교과내용에서는 기본은 8과목에서 거의 필수로 18학점을 이수하고, 선택으로는 32개 과목에서 30학점을 선택 이수하는데, 학년과 학기에 고정되어 과목을 개설하고 있다.

표 8-8 한국교원대 중등 화학교육과 전공과정 교과목 편성

구분			교과목 학년		1학년		2학년		3학년		4학년		이수학점	
과정		영역	번호	과목명 학기	1학기	2학기	1학기	2학기	1학기	2학기	1학기	2학기	소개	계
전공과정	교과교육	기본	420-310	과학교육론*			3-3-0						3	9
		선택	432-118	과학철학및과학사		3-3-0							6	
			432-125	화학교육과정및평가				3-3-0						
			432-214	화학교재연구*					3-3-0					
			432-225	학생중심화학학습지도					3-3-0					
			432-314	탐구화학실험	3-2-2									
			420-320	과학교재론						3-3-0				
			432-421	화학교육세미나								3-3-0		
			432-411	화학논술*							3-3-0			
			432-320	화학수업의실제								3-2-2		
			432-417	화학교육론심화 I							3-3-0			
			432-418	화학교육론심화 II								3-3-0		

교과내용	기본	432-211	유기화학 I			3-3-0						18	48
		432-212	무기화학 I				3-3-0						
		432-221	유기화학실험							2-0-4			
		432-213	무기화학실험					2-0-4					
		432-223	물리화학 I			3-3-0							
		432-311	분석화학 I			3-3-0							
		432-312	물리화학실험				2-0-4						
		432-321	분석화학실험						2-0-4				
	선택	432-113	일반화학 I	3-3-0								30	
		432-114	일반화학실험 I	1-0-2									
		432-115	일반화학연습 I	1-1-0									
		432-117	기초화학 I	3-3-0									
		432-122	일반화학 II		3-3-0								
		432-123	일반화학실험 II		1-0-2								
		432-124	일반화학연습 II		1-1-0								
		432-126	기초화학 II		3-3-0								
		432-215	화학수학		2-2-0								
		432-226	유기화학 II				3-3-0						
		432-227	무기화학 II					3-3-0					
		432-315	유기분광학						3-3-0				
		432-316	유기금속화학						3-3-0				
		432-317	물리화학 II				3-3-0						
		432-318	생화학 I					3-3-0					
		432-412	유기화학특강							2-2-0			
		432-419	기기분석						3-3-0				
		432-414	물리화학특강							2-2-0			
		432-415	생분자분석및실험							3-3-2			
		432-416	화학사							2-2-0			
		432-324	생무기화학						2-2-0				
		432-325	분석화학 II					3-3-0					
		432-326	통계열역학						2-2-0				
		432-327	생화학 II						3-3-0				
		432-429	화학세미나 I							2-2-0			
		432-430	화학세미나 II								2-2-0		
		432-422	유기합성								2-2-0		
		432-423	무기화학특강							2-2-0			
		432-428	분광분리분석화학								3-3-0		
		432-425	분석화학특강								2-2-0		
		432-426	양자화학					2-2-0					
		432-427	환경화학								2-2-0		
계												57	57

(2) 4개 대학 비교를 통해서 본 화학교육과 전공과정

한국교원대의 화학교사 양성과정이 세분화된 전공과정에 치우쳐 있다는 것은 다른 나라와 비교할 때 잘 드러난다. 국내외 4개 대학에서 개설한 화학교육과 교과목은 〈표 8-9〉와 같다(백종민, 한기태, 장우정, 2018).

이 표를 보면 한국교원대 화학교육과는 전공교과목 수가 가장 많고, 다른 대학에서 개설되지 않은 전공교과들(예: 유기금속화학, 생화학2, 생무기화학, 양자화학, 생분자분석및실험 등)이 매우 세분화되어 개설되어 있다. 서울대 화학교육과의 경우 상대적으로 교육부에서 제시하는 기본이수교과 위주로 26개 과목이 개설되어 있다.

다른 나라의 사례에서는 북경사범대학은 30개, 퍼듀대는 18개 과목을 개설하고 있다. 북경사범대는 특이하게 중학교에서 화학교수법에 대한 과목을 개설하고 있다. 미국 퍼듀 대학의 경우 교수-학습 방법은 주로 교육학과 교직에서 이수하도록 되어 있다. 이는 학교현장에서 과학을 통합적으로 지도해야 하는 현실을 반영한 것으로 보인다. 나아가 화학교육과와 자연과학대학의 화학과의 차별성을 살펴보기

표 8-9 각 대학 화학교육과 전공과목 중 교과교육 관련 과목 개설 현황과 학점 수

개설 교과목	한국교원대	서울대	북경사대(BNU)	퍼듀대(PU)
화학교재연구 및 지도법	3	3	1	–
화학교육론	–	3	2	–
과학교육론	3	–	–	3
화학교육연구	–	3	2	–
화학교육세미나	3	1	2	–
화학교육 실험	3(2)	2	1	–
과학교육 콜로키움	–	1	–	–
화학논술	3	–	–	–
과학철학 및 과학사	3	–	–	–
과학교재론	3	–	–	–
화학교육과정 및 평가	3	–	–	–
화학학습지도	3	–	–	2(과학지도)
화학사	2	–	–	–
화학교실수업 교수법연구	–	–	2	–
중학교 화학교수법 설계	–	–	2	–
중학교 화학실험 설계	–	–	2	–
중 · 외국중학교 화학교육개혁	–	–	2	–

교육실습(학점 수)		6	4	13	10
과목수	교과내용학	32	19	17	12
	일반화학	6	1	4	4
	교과교육학	10	6	9	2
	소계	48	26	30	18

*( ) 안의 수는 주당 실험 · 실습시간임.
출처: 백종민, 한기태, 장우정(2018).

위해 부산대 화학과 개설 교과목과 비교해 보면, 부산대 개설 교과목 수는 33개로 교원대 화학교육과보다 더 적음을 알 수 있다.

이 같은 내용으로 볼 때 과학교사 양성교육과정은 일반대학과의 차별성 미약, 교과내용학과 교과교육학 간의 갈등, 과다하게 세분화된 교과목의 개설, 지식 중심의 교육, 학생을 이해하고 지도할 수 있는 사도교육 부재의 문제점을 지니고 있는 셈이다(권재술, 1999).

양성과정에서 화학만 배운 예비교사들이 현직에서는 중학교 3년과 고교 1년 학생들에게 통합적인 '과학'을 가르친다. 이들의 과학적 소양은 고교 수준에 머물러 있기도 한다. 이과 출신이라고 하여도 물리, 화학, 생명과학, 지구과학의 2수준을 모두 배운 것이 아니고, 수능에서 일부를 선택하여 시험을 치렀으므로 그다음 수준의 과학은 스스로 배워서 가르쳐야 하는 형편에 처하게 된다. "고교과정에서 물리2(물리2와 동급 또는 더 높은 수준의 물리과목)를 모두 이수하지 않은 학생은 물리학1, 2 대신 물리의 기본1, 2를 이수해도 됨. 단, 물리학실험1, 2 해당 실험과목을 동시에 수강하여야 함."이라는 서울대의 과목이수 단서조항을 보면 고교에서 과학을 높은 수준으로 이수하지 않아도 입학이 가능했다는 것을 알 수 있다. 물론 이들이 졸업 후

표 8-10 부산대학교 화학과 개설 교과목

물리화학(I), 물리화학(II), 물리화학실험, 분자분광학, 반응속도론, 나노화학입문, 물리화학특강, 유기화학(I), 유기화학(II), 유기화학실험, 유기분석, 물리유기화학, 유기합성, 유기금속화학, 유기화학특강, 공업화학, 무기화학(I), 무기화학(II), 무기화학실험, 무기화학특강, 분석화학, 분석화학실험, 기기분석(I), 기기분석(II), 기기분석실험, 분석화학특강, 생화학(I), 생화학(II), 생화학실험, 생화학특강, 생물물리화학, 화학연구(Undergraduate Research) **총 33개**

일부 영재고나 과학고에서 교사를 하면 그 전공을 충분히 살릴 수 있겠지만, 이런 경우는 전국적으로 극소수에 불과하다. 결국 이런 교육과정은 교사양성을 위한 것이라기보다 오히려 전공연구자나 교수요원 양성에 더 적합해 보인다.

(3) 중등 화학교육과 전공과정의 특징

중등 화학과 예비교사를 양성하기 위한 전공 교육과정 구성은 졸업한 예비교사들이 모두 고교 2~3학년만 가르칠 것처럼 혹은 영재고나 과학고에서만 가르칠 것처럼 세부전공 교사를 길러 내고 있다. 화학교육과 교육과정을 이수한 예비교사들도 교사가 되면 중학교와 고등학생들에게 각각 과학과 화학을 다 가르친다. 중등 6년간 중학교 3년과 고교 1학년 1년까지는 통합적인 과학을 모두 가르치도록 되어 있다. 물론 전반부 4년 동안은 특정 영역 중심으로 교육과정을 구성할 수도 있을 것이고, 교직생활을 통해 차츰 교사 나름대로 재구성할 수도 있을 것이다. 그럼에도 현재와 같이 지나치게 세부과목에 집중한 학습은 중학교에서 통합과학교사로서 과학을 가르쳐야 하는 현실에 비추어 볼 때 중학교에서 맞게 될 상황을 제대로 준비시키지 못하고 있다. 즉, 중학교와 고교의 교육과정이 다르므로 교사양성과정에서도 상호 구별되어야 하는데 그렇지 못하고 고교 위주로 되어 있으며, 다른 한편으로 중고교를 잇는 가교적 교육과정이 제대로 개설되어 있지 못하고, 하위분야가 세분화되는 과학이나 사회 등의 교과에서는 통합적인 교육과정의 운영이 약하다는 것이다.

결국 이런 학과들은 이공대의 대학들과 다름없는 교과교육 내용을 위주로 교육과정을 구성하고 있는 것이다. 사범대학의 화학교육과, 이과대학의 화학과, 공과대학의 화학공학과의 교육과정을 구별할 수 없을 정도로 한 분과학문에 심화된 교육과정을 개설하고 있는 형편이다. 이처럼 대학의 지나친 과목 세분화는 미래 교사의 역량이나 중등교원 양성이라는 목적보다는 학과 교수들의 세부전공에 따른 교육과정의 구성 또는 대학원 등으로의 진학을 위한 교과목의 구성으로 보인다.

이런 형편은 다른 교과에서도 예외는 아니다. 가령 사회과에서도 그러하다. 역사교육과는 역사만 배우고, 지리교육과는 지리만 배울 뿐, 정치, 경제, 사회문화, 도덕, 윤리 등 일반사회적인 교과목은 거의 배우지 않고 중학교 3년과 고등학교 1학년에서 사회를 가르친다. 사회과를 가르칠 수 있는 이들의 실력은 고교 이후 상당 부분 정체되어 있다고도 할 수 있다. 범과학과 범사회과적 소양이 부족한 가운데 통합적인 교과를 공부해서 가르치는 격이다.

이는 사실상 사범대학의 교사양성과정에 개설하기에 부적합한 교육과정을 개설하여 운영하는 셈이다. 사범대학 교과교육은 문과대학이나 이과대학의 전공과는 달리 학생의 구성주의적 특성과 사회의 실용주의적 특성의 요구를 들어 교과나 학문의 구조주의적 특성을 변용하여 교과를 수단으로 학생을 가르치는 것이다. 이렇게 협소하게 전공에 집중하여 양성된 교사들은 과학을 가르칠 때 자신의 전공영역만 더 강조하거나 더 많은 비중을 두고 가르칠 것이고, 그렇지 않은 영역은 간과할 가능성이 높다. 결과적으로 학생들의 학습권은 침해되고, 교육과정 편성 운영을 위반하는 셈이다.

이에 대한 대안은 크게 세 가지 방향에서 생각할 수 있다. 첫째, 대학의 교사양성 교육과정이 중고교 교육과정 4(통합된 교과)+2(심화된 개별 과목)로 되어 있는 것을 감안해서 전공의 편제를 바꾸는 방법이다. 현재 전공 60학점 중 40학점은 중학교를 고려해서 통합과학 혹은 통합사회에 투여하고, 20학점은 하위 세부과목인 심화전공에 투여하는 방법이다. 그 역으로 20~30학점만이라도 물리, 화학, 생명과학, 지구과학을 아우르는 통합과학과 지리, 역사, 일반사회를 아우르는 통합사회과를 가르칠 필요가 있다. 둘째, 아예 중학교 교사양성과정과 고교 교사양성과정을 분리하고 복수전공이나 이중전공을 통해 두 개의 자격을 이수하도록 하는 것이다. 이렇게 되면 중학교에서 보다 통합적인 기본교과를 가르치고, 고교에서는 진로별로 심화된 교과를 가르칠 수 있을 것이다. 셋째, 통합이나 분과된 전공과목은 학부에서 배우고, 교사가 되는 데 필요한 교육학이나 교육연구법과 현장 적합성을 높이는 교직소양 및 교육실습을 대학원과정에서 적어도 1년 정도 배우도록 하는 방안도 고려할 수 있다.

4) 단일 전공과정과 복수(제2) 전공과정

유 · 초 · 중등 교사양성 전공 교육과정이 교과교육에 치우치고 학생과 사회의 요구를 소홀히 한다는 것이 현장 교원들과 교육학자들의 한결같은 비판이다. 이는 교과교육의 정체성 확립과 연결되는 문제이기도 하다. 이 절에서는 이미 초등교사 양성과정에서 초등 저학년이 소홀히 된 것과 달리 중등교사 양성과정에서는 통합사회과교육과 통합과학교육과를 통해 중학교 교육의 특성을 존중하고자 한 시도가 있었으나 실효성을 갖지 못하여 실종된 현상을 다루고, 뒤에서는 복수자격 혹은 복수전공의 효과적 활용방안을 모색해 보고자 한다.

(1) 학부에서 초등 저학년과 중학 교과 전공과정의 결여

초등교사 양성과정에서 초등 저학년 전공과정에 대해서는 1~2개의 통합교과를 과목으로 다루는 것에 그치고 있다. 심화과정에 설치할 수도 있으나 교원대 등에는 설치되어 있지 않다. 마찬가지로 사범대학에서 중학교 교과 전공과정도 별도로 설치되어 있는 것은 아니다. 여기서는 중등 통합과학교육과를 중심으로 살펴보기로 한다.

중고교에서 화학분야를 가르치는 교사라면 먼저 기본 화학 개념과 화학 개념체계를 정확히 이해하여 의미를 파악하고, 개념 획득과정에서 요구되는 탐구 능력을 배양하는 것은 중요하다. 나아가 세부 전공분야를 넘어 범과학과 내 타 영역에 대한 기본 개념, 타 영역 교과교수법에 대해 교과목의 통합적 안목이 필요할 것이다. 특히 보다 통합적인 중학교 과학교사에게는 이런 교육과정이 더 필요할 것이다. 한국교원대는 중학교와 고교 1학년의 통합과학을 담당하는 교사를 재교육하는 교육대학원 과정의 통합과학교육과에서 이를 담당하고 있다. 즉, 졸업 후 현직교사로서 대학원에 진학하지 않는다면 이런 통합적 안목을 기르기 어렵다고 할 수 있다.

한국교원대 교직교육의 목표는 '교직의 전문성 향상을 위해 교육에 대한 다양한 이론을 이해하고 활용하는 능력과 수업을 포함한 교직의 다양한 업무 수행에 필요한 소양을 갖추도록' 하는 데 있다. 그 하위목표는 "교육현상 및 교수-학습에 대한 전반적인 지식을 기른다. 교직의 다양한 업무 수행에 필요한 기초 지식과 기능을 익힌다. 인간과 학생의 심리 및 학습에 대한 기본 지식을 함양한다. 교육현장 경험을 통해 교직의 실제적 지식을 기른다."의 네 가지인데(한국교원대학교, 2018: 24), 이는 각각 전공, 교직실무, 학생이해, 교육실습에 대응된다.

앞서 제시한 화학교육과 교육과정에서는 중등교사 양성에서 중학교의 교육과정과 학생에 대한 고려가 거의 없음을 확인할 수 있었다. 이에 대응해서 별도로 중학교 학년군 전공 교육과정을 개발할 필요가 있다. 본 연구에 따르면 전공과정에서는 그 해당 교과(군)나 학년군의 교육목표, 교육내용과 활동 경험, 교육평가 등을 중심으로 하되, 학급학년으로 갈수록 교과를 배우는 학습자에 관한 더 많은 연구가 필요하다. 이렇게 하려면 먼저 교원양성대학에서 학년군별로 특성화된 전공 교육과정을 개발해야 하고, 교육부는 학생들의 학습권을 보호하기 위해서 이를 교원양성대학에서 이행하도록 양성기관 평가에서 강권할 필요가 있다. 즉, 중등학과의 경우 고교 중심의 과목별 전공은 광영역적인 통합과학 등으로 보완될 필요가 있다. 그러나 과학교육과는 이름만 우산 개념으로 있을 뿐 사실상 교사양성 교육과정의 주전공으로 개설되어 있지 않다. 이는 교수들이 주전공에 따라 과목을 개설한 데서 기인한다고 할 것이다. 그러나 한국교원대에서는 이를 학부연계 전공이라 하여, ① 통합과학교육, ② 초등과학교육, ③ 과학영재교육으로 개설하고 있거나, 사실상 교육대학원에서 개설하고 있다. 교육대학원의 통합과학교육과 전공 개설은 교원연수에서 자격연수과정을 대체하는 것에 비견할 수 있다. 양성과정에 없다면 연수과정에 설치하여 보완하도록 하는 것도 방법이나 이는 시행착오에 불과하고, 미연에 방지하는 차원에서 양성과정에 개설하는 것이 더욱 중요하다.

통합과학교육 전공은 중등학교에서 과학 일반을 가르칠 교사 요원을 양성하기 위하여 설립되었다. 통합과학교육과 전공교육의 목표는 "유아 · 초등 · 중등교육에 대한 최신 이론과 현상에 대한 심층적 연구를 통해 세계화 · 정보화시대의 교육을 선도하는 데 필요한 교사로서의 전문적 자질과 능력을 함양한다. 아울러 학문적 안목을 길러 교육에 대한 통합적 이해와 변화하는 현장교육에의 적응력을 높인다."로 되어 있다. 과학은 세부적으로 물리, 화학, 생물, 지구과학으로 나뉠 수도 있지만 어떤 내용은 두 분야 혹은 세 분야와 관련되거나 심지어 네 분야와 모두 관련된 통합적인 성격을 띤 것도 있다. 따라서 분리된 네 분야의 전공만으로는 중등학교의 교육과정을 원만하게 운영할 교사 요원을 양성하기 어렵다. 따라서 통합과학교육 전공을 설립하였다. 통합과학 전공에서는 중등학교에서 과학과목을 효과적으로 지도할 수 있는 교사를 양성하게 된다. 이 전공에서는 과학의 네 분야인 물리, 화학, 생물, 지구과학의 기초내용을 폭넓게 학습함은 물론, 네 분야가 통합된 교과와 그것의 지도방법에 대한 교육을 받게 될 것이다. 뿐만 아니라 기존의 네 분야를 전공한 학생이 '복수전공'을 통하여 과학일반을 지도할 수 있는 자질을 함양하도록 교과의 내용을 구성하고 있다(한국교원대학교, 2018: 97). 한국교원대에서는 물리교육과 7인, 화학교육과 7인, 생물교육과 7인, 지구과학교육과 5인의 교수가 교육대학원 통합과학교육과 교육에 참여하고 있다.

〈표 8-11〉에서 학생들은 교과교육에서 기본과 선택으로 별표(*)가 표시된 교과목을 이수하고, 교과내용으로 교과내용 기본영역(물리, 화학, 생물, 지구과학)에서 소속 학과를 제외한 영역별로 2과목 이상을 이수하여야 하는데, 규정에 따르면 4개 영역 각 3학점의 2과목씩 24학점을 이수해야 하나 표에 따르면 18학점을 이수하고 나아가 선택에서 30학점을 이수하도록 되어 있다. 통합과학교육과에서는 전공과목의 교과교육영역 3과목 8학점을 '과학교육론' '과학교재론' '물리논술교육 및 지도법, 화학논술, 생물논술, 지구과학논술 중 하나'를 택하여 9학점을 이수하도록 하고 있다. 또한 전공의 기본이수과목에서 표시과목별 7개 과목 21학점에 대해 한국교원대에서는 다음과 같이 대응하고 있다.

기본이수과목을 보면 중학생을 위한 통합적인 과학교육을 위한 강좌들이 체계적으로 개발 · 제시된 것은 아니다. 서울대의 경우는 통합과학(일반물리, 화학, 생명과학, 지구과학)을 교양필수(14학점)로 이수하게 하고 있다. 이 경우 중학교급에서는 과학교사들이 시행착오를 겪으면서 통합과학적 안목을 기를 수밖에 없을 것이고, 그 피해는 고스란히 학생들에게 전가된다. 이화여대의 경우 연계전공(통합사회, 통

표 8-11 한국교원대 통합과학교육 전공과정의 교과목 편성

과정	영역		번호	과목명 학기	1학년 1학기	1학년 2학기	2학년 1학기	2학년 2학기	3학년 1학기	3학년 2학기	4학년 1학기	4학년 2학기	이수학점 소개	이수학점 계
전공과정	교과교육	기본	420-310	과학교육론*					3-3-0				3	9
		선택 (1)	431-420	물리논술교육및지도법*								3-3-0	3	
			432-411	화학논술*						3-3-0				
			433-415	생물논술*							3-3-0			
			434-414	지구과학논술*							3-3-0			
		선택 (2)	420-320	과학교재론*						3-3-0			3	
			421-403	컴퓨터와과학교육					2-1-2					
			421-151	중등과학실험						3-2-2				
			431-411	물리교육연구							3-3-0			
			432-225	학생중심화학학습지도					3-3-0					
			432-325	화학수업의실제								3-2-2		
			433-416	생물교육연구							3-3-0			
			421-414	지구과학교육연구							3-3-0			
			421-215	STEAM교육론			3-3-0							
			421-119	융합교육의 이해	3-3-0									

교과내용	기본	물리	421-111	기본물리학및실험 I	3-3-2								18	48
			421-112	기본물리학및실험 II		3-2-2								
			431-221	현대물리학 I				3-3-0						
			431-311	전자기학 I					3-3-0					
		화학	421-111	기본화학및실험 I	3-2-2									
			421-114	기본화학및실험 II		3-2-2								
			432-211	유기화학 I			3-3-0							
			432-212	무기화학 I				3-3-0						
		생물	421-115	기본생물학및실험 I	3-2-2									
			421-116	기본생물학및실험 II		3-2-2								
			433-317	세포생물학			3-3-0							
			433-422	분자생물학							3-3-0			
		지구과학	421-117	기본지구과학및실험 I	3-2-2									
			421-118	기본지구과학및실험 II		3-2-2								
			434-202	지질학 I			3-3-0							
			434-405	대기과학							3-3-0			
	선택		431-215	물리화학탐구			1-0-2						30	
			421-214	기초역학			3-3-0							
			431-211	역학 I			3-3-0							
			432-223	물리화학 I			3-3-0							
			421-313	물리학세미나					2-2-0					
			421-441	일반천문학					3-3-0					
			434-329	야외지질학및실습					3-2-2					
			432-311	분석화학 I			3-3-0							
			432-429	화학세미나 I						2-2-0				
			421-444	일반지질학						3-3-0				
			434-307	지구물리학 I						3-3-0				
			432-314	탐구화학및실험	3-2-2									
			421-464	기초미생물학						3-3-0				
			421-465	기초생태학							3-3-0			
			434-415	지구과학탐구론							3-3-0			
			421-453	생물세미나							2-2-0			
			433-451	생물학연구								3-3-0		
			421-461	기초동물생리학				3-3-0						
			421-462	기초식물생리학					3-3-0					
			434-415	지구과학교육세미나								2-2-0		
			434-303	지질학 II					3-3-0					
계													57	57

표 8-12 한국교원대 통합과학교육과의 기본이수과목(교직과목)

학과	기본이수과목 또는 분야		본교 개설과목				비 고
			교과목 번호	교과목명		학점	
통합과학	(1)	통합과학교육론 및 통합과학지도	420-310	과학교육론		3	(1) 분야에서 1과목, (2)~(5) 분야 중 각 분야에서 2과목 이상 이수(주전공 표시 과목 해당 분야 제외)
	(2)	일반물리학 및 실험	421-111	기본물리학및실험 I	모두 이수	3	
			421-112	기본물리학및실험 II		3	
		전자기학	431-311	전자기학 I		3	
		현대물리학	431-221	현대물리학 I		3	
	(3)	일반화학 및 실험	421-113	기본화학및실험 I	모두 이수	3	
			421-114	기본화학및실험 II		3	
		무기화학	432-212	무기화학 I		3	
		유기화학	432-211	유기화학 I		3	
	(4)	일반생물학 및 실험	421-115	기본생물학및실험 I	모두 이수	3	
			421-116	기본생물학및실험 II		3	
		세포학	433-317	세포생물학		3	
		분자생물학	433-422	분자생물학		3	
	(5)	일반지구과학 및 실험	421-117	기본지구과학및실험 I	모두 이수	3	
			421-118	기본지구과학및실험 II		3	
		지질학	434-202	지질학 I		3	
		대기과학	434-405	대기과학		3	

합과학)을 이수하는 경우 주전공에서 이수한 전공과목 중 15학점까지 연계전공의 이수학점으로 인정(중복인정)하여 졸업학점 140학점 중 70학점을 이수하도록 되어 있다. 그러나 이를 위한 별도의 교육과정 편성표가 없고, 네 개 하위영역의 주전공 교육과정만 안내하고 있었다. 화학교육과에서도 140학점 중 전공은 70학점을 이수하되, 복수전공자의 최소전공은 51학점이다. 이화여대에서는 모집단위 설치전공(학과)은 아니지만 관련이 있는 2개 이상의 전공(학과) 또는 학부가 연계하여 교과과정을 제공하는 연계전공을 통해, 2006학년도 이후 입학생 중 사회생활학과/사회과교육과 학생과 사학 전공, 사회학 전공, 정치외교학 전공, 법학과 교직과정 이수 예정자에 한하여 통합사회(공통사회)를, 또한 과학교육과 학생과 물리학 전공, 화학

전공, 화학 · 나노과학 전공, 생명과학 전공 교직과정 이수예정자에 한하여 통합과학(공통과학)을 복수전공으로 이수할 수 있도록 조치하고 있으나 효과는 크지 않다. 무엇보다 현장에서 이에 대한 별도의 임용수요가 크지 않기 때문이다. 높은 수준의 전공을 깊이 있게 공부했기에 낮은 수준의 통합과학을 문제없이 가르칠 것으로 상정하고 있기 때문이고, 특별히 중학교 통합과학(공통과학)을 가르칠 별도의 자격도 요구하지 않기 때문이다.

(2) 복수(제2)전공을 통한 전공과정 정상화의 가능성과 한계

학생의 점진적 발달과 성장, 교과의 점진적 통합과 분화, 학생 수 급감에 따른 소규모 학교의 증가 등은 새로운 교육과정을 편성 · 운영할 것을 요구한다. 이에 따라 교사양성 교육과정은 보다 탄력적인 대응이 필요하다. 학년군을 넘나들 수 있는 교원의 양성이 이루어져야 한다. 이는 협력적 통합운영학교, 이음학교에서 일하는 데 어려움이 없는 교원을 양성하는 것을 말한다. 이렇게 양성된 교사의 학년군 내의 담임연임제도도 하나의 운용안이 될 수 있다.

특정 전공에 치우치는 것을 완화하기 위한 또 다른 장치는 복수전공이다. "복수전공을 통해 학교급별 또는 교과교육 간의 연계적 이해를 높이고 현장에서의 변화에 효과적으로 적응할 수 있도록 한다."(한국교원대학교, 2018: 24) 여기서는 복수전공을 통해 특정 전공에 고착된 교사양성 교육과정을 개선하여 학교급별 또는 교과교육 간의 연계 가능성을 찾아보자.

〈표 8-13〉을 보면 입학 시 소속 학과에서 주전공으로 유아교육과는 140학점 중 자유선택 27학점을 제외한 113단위, 초등교육과는 심화과정 21학점과 자유선택 3학점을 제외한 116단위, 중등학과는 자유선택 36학점을 제외한 104단위를 이수한 이후에 복수전공에 나설 수 있다. 졸업이수학점 140학점에서 보면 유아교육과는 자유선택이 27학점, 초등교육과는 자유선택 3학점과 심화과정 21학점의 24학점, 중등학과는 자유선택이 36단위에서 출발하여 복수전공을 할 여유를 가진 셈이다. 또 복수전공을 할 경우 유아에서는 전공 57학점과 실습 2학점을, 초등에서는 전공 67학점과 실습 2+P/F를, 중등에서는 57학점과 유 · 초등의 경우 실습 2단위를 이수해야 한다.

이화여대에서는 이를 '최소전공'이라고 하여 유아교육에서는 51학점, 초등교육에

표 8-13 한국교원대의 복수전공을 위한 학점 이수 규정

소속학과 \ 복수전공학과	유아	초등	중등학과
유아		182학점 유아(113)+초등(67)+실습(2+P/F)	172학점 유아(113)+중등(57)+실습(2)
초등	175학점 초등(116)+유아(57)+실습(2)		175학점 초등(116)+중등(57)+실습(2)
중등학과	163학점 중등(104)+유아(57)+실습(2)	173학점 중등(104)+초등(67)+실습(2+P/F)	161학점 중등(104)+중등(57)

서는 57학점, 과학교육에서는 51학점을 요구하여 상대적으로 이수부담이 적게 규정되어 있다. 즉, 복수자격 취득을 위해서는 어느 학교급이나 상호 교차하여 자격을 취득할 수 있도록 되어 있으나 문제는 유아에서 중등으로 혹은 그 역으로, 초등에서 고교로 건너뛸 수 있다면 이는 교육적 고려가 매우 부족한 교육과정 이수체계라는 점이다. 가령 중등의 화학교육을 세부 전공한 학생이 어떻게 유아교육을 복수 전공하여 유아를 다룰 것인가? 이는 초등교원 양성을 위한 목적중심 대학인 교대의 정원 제한에 따라 초등과 중등 사이의 복수전공도 사실상 쉽지 않다.

비사대와 같이 타 전공과에서 복수전공을 하려는 학생들은 자기 주(제1)전공 학과에서 학업성적이 상위 10%에 들어야 한다. 한국교원대의 입학정원은 546명으로 여기서 분석한 유아교육과는 19명, 초등교육과는 111명, 중등 화학교육과는 20명이다. 교원임용률이 높은 초등교육과를 타 전공과에서 이수하려는 학생이 가장 많아서 매년 40명 정도가 지원하는데, 다른 전공에서 초등교육을 복수 전공하려면 4년 안에 175학점을 이수해야 한다. 역으로 중등학과나 유아교육과로 복수전공을 하려는 학생은 많지 않은 편이다.

〈표 8-13〉을 보면 모든 학생이 재학 중에 혹은 졸업을 연장해서 복수전공을 할 수는 있는데, 최소 161학점에서 최대 182학점까지 이수해야 한다. 통상 학생들은 학기당 18학점 정도를 이수하므로 재학연한을 넘겨서 복수전공을 하게 된다. 중등학과 소속 학생은 자유선택 36학점을 이용하고 추가로 21학점을 더 이수해서 총 161학점을 이수해야 복수전공 자격을 취득하게 된다. 특히 초등 저학년과 고학년,

중학교와 고등학교를 나눌 필요성은 학생 발달이나 학교교육과정에 있어서는 분명하지만 기존 교사양성과정은 하나로 묶여 왔다. 하나의 대안은 140학점 안에서 복수(제2)전공을 할 수 있는 가능성을 모색하는 것이나, 현실적으로 이미 단일 과목 전공과정이 졸업이수학점 수가 매우 많아서 복수자격 취득이 어려우므로, 본래의 전공에서 교과교육영역과 기본이수과목과 같은 제1전공을 필수 위주로 대폭 줄일 필요가 있다.

현재는 중등학과 학생이 중학교 과정을 별도로 이수하거나 중학교와 초등학교 고학년을 이수할 '특화된 기회'가 없다. 결국 복수전공은 모두 열려 있는 듯하나 사실상 정교하게 연속적으로 대응하도록 만들어지지 않았다. 한국교원대 화학교육과의 52개 과목 개설이나 전공 57단위 이수와 같이 제1전공 하나에 과도한 투여를 하고 있다는 것이다

(3) 학년군에 특화된 전공과정의 개발과 복수전공과정 이수방식 개선

재학 중에 제1전공과 제2(복수)전공을 통해 아래위 6개년간의 2개 학년군을 감당할 수 있는 교사를 길러 내는 것은 이론적으로나 실제적으로 절대적으로 필요하다. 앞에서 우리는 6−3−3의 학제(학생 수용), 6−6의 교원 양성과 운용(교사 자격과 근무 범위), 9−3의 공통과 선택 교육과정 등 교육활동에 핵심적인 세 제도가 서로 달라서 연속적이어야 할 학생 발달과 학생들의 발달 단계별 특성에 상응하는(compatible) 교육과정 운영이 어렵다는 것을 진단한 바 있다.

유 · 초 · 중등학교 15년에 걸친 교육과정은 이론적으로 보면 취학전과 초등 저학년의 미분화 통합의 활동중심 교육과정에서 출발하여, 점차 개념적(추상적) 사고와 인지적 학습을 시작할 도구적 준비를 갖추는 초등 고학년과 중학교의 기본교과 중심의 교육과정을 거치고, 나아가 고교 졸업 후 대학진학 혹은 사회진출을 위한 진로별 교육과정을 운영하고 이를 가르치는 교사를 기르고 각 시기 학생들의 배움을 돕는다(홍후조, 2017). 아래 학년으로 갈수록 아동과 학생에 대한 개인적 · 집단적 인간 이해가 중요하고, 위 학년으로 갈수록 상대적으로 교과에 대한 이해가 더 비중 있게 다가온다. 어느 편이든 점진적 통합과 분화가 요구되는 부분이다. 이는 교사들이 경우에 따라 아래위 학년군 혹은 옆으로 여러 과목의 복수전공이나 교과군을 가르칠 수 있는 능력을 키워 주어서 학생 수 급감과 학교의 소규모화에 대응하고, 교

사의 전문성 향상에 대한 기대에 부응하는 것을 말한다. 학습자의 발달과 성장, 교과의 점진적 통합과 분화, 학생 수 급감에 따른 소규모 학교와 이음학교의 증가 등이 그것이다. 이 절에서는 앞 절에서 거칠게 열어 둔 복수전공을 보다 정교하게 구상해 대안으로 제시해 보기로 한다.

어느 누구나 입학 시 제1전공(주전공)을 유, 초저, 초고, 중, 고 중 3개년의 학년군 하나를 교과와 학생을 이해하는 전공으로 삼을 필요가 있다. 제1전공을 한다면 아래 혹은 위 3개년 학년군을 제2(복수 · 이중 · 연계 · 융합)전공으로 재학 중 이수할 수 있도록 교육과정을 재설계하는 것이 바람직할 것이다. 〈표 8-14〉는 이를 모형화한 것이다.

이 표에서 보면 인근 학년군을 제2전공으로 이수하는 것이 학생 발달의 연속성에 대한 이해, 교과의 체계적 통합과 분화 측면에서 바람직하다. 반면, 한국교원대처럼 몇 개 학년군을 건너뛰어 제2전공을 하는 것은 교육적이지 못한 편이다. 가령 유아교육과 같이 아동 중심의 활동에 치중한다면 유아교육과는 이를 확장해서 초등 저학년 교육을 제2전공으로 하는 것이 바람직할 것이다. 또는 동급으로 횡적으로 현실적으로 존재하는 보육기관의 교사자격을 제2전공으로 삼을 수도 있다. 유아교육을 하면서 중학교육 혹은 고교교육으로 건너뛰는 것은 교육의 점진적 발전(progress)과 계열(sequence)을 심각하게 훼손할 여지가 있다. 초등 저학년 교육을 제1전공으로 하는 초등교육과는 아래로 유아교육이나 위로 초등 고학년 교육을 제2전공으로 할 수 있으면 바람직하다. 초등교육에서 고교교육으로 훌쩍 건너뛰는 것은 교육적으로 바람직하지 못하다. 차례로 초등 고학년 교육을 제1전공으로 할 경우 아래로 초등 저학년 교육이나 위로 중학교육을 제2전공으로 하면 적절하다. 중학교육을 제1전공으로 할 경우 아래로 초등 고학년 교육 혹은 위로 고교교육을 제2전공으로 하는 것이 더 적절하다. 고교교육의 특정 교과를 제1전공으로 할 경우 아래로 중학의 교과나 옆으로 직업계 고교에서 가르칠 제2전공을 준비하는 것이 전문성을 갖추는 길이다. 직업계 과목을 제1전공으로 할 경우, 일반고나 중학교에서 해당 과목을 가르칠 준비를 제2전공으로 하는 것이 적절할 것이다. 어느 학년군에서나 아래위로 양날개를 펼치는 식이면 적절할 것이다. 아래는 보다 통합적이고 학생에게 더 큰 관심을 두는 식을 말한다. 이는 교원양성기관 평가를 통해 지속적으로 유도되어야 학생을 위한 현장지향적인 예비교사 양성교육과정으로 개선될 수 있을

표 8-14 교사양성기관에서 제2전공의 적정 범위

	유아교육(3년)	초저 교육(3년)	초고 교육(3년)	중학교육(3년)	고교교육(3년)
유아교육 전공	보육기관				
	⇅				
	유치원				
초저교육 전공		초 저학년			
초고교육 전공			초 고학년		
중학교육 전공				중학교	
고교교육 전공					일반고
					⇅
					직업고

* 위 표에서 제1전공 제2전공 재학 중 보다 현직 경력 교사의 자격연수를 통해 복수자격화할 범위

것이다.

앞서 한국교원대에서 학년군을 크게 건너뛰는 복수전공은 교육적 고려가 치밀하지 못하게 명백히 과장된 것이다. 인근 학년군을 벗어난 학년군 전공과정은 현직의 경력교사들이 자격연수를 통해 가까운 학년군부터 차례로 복수(제3, 제4)전공으로 이수할 부분이다. 이는 〈표 8-14〉에서 음영 처리가 되어 있지 않은 부분을 지칭한다.

3. 교사양성 전공교육과정의 특징 요약

교육과정의 핵심은 교사와 학생 간에 주고받는 그 무엇인데, 그 주목하는 바가 교과지식의 전달이나 이해를 강조하는 것이냐, 학생의 전인적 성장 · 발달에 대한 배려냐, 혹은 사회적 요구를 충실히 따라서 실용성 높은 지식과 기술에 주목하느냐의 비중 차이에서 드러나는데, 이는 교과나 학년군에 따른 '정도나 비중의 차이'라고 할 수 있다. 앞서 이루어진 교사양성 전공 교육과정에 대한 분석을 통해 다음과 같은 요약과 개선점을 열거할 수 있다.

첫째, 문서상 드러난 유아 교사양성 전공 교육과정만 본다면 초등 저학년에 해당하는 교과적 특성이 교육과정에 깊이 들어와 있다. 이는 교사양성 교육과정 교수들

의 학문적 배경과 깊은 관계가 있어, 교육과정을 먼저 학문과 교과로 생각하기 때문이다. 유치원과 어린이집을 망라하는 공교육체제로서 유아학교에는 사실 교과가 들어갈 틈이 거의 없고, 교과적 학문체계 역시 거의 필요하지 않다. 물론 아동을 가르치는 소재에 교과의 맹아는 충분히 들어 있을 수도 있다. 가령 언어영역 정도를 교과와 연결할 수 있을 것이다. 그럼에도 과학, 사회 등의 교과명 앞에 유아를 붙이고 과목이 개설되는 것이 현실이다. 이는 학부모들의 조기교육열을 오히려 교원양성과정에서 알아서 먼저 고려하는 셈이다.

현재의 유아교사 양성교육과정은 초등 저학년을 가르치는 능력을 기르기에 더 적합할 수도 있다. 통합지향적인 초등 저학년의 교육과정은 이 점에서 유치원과 맞닿아 있고, 유치원교사들은 초등 저학년을 가르칠 준비가 어느 정도 되어 있다고도 볼 수 있다. 이 점에서 유아교사 양성교육과정은 상대적으로 유-초 연계교육과정을 운영할 수 있는 준비가 되었다(성승희, 2018)고 할 수 있다.

이런 양성교육과정이 오히려 다행인 점이 있기는 하다. 즉, 농 · 산 · 어촌, 벽 · 오지에는 학생 수가 적지만 멀리 통학하기가 어려우므로 작은 규모의 '마을학교'가 필요하다. 이음학교로서의 마을학교에서는 유아와 초등 저학년의 교육과정을 연계하여 협동 운영할 필요가 있다. 이는 최근 유아교육의 공교육화에도 부응하는 것이다. 이들 학교의 6년을 넘나드는 교원들은 유아교육과와 교육대에서 분담하여 길러 내면 문제가 없을 것이다.

이들 학교에서는 아동의 관심과 호기심을 계기로 만들어 가는(emergent) 교육과정이고 아동의 활동이 중심이 된다. 유아기는 교육과정으로 보면 건강한 생활과 즐거운 생활이 가장 중심을 이룬다(성승희, 2018; 이재창, 2017; 홍후조, 2017). 이후 바른 생활로 자세를 갖추게 되면 초 · 중 · 고교에서는 체계적으로 분화할 슬기로운 생활(인문사회와 과학기술 분야에서 슬기로운 생활)을 중심으로 공부하고 일하게 된다.

또 다른 면은 누리교육과정에서 제시하는 5대 아동 발달영역(신체운동 및 건강, 의사소통, 사회관계, 예술경험, 자연탐구)은 유아교사 양성교육과정에서 핵심을 차지해야 하지만 교사양성 교육과정에서는 이들이 잘 드러나지 않는다(이재창, 2017). 유아교사 양성교육과정에는 미분화된 생활교육과정이 들어 있고, 다른 한편으로 통합지향적인 교육과정도 들어 있는 것으로 보인다. 유치원 현장에서 생성하는 교육과정, 즉 '만들어 가는 교육과정'을 만들어 보는 연습을 양성과정에서 어떻게 하는지에 대해서는 잘 드러나지 않은 것을 보면 이 점은 매우 취약해 보인다. 이런 역량을 체득하는 것은 교육실습이나 수습교사 기간을 통해서 가능한 부분이 많은데, 이 점에서 교육실습 기간이 4주 전후로 짧은 것은 현장지향적인 교사를 길러 내는 데 한계가 있다. 몬테소리의 유아교육처럼 유아의 개인적 · 집단적 발달 특성을 이해하는 교육과정이 교사양성과정에 많으면 많을수록 그 발달을 돕는 예비교사의 현장 적합성이 높아질 것이다.

둘째, 문서상 드러난 초등교사 양성교육과정만 본다면 초등교사들은 5~6학년 교과 교육과정을 주로 배워서 초등 6년을 모두 가르치도록 길러진다. 결국 고학년의 교과지도를 강조하도록 배운 교사들이 저학년의 아동 활동중심 교육을 수행하는 데에는 어려움이 따를 것이다. 학생이 어릴수록 학생에게 주목해야 하는데 교과를 가르치려고 하면 교육활동은 어려움에 직면한다. 일반적으로 우리나라의 초등학교에서는 교과가 강하게 자리 잡고 있어 일찍부터 지식 위주의 교육이 이루어지는 편이다. 국가교육과정기준 문서에서는 초등 저학년 교과(학습영역) 5개, 중학년 교과 7개, 고학년 교과 10개로 점차 확대되도록 겉으로는 표현하고 있으나, 저학년의 5개 교과군과 중학년의 7개 교과군(예: 사회/도덕, 과학/실과, 음악/미술 중심의 예술)은 현장에서나 교사양성 교육과정에서 실종된 셈이다. 교육목적상 구분할 수 있는 기본교과는 호주의 국가교육과정에서 잘 표방한 대로 국어, 외국어, 사회, 수학, 과학, 기술, 예술, 체육의 8개인데, 실제 우리나라 교사양성 교육과정이나 학교현장에서는 11~13개 교과목으로 분할하여 지도하고 있다.

한편, 초등교사 양성교육과정이 고학년의 분할된 교과로 되어 있다는 것은 역설적으로 초등 고학년과 중학교의 통합 운영을 도울 수 있다는 장점도 가진다. 이를 고려하고 또 소규모 학교 통폐합을 고려하면 향후 초등교사 양성교육과정은 현재 3개의 학년군보다 고학년과 저학년의 2개 학년군으로 나누어 대응하는 것이 더 적합할 것이다. 즉, 보다 통합적인 아동 중심의 저학년을 위한 교육과정과 상대적으로 8개의 기본교과 지향적인 고학년을 위한 교육과정으로 나누어 대응하는 것을 말한다. 이렇게 되면 아래로는 유아학교, 위로는 중학교와 학교 운영을 통합적으로 하는 데 도움이 될 것이다. 유아교육과의 접목을 고려할 때 초등교사 양성교육과정에서는 통합교과 혹은 통합교육과정을 1과목 정도로 매우 적게 다루는 실정인데, 저학년 아동을 더 많이 배려한다면 이 부분을 더 확대 · 강화할 필요가 있다. 현재 중학교와 접점이 될 만한 심화전공이 개설되어 있는데, 이에 더하여 유아학교와의 접목을 위한 노력이 초등교사 양성교육과정에 들어온다면 유-초 연계교육과정이나 6년제 마을학교 상황에 적절히 대응할 수 있을 것이다.

학생 수의 급감으로 인해 농 · 산 · 어촌과 도심의 소규모 학교들에서 저학년은 유치원과 유사하여 협동 운영이 이루어지고 있고, 고학년은 중학교와 유사하여 협동 운영의 필요성은 높지만 잘 이루어지지는 않는다. 대도시 대규모 학교의 고학년 교사는 영어, 과학, 음악, 미술, 체육 등에서 교과전담의 도움을 받지만 소규모 학교에서는 이를 기대하기 어렵다. 소규모 학교에서 교과전담의 도움을 받지 못하는 초등교사는 주당 수업 시수가 넘치고, 분화된 과목을 가르치는 중학교 교사는 수업 시수를 확보하지 못해 여러 학교를 순회해야 하는 처지에 있다. 교과전담 과목을 중심으로 초 · 중학교 교사들이 상호 넘나들 수 있다면 더 나은 효과를 기대할 수 있을 것이다.

셋째, 문서상 드러난 중등 교사양성 전공 교육과정만 본다면 중등 예비교사는 고교 2~3학년 과목을 배워 중고교 6년을 가르치도록 길러지고 있다. 중학교와 고교의 교육과정은 **진학계 고교**에서는 어느 정도 연속성이 있으나 **직업계 고교**에서는 단절되는 편이다. 연속성이 있는 중학교와 진학계 고교의 경우에도 교육목적상 지향하는 바는 서로 다르다. 고교는 진로에 따라 선택과 집중이 요구된다. 그럼에도 불구하고 중등교사 양성교육과정은 고교 2~3학년에서 상당히 분화된 과목을 가르치는 것을 기본으로 특정 과목전공에 치우친 교과목을 개설하고 있다. 중학교 1~3년과 고교 1학년까지 전기 4년간은 상대적으로 통합된 교과를 가르치게 되어 있어, 중학교 교육과정은 양성과정에서 **영(null)교육과정화**되어 있다. 앞에서 살펴본 화학교육과의 경우 심지어 이과대 화학과보다 많은 교과목을 전공에 개설하고 있으나 중등 전기 4년의 통합적인 과학을 가르칠 준비를 거의 시키지 않고 있다. 이는 대학수준의 전공을 어렵게 가르쳐 두면 배우지 않은 더 쉬운 내용조차 잘 가르칠 수 있다는 가정에 바탕을 둔 것으로 보인다. 사대 등에서는 중학생을 위한 그리고 교과교육을 위한 교과목 개발에 취약하다.

이에 대한 대안은 크게 세 가지 방향에서 제시할 수 있다. 첫째, 대학의 교사양성 교육과정이 중고교 교육과정 4(통합된 교과)+2(심화된 개별 과목)로 되어 있는 것을 감안해서 전공의 편제를 바꾸는 방법이다. 둘째, 중학교 교사양성과정과 고교 교사양성과정을 분리하고 복수전공이나 이중전공을 통해 두 개의 자격을 이수하도록 하는 것이다. 셋째, 통합 또는 분과된 전공과목은 학부에서 배우고, 교사가 되는 데 필요한 교직이론 과목, 교직소양, 교육실습 등은 1년 이상 대학원과정에서 배우도록 하는 방안이다.

더구나 고교의 경우 진로별 교육을 실시해야 함에도 불구하고 이를 위한 국가교육과정기준 문서도 미진하지만 교사양성 교육과정에서도 교사가 되어 진로에 따라 자신의 교과목을 변용해서 가르칠 수 있는 재구성 능력을 키워 주기에는 역부족이다. 고교 교사는 자신의 교과를 먼저 진로[문이예체 4대 계열, 나아가 인문, 사회, 경상, 국제, 이학, 공학, IT, 농림수산, 체육(개인 · 단체)운동, 체육산업, 미술디자인, 음악, 연극영화, 문화콘텐츠 등의 진로별 과정]에 맞게 가르칠 범위, 수준, 분량, 심도를 재조정 · 재구성하는 능력도 필요하고, 아울러 공통필수 교과목에서처럼 학생의 생활 경험이나 사회적 요구 및 여타 인근 교과와의 통 · 융합 등 '이중의 교육과정 재구성' 능력이 요구된다. 이는 학생들의 다양한 진로별 요구에 따라 많은 과목을 개설해야 하는 형편과 교과목의 다양한 진로별 분화에 대비하여 중등교원에게 복수자격을 요구하는 추세와도 연결될 수 있다.

넷째, 문서상 드러난 바에 따르면 거의 모든 학교급에서는 단일(제1, 주)전공의 이수학점이 과다한 편이고, 복수(제2)전공을 통해 다른 학교급의 교사자격과정을 이수하기 위한 교육과정이 서류상 규정되어 있으나 실효성이 떨어지고 교육적으로 정교하게 기획되지 못한 편이다. 한국교원대의 경우 모든 유아, 초등, 중등 예비교사는 복수전공을 통해 다른 모든 학교급의 교사자격을 취득할 수 있도록 열어 두었다. 그러나 입학 시 전공학과의 이수할 학점 수, 특히 주전공 학점 수가 매우 많아 실효성이 떨어지는 편이다. 더구나 단일전공으로 이수할 학점 수가 너무 과다한 데 반해, 초등교육에서는 저학년을 가르칠 교육과정적 준비가, 중등교육에서는 중학교를 가르칠 교육과정적 준비가 거의 전무하다시피 하다.

특히 교원자격 무시험검정 기준에 따라 전공과목의 ① **교과교육영역** '교과교육론, 교과교재 연구 및 지도법, 논리 및 논술' 분야에서 각 1과목을 반드시 포함하여 8학점 이상을 이수하여야 한다는 규정과, ② **기본이수과목**[표시과목별 21학점(7개 과목) 이상]을 반드시 이수하여야 한다는 규정에 근거하여 대학에서는 각종 교과교육의 내용과 방법에 관련된 과목을 만들어 내고 있다. 즉, 이 두 가지 규정이 교원양성과정에서 교과교육을 지나치게 강화하는 수단으로 오용되는 면이 있다는 것이다. 이로 인해 단일전공 교육과정을 이수하는 데 충분함에도 이에 더하여 초등은 심화전공을, 중등은 전공선택을 추가로 필수로 부과하고 있다. 단일(제1)전공을 최소 필수화하고 복수(제2)전공을 하여 교사교육의 전문성을 높여야 할 것이다. 이를 교정하기 위한 규정을 둔다면, 첫째, 학년군의 학습자 발달을 이해하는 데 초점을 맞춘 강좌 개설과 둘째, 교과교육의 내용과 방법의 균형적 발전을 고려한 강좌 개설을 제시할 수 있다.

이 장에서는 교과지향적인 교사양성 교육과정의 문제점을 해소하고 교사가 재학 중 복수의 자격증을 취득하려면 초등 저학년 전공과정과 중학교의 통합적인 교과 전공과정이 신설될 필요가 있다고 보았다. 이는 초등 저학년의 통합된 활동과 교과를 지도할 수 있는 예비교사의 역량을 강화한다는 것을 의미한다. 나아가 입학 시 제1(주)전공과 함께 재학 중 제2전공을 필수화하는 것을 말한다. 즉, 두 개의 전공과정을 재학 중 이수하되, 가장 가까운 인근 3개년 학년군의 전공과정을 복수로 이수하는 것이 교육적으로 더 바람직하다는 것이다. 이렇게 하려면 현행 제1전공에 해당하는 학점 수를 학생의 개인적 · 집단적 발달 특성 이해와 교과의 내용과 수업을 중심으로 대폭 줄이는 노력이 필요하다. 교과에서는 학년군 학생들의 발달 특성에 상응하여 미분화, 통합, 분화, 세분화의 체계적 분화와 통합에 유의할 필요가 있다. 이는 중등교사 양성에서 역사교육과를 제1전공으로 하고 통합사회과를 제2전공으로 하며, 화학교육과를 제1전공으로 하고 통합과학과를 제2전공으로 하는 것을 의미한다. 중등에서는 오히려 통합과학교육과를 제1전공으로 하고 화학교육과를 심화(복수, 제2)전공으로 하는 것이 정상화의 길이다. 즉, 장기적으로 그리고 발달적으로 보면 제1전공을 중학교 교과로 하고, 심화전공은 고교 교과로 하는 것이 바람직할 것이다. 이로써 교사들은 학교급을 넘어 학생들의 연속적 발달을 좇아 가르칠 수 있게 되고, 통폐합된 소규모 학교나 이음학교에서 교육과정의 협동적 운영은 실질적으로 가능해질 것이다.

4. 결론 및 제언

이상과 같은 분석과 요약에 기초하여 교사양성 교육과정이 지향할 바를 제언하면 다음과 같다.

첫째, 교사양성 교육과정에서는 교과보다 학생을 어떻게 이해하고 대할 것인가에 관한 교과목의 비중을 늘릴 필요가 있다. 특히 교과의 비중이 약한 유·초등학교로 갈수록 이는 더욱 긴요하다. 교과를 어떻게 잘 가르칠 것인가도 중요하지만, 그 내용은 학생의 개별적 혹은 소집단별 차이에 대응하는 능력이라고 할 수 있다. 이로써 어느 한 학생도 낙오되지 않는 모두를 위한 고른 기회의 교육(예: UDL)을 지향할 수 있을 것이다. 학교폭력, 다문화교실 등을 고려하면 교과보다 결과적으로 학생을 대하는 태도나 자세, 방법이 점점 더 중요해지고 있다. 교육의 기능이 점점 복잡해지고 교원의 역할이 다변화됨에 따라 교사가 학생, 동료 교사, 학부모, 교육행정 관계자 등과의 관계에서 어려움, 갈등, 급기야 소진을 겪을 가능성이 높다. 따라서 양성과정에서 이를 예방하고 대처하는 교육이 필요하다. 교육적 관계가 어렵더라도 교육을 통해 학생들이 성장과 발달을 이루어 나가는 것을 보며 가장 큰 보람, 기쁨, 즐거움을 얻는 것이 교직이다.

둘째, 전체적으로 교육과정에서 교과의 비중은 학교급이 올라갈수록 역피라미드형으로, 사회와 학생의 비중은 피라미드형으로 점차 조정될 필요가 있다. 교사양성 교육과정에서는 대학의 학문처럼 어렵게 가르치고 배워 두면 초·중·고교에서 학생에 맞추어 쉽게 가르칠 것이라는 가정을 버려야 할 것이다. 학년군에 알맞은, 교과의 통합과 분화에 알맞은 교사양성 교육과정이 될 필요가 있다. 거듭 강조하자면, 교사의 교육과정 재구성은 초·중등학교 공통필수에서는 특정 교과의 내용과 활동을 타 교과의 그것과 학생의 생활과 요구를 가지고 통합하는 것이지만, 고교의 상이 선택 교육과정에서는 진로별로 다르게 가르치고 배울 수 있도록 진로별로 분화된 여러 하위과목부터 조합을 달리하여 실제로 학생 집단에 따라 내용의 범위, 수준, 분량, 심도를 달리하는 다른 차원의 재구성이 필요하다. 가령 문학을 가르치되 인문과 예술계, 사회계, 이공계, 체육계 학생들에게 여러 장르의 문학작품 중 다른 장르의 문학작품 선정 비중을 달리한다면 진로에 필요한 문학작품을 선정하는 것부터가 재구성의 차원이 다른 것이다(홍후조, 2017). 역량에 따른 교육과정 재구성은 미래 교사 역량 연구, 연구기반 교수 조직 구성, 교원양성기관 간 네트워크 구성, 복수전공 의무화를 주요 내용으로 한다. 교수진 역량개발을 강화하기 위해서는 교수자들 간 학습공동체 활동 권장, 교수 역량 강화 노력에 대한 정성평가 강화가 필요하다(박영숙, 허은정, 황은희, 2018).

셋째, 교사양성 교육과정은 핵심역량을 기르는 **핵심 프로젝트**를 담은 교육과정으로 재구성될 필요가 있다. 우리나라 수업이 상당기간 교과서 위주, 이론 위주, 선택형 지식 암기와 회상 위주로 진행되어 온 것은 어느 정도 연유가 있는 것으로 보인다. 교사들이 초중등학생이었을 때에도, 또한 교사양성 교육과정에서도 그렇게 배워 왔기 때문이다. 이제 아는 것을 넘어 할 줄 아는 능력, 소위 '역량'을 길러 주기 위해서는 초 · 중등학교와 교원양성과정을 통해 직접 해 보는 경험이 필요할 것이 협력적으로 함께 해 보아 할 줄 아는 능력을 길러 줄 필요가 있다. 이는 교사양성과정이 상대적으로 사회의 요구에 부응하는 것이다. 이른바 핵심역량을 기르는, 일부 주지 '교과의 지식의 구조를 꿰뚫는 핵심 프로젝트'를 배우는 경험도 한 가지 대안이 될 수 있다. 핵심 프로젝트는 '교과목이나 특정 프로그램의 핵심적 교육목표(핵심역량, 성취기준)를 가장 잘 반영하는 대표적인 프로젝트로서, 학습자의 능동적 · 협동적 참여를 통해 그에 내재해 있는 지식 · 기능(기술) · 가치(태도) 등을 통합적으로 학습하여 새롭고 유익한 산출물을 창출해 내도록 설계된 중장기적 과제'라고 할 수 있다(홍후조, 조호제, 민부자, 조용, 박상우 2018).

따라서 현재 교과 위주의 교육과정을 대폭 줄이고, 참여, 협동, 활동, 체험, 성취 등을 중심으로 하는, 해 보아서 할 줄 아는 능력을 기르는 역량 중심의 교사양성 교육과정으로 변화될 필요가 있다. 한 학기 동안 혹은 한 학년 동안 특정 과목을 공부했다면 해당 과목의 지식의 구조를 꿰뚫는 핵심역량을 기르는, 대표적 · 핵심적 · 협동적 · 중장기적인 핵심 프로젝트를 수행해 볼 필요가 있다. 각 강좌마다 핵심 프로젝트를 발굴하여 실행할 때 예비교사들도 그 강좌의 핵심을 체득할 수 있을 것이다. 가령 교육과정 강좌에서 교육과정기준 총론이나 학교급 혹은 각론 문서를 개발해 보기 전에는 교육과정이론에서 말하는 교육의 방향과 목표, 학습영역별 구성, 교육과정 실천 담보를 위한 지침 등이 교육 실제에 쓰이기 어렵다. 이런 점에 비추어 볼 때 현행 1~2학점 위주의 분할된 강좌 개설은 지양될 필요가 있다. 주당 1~2시간 수업을 해서는 학생에 대한 이해, 다양한 교수방법과 접근법의 구사, 과정평가, 성장평가 등이 쉽지 않다. 교육현장에서도 STEAM에서 보듯이 지식 습득보다 핵심역량을 기르는 핵심 프로젝트가 점점 강조되고 있다. 이에 따라 학교에서 학생에게 지식을 집어넣어 주는 교육은 더 이상 어렵게 되었고, 학생들의 잠재력을 끄집어내는 교육이 더 유효해졌다(이혜정, 2019). 교사는 급증 · 급변하는 정보와 지식의 복잡계에서 학생들로 하여금 '핵심에 이르는 지름길'을 찾아 주어야 할 것이다(홍후조, 조호제 외, 2018). 수학 · 과학 교과에 더 해당되겠지만, Bruner는 이를 '지식의 구조'라고 명명하였다. 핵심 프로젝트는 지식의 구조를 꿰뚫는 그 무엇이라고 할 수 있다. 교사는 학생의 흥미와 관심, 참여와 체험을 위해서 핵심역량을 기르는 '핵심 프로젝트'와 같은 것을 수행해 보고 지도할 수 있어야 할 것이다. 평생학습시대에는 '교사는 가르치고 학생은 배운다.'는 역할 분담도 점점 사라지고 있다. 가르친다는 용어도 배움을 돕는다, 배움을 안내한다는 쪽으로 변하고 있다.

넷째, 문리과대학을 비롯한 타 단과대학의 교육과정과 교사양성 교육과정의 차별화와 중복의 문제를 해결할 것이 요구된다. 이는 20세기 들어 공교육의 확충에 따라 교사양성 수요가 폭증하여 기존의 문리과대학 교수들이 교대나 사대의 교육과정을 제정 · 개설해 온 전통에 기원하고 있다(홍후조, 2004, 2011). 앞서 모든 학교급 교사양성 교육과정이 고학년 중심의 교과나 학문 중심에 치우친 현실도 이를 반영한 것이다. 실제로 문리대의 ○○학과와 사범대의 ○○교육과의 전공 교육과정의 차이는 교과교육영역(3과목 8학점 이상)과 기본이수과목(표시과목별 7과목 21학점 이상)을 제외하면 거의 유사하다. 문제는 이 부분조차 적절한 규정이 못되어 교과교육을 강화하는 수단으로 전락하고 있다는 것이다. 마찬가지로 이과대학의 ○○학과와 사범대학의 ○○교육과의 소위 교과'내용' 과목의 명칭과 종류도 유사하다. 이는 해당 학문을 제대로 혹은 대학의 학문탐구식으로 어렵게 가르쳐 두면 초 · 중등학교의 쉬운 교과는 잘 가르칠 것이라는 가정에 기인한다. 교사양성 교육과정을 담당하는 대학교수들이 현장의 요구에 귀 기울이기보다 자신의 학문적 관심사를 탐구하여 전수하는 일에 관심이 더 높기 때문이기도 하다. 더구나 대학교수들은 임용될 때 특별히 교직과목을 이수하고 교수자격을 취득하는 것이 아니기 때문에 이런 경험적 가정은 더욱 강화된다. 현실적으로 지난 10년 이상 대학등록금 반값정책, 국가장학금 확대정책, 유럽식 대학교육의 공교육화 논리의 확산 등으로 대학의 교수 임용과 대학의 강의 개설은 점점 어려워지고 있다. 이런 가운데에서도 교사양성 교육과정에서 교육보다 학문, 교육하는 방법보다 교육의 학문적 내용을 강조하는 교수의 임용이나 강좌의 개설은 줄어들지 않고 있다. 간혹 교원양성기관 평가에서 교수 구성이나 과목 개설에서 교육현장성을 강조하고 있지만, 기존 교과내용학 교수들의 영향력이 높아 교사양성 교육과정의 특성을 찾기에는 역부족이다. 하나의 대안은 교과교육 전공으로 교과교육과 교수들의 구성 비율을 높이는 것이다. 특히 교과교육에는 교육과정 총론과 각론의 상호 협력이 요구되듯이 교육학과의 연계가 모학문과의 연계 못지않게 중요하다. 다른 하나는 현장교사들 중에서 학문적 성취를 이룬 이들이 교사양성 교육과정을 개설 · 담당할 경우 개선의 여지는 더욱 높아진다는 것이다. 대학의 재정상의 어려움을 감안하면 교과내용 전공 교수나 강좌는 문리과대학에 두고, 현장지향적 교과교육 강좌나 교수는 교사대나 교육대학원에 두는 역할 분담도 고려할 필요가 있다.

다섯째, 교사양성 교육과정에서는 교사의 자기관리 혹은 자기활동을 메타적으로 인식할 수 있는 탐구 능력을 길러 줄 필요가 있다. 교사 학습공동체로 학습 능력을 길러 주고 나아가 실제로 교육활동을 개선할 수 있는 교사 실천공동체가 요구되는 부분이다. 자신이 경험한 교사양성 프로그램에 대한 과학교사의 인식(이기영, 2013)에서도 이론적 요소에 비해 실천적 요소가 부족한 것으로 파악되고 있다. 이는 곧 교사양성 교육과정에서 반영되어야 할 사항이다. 즉, '교사의 교육적 신념과 학교교육의 목표를 일치시켜서 교사의 삶에서 나타나는 내적 갈등을 줄여 주어야 교사가 교육에 헌신'할 수 있을 것이다(김병찬, 임종헌, 2017). 이 점에서 교사들의 전문적 직무수행을 성찰할 수 있도록 교사양성 교육과정에서 객관적 탐구 능력을 길러 줄 필요가 있다. 핀란드 등에서처럼 교사가 학생들에게 점차 연구자로서, 탐구자로서, 발명자로서 평생학습을 수행하는 모습을 솔선수범하여 보여 줄 것이 요구되고 있다. 그렇게 하려면 교사양성 교육과정에서도 연구방법론, 현장연구방법론 등을 교육과정에 반영할 필요가 있다. 현장연구, 교원 학습공동체 등에서도 교육상 시정할 것을 찾고 그 새로운 대안을 마련하려면 교사 스스로 능동적인 연구자가 되고 성찰적 실천가가 되는 바탕을 교사양성 교육과정에서 선행적으로 기를 필요가 있다.

다음의 두 가지는 문명사적 변화에 대응하여 교사양성 교육과정이 전반적으로 '세례'를 받아야 할 부분이다. 교육을 비롯한 인간의 제반 활동은 문명의 변화를 읽고 그에 적응하면 나아가 이를 주도하는 능력을 기르기 위한 것이기 때문이다.

첫째, 폭넓게 보면 모든 교사양성 교육과정에 개설되는 교과목은 지능정보화의 관점에서 재구성될 필요가 있다. 사람, 자연, 사물, 사건 등 만물이 연결되는 **신물활론**(neo-animism)의 지능정보화시대에 새로운 가치를 창출하는 지식이 되도록 하려면 교원들은 그 바탕이 되는 수학, 과학, 기술공학 등에 대한 문해력을 더 넓혀서 학생들이 지능정보사회를 이끌도록 도움을 주어야 할 것이다. 자연과 생명은 BT로, 사물과 사건은 IT로 연결되는데 그 교집합인 T는 computer technology(언어, 프로그램, 과학, 기술, 공학 등)이다. 그러나 고교 1학년까지 교육과정상 시간 배당만 보면 국어, 사회, 외국어가 약 47%인 데 반해 수학, 과학, 기술은 약 30%밖에 되지 않고(홍후조, 민부자, 임혜진, 조용, 백종민, 2018), 그중에 지능정보를 직접적으로 다루는 시간의 비중은 태부족이다. 이렇게 되면 현대문명의 소비자일 뿐 그 이면의 과학기술을 모르는 디지털 문맹자를 양성할 우려가 있다. 지식이 급변 · 급증하는 시대에도 여전히 수학, 과학, 공학 등에서의 누적적(위계적) 기초지식 습득은 여러 분야의 융 · 복합적 토대로서 매우 중요하다.

역사적으로 볼 때 전대가 후대들에게 제때 제대로 된 교육과정을 제공하지 못하는 바람에 나라가 세계문명에 뒤처지는 불운을 자초하고 외세의 지배를 받은 일이 적지 않았다. 즉, 우리나라를 포함하여 동양권 나라들에서 최고 지식인들은 2천여 년 동안 독서산(3R's)에서 발전한 literacy와 numeracy 중 수리력인 수학을 배우지 않았다. 서양은 플라톤의 아카데미부터 수학을 공부하여 자연현상을 탐구해서 이를 간결한 수식으로 나타냄으로써(김대만, 2018) 급기야는 과학혁명을 이룰 수 있었고, 나아가 산업혁명을 이루었다. 과학혁명과 산업혁명 시기에 핵심적인 교육과정은 과학적 원리를 창의적으로 활용하는 수학 · 과학 · 기술 · 공학이었고, 그것의 특징은 **탐구력**(inquiry)에 있었다. 우리는 뒤늦게 산업화를 이루기 위해 직업계 학교에서는 기술공학을 가르쳤으나 일반계에서는 이를 소홀히 하였다. 국영수를 핵심과목으로 했고 고위직 공무원들을 선발하는 고시 등에서도 과학기술공학을 소홀히 해 왔다. 바야흐로 지능정보화사회이다. 인터넷, 인공지능, 빅 데이터, 클라우드, 컴퓨터, 로봇, VR, AR, 모바일 등 그 이면은 digital literacy, 즉 **digiteracy**인데 학교에서는 이를 소홀히 하고 있다. digiteracy는 비가시적이어서 학생들이 잘하는지 못하는지 그 여부를 알기 어렵다. 급식, 교복 등 다른 교육복지 비용은 사용하면서 정작 교육 본질적인 지식과 기술 학습복지를 결핍하고 있는 것이다. 이로써 소위 강남 엄마들은 원어민들로부터 '영어로 프로그래밍 배우기'를 하는데 대다수 학생은 여기서 디지털 격차를 겪고 있다. 교육은 교사가 못할지라도 학생들이 배울 수 있도록 판을 깔아 주는 미래지향적인 일이다. 더구나 역교가 일어나는 디지털 영역은 교사가 없어도, 시설이 부족해도 배울 수 있는 시공간의 판을 깔아 주어야 학생들이 자랄 수 있다. 한 조사에 따르면 우리 청소년들의 정보화지수는 일본 청소년들의 절반에도 미치지 못한다(김자미, 이원규, 유길상, 김민자, 송재신, 2015). 인공지능을 장착한 로봇 등이 등장하고 있는데 이대로 가다가는 지능정보화사회에 뒤처지는 국가가 될지도 모른다. 실제로 이 분야의 인재 부족은 심각한 실정이다.

둘째, 모든 교사양성 교육과정에 개설된 교과목은 세계화시대라는 관점에서 재구성할 것이 요구된다. 학생들은 국내외에서 교육을 자유롭게 '구매'하고 있다. 학생들이 MOOC 등에서 자유롭게 선택하여 이수할 수 있는 기회도 늘어났다. 영어로 수업하는 것을 권장하거나 혹은 요구받는 현실이나 IB 교육과정에 대한 관심이 높아지는 것은 이를 단적으로 드러낸다. 더구나 국부의 대외무역 의존율이 높은 우리나라는 모든 교원과 다음 세대의 국제관계와 세계정세에 대한 폭넓은 이해가 더욱 절실하다. 유 · 초 · 중등학교의 모든 교원이 공유할 만한 세계화시대 덕목은 세계어문교육을 수단으로 세계정세를 읽어 내는 능력일 것이다. 목하 미중 패권경쟁시대에 우리나라가 장기적으로 추구하는 가치와 이념(자유, 민주, 평등, 정의, 인권, 법치, 번영 등)이 동일한 나라와 동맹을 굳건히 하여 나라의 지속 가능한 발전에 기여하는 것이고, 학생들을 그런 방향으로 기르는 것이다. 나라가 쇠퇴하고 소멸하는 쪽으로 다른 나라와 친화하여 국가 존속과 번영을 가져올 국가들과 동맹하지 못한다면 우리나라의 존속과 번영은 멀어질 것이다. 교육은 사람을 사람답게 기르고 나라를 나라답게 가꾸어 가는 일이다(정범모, 2015). 유 · 초등 공교육에 종사하는 교원들은 무엇보다 전인교육, 홍익인간교육, 자유민주시민교육을 통해 학생들의 삶을 개척하는 데 도움을 줄 필요가 있다. 교원부터 '대한민국에의 애국심을 기초로 자유민주정으로의 통일과 인류 및 지구촌에 기여하는 세계시민'이 되고, 학생들도 그러하도록 도움을 주어야 교육에 대한 사회적 기대에 부응하는 것이 될 것이다. 더구나 교육 수요자들은 국내만 아니라 국외에서도 양질의 교육을 구매하므로 교사들이 제공하는 국내 공교육은 세계로 열린 교육시장에서 경쟁우위를 점할 것을 요구받는다.

요컨대, 중등 교사양성 전공 교육과정에서는 고교 2~3학년의 특정 과목을 깊이 있게 가르쳐서 중고교 6개년을 가르치는 불합리를 없애는 것이 중요하다. 중학교 교과 전공을 제1전공으로 고교 과목 전공을 제2전공으로 하는 방향으로 개선할 것이 요구된다. 우선적으로는 교원자격무시험검정기준에 따라 전공과목의 교과교육 영역과 기본이수과목을 중심으로 제1전공을 마치고, 재학 중에도 중학교 교과 전공을 제2전공으로 할 수 있도록 재구조화할 필요가 있다.

흔히 교육과정은 사회적 실용주의, 학문적 구조주의, 학습자 구성주의의 종합과 절충이다. 이것이 대학교육에서는 각각 사회봉사, 학문연구, 학생교육으로 대응된다. 유·초·중등교육은 학문보다 교과, 교과보다 학생의 삶과 요구를 더욱 존중하는 일이다. 공통필수 교육과정에서는 상대적으로 학생의 요구를, 상이선택의 교육과정에서는 상대적으로 교과와 사회적 실용성을 강조하는 쪽으로 교사양성 교육과정이 각 학년군마다 차별성을 갖고 나아가 전후 단계를 고려하여 점진적으로 연계성을 가지면서 학생으로부터 교과로 이행해 가는 쪽으로 개선될 필요가 있다. 전반적으로 교사양성 교육과정에서 차하급 단계의 저학년군에 대한 비중을 늘리고 학생에 대한 이해와 배려 부분을 강화할 필요가 있다. 이를 위한 국가교육과정기준의 개선, 이에 상응하여 종적으로는 학교급을 넘나들 수 있는 교사, 교과와 학생 경험 간 교육과정 재구성 능력, 학생 요구와 교육과정을 조율하는 역량, 교과 내 진로·창의성·협동심 교육, 특히 고교에서 진로에 따른 교과의 재구성 능력, 각 교과의 학년군별(학년별, 학기별) 지식의 구조를 꿰뚫어 보는 핵심 프로젝트를 발굴하여 수행해 보는 교사양성 교육과정으로의 개선이 요구된다.

참고문헌

강원근, 곽영우(1998). 미래사회에 부응하는 교원양성체제에 관한 연구: 교육대학교와 국립 사범대학을 중심으로. **한국교원교육학회**, 15(2), 24-25.

고영희(2012). 초등학교 고학년의 사춘기 초기 적응을 위한 교육과정기준 개발 연구. 고려대학교 대학원 박사학위논문.

권재술(1999). 과학 교사 양성의 개선 방향. **한국교원교육연구**, 16(1), 91-110.

김대만(2018). **초일류 과학기술 국가를 생각한다**. 서울: 동아시아.

김병찬(2013). 핀란드의 교사양성교육 프로그램의 특성. **비교교육연구, 23**(1), 45-79.

김병찬, 임종헌(2017). 한국 교사의 희, 노, 애, 락: 교사의 삶에 관한 일 고찰. **한국교원교육연구, 34**(4), 49-80.

김오선(2005). 초등학교 담임 배정에 관한 실태 및 의견 조사. 고려대학교 교육대학원 석사학위논문.

김자미, 이원규, 유길상, 김민자, 송재신(2015). 개도국 교육정보화 수준진단 프로그램 개발: 2015 교육정보화 국제지표 적용 및 준비도 분석. 한국교육학술정보원 연구보고서.

김향란(2008). 한 · 중 교원양성대학 교육과정 비교 연구. **교원교육, 26**(6), 1-20.

박남기(1997). 제3장 교육과정. **미래교사가 바라본 초등 교원양성 교육의 현주소**(pp. 18-42). 서울: 교육과학사.

박남기, 박효원(2018). 지역 간 교사 쏠림 완화 방안에 대한 초등 예비교사의 인식. **한국교원교육연구, 35**(1), 1-27.

박영숙, 허은정, 황은희(2018). 교직 환경 변화에 따른 교원양성 교육과정의 혁신 이슈와 과제. **한국교원교육연구, 35**(1), 165-188.

백정하(2018). 홍후조의 교사양성 교육과정의 성찰과 과제"에 관한 토론. 한국교원교육학회 제74차 연차학술대회(2019. 12. 8, 한국교총) 자료집. **한국 교사교육 성찰과 미래방향**, 399-401.

백종민, 한기태, 장우정(2018). 국내외 대학의 화학교육과 교육과정 비교연구. 제47차 KUCU 학술세미나 발표원고. 고려대학교 대학원 교육과정학회(KUCU).

성승희(2018). 누리과정과 초등 저학년을 연계한 교육과정기준 개발 연구. 고려대학교 대학원 박사학위논문.

안서헌, 김지혜(2018). 초등교원 양성 교육과정에 관한 비교연구. 제47차 KUCU 학술세미나 발표원고. 고려대학교 대학원 교육과정학회(KUCU).

유발 하라리(2018). **21세기를 위한 21가지 제언**. 전병근 역. 서울: 김영사.

이기영(2013). 과학 교사 양성 프로그램의 정합성 및 균형성에 대한 예비 교사 및 현직 교사의 인식. **과학교육연구지, 37**(1), 23-39.

이재창(2017). 누리과정과 생활주제를 연계한 유아학교 교육과정기준 개발 연구. 고려대학교 대학원 박사학위논문.

이혁규(2018). 현장 중심 미국 교사 교육 프로그램에 대한 관찰 연구. **청주교육대학교 논문집, 53**, 1-19.

이혜정(2019). 왜 IB인가? **제29회 학교와 수업 연구 학술대회 자료집**(pp. 9-55). 청주교육대학교.

장경은, 송승희(2016). 관계중심의 유아 인성교육: 유아교사들의 배려행동 실천 경험과 의미. **유아교육 · 보육복지연구, 20**(1), 157-184.

전제상(2018). 제4차 산업혁명 시대의 교원교육 개혁으로서 교원 양성제도의 개혁. 한국교육학회 편, **제4차 산업혁명 시대의 한국교육의 전망과 과제**, 115-165.

정광희(2018). 홍후조의 교사양성 교육과정의 성찰과 과제에 관한 토론, 한국교원교육학회 제74차 연차학술대회(2019.12.8, 한국교총) 자료집. **한국 교사교육 성찰과 미래방향**, 391-398.

정범모(2015). **격동기에 겪은 사상들**. 서울: 서울대학교출판문화원.

조대훈, 김자영(2013). 중학교 교육실습 운영 현황분석: 교육실습 개선을 위한 시사점. **교육연구**, 57, 151-171.

한국교원대학교(2018). 2018학년도 교육과정 안내.

허인옥(2003). 초등학교 교사의 담임 기피 및 선호 현상에 관한 연구. 인하대학교 교육대학원 석사학위논문.

홍후조(2004). 4년제 일반 대학의 학부 교육과정의 문제와 과제. **교육과정연구**, 22(3), 267-295.

홍후조(2011). 대학 교육과정과 수업의 개선 과제. **대학교육**, 171호, 32-36.

홍후조(2017). **알기 쉬운 교육과정**(제2판). 서울: 학지사.

홍후조, 민부자(2012). 의무교육에서 학교 · 교원 · 교육과정 제도간 불일치의 문제와 과제. **교육정치학연구**, 19(1), 211-235.

홍후조, 민부자, 임혜진, 조용, 백종민(2018). 과학영재육성의 기초로서 초중등학교의 과학기술교육의 비중 확대 방안 연구. 한국과학창의재단.

홍후조, 조호제, 민부자, 조용, 박상우(2018). 교원의 핵심역량 배양을 위한 핵심 프로젝트 개발. 교육부 중앙교육연수원.

서울대학교 화학교육과 홈페이지 http://chemedu.snu.ac.kr/

서울교육대학교 홈페이지 http://www.snue.ac.kr/

이화여자대학교 홈페이지 http://www.ewha.ac.kr/

한국교원대학교 화학교육과 홈페이지 http://chemedu.knue.ac.kr/smain.html

北京師範大學 http://kczx.bnu.edu.cn/jxjh.html

Purdue University Catalog http://catalog.purdue.edu/preview_program.php?catoid=7&poid=6995&hl=%22science+education%22&returnto=search

찾아보기

인명

내용

저자 소개

박남기 Park Namgi

미국 피츠버그대학교 교육행정정책학과 박사

전) 한국교원교육학회 회장

현) 광주교육대학교 교육학과 교수

학급경영연구소 소장

대한교육법학회 회장

〈주요 저서 및 역서〉

실력의 배신(쌤앤파커스, 2018)

최고의 교수법(쌤앤파커스, 2017)

Guide to the successful thesis and dissertation(공저, M. Dekker, 2003)

〈주요 논문〉

제4차 산업혁명기 교육개혁의 새 패러다임 탐색(단독, 2017, 교육학연구)

실력주의사회에 대한 신화 해체(단독, 2016, 교육학연구)

초등교육 미래 비전에 비추어 본 초등교원 양성 교육 개편 방향(단독, 2011, 초등교육연구)

김병찬 Kim Byeong Chan

서울대학교 대학원 교육학과 교육행정전공 박사

전) 대통령자문교육혁신위원회 비상임전문위원

현) 한국교육행정학회 편집위원장

경희대학교 교육대학원 원장

〈주요 저서〉

한국의 교직과 교사 탐구(공저, 학지사, 2018)

왜 핀란드교육인가(박영스토리, 2017)

학교컨설팅의 이론과 실제(공저, 학지사, 2017)

〈주요 논문〉

한국 교육행정에서 '양가성(ambivalence)' 현상의 탐색과 의미(단독, 교육행정학연구, 2017)

4차 산업혁명사회에서 교육의 방향과 교원의 역량에 관한 탐색적 연구(공동, 한국교육, 2017)

교육대학원 교육행정전공 운영 현황 분석 연구(단독, 교육행정학연구, 2015)

김왕준 Kim Wang Jun

미국 미시간주립대학교 교육정책학 박사

현) 경인교육대학교 교육학과 교수

〈주요 저서 및 역서〉

초등교육행정의 이론과 실제(공저, 양성원, 2016)

한 손에 잡히는 학급경영과 교직실무(공저, 학지사, 2014)

가르침의 윤리학(공역, 박영스토리, 2016)

〈주요 논문〉

제4차 산업혁명과 교원양성 교육과정의 방향(단독, 2019, 교육정치학연구)

주요 교육시민단체의 정책 영향력 형성요인 분석(공동, 2018, 교육정치학연구)

교사학습공동체의 실태와 활성화 방안(공동, 2017, 교육문화연구)

임승렬 Lim Seung Ryoul

미국 일리노이주립대학교 유아교육과 철학박사

현) 덕성여자대학교 유아교육과 교수

〈주요 저서〉

보육실습(공동체, 2017)

교사의 전문성 발달을 위한 영유아교사론(공저, 공동체, 2016)

영유아를 위한 보육교사론(공저, 파워북, 2014)

정대영 Jung Dae Young

대구대학교 특수교육학과 문학박사

현) 창원대학교 특수교육과 교수

〈주요 저서〉

특수교육학(2판, 창지사, 2017)

특수아동 교육(창지사, 2016)

학습장애 총론(공저, 학지사, 2014)

〈주요 논문〉

일반교사와 특수교사의 협력교수 실행요인에 관한 분석(공동, 2019, 한국특수아동교육)

다차원 모형에 입각한 한국 특수교육 정책 분석(공동, 2015, 특수교육학연구)

특수교육에서의 질증주의와 기타 관점에 대한 담론(단독, 2013, 정서행동장애연구)

정윤경 Chung Yun Kyoung

고려대학교 교육학과 박사

현) 전주교육대학교 초등교육과 교수

〈주요 저서〉

대안적 교사교육 탐색(학지사, 2016)

교사를 위한 교육철학(교육과학사, 2010)

발도르프교육학(학지사, 2004)

〈주요 논문〉

교사의 인성과 교양적 교사교육(단독, 2017, 한국교육학연구)

아마티야 센(Amartya Sen)의 잠재가능성 접근과 교육(단독, 2016, 교육사상연구)

"자유학기제"의 개혁적 의미와 과제(단독, 2016, 교육철학연구)

정제영 Chung Jae Young

서울대학교 교육학과 박사

현) 이화여자대학교 교육학과 교수

이화여자대학교 학교폭력예방연구소 부소장

한국교육정치학회 편집위원장

〈주요 저서〉

디지털 시대와 4차 산업혁명에 대비한 교육의 시대(박영스토리, 2018)

학교폭력 예방 및 학생의 이해(공저, 학지사, 2018)

교육행정 및 교육경영(공저, 학지사, 2018)

〈주요 논문〉

Dropout early warning systems for high school students using machine learning(공동, 2019, Children and Youth Service Review)

What makes bullies and victims in korean elementary schools?(공동, 2018, Children and Youth Service Review)

위기 대학의 특성 및 추이 분석: 중도탈락률을 중심으로(공동, 2017, 교육행정학연구)

홍후조 Hong Hoo Jo

미국 위스콘신대학교 교육과정학 박사

전) 인하대학교 교육학과 교수

현) 고려대학교 교육학과 교수

〈주요 저서〉

알기 쉬운 교육과정(2판, 학지사, 2019)

교육학 개론(공저, 교육과학사, 2018)

교육과정의 이해와 개발(문음사, 2003)

〈주요 논문〉

교사 핵심역량에 대한 초·중등교사의 인식과 요구 비교 분석(공동, 2018, 교육학연구)

진학계 고교의 진로별 교육과정에 관한 학생 요구조사 분석(공동, 2017, 교육문제연구)

국가교육과정의 연구 개발 패러다임 전환(단독, 2002, 교육과정연구)

한국 교사교육

– 성찰과 미래 방향 –

Korean Teacher Education: Reflection and Future Directions

2019년 6월 25일 1판 1쇄 인쇄
2019년 6월 30일 1판 1쇄 발행

지은이 • 한국교원교육학회
박남기 · 김병찬 · 김왕준 · 임승렬 · 정대영 · 정윤경 · 정제영 · 홍후조

펴낸이 • 김진환
펴낸곳 • ㈜학지사
04031 서울특별시 마포구 양화로 15길 20 마인드월드빌딩
대표전화 • 02-330-5114 팩스 • 02-324-2345
등록번호 • 제313-2006-000265호

홈페이지 • http://www.hakjisa.co.kr
페이스북 • https://www.facebook.com/hakjisa

ISBN 978-89-997-1853-3 93370

정가 20,000원

이 도서의 국립중앙도서관 출판시도서목록(CIP)은 서지정보유통지원시스템 홈페이지(http://seoji.nl.go.kr)와 국가자료공동목록시스템(http://www.nl.go.kr/kolisnet)에서 이용하실 수 있습니다.
(CIP 제어번호: CIP2019024342)